Otto Tötter

HSV

Hundert Jahre deutscher Fußball

Rasch und Röhring Verlag

Hamburg-Zürich

Abbildungs-Nachweis: Hartung (1), HSV-Archiv (6), Horstmüller (1), Metelmann (10), Kurt Müller (1), Pfeil (1), Schirner (3), Sven Simon (1), Witters (14)
Umschlagfotos: Otto Metelmann (Vorderseite) und Wilfried Witters (Rückseite)

CIP-Kurztitelaufnahme der Deutschen Bibliothek

Tötter, Otto:
HSV: hundert Jahre dt. Fußball / Otto Tötter.—
Hamburg: Rasch und Röhring, 1985.
ISBN 3—89136—023—1

Copyright © 1985 by Rasch und Röhring Verlag, Hamburg
Umschlaggestaltung: Studio Reisenberger
Lithographie: Albert Bauer KG, Hamburg
Satzherstellung: alphabeta Gerds & Kohn GmbH, Hamburg
Druck- und Bindearbeiten: Mainpresse Richterdruck Würzburg
Printed in Germany

Inhalt

Vorwort 7

ERSTES KAPITEL

Auf dem Gipfel	12
Die Geburt eines Großvereins	16
Die Faszination Fußball	20
Abbruch in der Dämmerung	24
Streit um den Titel	30
Der zweite Anlauf	36
Fußball während der Krise	43
Die »neue Ordnung«	51
Nationale Erfolge	56
Der Zweikampf an der Elbe	64
Das Traumteam vom Schalker Markt	74
Die Wiener Wunderkicker	78
Fußball im Krieg	83

ZWEITES KAPITEL

Meisterschaft in »Zonen«	92
Der kleine Uwe	106
Reise in die USA	111
Der Triumph von Bern	120
Seeler im Nationaltrikot	129
Von Bern bis Malmö	138
Der vierte Titel des HSV	144
Die Einkäufer aus Mailand	149

DRITTES KAPITEL

Die schwierige Geburt der Bundesliga 166
Die ersten Vorstellungen 173
Die Meister aus dem Norden 179
Der erste Europacup für Deutschland 187
Das Tor, das keines war 194
Der HSV am Rande des Abstiegs 200
Die Bayern im Anmarsch 206
Der »Club« in Glück und Pech 220
Der Fußballkaiser 227
Die Fohlen vom Bökelberg 233
Dramatik in Mexiko 240
Der große Skandal 246
Der Triumph von Wembley 255
Die andere Führung des HSV 261
Der zweite Welttitel 277
Der Trainer und sein Team 286
Die Bayern an Europas Spitze 294
Fußball und Werbung 304
Die großen Jahre des HSV 311
Eintracht und Fortuna 324
Die Herren in Schwarz 329
Der Niedergang der Nationalelf 335
Die Zuschauer und die Fans 345
Sorgen um die Zukunft 353

Danksagung 361
Namenregister 363
Vereinsregister 367

Vorwort

Nach statistischen Erhebungen spielen in der Bundesrepublik Deutschland etwa viereinhalb Millionen Menschen im Alter von sechs bis fünfzig Jahren aktiv Fußball. Das sind fast acht Prozent der Bevölkerung. Und mehr als zehn Millionen Bundesbürger finden sich im Laufe eines Spieljahres auf den Rängen und Tribünen der Stadien und Sportplätze ein, um den Kickern aus allen Altersklassen zuzuschauen. Allein zu den neun Spielen der Bundesliga kommen Woche für Woche rund zweihunderttausend Besucher, mal mehr, mal weniger. Der Fußball ist also zweifellos der Volkssport Nummer eins in unserem Land. Und er hat eine faszinierende Geschichte, die bald die ersten hundert Jahre umfaßt.

Der Überblick über diese Geschichte ist ungemein aufschlußreich. Freilich muß er sich auf die Spitze des »Eisbergs Fußball« beschränken. Der Chronist wäre überfordert, wollte er die vergangenen hundert Fußballjahre in allen Einzelheiten durchleuchten. Alles zu beschreiben und zu analysieren, was sich seit der Gründerzeit im vorigen Jahrhundert auf Wiesen und Feldern, auf Straßen und Plätzen mit dem Ball abgespielt hat, ist unmöglich. Also beschränkt er sich auf die Ereignisse, die seit den ersten Spielen und vor allem nach dem Ersten Weltkrieg den Fußball so populär wie keinen anderen Sport gemacht haben.

Die erfolgreiche Fußballarbeit in Tausenden von Vereinen ist aber nicht vergessen. Ohne sie, ohne den Idealismus vieler wären die Spitzenleistungen nie möglich gewesen, wäre auch die Resonanz beim Zuschauer ausgeblieben. Überall in der Bundesrepublik, in Städten und Dörfern, wuchsen und wachsen jene Talente heran, die eines Jahres den Gipfel erklimmen. Sie wurden und werden gefördert durch den Verein, in dem sie ihren ersten Auftritt haben, ohne seine Fürsorge würden sie das große Ziel sicher nicht erreichen.

Kein deutscher Fußballclub, und sei er noch so klein, lebt und spielt unter Ausschluß der Öffentlichkeit. An jedem Spieltag finden treue Anhänger den Weg zu ihrem Fußballplatz, um ihre Mannschaft lautstark zu unterstützen. Denn das ist Kennzeichen des echten Fußballfans: die Liebe zum eigenen Verein. Darum auch geht diese Fußballgeschichte, die Aufzeichnung der großen Ereignisse, vom Verein des Chronisten aus, vom Hamburger Sport-Verein. Ihm gehört seit mehr als zwanzig Jahren meine ungeteilte Zuneigung, wie ich vor dem Zweiten Weltkrieg und in den fünfziger Jahren dem FC Schalke 04 »anhing«, in dessen »Windschatten« ich aufgewachsen bin. Doch nicht allein aus diesem Grunde soll der Hamburger SV der Ausgangspunkt sein. Er bietet sich auch aus sportlichen Gründen an, denn

● er ist durch seinen Gründungsverein, den SC Germania von 1887, der älteste deutsche Sportverein mit einer eigenen Fußballabteilung;

● er zählt, gemessen an seinem Alter von nahezu hundert Jahren, zu den erfolgreichsten Fußballclubs Deutschlands;

● er gehört neben dem 1. FC Köln, dem 1. FC Kaiserslautern und Eintracht Frankfurt zu den vier Vereinen, die ohne Unterbrechung in der Bundesliga spielen, und er spielt seit mehr als sechs Jahren in dieser obersten deutschen Spielklasse eine Hauptrolle.

Kaum ein anderer deutscher Club kann eine so langjährige Erfolgsbilanz nachweisen wie der HSV. Er wurde siebenmal Deutscher Fußballmeister, siebenmal belegte er den zweiten Platz im Kampf um den Titel. Einmal holte er den Europacup der Landesmeister, einmal den der Pokalsieger. Und mehr als dreißigmal stand er vor dem Beginn der Bundesliga in der Endrunde zur Deutschen Meisterschaft, denn im Norden war er fast immer die Nummer eins im Fußball. Auch nach dem Zweiten Weltkrieg machte er sofort Fußballgeschichte: Zweimal hintereinander errang er die Meisterschaft der britischen Besatzungszone.

Trotzdem haben die hundert Jahre Fußball nicht nur vom Hamburger SV gelebt. Die Chronik wäre unvollständig ohne die Würdigung der Leistungen des legendären 1. FC Nürnberg aus den zwanziger Jahren, ohne die Traumelf von Schalke 04 von 1933 bis zum Kriegsende zu beschreiben, ohne die Bayern aus München, die Borussen aus Mönchengladbach und die vielen anderen Vereine vorzustellen, die den Fußball so populär machten, wie er es bis heute ist. Auch ohne die Geschichte der Nationalmannschaft ist die Chronik nicht denkbar, ohne die Elf, die unter verschiedenen deutschen Nationalfarben in der ganzen Welt Aufsehen erregt und manchmal auch Unbehagen ausgelöst hat. Die Nationalelf ist und bleibt ein Gradmesser für die Popularität des Fußballs im Land, darum sind Welt- und Europameisterschaften wichtige Kapitel dieses Buches.

Fußball ist ein Mannschaftssport, er lebt vom Zusammenspiel der elf Akteure. Trotzdem hat er seit seiner Geburt seine Faszination und seine Attraktivität immer wieder durch große Spielerpersönlichkeiten erhalten. Sie waren jeweils die Seele ihrer Elf, ob Dr. Kalb und Heiner Stuhlfauth in Nürnberg, ob Tull Harder und Uwe Seeler in Hamburg, Fritz Walter in Kaiserslautern, Günter Netzer in Mönchengladbach, Franz Beckenbauer in München oder Wolfgang Overath in Köln. Sie alle haben deutsche Fußballgeschichte geschrieben, sie alle finden ihren Platz in dieser Chronik, neben vielen anderen großen Fußballern.

Hundert Jahre deutscher Fußball, das ist ein Kaleidoskop in bunten Farben und Facetten, eine Geschichte aus vielen Geschichten von Mannschaften und Spielern, die diesen Sport geprägt haben.

Otto Tötter

9

ERSTES KAPITEL

Auf dem Gipfel

Es war kein Tag wie jeder andere, für mich nicht und für Millionen Fußballfreunde nicht — der 25. Mai 1983, der Tag des Endspiels um den Europapokal der Fußball-Landesmeister in Athen. Zum zweitenmal griff der Hamburger Sport-Verein nach der Krone im europäischen Vereinsfußball, zum zweitenmal nach fast hundert Jahren Vereinsgeschichte. Der Gegner im Stadion von Piräus: Italiens Meistermannschaft von Juventus Turin.

Schon oft hatten die Hamburger im internationalen Fußballkonzert mitgespielt, mit wechselndem Erfolg. Aber zur ersten Geige hatte es nie gelangt. Unvergessen sind noch heute die drei Halbfinalspiele gegen den CF Barcelona aus dem Jahre 1961. Das 0:1 im riesigen Nova-Campa-Stadion der katalanischen Metropole, das 2:1 im Volksparkstadion, in dem die Spanier durch ein Gegentor ihres ungarischen »Gastarbeiters« Koczis in letzter Minute einen Entscheidungskampf erzwangen, und das 0:1 in eben diesem dritten Spiel in Brüssel, das »Aus« für die Hamburger Endspielträume.

Unvergessen ist auch das Jahr 1980. Zum erstenmal hatte der HSV das höchste europäische Fußballziel ganz dicht vor sich. Endspielgegner in Madrid war nicht etwa Spaniens königlicher Club Real — den hatten die Hamburger bereits im Halbfinale mit 5:1 ausgeschaltet, Gegner war die kometenhaft aufgestiegene, beinharte Elf von Nottingham Forest, berüchtigt für ihre eiserne Abwehr wie für ihren wenig attraktiven Fußball. Die Hamburger bekamen das »Eisen« hautnah zu spüren, sie verloren 0:1.

Und jetzt, am 25. Mai 1983, war es wieder soweit. Hunderttausende in ganz Fußball-Deutschland wünschten den Norddeutschen diesmal den Erfolg. Mit drei Punkten Vorsprung hatten sie die Deutsche Meisterschaft 1982 gewonnen, und alles sprach dafür, daß sie auch dieses Jahr den Titel holen würden. Sie spielten ja — dank Ernst Happel — einen fabelhaft offensiven Fußball. Immerhin hatten sie ja auch schon mal ein Europacup-Endspiel gewonnen. Das war 1977 in Amsterdam, gegen den belgischen Pokalsieger RSC Anderlecht, den sie unter der Regie von Kuno Klötzer mit einem

2:0 vom Feld schickten. Bei italienischen Gegnern haben die Fußballfreunde allerdings ihre Bedenken, denn neun Jahre vor dem Spiel gegen Anderlecht, 1968, stand in Rotterdam der AC Mailand gegen die Hamburger, ebenfalls im Endspiel um den Cup der Pokalsieger. Und dieser AC verwies den HSV mit 0:2 auf den zweiten Platz. Kein Wunder also, daß am Rothenbaum vor dem Spiel gegen Turin mit hanseatischem Understatement gearbeitet wurde: »Juventus ist kaum zu schlagen. Letztlich stehen wir gegen den halben Weltmeister, gegen den wir Deutsche im Endspiel 1982 genauso schlecht ausgesehen haben wie in den meisten Spielen der WM. Und dann sind da in Turin noch Platini und Boniek, die absoluten Topleute aus Frankreich und Polen.«

Nun weiß ja, wer sich mit dem Spiel der Spiele schon länger beschäftigt hat, daß auf dem Rasen alles möglich ist. Schon so mancher Favorit ist vom Sockel geholt worden, warum nicht auch die Italiener? Sepp Herbergers berühmt gewordener und immer wieder zitierter Spruch »Der Ball ist rund, und das Spiel dauert neunzig Minuten« hat im Fußball ewige Gültigkeit. Auch im Endspiel um Europas höchste Trophäe.

Seit der Fußball den Bildschirm erobert hat, muß man nicht unbedingt traurig sein, wenn Zeit und Geld oder beides nicht reichen, um live dabeizusein, obschon der beste Reporter und das bunteste Bild die Stadionatmosphäre nur bedingt vermitteln können. Es soll aber auch »Fans« geben, die weder Zeit noch Geld entbehren und trotzdem den Logenplatz im Wohnzimmer der harten Sitzbank auf der Tribüne vorziehen. Diesmal blieb allerdings auch mir nur die zweitbeste Möglichkeit dabeizusein. Aber wo und mit wem? Dieses Endspiel war einfach zu schade für Wohnzimmer und Flaschenbier. Ein Fußballnarr muß bei solchen Ereignissen mit Gleichgesinnten zusammensein, er braucht rhetorischen Freiraum und zustimmende oder kontroverse Partner, er will Emotionen rauslassen, vielleicht sogar latente Aggressionen, obwohl diese Art spontaner Meinungsäußerungen eher Sache der jüngeren Generation zu sein scheint. Wovon übrigens später noch die Rede sein wird.

Also stand fest: Athen via Bildschirm mit Freunden, und da

bot sich uns eine ungewöhnliche Gelegenheit. Wir mischten uns zu dritt in einem netten italienischen Restaurant mit Namen »Goldoni« unter die Fans von Juventuris Turin. Acht bis zehn Südländer hatten sich dort bereits versammelt, und sie begrüßten uns lauthals mit »Juve, Juve«, dem Schlachtruf der Turiner. Es schien demnach ein Fehlschluß, daß die hanseatische Kühle sich auch in Sachen Fußball beruhigend auf die Gäste aus Italien auswirkte. Denn schon bevor das Spiel angepfiffen wurde, als noch die dicht besetzten Ränge des Athener Stadions über die Mattscheibe flimmerten, sangen die Juve-Fanatiker ihre Belcanto-Arien. Wir hatten sogar Mühe, ein Bier vom Faß zu ordern, ungewohnt bei dem bekannt guten Service in diesem Lokal. Na, was soll's, wir schickten uns drein.

Und dann rollte der Ball, und nach ganzen acht Minuten herrschte plötzlich Totenstille. Auch unser Jubel verstummte, so sprachlos waren unsere italienischen Freunde, als Felix Magath vom linken Strafraumeck den Ball raffiniert angeschnitten unters rechte Lattenkreuz schlenzte und Italiens berühmter Keeper Dino Zoff staunend und kopfschüttelnd das Leder aus dem Netz holte. Es war das Tor des Monats, für den HSV das Tor des Jahres. Und damit war das Rennen gelaufen, Minuten später fast das 2:0, aber ein Verteidiger schlug den Flachschuß von Manfred Kaltz in letzter Sekunde von der Linie.

Die Italiener erholten sich von diesem Schock nicht, die auf dem Spielfeld so wenig wie unsere Partner vor dem Bildschirm. Es gab auch wieder Bier vom Faß.

Die Hamburger Spieler überblickten nach diesem furiosen Auftakt ganz schnell die Situation, sie waren jederzeit »Chef im Ring«, um mal in der Boxersprache zu reden, sie spielten nicht gegen die, sondern streckenweise mit den italienischen Stars, und die Platini, Rossi und Co. fanden kein Rezept gegen diesen Deutschen Meister. Eine faszinierende Revanche für das blamable WM-Endspiel ein Jahr zuvor in Madrid. Wie eine aufgescheuchte Hühnerherde liefen die Weltklassefußballer dem Ball, der Zeit und den Liramillionen nach. Wer weiß, vielleicht hat Fiatchef Agnelli die Niederlage seiner Elf mit einem lachenden und einem weinenden Auge registriert, denn immerhin hat sie ihm Millionen erspart.

Die Italiener um uns herum begannen mit zunehmender Dauer des Endspiels auf Juve zu schimpfen, mit südländischem Temperament und ohne Rücksicht auf Verluste. Natürlich waren wir zu höflich, unsere Überlegenheit verbal oder emotional auszuspielen. Als dann die Hamburger den »Pott« in Empfang genommen hatten und die obligatorische Ehrenrunde liefen, begannen die Signori bereits, den Schmerz ihrer Niederlage in Bier zu ertränken. Und so wurde es dann am Ende doch noch eine fröhliche internationale Siegesfeier.

In Athen wurde allerdings nicht so sehr gefeiert wie in Hamburg. Des HSV strenger Trainer Ernst Happel, der so vorzüglich Freud wie Leid verbergen kann, mußte seine Sieger leider daran erinnern, daß die Saison noch nicht zu Ende war. Also: wenig Alkohol, viel Ruhe und bald wieder Training, denn schon drei Tage später erschien Borussia Dortmund im Volksparkstadion zum vorletzten Bundesligaspiel der Saison, und der HSV mußte etwas für sein Torverhältnis tun. Die Nachbarn aus Bremen nämlich wollten diesmal die Deutsche Meisterschaft. Und sie lagen dicht auf.

Aber die Hamburger waren nun mal im Tritt. Sie kanterten die Dortmunder mit 5:0 nieder und schafften sich damit ein Torpolster gegenüber den Freunden von der Weser, das eigentlich reichen mußte für die Verteidigung des Titels. Und so war es denn auch. Am letzten Spieltag wurde Schalke 2:1 geschlagen, und mit ganz knappem Vorsprung ging Hamburg vor Bremen durchs Ziel.

Horst Hrubesch hatte nach Athen richtig prophezeit: »Der Pott kriegt seinen Deckel.« Und auf der Moorweide am Hamburger Dammtorbahnhof konnte man einen Tag später erleben, daß die hanseatische Kühle auch Ausnahmen zuläßt. Hunderttausende feierten den Cupsieger und Deutschen Meister, und mit vielen schönen Reden wurde dem stolzesten Jahr in der HSV-Geschichte Tribut gezollt.

Fast hundert Jahre alt ist er nun, der Hamburger Sport-Verein, in dem nicht nur Fußball gespielt wird. Eishockey, Volleyball, Hockey, Badminton, Leichtathletik und sogar Schach sowie andere Sportarten haben in den Reihen des Vereins ihre Liebhaber, doch den Namen, national wie international, hat »der mit dem Fuß getretene, runde Lederball« berühmt gemacht. Das war bereits am Anfang so, und das wird auch in Zukunft kaum anders werden.

Am Anfang allerdings standen nicht die drei Buchstaben HSV, die wurden erst nach dem Ersten Weltkrieg in der Sportwelt bekannt, am Anfang stand — wie könnte es auch anders gewesen sein in der hehren Zeit des deutschen Kaiserreiches, in der Zeit der Denkmäler, der Epoche nationalistischer Übersteigerung — der SC *Germania* von 1887. Er machte, mit Hilfe der Engländer, den Fußball in Hamburg salonfähig, trotz aller Widerstände, und er schloß sich am 1. Juni 1919 mit dem Hamburger FC von 1888 und dem FC Falke von 1906 zum Hamburger Sport-Verein zusammen.

Es gibt Besserwisser, die dem HSV den Geburtsschein erst für 1919 ausstellen, aber der Schluß ist nicht richtig. Was im Juni dieses Jahres geschah, war keine Gründung, es war eine Fusion, wie wir sie immer wieder erlebt haben, im Sport wie in der Wirtschaft. Und der Geburtstag des Ältesten zählt nun mal. Darum beginnt auch die HSV-Geschichte mit dem 29. September 1887.

Die Geburt eines Großvereins

Als der SC Germania aus der Taufe gehoben wurde, steckte der Fußball nicht mehr unbedingt in den Kinderschuhen. Im Gegenteil, es gab bereits die ersten Regeln und Regularien, damit hatten die Schüler von Englands legendärem Eton-College 1815 begonnen. Der Fußball englischer Prägung hatte sich mittlerweile aus einer ganzen Reihe ähnlicher Ballspiele zur Eigenständigkeit entwickelt. In diese Reihe gehören z. B. Rugby ebenso wie der American Football. Freilich ahnte damals noch niemand, daß dieses Spiel, in England zunächst *soccer* geheißen, in den nächsten Jahrzehnten die ganze Welt erobern sollte.

Die Verbindung der Hansestadt Hamburg zu den Britischen Inseln, aus vielerlei Ursprüngen entstanden, hat naturgemäß dazu beigetragen, daß hier auch für den britischen Fußball der Boden schnell bereitet war. Dennoch, im SC Germania betrieb man zunächst Leichtathletik, mit Engagement zwar, aber wenig Resonanz bei der Hamburger Bevölkerung. Doch nicht allein darum suchten sich bald die ersten Fans der runden Lederkugel eine Wiese und begannen dort zu kicken. Das Spiel faszinierte sie.

Nun läßt sich denken, daß im vornehmen, zurückhaltenden Hamburg ein angeblich so simpler Sport nicht unbedingt breite Zustimmung fand. Man rümpfte eher die Nase über die Enthusiasten, die sich da mehr schlecht als recht abmühten, auf einer Kuhweide einen Ball mit dem Fuß in ein aufgestelltes Tor zu befördern. Trotzdem blieb der SC Germania nicht lange allein auf Hamburgs weiter Flur. In mehreren Stadtteilen gründete man Clubs, und das offenbar mit Erfolg, denn schon im Jahre 1896 wurde die erste Fußballmeisterschaft von Hamburg-Altona ausgetragen. Der Meister hieß Germania, der Gegner war der Altonaer Cricket-Club von 1893, das Ergebnis verschweigt die Chronik.

Das teils heiß geliebte, teils konsequent abgelehnte Spiel behauptete sich in den nächsten Jahren an der Elbe mit wechselndem Erfolg und unterschiedlicher Resonanz, denn in manchen Phasen lief ihm die Leichtathletik buchstäblich den Rang ab, zumindest beim SC Germania. Aber zu Beginn des 20. Jahrhunderts ging es dann wieder voran mit dem Fußball, und im Jahre 1903 war Altona sogar der Austragungsort für das erste Endspiel um die Deutsche Fußballmeisterschaft, das der VfB Leipzig gegen den Deutschen FC Prag mit 7:2 Toren gewann. Man bekommt beim Studium der Chronik oft den Eindruck, daß seinerzeit mehr Tore geschossen worden sind als heute – so schlug zum Beispiel Germania in der Vorrunde zur Deutschen Meisterschaft den ASC Hannover »nur« 11:0, blieb allerdings vor dem Eintritt ins Finale an Britannia Berlin mit 1:3 hängen.

Im Schicksalsjahr 1914 hatte sich der Fußball auch in der Hansestadt längst etabliert. Noch nicht gesellschaftsfähig vielleicht, aber aus dem Sportbild der wachsenden Stadt nicht mehr wegzudenken. Und Hamburger Fußballern vom SC Germania blieb es sogar vorbehalten, ihren Enthusiasmus nach Übersee zu tragen. Sie gründeten 1906 in Brasilien den SC Germania São Paulo, einen Club, der viele Jahrzehnte lang eine großartige Rolle im südamerikanischen Fußball gespielt hat.

Und doch veränderte das Jahr 1914 manches auch im Fußballsport. Die jungen Menschen zogen — die »Wacht am Rhein« auf den Lippen — begeistert in den Weltkrieg, und mit Millionen anderen bezahlten eben auch viele Fußballfreunde ihre Vaterlandsliebe mit dem Leben, von Langemarck bis Verdun. Zwar wurde während des Krieges allenthalben in Hamburg und anderswo weiter der Ball getreten, doch 1918 besaß Germania kaum noch Spieler. Selbst eine Zusammenarbeit mit Uhlenhorst Hertha gegen Ende des Krieges brachte keinen nennenswerten Erfolg.

Am Hamburger Wilhelm-Gymnasium gab es in den achtziger Jahren des 19. Jahrhunderts einen offenbar sehr progressiven Sportlehrer, Dr. Wilms. Er löste mit seiner Idee, an der vornehmen Schule das Fußballspiel einzuführen, zwar Unmut und Ärger bei seinen Kollegen, dafür aber helle Begeisterung bei den Untersekundanern aus. Sie gründeten nämlich 1888 den HFC, den Hamburger Fußballclub. Und das gleich richtig. Mit einer 15 Punkte umfassenden Satzung, mit Aufnahmegebühr (1,20 RM) und monatlichem Beitrag (20 Pfennige). Gespielt wurde im HFC jedoch zunächst eine etwas seltsame Mischung aus Rugby und Fußball. Das englische Vorbild setzte sich aber auch hier durch, vor allem, nachdem sprachkundige Mitglieder des Clubs die britischen Fußballregeln ins Deutsche übersetzt hatten und man nach diesen Richtlinien zu arbeiten begann.
Übrigens: Damals bestimmte die Abseitsregel zum Beispiel, daß sich zwischen Angreifer und Tor mindestens zwei gegnerische Feldspieler zu befinden hätten. Es ist kaum auszudenken, welche Blüten die heute oft exzellent in die Spielanlage eingebaute Abseitsfalle treiben würde, gäbe es diese Regel noch. Sie wurde 1925 auf den heutigen Stand reduziert.
Entsprechend der Herkunft seiner Gründer — aus hanseatischem gutbürgerlichem Haus — gab sich der Hamburger FC recht vornehm. Die Sie-Anrede unter Mitgliedern, Ehrengerichtsverfahren und ähnliche kleine Histörchen erzählt man sich von damals. Offenbar aber führte die gesellschaftliche Disziplin zum gesellschaftlichen Erfolg, denn 1906 übernahm sogar Bürgermeister Dr. Burchard das Protektorat über den Verein. Er trug damit sicherlich zur Hoffähigkeit

des Fußballs in der Hansestadt bei. Der Hamburger FC wagte auch Ausflüge ins internationale Fußballgeschäft, soweit seinerzeit von Geschäft die Rede sein konnte. Die Fußballreisen nach Göteborg und Stockholm galten wohl ebenso eher der Reputation wie das erste Gastspiel englischer Fußballprofis, der Kicker von Hartlepools United, die Pfingsten 1909 an der Elbe weilten und die Gastgeber 4:1 schlugen.

Im Hamburger FC tauchten zwei Namen auf, die heute noch in vieler Munde sind, vor allem beim HSV: Paul Hauenschild und Tull Harder. Hauenschild war es als erstem vorbehalten, mit der Finanzdeputation im Rathaus für die Anpachtung des Sportgeländes am Rothenbaum für den HFC zu verhandeln. Das geschah mit Erfolg im Jahre 1910. Tull (Otto) Harder meldete sich am 1. Januar 1912 zum aktiven Fußball beim Vorstand. Von beiden wird später noch die Rede sein. Im Krieg blieb der HFC, soweit möglich, dem Erfolgsfußball treu und bildete letztendlich im Jahre 1918 mit Viktoria eine ähnliche Kriegssportgemeinschaft wie Germania mit Uhlenhorst, um den Spielbetrieb einigermaßen fortführen zu können. Aber diese »Ehe« war auch nicht von Dauer.

Der dritte Gründungsverein des HSV, der FC Falke 1906, ist ebenfalls eine Schöpfung von Gymnasiasten. Der Fußball hatte bereits seinen Stammplatz im hamburgischen wie im deutschen Sportleben, als die Untertertianer aus Eppendorf den Verein ins Leben riefen. Die Jungen machten sich mit einem bewundernswerten Idealismus ans Werk, überstanden mannigfache Schwierigkeiten — und wurden dann nicht in den Norddeutschen Fußballverband aufgenommen. Warum? Nun, einmal entsprach ihr Sportplatz am Grindelberg nicht den Vorstellungen des Verbandes, zum anderen aber verfügte der Verein offenbar über nicht genügend ältere Mitglieder. Der Amtsschimmel ritt auch damals schon durch die Verbände, der Club wurde gesperrt, verbandsangehörige Hamburger Vereine durften nicht gegen die Eppendorfer Jungen antreten.

Doch die Funktionäre hatten wohl nicht mit der Zähigkeit der jungen Sportler gerechnet. Die besaßen nämlich zum großen Teil verständnisvolle Eltern, und so traten viele Väter dem Club bei. In Stellingen fand sich außerdem ein neuer

Platz, der den Anforderungen entsprach, und bald lag zum zweitenmal der Aufnahmeantrag auf dem Schreibtisch des Verbandsvorsitzenden. Diesmal wurde ihm entsprochen. In der Folge konnte sich der FC Falke über seine Entwicklung nicht beklagen. Es dauerte natürlich noch eine geraume Weile, bis er in seiner Spielstärke an die etablierten Hamburger Clubs heranreichte, doch durch den Ehrgeiz der jungen Leute gelang auch das. Immerhin meldete man für die Saison 1913/14 sechs Mannschaften zur Meisterschaft an. Wie überall, unterbrach der Weltkrieg hier ebenfalls die kontinuierliche Entwicklung. Man spielte zwar auch während dieser Jahre Fußball, aber ein richtiger Wiederaufbau wollte nach 1918 so recht nicht gelingen, trotz stärksten Einsatzes vieler Mitglieder.

So kam es also am 1. Juni 1919 zur Vereinigung der drei Hamburger Sportvereine, des SC Germania 1887, des Hamburger Fußballclubs 1888 und des Fußballclubs Falke 1906. Man gab sich den Namen Hamburger Sport-Verein (HSV) und entschied sich für das Geburtsdatum des SC Germania, für den 29. September 1887. Damit ist der HSV der älteste deutsche Sportverein mit einer Fußballabteilung. Übernommen wurde vom HFC der Sportplatz am Rothenbaum in Harvestehude, und schon nach wenigen Wochen horchte ganz Fußball-Deutschland auf: Der neue Verein schlug Werder Bremen 5:1, Hannover 96 4:0 und MTV Braunschweig 13:1. In diesen drei Spielen schoß Tull Harder allein 12 Tore. Ein verheißungsvoller Anfang; der Hamburger Sport-Verein hatte damit begonnen, ein eigenes Kapitel deutscher Fußballgeschichte zu schreiben.

Die Faszination Fußball

Als der Hamburger Sport-Verein die ersten Briefbogen mit dem neuen Namen in Auftrag gab, war Fußball in weiten Teilen der damals zivilisierten Welt bereits der Volkssport Nummer eins, vornehmlich in Europa und Südamerika. Abseits blieben nur — und das bis zum heutigen Tage — die

Vereinigten Staaten von Nordamerika. Sie hatten sich zwar ebenso rege an der Suche nach neuen Spielen beteiligt, aber der *soccer* bereitete den Pionieren in der Neuen Welt offenbar keine rechte Freude. Sie entwickelten den American Football, ein Spiel, das mit Händen und Füßen, ja mit dem ganzen Körper gespielt wird und uns europäische Fußballanhänger eher wie bloßer Kraftsport anmutet. Er mag zwar spannend sein, dieser Kampf zweier Mannschaften mit Helmen und Gesichtsmasken, mit Polstern und Schutzvorrichtungen an allen Körperteilen, aber mit der Eleganz eines guten Fußballspiels hat er nicht viel gemein.

Er ist aber bis heute in den Staaten ungeheuer beliebt, und die Versuche, dem Weltsport Fußball auch dort eine Heimstatt zu geben, sind nicht eben erfolgreich. Selbst weltberühmte Fußballer wie Pelé oder Beckenbauer, für Millionen Dollars über den großen Teich oder aus Südamerika nach New York verpflichtet, halfen dem *soccer* nicht richtig auf die Beine. Es blieb eine »Operettenliga«, mit Werbemethoden amerikanischer Prägung zwar zu einer gewissen Popularität hochgezüchtet, aber nicht entfernt in der Lage, Baseball und American Football von den ersten beiden Plätzen der sportlichen US-Hit-Liste zu verdrängen.

Anders war und ist es in Europa und natürlich auch in Deutschland. Hier herrschte bei der »Zweitgeburt« des HSV zwar das politische Chaos, hier bemühte man sich zwar — von rechts wie von links —, die junge Republik aus den Angeln zu heben, aber . . . der Entwicklung des Fußballs konnte das nichts anhaben. Die aus dem Krieg heimgekehrte Generation traf sich wieder in ihren Clubs, und gerade der Zusammenschluß der drei Hamburger Vereine bereits sieben Monate nach dem Waffenstillstand war ein beredtes Zeichen für den festen Willen breiter Kreise, diesen Mannschaftssport zu pflegen und zu fördern. Der Deutsche Fußballbund, knapp zwanzig Jahre alt, und seine Regionalverbände in Nord, West und Süd intensivierten ihre organisatorische Arbeit, die Aktivität in zahllosen Vereinen nahm ständig zu, das Interesse des Publikums stieg und stieg, die alte Römerweisheit »Brot und Spiele für das Volk« schien sich wieder einmal zu bestätigen.

Es ist immer wieder versucht worden zu ergründen, warum

gerade das Fußballspiel allen anderen Sportarten beim Publikum den Rang abgelaufen hat. Vielleicht ist es nur die Faszination, die der brillante Umgang mit dem luftgefüllten, springenden und fliegenden Leder auslöst. Daß Sportler den Ball mit dem Fuß »im Griff halten«, daß sie ihn »streicheln« können, »dirigieren«, mit Täuschungen und Tricks am Gegner vorbeispielen, mit Präzision und Kraft übers halbe Feld schlagen können, daß außerdem elf Spieler ein Team bilden, in dem offenkundig der eine die Ideen des anderen nachvollzieht und mitverwirklicht, das ist schon wunderschön anzusehen. Und die Liebe zum eigenen Verein, der lokale, regionale oder nationale Patriotismus tun ein übriges, um die Begeisterung vom Spielfeld auf die Ränge zu übertragen.

Das ist heute so, und das war damals nicht anders. Vielleicht sogar ursprünglicher, weil der Fußball seinerzeit nur Spiel und kaum Geschäft oder gar Show war. Man traf sich zweimal in der Woche zum Training, man hatte einen Lehrer, der sich des einzelnen Spielers wie der Mannschaft annahm, man lebte — wenn auch nicht immer und in allen Fällen — vernünftig, um sich sportlich fit zu halten. Und man spielte natürlich ganz andere »Systeme« als heute. Eigentlich hat nur der Torhüter seine Aufgabe fast unverändert behalten, denn die Verteidiger deckten damals vorzugsweise die Außenstürmer; die Außenläufer setzten sich vielfach mit den Halbstürmern des Gegners auseinander, den Halbstürmern (oder Verbindern), die »das Spiel zu machen« hatten; der Mittelläufer war entweder der große Stopper, der sich um den Mittelstürmer zu kümmern und die Deckung zu organisieren hatte, oder er war zusätzlich bemüht, von hinten heraus das Spiel auch im Aufbau zu steuern. An den »Freien Mann« im Abwehrzentrum, den Libero, dachte man noch lange nicht, und selbst die deutschen Weltmeister von 1954 spielten noch in etwa nach dem eben skizzierten klassischen System, dem die Teams von den Britischen Inseln, mit Abweichungen, versteht sich, bis heute anhängen.

Freilich hat es auch damals schon exzellente Techniker gegeben, die am Ball einfach alles konnten, große Taktiker, die den Durchblick hatten und spielbestimmend waren, und sogenannte »Wasserträger«, denen die niederen Mannschaftsdienste oblagen, die aber unverzichtbar waren.

Der Zahnarzt Dr. Hans Kalb war so ein Mann mit Durchblick. Er spielte in den zwanziger Jahren beim »Club«, dem 1. FC Nürnberg, und die Legende will wissen, daß er im Spiel relativ wenig gelaufen sei, aber meistens richtig gestanden habe. Zumindest — und das ist keine Legende — war er eine große Spielerpersönlichkeit jener Zeit, mit einem erheblichen Anteil an den frühen Erfolgen der Nürnberger Fußballer, die sich nach dem Ersten Weltkrieg im Jahre 1920 und 1921 den Deutschen Meistertitel holten.

Der süddeutsche Fußball schien überhaupt in jener Zeit dem norddeutschen voraus zu sein. Südlich der Mainlinie wurden die »Nordlichter« von damals über die Schulter angesehen, weil dort unten eben die Techniker dominierten, die den »Scheiberlfußball« bevorzugten und mit Spielwitz und Tricks ein mehr oder weniger fachkundiges Publikum begeisterten.

Plötzlich begann allerdings ein sogenanntes Nordlicht erst zu glänzen und dann zu strahlen, der Hamburger Sport-Verein. Man spielte im Norden Deutschlands einen anderen, aber keinen schlechteren Fußball. Kraftvoll, gradlinig, ohne Schnörkel, kämpferisch — das waren seine Merkmale. Es wurde der direkte Weg zum Tor des Gegners gesucht, so klar und mit so viel Einsatz, wie ihn sich mancher Trainer heute von seiner Elf wünschen mag.

Aber der HSV hatte es nicht leicht in der Hansestadt. Auch nach den ersten Erfolgen im Norden bekam er nicht die beste Presse. Man hielt wohl nicht sehr viel von der aus drei Vereinen gebildeten Mannschaft, und Clubs wie Altona 93 oder Viktoria spielten im Ansehen, vor allem der Journalisten, eine bedeutendere Rolle. Die Mannschaft in der Besetzung Borck; Agte, Werner; Thele, Ohrt, Krohn; Lowien, Popp, Harder, Schneider und Fick hatte zwar Erfolg, aber die Norddeutsche Meisterschaft sah man eher bei Altona, Viktoria oder Eimsbüttel. Dem HSV fehle es an willensstarken Charakteren, an überragenden Spielern. Außerdem seien die Mitglieder der Mannschaft nicht in einem Verein herangewachsen, sondern größtenteils »in fremden Kulturen« groß geworden, und das könne doch auf die Dauer nichts werden.

Nun, es wurde doch etwas. Obschon gegen die drei Hambur-

ger Konkurrenten prompt verloren wurde — gegen Eimsbüttel sogar 2:6 — und die Unkenrufer recht zu haben schienen: Die vom Rothenbaum schafften die Meisterschaft der
Alsterstaffel und im Nordkreis, während sich im Südkreis
Hannover 96 für das Endspiel qualifiziert hatte. Der HSV
trat zweimal gegen die südlichen Nachbarn an, gewann erst
3:1 und dann sogar 8:0. Das war die erste Norddeutsche
Meisterschaft und die Teilnahme an der »Deutschen«. Aber
noch klappte es nicht, gegen den Westdeutschen Meister
Duisburger SV wurden die Hoffnungen schon in der Vorrunde mit 1:2 beerdigt.
Im Herbst 1921 war das Bahrenfelder Stadion, der Vorläu-
fer des Volksparkstations, mit einem Spiel HSV — Altona
93 eingeweiht worden. Die Teams hatten sich unentschieden
getrennt. Die Saison hatte auch nicht eben verheißungsvoll
begonnen, im Gegenteil, der HSV mußte sich in der Alsterstaffel sogar mit einem zweiten Platz hinter St. Georg zufrie-
dengeben und verdankte nur seinem Norddeutschen Titel
die erneute Teilnahme an der regionalen Meisterschaft. Die
aber holte er sich überzeugend. Arminia Hannover, Phönix
Lübeck, der ETV Eimsbüttel, ABTS Bremen wurden geschlagen, und nach einer knappen Niederlage gegen St. Georg langte dann ein 3:2 gegen Holstein Kiel zum zweiten Titelgewinn. Und damit begann eine der dramatischsten Deutschen Meisterschaften in der Geschichte des DFB. Gesucht
wurde der Deutsche Fußballmeister 1922.

Abbruch in der Dämmerung

Die Spiele um die Deutsche Meisterschaft 1922 ließen sich
für den Hamburger Sport-Verein recht gut an, in der Vor-
runde gab es einen leichten 5:0-Sieg über Titania Stettin.
Dann war Frankfurt das Reiseziel, wo der HSV vom Süd-
deutschen Landesmeister Wacker München erwartet wurde.
Nicht also vom berühmten »Club« aus Nürnberg, dem die
Südmeisterschaft von den Münchnern abgejagt worden war.
Er nahm zwar trotzdem — als Vorjahresmeister — an der
Endrunde teil und sollte sogar der Endspielgegner der Ham-
burger werden.

24

Zunächst aber war da die Elf des Fußballkönigs Alfred Schaffer, Wacker München. Die Mannschaft um den ungarischen Spitzenspieler galt seinerzeit als unschlagbar, und so ging der HSV als klarer Außenseiter in das Spiel. Doch wie so oft strafte dieser Außenseiter alle Prognosen Lügen: Er gewann 4:0. Das technisch brillante Spiel der Süddeutschen parierten die Hamburger mit unbändigem Kampfgeist und Siegeswillen, sie störten die Kreise und Kreisel der »Scheiberlfußballer« sehr früh und zogen, natürlich umjubelt von Tausenden von Anhängern, ins Finale ein. Verständlich, daß man an Elbe und Alster nach diesem sensationellen Erfolg keinerlei Angst mehr vor dem »Club« hatte, jener Elf um Heiner Stuhlfauth und Dr. Kalb, die ihre dritte »Deutsche« in Folge ansteuerte. Sie war diesmal über die SpVgg Leipzig und Norden Nordwest Berlin ins Endspiel gelangt.

Am 18. Juni 1922 ging es los. Tausende von Fans füllten die Sonderzüge von Hamburg nach Berlin, wo im Grunewaldstadion — heute steht dort das Olympiastadion — die Auseinandersetzung mit den Süddeutschen stattfinden sollte; Tausende, die sich auf dem mit 45 000 Zuschauern überfüllten Platz entsprechend lautstark bemerkbar machten. Vor allem, als nach zwanzig Minuten ihr HSV durch ein Tor von Rave in Führung ging. Die Freude währte allerdings nur kurz, Heiner Träg schoß für Nürnberg den Ausgleich, und wenig später hieß es sogar 2:1 für den Meister. Hans Martens im Hamburger Tor soll da nicht recht im Bilde gewesen sein. Nach der Pause wollten die Hamburger es dann wissen, aber die Fans mußten bis fünf Minuten vor Schluß der regulären Spielzeit warten, ehe Hans Flohr der Ausgleich zum 2:2 gelang. Also Verlängerung.

Nun war das mit einem solchen Entscheidungsspiel damals noch etwas anders als heute, wo bei unentschiedenem Ausgang der Verlängerung um zweimal 15 Minuten ein Elfmeterschießen den Kampf beendet. Damals wurde bis zur Entscheidung gespielt. Oder, wie 1922, bis zum Anbruch der Dunkelheit. Mehr als drei Stunden rannten die Stürmer von Hamburg und Nürnberg gegen die gegnerischen Abwehrblöcke an, mehr als drei Stunden — vergeblich. Zwischendurch bekam der Schiedsrichter Dr. Peco Bauwens — später lange Zeit Präsident des Deutschen Fußballbundes —

Wadenkrämpfe, während sich die Spieler auf beiden Seiten offenbar recht gut gehalten hatten. Als dann — in der Dämmerung — der Abpfiff ertönte, waren sie doch wohl rechtschaffen müde. Kein Team durfte sich mit dem Titel »Deutscher Fußballmeister 1922« schmücken.

Trotzdem wurde der HSV zu Hause wie ein Meister empfangen, die halbe Stadt schien auf den Beinen zu sein. Im Süden des Reiches wiederum galten die Nürnberger als der neue alte Meister. Und das hörte sich im »Fußball«, der in München erscheinenden Sportzeitung, die sich »Das Fachblatt für den Kontinent« nannte, wie folgt an:

»Nürnberg errang am Sonntag im Deutschen Stadion einen moralischen Sieg, nicht weil es durch das Fehlen der Mannschaftsseele Kalb eigentlich sozusagen ohne Mittelläufer spielte, nicht weil es, ohne seine Spielweise aufzugeben, den Hamburgern um zwei Tore überlegen war, sondern weil sich hinter das Wappenschild H.S.V. ein riesiger Teil Deutschlands panzerte, nicht nur Norddeutschland und Berlin, sondern auch jene kleinlichen Seelen überall auf der Welt, die etwas Überragendes, zu Bewunderndes nicht ertragen können. Drei Jahre Deutscher Meister, das ertrug der Neid eben nicht mehr, und so wünschten jene geschlossen von Herzen dem H.S.V. den Sieg um jeden Preis.

Hätte Nürnberg verloren, so wäre das nicht so schlimm wegen der Meisterwürde (zumal der so vabanquemäßig ausgespielten D.F.B.-Meisterschaft), sondern dem Kombinationsspiel überhaupt wäre damit in unserem Lande geschadet worden. Deutschland hätte eine neue Periode des *kick and rush* erlebt.«

Ja, die Bayern, fällt mir da nur ein. Um so mehr, als das kontinentale Fachblatt im selben Beitrag zugibt, daß man gerade Abwehrspieler wie Torwart Stuhlfauth und Verteidiger Kugler brauchte, um die »Steilvorlagen zu erledigen«.

Die Wellen der Emotionen und verbalen Aggressionen gingen also hoch. Weniger im Norden, möchte ich meinen, die kühle Sachlichkeit dominierte hier. Vielleicht aber muß man die »kontinentalen« Bayern verstehen, denn mit dem HSV hatte ihnen ja zum erstenmal ein Nord-Club die Vorherrschaft im deutschen Fußball streitig gemacht.

Wenn man bedenkt, daß in den letzten Jahren der HSV und

der FC Bayern München fast im Alleingang den Titel unter sich ausgemacht haben, ohne daß der eine das Spielsystem des anderen rhetorisch abqualifizierte, dann darf man wohl dankbar anmerken, daß Fußballwettkämpfe heute zumindest keine Kleinkriege der deutschen Stämme mehr sind. 1922 aber nahm dieser Krieg kein Ende. Er beherrschte den Blätterwald, bis er durch das Wiederholungsspiel am 6. August in Leipzig sogar noch neuen Zündstoff erhielt. Das ging nämlich ebenfalls unentschieden aus, trotz der Mitwirkung der Nürnberger Mannschaftsseele Kalb. 1:1 hieß es am Ende der regulären Spielzeit, 1:1 auch noch nach der ersten Verlängerung. Und dann begann das Drama.

Die Regeln des DFB sagten damals, daß der Schiedsrichter — es war wieder Peco Bauwens — ein Spiel abbrechen könne, wenn eine Mannschaft weniger als acht Spieler auf dem Platz habe. Und Nürnberg hatte nur noch sieben. Boes und Träg waren von Bauwens des Feldes verwiesen worden, Kugler war verletzt ausgeschieden, und Popp brach mit dem Pausenpfiff in der Verlängerung zusammen. Der damals schon renommierte Schiedsrichter hat den Abbruch des Spiels in seinem Bericht haarklein dokumentiert, darum muß er als erster ausführlich zu Wort kommen. Denn sein Handeln löste eine Lawine aus, die wohl einmalig in der deutschen und überhaupt in der Fußballgeschichte dasteht. Es mag zwar heute noch Exzesse auf dem Rasen, Turbulenzen auf den Rängen und Fehlentscheidungen am grünen Tisch der Verbände geben, aber so etwas wie damals nicht mehr. Noch jetzt, nach mehr als sechzig Jahren, verschlägt es dem Chronisten fast die Sprache, und da die Deutsche Fußballmeisterschaft von 1922 unter den »Sportgelehrten« heute noch umstritten ist, erscheint es unerläßlich, den Film von damals — der bei Gott kein Stummfilm war, obwohl es den Ton noch nicht gab — zumindest in groben Zügen noch einmal vorzuführen. Er gehört ja nicht nur zur HSV-Chronik, er gehört zur deutschen Fußballgeschichte. Zunächst also der »Auslöser« des Dramas, Dr. Bauwens:

»Nachdem sich in der ersten Viertelstunde allmählich wiederum eine scharfe Note im Spiel beider Mannschaften zeigte, ermahnte ich die beiden Mannschaftsführer und wies darauf hin, daß ich nun zu dem schärferen Mittel des Herausstellens greifen würde, da meine dauernden Ermahnungen und die Verhängungen von Strafstößen doch nichts nützen würden. Ein Vorstoß vom Nürnberger Innensturm kam im Strafraum zum Stillstand. Der Ball wurde von einem Hamburger Spieler im weiten Schlag zum Hamburger linken Flügel gegeben, und zwar ging der Ball bis auf die Mittellinie. Als der hohe Stoß erfolgt war, sah ich noch, wie Boes, obgleich der Ball weg war, sein Bein gegen einen am Boden liegenden Hamburger (Beier) erhob. Im selben Augenblick schob sich irgendein anderer Spieler vor ihn, so daß mir jede Sicht versperrt war. Ich war schon jetzt entschlossen, gegen Boes vorzugehen, da ich mich lebhaft seines Vorgehens in Berlin erinnerte, das ich bedauerlicherweise damals nicht gesehen hatte. Andererseits wollte ich mit Rücksicht darauf, daß durch den weiten Schlag nach vorne Hamburg in einen überaus großen Vorteil gekommen war, das Spiel in diesem Augenblick nicht unterbrechen. Da hörte ich plötzlich einen furchtbaren Schrei, und durch schnelles Umdrehen übersah ich die Situation. Um mich nun noch weiter über das zu unterrichten, was ich selbst nicht verfolgen konnte, holte ich mir die beiden dem Vorfall zunächst stehenden Linienrichter beiseite. Ich veranlaßte sie, mir den Vorfall, wie sie ihn gesehen, zu schildern, bat sie auch noch, sich durch nichts, auch nicht durch die erregte Zuschauermenge, in ihrer Schilderung und ihrem Urteil beeinflussen zu lassen. Der übereinstimmende Bericht der beiden Linienrichter bestätigte meine eigene Beobachtung und weiterhin, daß Boes in gemeiner Absicht den am Boden liegenden Beier in den Bauch getreten habe. Daraufhin verwies ich Boes des Spielfeldes. Bevor ich die erste Verlängerung anpfiff, hörte ich eine heftige Auseinandersetzung zwischen Träg und Agte. Ich frug, um was es sich handelte, worauf Träg sehr erregt sagte: ›Der hat Lump zu mir gesagt, und Sie haben es nicht hören wollen!‹ Zunächst wies ich wieder mal Träg wegen der letzten Bemerkung zurecht und erklärte ihm, daß ich ihn auch jetzt wiederum wegen dieses Benehmens allein, wie dies vorher schon mehrfach in ähnlicher Weise geschehen und auch von mir gerügt war, vom Platze verweisen könnte. Agte versuchte sich bei Träg zu entschuldigen. Dieser ließ dies aber nicht gelten, sondern erklärte ihm, ihn fünf Minuten vor

Schluß kaputtzutreten. Wiederum wies ich Träg zur Ordnung. Obgleich mir auch diesmal wieder das Recht zustand, ihn vom Platz zu verweisen, was ich ihm auch erklärte, wollte ich dies nicht tun, da ich Rücksicht auf seine Erregung nahm, und wartete mit dem Spielbeginn noch einige Zeit. In dieser ersten Verlängerung schied dann Kugler verletzt aus. Etwa fünf Minuten vor Schluß machte Träg einen schnellen Vorstoß, den Beier durch korrektes Sperren unschädlich machte. Träg stieß nun, ohne den Ball zu haben, den etwas nach vorn übergeneigten Beier mit aller Kraft in den oberen Rücken, nahe dem Nacken, so daß Beier nach vorn überkugelte. Im gleichen Augenblick pfiff ich ab und verwies Träg des Platzes. Die Handlung war derart gemein, daß ich nahe daran war, das Spiel schon jetzt abzubrechen. Träg ging, ohne zu reklamieren, sofort vom Platz, soll dann, wie ich später noch hörte, dem erregten Publikum gegenüber sich noch überaus unsportlich aufgeführt haben. Riegel wurde zum Mannschaftsführer erklärt.

Mit dem Schlußpfiff der ersten Verlängerung brach Popp zusammen. Ich ließ einige Zeit verstreichen, damit er sich erhole. Es wurde mir dann nach weiterem Befragen von Riegel erklärt, Popp könne nicht mehr weiter spielen. Ich machte nochmals darauf aufmerksam, daß ich dann das Spiel abbrechen müsse, da weniger als acht Mann auf dem Spielfeld seien. Auch dann erklärte Riegel nach einiger Zeit, Popp könne nicht mehr antreten, und so brach ich dann das Spiel vor Beginn der zweiten Verlängerung ab.«

Das also ist »Originalton Dr. Peco Bauwens«. Nun die unmittelbare Folge: Die Hamburger Spieler gingen zum Schiedsrichter und fragten, ob sie jetzt Deutscher Meister seien. Das hat Bauwens bejaht. Erst dann verließ die HSV-Elf den Platz. Das jedenfalls bestätigte mir Dr. Peter Krohn, in den siebziger Jahren erst Präsident und dann Manager des HSV, in einem Gespräch. Wörtlich: »Mein Vater, der damals in der Hamburger Mannschaft linker Läufer gespielt hat, ist ebenfalls zu Bauwens gegangen und hat ihn gefragt. Er hat die Bestätigung erhalten, daß der Hamburger Sport-Verein Deutscher Fußballmeister 1922 sei.«

Heute würde man sagen, daß eine Fußballmannschaft, die um vier Spieler dezimiert ist, zumal um zwei durch Feldverweis, das Spiel nicht fortsetzen kann, also verloren hat. Heute kann das allerdings nicht passieren, denn seit Jahren dürfen zwei Spieler während der neunzig oder hundertzwanzig Minuten ausgewechselt werden. Sollten trotzdem in einer Elf vier Leute fehlen, ein Spielabbruch wäre dann wohl keine Diskussion mehr. Und der Sieger stünde fest. Denn der »Herr in Schwarz« ist der Chef auf dem Spielfeld, und wenn er einen Elfmeter gibt, den alle Fernsehbilder der Welt als nicht berechtigt ausweisen, es bleibt bei der Tatsachenentscheidung. Auch die Fußballjuristen können (und wollen) daran nicht deuteln. Anders im Jahre 1922, denn nach dieser »Tatsachenentscheidung« von Herrn Bauwens begann der Krieg am grünen Tisch. Und er führte zu einem Urteil, über das man heute nur noch den Kopf schütteln kann.

Streit um den Titel

»Die Nürnberger hängen keinen, sie hätten ihn denn.« Goethes Haudegen Götz von Berlichingen ist zwar durch einen ganz anderen Kernspruch zum populärsten dramatischen Helden der deutschen Literatur geworden — durch einen Kernspruch, der heutzutage mehr denn je auf Fußballfeldern wie in fast allen Lebensbereichen zitiert wird. Aber des Dichterfürsten knappes Urteil über die Nürnberger gewann im Anschluß an die beiden unentschiedenen Endspiele um die Deutsche Fußballmeisterschaft unversehens besondere Aktualität. Die Nürnberger hatten nämlich einen, den sie »hängen« konnten, wenngleich nur verbal. Sie hatten sogar zwei, den Hamburger Sport-Verein und den Schiedsrichter der beiden Endspiele, Dr. Peco Bauwens.
Einige Tage nach dem Spielabbruch in Leipzig stellte sich der Spielausschuß des Deutschen Fußballbundes in einer Sitzung entschlossen hinter Bauwens: Er erklärte den HSV zum Deutschen Meister 1922. Aber auch damals war dieses Gremium trotz seiner Vollmachten nicht die letzte Instanz des deutschen Fußballs. Und das wußten die Nürnberger Fußballjuristen sehr wohl. Also legten sie Beschwerde gegen den Schiedsspruch ein, und das beim »obersten Fußballgericht«, beim Präsidium des DFB. Den Herren Funktionären

kam dieser Einspruch wohl kaum gelegen; immerhin hatten die dramatischen Spiele und ihr Ausgang schon soviel Fußballstaub aufgewirbelt, daß man am liebsten wohl alles unter den Teppich gekehrt hätte. Es war ja auch unangenehm für die verantwortlichen Fußballoberen Deutschlands, einen Schwarzen Peter aufnehmen zu müssen, den man kaum weitergeben konnte. Man mußte eine endgültige Entscheidung fällen, aber, wie die auch aussah, sie würde entweder im Süden oder im Norden auf herbe Kritik stoßen.

Die Nürnberger hatten sich also an ihren eigenen grünen Tischen intensiv mit den Fußball-Satzungen befaßt und dabei herausgefiltert, daß der Schiedsrichter das Spiel zu einem falschen Zeitpunkt abgebrochen habe, in der Pause der Verlängerung nämlich. Diese Pause aber gehöre nicht zum Spiel, also hätte Bauwens wieder anpfeifen und dann zählen müssen, wieviel Nürnberger gegen die Hamburger noch auf ihren zwei Beinen standen. Wäre so verfahren worden, hätte man die Paragraphen vielleicht gar nicht erst bemühen müssen. Oder doch? Sicher, denn die Nürnberger Rechtsvertreter waren der Ansicht, daß die am 1. August 1922 in Kraft getretene Bestimmung, ein Spiel könne bei weniger als acht Spielern in einer Mannschaft abgebrochen werden, für dieses zweite Endspiel vom 6. August 1922 gar nicht zu gelten habe. Schließlich sei der Kampf eine Fortsetzung der Aktivitäten beider Mannschaften aus dem Juni desselben Jahres gewesen. Natürlich läßt sich diese Art juristischer Spitzfindigkeiten entkräften, sie wurden in diesem Fall auch nur als Zusatzargument auf den DFB-Vorstandstisch gelegt, aber die »Richter« schienen damals so verunsichert, daß auch solche »Beweismittel« ihre Wirkung nicht verfehlt hätten. In erster Linie ging es jedoch um den Abbruch während der Pause.

Ein Fußballspiel dauert neunzig (oder 120) Minuten, die »Gesetze« lassen also tatsächlich offen, ob die Halbzeitpause zum Spiel zu zählen ist. Tatsache war damals aber auch, daß die Nürnberger nicht mehr als sieben Mann aufs Spielfeld bringen konnten. Nach menschlichem Ermessen hätten sie also in der zweiten Hälfte der Verlängerung gegen den zahlenmäßig stärkeren HSV verlieren müssen. Es hätte also einen regulären Meister geben können, und der deutsche Fußball wäre um einen Skandal ärmer.

Der Fußballbund hatte also zu entscheiden, ob der HSV nun Deutscher Meister geworden war oder nicht. Zwar mußte der gesunde Menschenverstand ausschließen, daß auch der FC Nürnberg zum Meister hätte erklärt werden können, aber was heißt das schon? Der »Club« versuchte es jedenfalls. Er verlangte nicht, neuer Meister zu werden, sondern alter Meister zu bleiben, für ein Fußballjahr. Die Begründung: Es sei keine Entscheidung auf dem Fußballplatz gefallen, also könne es auch keinen neuen Meister geben. Demnach amtiere der alte für eine weitere Saison.

Dieser Argumentation mochte sich allerdings das DFB-Präsidium nicht anschließen. Es beriet in Würzburg stundenlang und fällte schließlich ein Urteil, das man offenbar für salomonisch gehalten hat. Man erklärte den Hamburger Sport-Verein zum Deutschen Fußballmeister 1922, aber unter der Bedingung, daß der Vorstand des HSV unmittelbar darauf auf den Titel verzichte.

Nun lachte die ganze Fußballwelt. Vielleicht war es hanseatische Noblesse, die den damaligen Präsidenten des HSV, Henry Barrelet, veranlaßte, den Salomonen aus Würzburg zuzustimmen, vielleicht sagte man sich an der Alster auch nur, »Was soll's, der wirkliche Meister sind wir sowieso«.

Diese Hamburger Haltung mag zwar vornehm gewesen sein, sie wischt aber die Unhaltbarkeit des Urteils nicht vom Tisch. Es ist schlicht unmöglich, einer Mannschaft einen solch gewichtigen Titel nur unter der Auflage zuzusprechen, daß sie ihn am nächsten Tag wieder zurückgibt. Dann hätte man wirklich Mut haben und auf einen Fußballmeister 1922 verzichten sollen. So aber hatte man einen und doch keinen.

So rauschte, ja stürmte es nach der denkwürdigen Sitzung in Würzburg auch durch den deutschen Blätterwald, denn mit einer solchen Entscheidung war wirklich niemandem gedient. Auch nicht dem Deutschen Fußballbund und seinem Präsidium, wie sich zeigen sollte.

Die Medien — es gab ja zu der Zeit nur Zeitungen und Zeitschriften, keinen Rundfunk und kein Fernsehen — gingen im übrigen nicht sehr sanft miteinander um. Nicht mit der »Gegenseite« und nicht mit den Richtern von Würzburg. Was den Ton angeht, der sich in den Spalten der Blätter dokumentierte, so scheinen vor sechzig Jahren schon die Geburtswehen heutiger Boulevard-Blätter eingesetzt zu haben. Von der »geistigen Impotenz gewisser Fußball-Kritiker« wurde im »Fußball« gesprochen, und gemeint war damit ein Beitrag des »Hamburger Extrablattes«, den ich niemandem vorenthalten möchte. Nicht etwa, weil meine Affinität zum HSV stärker ist als zum »Club«, sondern lediglich, weil der mit geistiger Impotenz von der Gegenseite abqualifizierte Artikel in einigen Absätzen den Finger auf *die* Wunde legte, die der DFB in Würzburg offen gelassen hatte. Auf die Änderung der Satzungen nämlich, die eine Wiederholung solcher Possen in Zukunft hätte vermeiden können. Man tat sich da auch viele Jahrzehnte später noch schwer, denn vor dem heutigen Elfmeterschießen gab es lange Jahre den Losentscheid, der nicht minder fragwürdig war.

Die Hamburger Journalisten von 1922 über den DFB von 1922: »Der Leipziger Tragödie folgte am letzten Sonntag in Würzburg wie im alten griechischen Theater das Satirspiel . . . Man mag zu dieser ganzen Geschichte stehen, wie man will, den Würzburger oder den Hildesheimer Beschluß für den allein richtigen ansehen, über eins kann weder Freund noch Feind hinwegkommen, und das ist das peinliche Gefühl, daß im Grund die ganze Aufregung, die nun schon seit Monden die deutsche Sportwelt beherrscht und durch die Etappen Berlin, Leipzig, Hildesheim und Würzburg gekennzeichnet ist, umsonst war! Daß man höheren Orts aus diesem Streitfall nichts gelernt hat und nach alter, bewährter Weise im gemütlichen Trott weiter wurstelt! Weiter wurstelt und wir uns allesamt wie Heuochsen vorkommen müssen.

Denn das war doch nicht die Hauptsache an dieser blamablen Meisterschaft, daß nun der HSV oder der FC Nürnberg als Deutscher Meister in der Gegend herumlaufen darf, sondern die ein für allemal bindende grundsätzliche Lösung des Streitfalls. Den in den Satzungen des deutschen Fußballs durch den Leipziger Spielabbruch aller Welt sichtbar gewordenen Mangel auszufüllen und für die Zukunft derartige Streitereien unmöglich zu machen. Wieviel des kostbaren Papiers wäre nicht verschrieben worden, welche Unsummen von gegenseitiger Erbitterung unterblieben, wenn in den Satzungen klipp und klar gestanden hätte, was aus einem unter solchen Umständen abgebrochenen Spiel zu werden hat. Die vieltausendfältige Praxis hat den einzig gangbaren Weg gezeigt — allerdings ohne eine papierne Rechtsgrundlage zu besitzen —, die Leute in Hildesheim haben sich in ihrem Spruch an diesen durch die Praxis gegebenen Weg gehalten, der DFB mit seiner letztinstanzlichen Theorie aber warf alle Praxis über den Haufen und dekretierte — ja was bestimmte er denn nun eigentlich? Gar nichts! Denn der Würzburger Spruch bedeutet für die Zukunft noch nicht einmal einen der berühmten Fetzen Papiere, auf dem er stand!

Haben uns die Herren in Würzburg nun für die zumindest nächste Zukunft vor der Wiederholung eines ähnlichen Falles bewahrt? Haben sie grundsätzlich festgelegt, ein Spiel, das abgebrochen wird, weil weniger als acht Mann auf der einen Seite im Felde stehen, sei zu wiederholen, sei gültig, und wenn ja, was aus den ›Punkten‹ wird? Nichts von alledem haben sie beschlossen.

Schade um das schöne Geld, das man für dieses Jammertheater in Würzburg ausgegeben hat! Den Vereinen aber kann auf Grund des Spruches der sieben Weisen von Würzburg nur dringend empfohlen werden, bei drohendem Verlust eines Spiels schleunigst vier Mann umfallen zu lassen. Und wenn ihnen die spieltechnische Instanz nicht recht geben sollte, dann mögen sie sich nur getrost an den DFB wenden. Der wird die Sache schon deichseln. Eine Regel gibt's ja nicht, und was dem 1. FC Nürnberg recht ist, wird doch auch dem Posemuckler Fußballverein billig sein, nicht wahr, meine Herren vom DFB?«

Ganz schön deutlich, die Hamburger Kollegen von damals. Und die süddeutschen Fußballexperten vom »Fachblatt für den Kontinent« hatten auch keine Angst. Sie antworteten nach der Hamburger Veröffentlichung:

»Das Blatt gibt in seiner Erregung selbst zu, daß ein Spruch notwendig ist, um Mängel in den Satzungen zu beseitigen — dasselbe Blatt hat aber (ohne Rücksicht auf diese Mängel!) den Hamburger Sport-Verein zum Deutschen Meister ausgerufen! Es ist nicht imstande, mit ruhigen Sinnen die Dinge zu besehen, weil es sich in seiner geschäftigen Meistermache blamiert fühlt, sich — um mit seinen eigenen Worten zu reden — wie ein Heuochse vorkommt.«

Solche und ähnliche Geschichten ließen sich die Sportredakteure von damals einfallen, um das Feuer zu schüren. Die Mannschaften — ja, die Vereine — waren da eigentlich nur noch die Opfer. Sie hatten gekämpft, die Hamburger wie die Nürnberger, länger als fünf Stunden insgesamt, doch eine Entscheidung auf dem Fußballplatz hatten sie nicht erzwungen. Natürlich wäre jeder der 22 Akteure gern Meister geworden, aber die »salomonischen« Richter sahen das ganz anders. Sie vergaben zwar einen Titel, aber nur mit dem Zwang zur sofortigen Rückgabe. Eine Kabarett-Nummer von Weltformat, die der DFB da auf der deutschen Fußballbühne inszeniert hat.

Leute wie Dieter Hildebrandt oder Lore Lorentz — auch Fußballfreunde, wie man weiß — würden heute wohl auf die Frage, wer denn eigentlich der Deutsche Fußballmeister von 1922 gewesen sei, nur die Achseln zucken und lächeln: »Nun, wer denn wohl? Der DFB natürlich.« Und unrecht hätten sie damit nicht.

Über alles wächst Gras und über Nebensachen — seien sie auch die schönsten der Welt — sogar recht schnell. Wer aber am Beispiel des Hamburger Sport-Vereins über Höhepunkte und Ereignisse der deutschen Fußballgeschichte berichtet, darf solche, damals erregenden, heute allenfalls amüsanten, Geschichten nicht unterschlagen. Um so mehr, als es ja bei Gott nicht der letzte große bühnenreife Auftritt von Fußballfunktionären gewesen ist.

Die Hamburger und die Nürnberger Fußballer hatten schon bald nach dem großen Streit keinen Ärger mehr miteinander. Viele Male standen sich die beiden Teams auf dem Rasen gegenüber, bis in die Gegenwart hinein, mal gewann der eine, mal der andere. Und in Hamburg wird genauso bedauert wie in anderen Fußballregionen, daß der traditionsreiche Altmeister, der berühmte »Club« aus Nürnberg, 1984 wieder einmal den Weg in die zweithöchste Fußballklasse antreten mußte. Nürnberg gehöre einfach in die Bundesliga, wie Schalke auch, ist eine weit verbreitete Ansicht unter objektiven, vereinsunabhängigen Fußballfans.

Die Fußball-Nachkommen der Weisen von Würzburg übrigens haben versucht, die merkwürdige Entscheidung ihrer

Vorgänger in aller Stille wenigstens pro forma zu revidieren. Und zwar so: Die Trophäe der Deutschen Fußballmeisterschaft ist heute eine wertvolle Silberschale. Sie trat nach dem Zweiten Weltkrieg die Nachfolge der berühmten »Viktoria« an, jenes höchsten deutschen Fußball-Wanderpreises, der eine verteufelte Ähnlichkeit mit den diversen Viktoria-Denkmälern der Kaiserzeit hatte, die dann aber ein Opfer des Krieges wurde. Auf dem Ersatzwanderpreis — von den Fußballern respektlos Salatschüssel genannt — wurden und werden alle Deutschen Fußballmeister namentlich festgehalten. Und wer steht dort wohl als Meister von 1922, den es ja gar nicht geben sollte? Man glaubt es kaum, aber es ist jederzeit nachzulesen: Es stehen dort in Silber eingeschlagen der 1. FC Nürnberg und der Hamburger Sport-Verein. Also erst gar keiner, und dann gleich zwei, wieder eine DFB-Lachnummer. Offenbar wollten die Nachkriegs-Funktionäre keinem Verein weh tun.

Der zweite Anlauf

Max Schmeling, Deutschlands erfolgreichster Boxer und mit achtzig Jahren noch eins der größten Sportidole, wurde 1930 Weltmeister aller Klassen. Er gewann in der vierten Runde durch Disqualifikation seines Gegners Jack Sharkey, der unter die Gürtellinie geschlagen hatte. Das Urteil war korrekt und wurde auch international anerkannt. Aber es blieb ein Schatten. Vor allem in Amerika, wo der Kampf ausgetragen worden war, fehlte es nicht an negativen Stimmen. Man hatte dort den Welttitel der Berufsboxer sozusagen gepachtet. Doch Schmeling machte seine Kritiker schnell mundtot, als er ein Jahr später die Weltmeisterschaft gegen den Amerikaner Stribling erfolgreich verteidigte.

Nicht anders der Hamburger Sport-Verein nach dem merkwürdigen Schiedsspruch des Deutschen Fußballbundes. Er steckte seine Enttäuschung weg und machte sich auf zur nächsten Runde. Zwar gab es zuerst noch ein peinliches Zwischenspiel in Süddeutschland, wo die Hamburger sich gegen die SpVgg Fürth eine 0:10-Niederlage holten — Grund genug für die Hamburger Presse, dem Großverein

36

seinen endgültigen Untergang vorauszusagen. Aber auch diese Blamage in Bayern verwand die Mannschaft in drei Tagen. Mit einem 3:1-Sieg über Viktoria — von einigen Zeitungen als der wirkliche Hamburger Meister gepriesen — gab die Elf vom Rothenbaum eine klare Antwort auf die Frage, wer denn an Elbe und Alster den besten Fußball spiele.

Von Untergang war also nicht die Rede, sportlich nicht und wirtschaftlich auch nicht. Obwohl die Inflation den Herren an der Spitze des HSV, vor allem dem Präsidenten Dr. Staelin, das gleiche Kopfzerbrechen bereitete wie allen anderen Clubs und der gesamten Volkswirtschaft. Immerhin aber stieg gerade in dieser Zeit die Zahl der Mitglieder auf 2600, und das Präsidium nahm deren Hilfe gern in Anspruch, um das materielle Tief zu überwinden.

Die Norddeutsche Meisterschaft war kein Problem für die Fußballer um Tull Harder, trotz aller Unkenrufe nach dem Fürther Debakel. Damals gab es in Hamburg noch den Alster- und den Elbekreis, und der HSV hatte noch nie die Hamburger Meisterschaft an die Alster geholt — die Teilnahme an den weiteren Titelkämpfen verdankte er immer seinem zweiten Platz —, diesmal aber gelang auch das. Der HSV fegte alle Hamburger Gegner regelrecht vom Platz, ob Viktoria, Concordia, Eimsbüttel, St. Georg, St. Pauli Sportverein, Sperber, Uhlenhorst. Und setzte bei der »Norddeutschen« diese Serie fort gegen Harburg, Eintracht Hannover und — last not least — Holstein Kiel.

Wieder also ging es in die Endrunde zur Deutschen Fußballmeisterschaft. Erst wurde Guts Muts Dresden durch zwei Tore von Tull Harder bezwungen, dann der VfB Königsberg mit 3:2 in Stettin geschlagen. Allerdings hatte der HSV in beiden Spielen erhebliche Schwierigkeiten mit sich selbst, gegen Dresden erfocht man einen der berühmten Zittersiege, die es heute ja noch hin und wieder im Volksparkstadion zu besichtigen gibt, und der VfB Königsberg bewahrte die Hamburger in letzter Minute vor der Verlängerung durch ein Eigentor, nachdem er zweimal eine Führung der Hanseaten ausgeglichen hatte.

Die Aktien für das Endspiel standen also nicht sehr hoch im Kurs. Obwohl der Gegner nicht die SpVgg Fürth war, die man erwartet und zugleich gefürchtet hatte. Denn in Halle an der Saale war diesmal die Sensation Wirklichkeit geworden, von der man im Fußball so oft spricht: Union Oberschöneweide hatte die Süddeutschen mit 2 : 1 auf die Verliererstraße verwiesen. Gegner der Hamburger war nun eine Elf aus Berlin. Und das in Berlin.

Für die Fußballarithmetiker mußte der HSV praktisch als Außenseiter ins Spiel gehen. Die Berliner hatten Fürth ausgeschaltet, und die Hamburger hatten — wenn auch in Freundschaft — in Fürth eine zweistellige Abfuhr erlitten. Doch wieder einmal kam es ganz anders, als die Sach- und Fachkundigen gedacht hatten. Der Favorit Oberschöneweide ging unter. Wie weggeblasen war beim Hamburger Sport-Verein die Formschwäche. Er besann sich sofort auf seine spielerischen wie kämpferischen Qualitäten und machte das Spiel. Bereits zur Halbzeit hieß es 1 : 0 durch Harder, und nach der Pause war die Elf vom Rothenbaum nicht mehr zu halten. Breuel und Schneider sorgten mit zwei weiteren Toren für ein klares Ergebnis.

Der Jubel kannte keine Grenzen. Der HSV, dem man kurz vorher in der eigenen Stadt den Untergang vorausgesagt hatte, brachte die »Viktoria« aus Berlin mit nach Hause und erkämpfte endgültig für den Hamburger Fußball, was Adolf Jäger mit Altona 93 und auch dem SC Viktoria versagt geblieben war. Diesem Sieg mochte sich die sonst nicht sehr freundliche Presse natürlich nicht verschließen. »An erster Stelle steht der Dank, den Hamburg als Sportstadt dem HSV schuldet«, las man in einer Gazette, die dem Großverein sonst nicht sehr gewogen war. Die Hamburger Fußballfreunde dagegen hatten immer auf ihren HSV gesetzt und ließen jetzt ihrer Freude freien Lauf. Martens, Beier, Speyer, Krohn, Halvorsen, Carlsson, Kolzen, Breuel, Harder, Schneider und Rave wurden am Dammtor fast erdrückt. Bis zum Rothenbaum war alles schwarz von Menschen.

Im dritten Anlauf zum erstenmal unangefochtener Deutscher Fußballmeister, das war schon was! Ein Triumph, aber auch eine Bürde. Jetzt jagten ihn alle, den besten deutschen Fußballclub. Und als er gegen Fürth wieder einmal eine Niederlage einstecken mußte, hörte man die entsprechenden bayrischen Töne bis an die Elbe. Nun sei wohl klar, wo der wirkliche Meister sitze, in Fürth natürlich. Die Hanseaten focht das nicht sonderlich an, sie hielten es mehr mit dem Understatement. Doch bald half die Zurückhaltung nicht mehr, es gab echten Krach mit den Fürthern. Nicht auf dem Fußballplatz, sondern am grünen Tisch.

Hans Lang, bekannter Fußballer aus Fürth und bereits Nationalspieler, kehrte seiner Heimat den Rücken, um sich auf den Weg nach Südamerika zu machen. Er blieb aber in Hamburg hängen und war bereit, das Trikot des Hamburger Sport-Vereins anzuziehen. Das hatte man in Fürth gar nicht gern, man setzte alle Hebel in Bewegung, um den jungen Mann zurückzugewinnen. Und der eine oder andere Hebel erschien den Herren an der Elbe doch die Grenzen der Lauterkeit zu verletzen. Man drohte also mit Strafantrag wegen der Methoden, die Fürth angewandt hatte. Und der DFB mußte sich schon wieder mit den Hamburgern befassen.

In der Endrunde um die Norddeutsche Meisterschaft 1924 fiel dann kurz vor Beginn des Spiels gegen Holstein Kiel im Stadion am Rothenbaum die Entscheidung. Aus Leipzig, wo der Bundestag des Deutschen Fußballbundes stattfand, kam die telefonische Freigabe für Hans Lang. Diesmal also kein Ärger mit dem DFB.

Dafür um so mehr mit dem Star der Mannschaft — mit Tull Harder. Der großartige Mittelstürmer, der bereits 1914 zum erstenmal für Deutschland spielte und beim 4:4 gegen Holland sein erstes Länderspieltor getreten hatte — insgesamt trat er fünfzehnmal im Nationaltrikot an und schoß in diesen Spielen 14 von 31 deutschen Toren —, dieser Tull Harder nahm es hin und wieder mit der Trainingsdisziplin nicht so genau. Da aber auch seinerzeit diese Disziplin eine Grundbedingung für den sportlichen Erfolg war, mußten die Vereine bei solchen Verfehlungen manchmal hart reagieren. Man wußte es: Tull war ein fröhlicher Mensch, sah gut aus, wurde umschwärmt und sprach auch geistigen Getränken recht gern zu, auf der Reeperbahn war er ein gerngesehener Stargast. Also verpaßte man ihm hin und wieder einen Denkzettel. Und vor dem Spiel gegen Kiel war es erneut so weit. Der Hans war spielberechtigt, also mochte man wohl auf Tull verzichten. »Du spielst nicht«, sagte ihm Rudi Agte, der die Elf betreute. »Du wirst das Spiel nicht mal sehen, denn du bleibst in der Kabine.« Harder soll so sprachlos gewesen sein wie heute mancher Profi, wenn Happel oder Lattek ihn von seinen Maßnahmen in Kenntnis setzt.

Der Hamburger Sport-Verein spielte also ohne seinen Star Tull Harder. Und gewann auch ohne ihn, 6:1 sogar. Natürlich war Tull eine Woche später wieder dabei, nachdem er seine Fehler eingesehen hatte. Es hätte auch vielen HSV-Anhängern leid getan, wenn er gerade gegen seinen früheren Verein Eintracht Braunschweig in der Kabine gelassen worden wäre. Als Dank für die Spielerlaubnis schoß er gleich alle drei Tore, und es herrschte somit wieder eitel Freude am Rothenbaum.

Harder schoß noch viele Tore für den HSV, der in den nächsten Jahren im Norden die absolute Hauptrolle, im gesamtdeutschen Fußball jedoch eher eine mittlere Rolle spielte. Es gab wie immer Siege und Niederlagen, regional wie national. 1924 scheiterte er im Endspiel mit 0:2 am Nürnberger Club und mußte sich die entsprechend harten Kommentare von der Hamburger Presse gefallen lassen. Dann gelang ihm in Freundschaftsspielen gegen den amtierenden Deutschen Meister erst ein 1:1 und schließlich in Nürnberg sogar ein 3:1, was einiges wieder zurechtrückte. Trotzdem gaben die Nürnberger in diesem Jahr und auch später noch den Ton an. In ihren Reihen war ein Mann aufgetaucht, der erst auf der Noris und später bei Fortuna Düsseldorf Fußballgeschichte geschrieben hat: »Schorsch« Hochgesang. Mit ihm wurden die Nürnberger auch 1925 wieder Fußballmeister, mit ihm und mit einem Herrn namens »Bumbas« Schmidt, der Jahre später die Traumelf vom Schalker Markt formte.

Aber die »Norddeutsche« holte sich der Hamburger Sport-Verein auch 1925 wieder. Es kam zu einem alles entscheidenden Kampf zwischen dem HSV und Altona 93, der Elf um den berühmten Adolf Jäger. Altona brauchte nur noch einen Sieg, um Nordmeister zu werden, führte bereits nach zehn Minuten 2:0 und zur Pause sogar 4:1. Heute wäre so ein Spiel wohl gelaufen. Seinerzeit schien das auch so, und Altona machte sich daran, die Meisterschaftsfeier vorzubereiten. Im Clublokal ließ man die Tische decken. Leider mußten sie wieder abgeräumt werden, denn mit dem Abpfiff des Spiels hieß es 5:4 für den HSV.

40

Aber 1926 wurde nicht einmal der norddeutsche Titel geschafft, Holstein Kiel war an der Reihe. Allerdings konnte man auch als Zweiter im Norden die Deutsche Meisterschaft nach Hamburg holen — und das wäre sogar fast gelungen. Die Mannschaft vom Rothenbaum besiegte den Westdeutschen Meister Duisburger SV (2:1) und Fortuna Leipzig (6:2), wurde dann aber vor dem Einzug ins Finale von einem neuen Stern am deutschen Fußballhimmel gestoppt, von Hertha BSC Berlin. Die Elf vom Berliner Gesundbrunnen mit ihrem Star Hanne Sobeck stand in der Folge sechsmal im Endspiel. Viermal verlor sie, zweimal — 1930 und 1931 — wurde sie Meister. Den HSV schlug die Sobeck-Elf 1926 in Leipzig überzeugend mit 4:2.

Auch das Jahr 1927 ging dahin, ohne Deutsche und ohne Norddeutsche Meisterschaft für die Hamburger Fußballer. Sie durften als Nordzweiter wieder an der Endrunde teilnehmen, aber sie scheiterten nach einem Sieg in Düsseldorf über die Fortuna erneut am 1. FC Nürnberg. Es schien überhaupt kein gutes Jahr, und die Hamburger Presse machte wieder einmal ausführlich von ihrem Recht der Meinungsfreiheit Gebrauch. Nach dem Entscheidungsspiel gegen Altona 93 um die Teilnahme an der Deutschen Meisterschaft — der HSV gewann 4:0 — war zu lesen: »Es heißt bisweilen, der Hamburger sei verwöhnt und anspruchsvoll. Aber das ist gewiß nur eine böswillige Ausstreuung, die auf das Sportpublikum keinesfalls zutrifft. Mit Geduld und Andacht werden die Phantasiepreise bei den Berufs-Boxkämpfen bezahlt, obwohl der Schwindel bei Licht besehen immer derselbe ist. Ganz ähnlich ist es mit dem augenblicklichen Niveau der Fußballkämpfe. Die alten Namen faszinieren und täuschen Hoffnungen vor, die fast immer unerfüllt bleiben. Das Fehlen jeglicher geistiger Bindung in dieser Hinsicht macht den HSV für alle größeren Aufgaben unbrauchbar.«

1928 klappte es dann endlich, der Hamburger SV wurde zum zweitenmal — nach dem gesunden Menschenverstand zum drittenmal — Deutscher Fußballmeister. Der Weg nach oben führte diesmal über den kometenhaft aufgestiegenen FC Schalke 04 — man schlug die Westdeutschen 4:2 — und über ... Bayern München. Ja, auch die gab es damals schon, und sie waren über ihre Heimatstadt hinaus bereits ein Fußballbegriff. Offensichtlich aber reichte es bei ihnen noch nicht sehr weit — trotz der Nationalspieler Pöttinger und »Wiggerl« Hoffmann und des jungen »Lutte« Goldbrunner, der später einer der Großen des deutschen Fußballs wurde. Zur Pause hielten die Bayern gegen den HSV noch ein 1:1, dann verloren sie 8:2. Schön ist eine solche Erinnerung, wenn man an das Spiel 1984 im Volksparkstadion denkt, das nach Ansicht von Ernst Happel »kein Spiel für herzkranke Zuschauer« gewesen ist. Der HSV geriet da in Gefahr, ein glänzend erspieltes 2:0 nach der Pause zu verspielen. Mit Mühe und Glück gelang ein 2:1.

Im Endspiel 1928 — Gegner war Hertha BSC Berlin — hatte der HSV Heimrecht. Vor vierzigtausend Zuschauern im Altonaer Stadion nutzte er es innerhalb von zwanzig Minuten, er schoß drei Tore, nahm bis zur Pause noch einen Gegentreffer hin und siegte 5:2. Der Jubel war groß, Spieler und Zuschauer freuten sich gleichermaßen. Aber die Begeisterung für den Club vom Rothenbaum hatte auch noch einen anderen Grund. Mit Hilfe und auf Initiative von Paul Hauenschild hatte der HSV in Ochsenzoll, knapp außerhalb der nördlichen Stadtgrenze, den »Lindenhof« mit 130 000 Quadratmetern Land erworben und den »Hamburger Sportplatzverein e. V. Ochsenzoll« gegründet. Hier wurde im Laufe von zwei Jahren ein großzügiges Sportgelände für die Fußballer und die anderen Sportler des HSV geschaffen, das heute noch keinen Vergleich zu scheuen braucht. Kauf und Gründung haben damals in ganz Deutschland bewunderndes Aufsehen erregt und dem nationalen Bekanntheitsgrad des Hamburger Sport-Vereins etliche Prozente hinzugefügt. Und auf diesen zwölf Plätzen — heute heißen sie Paul-Hauenschild-Sportplätze und sind ein Teil des HSV-Leistungszentrums — tummelten sich 1930 über sechzig Fußballmannschaften im Trikot des Vereins.

Auch das dürfte einmalig sein in der deutschen Fußballgeschichte. Unter idealen Bedingungen gedieh hier im Laufe der nächsten Jahre und Jahrzehnte so manches Fußballtalent, von dem nicht nur Hamburg, sondern die ganze Sportwelt sprechen sollte.

Fußball während der Krise

Die dunklen Wolken, die 1929 am politischen und wirt-schaftlichen Horizont aufzogen, sollten eine Brisanz enthal-ten, die Anfang des Jahres kaum jemand erahnte. Noch flo-rierte das gesellschaftliche wie das sportliche Leben, noch schwebte man regelrecht durch die letzte Phase einer Zeit, die man später die »Goldenen Zwanziger« nannte. Strese-manns Politik hatte Stück um Stück die Repressalien des Versailler Vertrages abgebaut, Deutschland begann auf dem internationalen politischen Parkett wieder eine gute Figur zu machen, die Rentenmark schien stabil, die Industrie blühte auf, aber . . . für manchen weiterblickenden Bürger mehrten sich doch die Anzeichen des Anfangs vom Ende.
Die Weimarer Demokratie, ein Lernprozeß auch für die ver-antwortlichen Politiker, hatte viele Feinde im eigenen Volk. Der extreme Nationalismus feierte immer wieder fröhliche Urständ. Im Reichstag befehdeten sich die Parteien von rechts und links nicht allein mit mehr oder weniger geschlif-fenen Reden, sie wurden handgreiflich, die politische Polari-sierung, der rüde Ton im Umgang der Politiker miteinander nahmen immer mehr zu. Das deutete schon auf ein unrühm-liches Ende hin.
Noch störte das jedoch die Entwicklung im deutschen Fuß-ball nicht. Im Gegenteil. Die Zuschauer wollten ihren Sport nicht missen, sie strömten in Massen auf die Plätze und ließen ihren Gefühlen freien Lauf. Und sie kamen, wie ehedem, aus allen Volksschichten und politischen Richtungen. In Ham-burg war der HSV natürlich bemüht, an die Erfolge des Jah-res 1928 anzuknüpfen, aber das sollte nicht gelingen. Nach einer ganzen Serie von Freundschaftsspielen — Gesellschafts-spiele nannte man sie damals — mußte man in der Deutschen Meisterschaft eine 2:4-Niederlage gegen Tennis Borussia Berlin einstecken. Gegen jene Elf aus der Reichshauptstadt, der damals auch der heute schon zur Legende gewordene Bundestrainer Sepp Herberger angehörte.
Gleichermaßen überschattet wurden Siege wie Niederlagen gerade in diesem Jahr durch erheblichen Ärger der Vereine mit ihren Verbänden. Und da der HSV zu den Protagonisten im deutschen Fußball zählte, hatte er auch in dieser Ausein-

andersetzung ein gewichtiges Wort mitzureden. So waren sich die Groß-Hamburger-Fußballclubs einig in der Absicht, 1929 keine Norddeutsche Meisterschaft auszutragen. Der Verbandstag möge doch beschließen, wer den Norden in der Endrunde um die »Deutsche« zu vertreten habe. Grund für diese Haltung war das finanzielle Gebaren der Verbände, denn die Teilnehmer am Fight um den Nordtitel hatten einen sehr hohen Teil ihrer Einnahmen an den Verband abzuführen. Als sie dem Vorstand nahelegten, doch etwas sparsamer zu wirtschaften, richtete sich das Echo in den »Amtlichen Mitteilungen« des Norddeutschen Fußballverbandes überdeutlich gegen den Club vom Rothenbaum. Da hieß es zum Beispiel wörtlich: »Es gab Zeiten, da kostete die Verwaltung des HSV an die 9000,— Mark. Bei wem die Dinge so liegen, steht die Kritik anderer nicht an. Vielleicht gibt der HSV einmal Auskunft darüber, wie sich die Posten seines Etats zusammengesetzt haben.«

9000 Mark im Jahr, heute lacht man darüber. Damals aber war das sehr viel Geld, und in den Vereinen nahm man solche Anwürfe sehr ernst. Einige Clubs zogen sogar ihre bezahlten Spielanzeigen aus den »Amtlichen Mitteilungen« zurück. Die Funktionäre des Verbandes drohten daraufhin, mit angeblich belastendem Material gegen sie vorzugehen. Letztendlich einigte man sich auf dem Verbandstag, doch eine Norddeutsche Meisterschaft auszutragen, und kehrte damit den Streit wieder einmal unter den Teppich.

Um so interessanter ist in diesem Zusammenhang, was man seinerzeit über die Aufteilung der Spieleinnahmen lesen konnte. Aus sämtlichen vier Spielen, die er 1928 um die Deutsche Meisterschaft bestritt, hat der Hamburger Sport-Verein insgesamt 10 000 Mark bekommen. So wurden die Beträge verteilt, die der Zuschauer in die Kasse zahlte: Aus der ersten Runde gingen 60 Prozent an die Vereine und 40 Prozent an den Deutschen Fußballbund. In der Zwischenrunde war das Verhältnis schon umgekehrt, der DFB erhielt 60, die Vereine 40 Prozent. Die Vorschlußrunde sah die Clubs noch weiter im Hintertreffen; sie erhielten 30 Prozent, der DFB kassierte 70. Und im Endspiel machten die Funktionäre für ihre Organisation das ganz große Geschäft, sie nahmen 80 und ließen den Clubs ganze 20 Prozent.

44

Der Süden des Fußballreiches stellte sich damals auf die Seite der Funktionäre. Das verlangte ja schon die geringere Einschätzung des Nordens. 10 000 Mark sei eine schöne Summe für einen Amateurverein, hieß es in einer süddeutschen Zeitung, man möge doch dem HSV die Teilnahme an der Deutschen Fußballmeisterschaft untersagen, er sabotiere sie ja ohnehin. Doch von solchen Anwürfen und Vorschlägen fühlte sich der DFB offenbar gar nicht berührt, er schwieg sie tot, nahm aber mit keinem Wort den Hamburger Sport-Verein etwa in Schutz.

Doch die Hamburger benötigten diesen Schutz auch nicht, in der Norddeutschen Meisterschaft holten sie sich erneut den Titel und damit die Berechtigung zur Teilnahme an der Endrunde. Da gab es allerdings nach einem Sieg über den Meidericher Spielverein, der damals im Westen zu den Besten zählte und heute im MSV Duisburg weiterlebt, in der Zwischenrunde eine Niederlage gegen die SpVgg Fürth (0:2), und das sogar in Altona trotz Unterstützung zahlreicher Anhänger. Nach dem »Aus« in der Meisterschaft absolvierten die Fußballer vom Rothenbaum eine Reihe von Freundschaftsspielen, das aber auch nur mit wechselndem Erfolg. Immerhin gelang in Dresden gegen den DSC ein 3:3. Die Hamburger sollen in diesem Spiel noch drei weitere Tore geschossen haben, die sämtlich nicht anerkannt worden sind. Aber das Ganze erscheint auch so als eine runde Leistung, wenn man weiß, daß der Dresdener Sportclub, später die Elf um Helmut Schön, seinerzeit mit Richard Hofmann, Köhler, Berthold, Haftmann und Schlösser fünf Nationalspieler in seiner Formation hatte.

Im Oktober 1929 entluden sich dann die Wolken am wirtschaftlichen Horizont zu einem unheimlichen Dauergewitter, das in Deutschland den Beginn einer anderen Zeit einleitete. Mit den Fensterstürzen amerikanischer Finanzgrößen aus den Hochhäusern der Wallstreet stürzten auch die demokratischen Träume der Weimarer Republik zusammen. Die weltweite Wirtschaftskrise riß die mühsam gehaltenen Koalitionen im Reichstag ein ums andere Mal auseinander, das Ende des Parlamentarismus begann.

Der Fußball blieb auch während der Weltwirtschaftskrise für zahllose Deutsche die schönste Nebensache der Welt, wenngleich das Millionenheer von Arbeitslosen, die Vielzahl von Konkursen einst solventer Unternehmen, die zunehmende Polarisierung der politischen Kräfte an niemandem spurlos vorübergehen konnten. Aber je lauter die Schalmeien-Kapellen der Kommunisten und die Kampflieder der SA durch die deutschen Städte dröhnten, je mehr die roten Fahnen mit und ohne Hakenkreuz das Straßenbild bestimmten, desto deutlicher zeigte sich die Liebe zum Fußball. Der Sportplatz wurde zu einem Refugium für Tausende, die wenigstens mal für neunzig Minuten die ganze Misere vergessen wollten.

Wieder einmal geisterte Anfang 1930 der Berufsfußball durch die Vereine und durch die Zeitungen. Nach zum Teil heftigen Diskussionen wurde das Thema zu den Akten gelegt, weil sich damals im DFB und in seiner Mitgliedschaft für Professionalismus nach englischem Vorbild keine Mehrheit fand. Die meisten Clubs hatten nicht viel damit im Sinn, ihren Fußballern ging es so schlecht nicht, und die Freude der Aktiven am Spiel mit dem Ball war so groß, daß auch sie eine Bezahlung nicht unbedingt anstrebten. Letztlich, so sagten sich viele, währt eine Fußballkarriere im Schnitt bis zum 35. Lebensjahr. Dann brauche ich wieder meinen zivilen Beruf. Denn niemand dachte damals auch nur entfernt daran, daß man mit Fußball in zehn bis 15 Jahren genug verdienen könne, um bei einigermaßen klugem Umgang mit dem Geld ausgesorgt zu haben. So ändern sich die Zeiten!
Auch beim HSV war der Berufsfußball in jener Zeit nur ein Randthema und entsprechend schnell vom Tisch. Nicht allerdings bei einem Fußballclub, der sich schon Ende der zwanziger Jahre immer mehr in den Vordergrund geschoben hatte und anschickte, eine absolute Spitzenrolle für das nächste Fußballjahrzehnt vorzubereiten: der FC Schalke 04. In einem Stadtteil von Gelsenkirchen, in dem vorwiegend Bergarbeiter wohnten, waren auf der Straße einige Fußballtalente entdeckt worden, von denen Jahre später die ganze Sportwelt sprach. Straßenfußball spielten sie, ein Begriff, der wohl der Erläuterung bedarf: Der Fußball hatte um sich gegriffen wie eine Epidemie und vornehmlich die Jugend erfaßt. Ihr standen damals Sportplätze kaum zur Verfügung. Außerdem war das Geld knapp, und die meisten Vereine

46

verfügten nicht über ausreichende Trainingsmöglichkeiten für den Nachwuchs. Da formierten sich dann Mannschaften aus Kindern und Jugendlichen im Alter von zehn bis 16 Jahren in den einzelnen Straßen. Sie strebten den großen Vorbildern nach — mit Gummi- oder Stoffbällen oder sogar mit Konservenbüchsen.

Auch in Hamburg gab es den Straßenfußball schon vor dem Ersten Weltkrieg. Allenthalben in den Stadtteilen bildeten sich Straßenmannschaften, die Wettkämpfe gegeneinander austrugen, sei es auf einer Wiese, einem Platz oder auf der Straße selbst. Karl Politz, Jahrgang 1904, später einige Jahre Linksaußen beim HSV und viele Male repräsentativ für die Hansestadt, einmal sogar für Deutschland (1934 gegen Ungarn), weiß davon zu erzählen:

»Natürlich fingen wir schon vor dem Ersten Weltkrieg mit dem Fußball an, auf der Straße, wo sonst. Ein Problem war allerdings immer der Ball, denn der kostete ja Geld. Sechzig Pfennige, das war damals für uns Jungen eine ganze Menge. Wir finanzierten ihn selber, je nach sozialer Lage staffelten sich die Beträge. Die einen zahlten zwei Pfennige, manche fünf, und wenn freitags die Lehrlinge von der Arbeit kamen, wurde zusammengelegt und der Ball erstanden. Dann bildeten wir zwei Mannschaften, und los ging es. An solch kleinen Bällen haben wir seinerzeit unsere Technik gelernt.«

Später hat Politz sich natürlich in Clubs sportlich weiterentwickelt. Von der Straße in die Ländermannschaft, das ging nun doch nicht. Aber es kamen damals fast alle Hamburger Fußballer von der Straße, und erst recht im Ruhrgebiet. Auch heute noch kommen sie von dort, wie das jüngste Schalker Talent Olaf Thon eindrucksvoll deutlich macht. Die Rummenigges haben ihre Karrieren im westfälischen Lippstadt ebenfalls auf Straßen und Schulhöfen begonnen, und als Karl-Heinz, der Weltklasse-Kicker, nach dem denkwürdigen Pokalspiel der Münchener Bayern 1984 in Gelsenkirchen von Olaf Thon als einem Straßenfußballer sprach, war das nicht abwertend, sondern hochachtend gemeint. Thon hatte nämlich beim 6:6 im Gelsenkirchener Parkstadion für die Schalker drei Tore geschossen, eins, ein Tor des Monats, in der 123. Minute zum Ausgleich für seine Elf.

Die Experten wußten also immer schon, wo die Talente heranwuchsen, nicht nur auf den Trainingsplätzen der Großvereine in der Obhut eines genialen Fußballlehrers, sondern oft vor der eigenen Haustür. So wurden auch Ernst Kuzorra und Fritz Szepan entdeckt, von der Straße weg holte sich vor allem Schalke die Naturtalente, die dem Club später zum großen Fußballruhm verhalfen.

Anno 1930/31 schlug man in Schalke in der Amateurfrage über die Stränge. Zwar mußte sich der Club der Entscheidung einer Mehrheit im DFB beugen, die den Profifußball rigoros abgelehnt hatte. Man tat das am Schalker Markt jedoch offensichtlich nur mit Widerwillen. Und man versuchte, die Spieler »unter der Hand« zu subventionieren, mit Bargeld wie mit Sachwerten (Kleidung, Einrichtung usw.). Das aber konnte auf die Dauer nicht geheim bleiben, denn immerhin war Schalke bereits ein renommierter Fußballclub. Vielleicht hat seinerzeit auch mancher Spieler an der Theke seiner Stammkneipe nach dem vierten oder fünften Bier — so streng asketisch lebten die Fußballer ja noch nicht — mal das eine oder andere Wort fallenlassen. Kurz gesagt: Der Deutsche Fußballbund hatte sich in jener Zeit mit dem ersten Schalke-Skandal zu befassen.

Und er tat das mit der ihm eigenen Gründlichkeit. In diesem Fall wohl vollauf berechtigt, schon wegen der vielen anderen Vereine, die der Beibehaltung des Amateurstatus zugestimmt hatten. Die Mannschaft vom Schalker Markt, die sich gerade auf den Weg zu höchsten Fußballehren gemacht hatte, wurde schlicht aus dem Verkehr gezogen. Acht Monate lang durfte sie kein Spiel austragen, nicht in Freundschaft und nicht um Punkte. Sie war gesperrt. Das Urteil sollte eine gründliche Lehre sein. Leider hatte es außerdem eine sehr tragische Folge: Schalkes Schatzmeister Ernst Nier schied freiwillig aus dem Leben, als die Unregelmäßigkeiten bekannt wurden. Obschon er frei von Schuld war.

Vom HSV und den meisten deutschen Fußballclubs weiß man sich solche Geschichten nicht zu erzählen. Es gab zwar immer mal wieder Ärger und Querelen. Es gab auch unzufriedene Spieler, aber das war und ist das übliche Tagesgeschäft, mit dem die Präsidien leben müssen. Schlimm aber war für die erfolgsgewohnte Elf vom Rothenbaum der sportliche Niedergang, der 1930 mit der politischen Götterdämmerung einherging. Er war nur von kurzer Dauer — eine Saison lang —, doch er störte die Stimmung in Mannschaft und Verein recht erheblich. Zum erstenmal seit 1920 nämlich spielte sich der HSV mit Glanz und Gloria an der Endrunde zur Deutschen Fußballmeisterschaft vorbei. Die Nordrunde begann mit hohen Siegen (Eintracht Braunschweig 13:1, Phönix Lübeck 5:2) noch recht verheißungsvoll, dann aber gab es nach einer Reihe guter Freundschaftsspiele nur ein mageres 1:1 gegen Holstein Kiel und gegen Arminia Hannover sogar eine 1:5-Panne. Und das bedeutete in der Nordmeisterschaft den letzten Platz.

Aber der HSV hatte Stehvermögen; unbekümmert um den Mißerfolg strebte er den nächsten Titel an. Zuerst sah es nicht so gut aus, aber in der Rückrunde der Punktspiele schaffte man doch die Teilnahmeberechtigung an der »Norddeutschen«. Und da lief es sehr gut. Hildesheim wurde geschlagen, Harburg sogar 9:1. Und nach diesem Spiel fiel die Vorentscheidung für den Wechsel eines Fußballers von jenseits der Elbe zum Rothenbaum: Rudi Noack. Der exzellente Techniker bereitete im Trikot des HSV den Zuschauern wie Mitspielern viel Freude und den Gegnern viel Kummer. In der Ländermannschaft spielte er ebenfalls eine überragende Rolle. Leider ist Rudi Noack aus dem Zweiten Weltkrieg nicht zurückgekehrt. Er geriet in sowjetische Gefangenschaft und starb dort.

Die Deutsche Fußballmeisterschaft schaffte der Hamburger SV 1931 nur bis zur Vorschlußrunde, er siegte in Beuthen (2:0) und in Altona gegen Eintracht Frankfurt mit dem gleichen Ergebnis. Dann mußte er gegen den amtierenden Deutschen Fußballmeister antreten, gegen Hertha BSC. Die Meisterelf machte ihrem Titel alle Ehre, schon zur Pause führte sie in Leipzig 2:0. Offenbar aber hatte sie den HSV unterschätzt, denn mit dem Schlußpfiff hieß es 2:2. Durch ein glückliches Tor — die Chronik weiß sogar von einer umstrittenen Entscheidung des Schiedsrichters — blieben die Berliner dann mit 3:2 in der Verlängerung Sieger. Sie verteidigten kurz darauf den Titel gegen München 1860.

Gute Kaufleute ziehen regelmäßig Bilanz, also wurde Ende 1931 auch im Clubhaus des HSV am Rothenbaum emsig gerechnet. Nicht nur finanziell, sondern auch sportlich wurde der Strich unter die vergangenen Jahre gezogen. Und das Ergebnis konnte sich damals im deutschen Fußball sehr wohl sehen lassen.

Insgesamt trug der HSV seit 1919 500 Spiele aus, er gewann 359, verlor 89 und spielte 52mal unentschieden. Wesentliche Meilensteine in der Sportgeschichte des Vereins waren neben den Meisterschaften und der hervorragenden Jugendarbeit auch die zahlreichen freundschaftlichen Auseinandersetzungen mit internationalen Gegnern. Das Hamburger Fußballpublikum sah am Rothenbaum oder im Stadion von Altona berühmte Mannschaften aus Großbritannien und Südamerika. Und meist machten die Gastgeber gegen ihre Gäste keine schlechte Figur. Von 50 Begegnungen mit weltbekannten Teams gewann der HSV 29, 16 gingen verloren, und fünfmal trennte man sich unentschieden.

Außerdem tauchte in diesem Bilanzjahr neben Rudi Noack ein Name auf, der bis weit in die Bundesligazeit hinein einen guten Klang hatte und der heute noch unvergessen ist: Dörfel. Damals streifte Richard Dörfel als erster aus der »Dynastie« die blauschwarze Kluft des HSV über. Er kam wie Noack von Harburg zum Rothenbaum. Später folgte Frido Dörfel, und bis in unsere Zeit hinein weiß man von den spielerischen Qualitäten seiner Söhne: Gert, genannt »Charly«, und Bernd. Vom St. Pauli Sportverein — nicht zu verwechseln mit dem FC St. Pauli, von dem noch berichtet wird — kam dann noch Karl Politz zum HSV.

Die Meisterschaft im Norden war für den Hamburger Sport-Verein 1932 kein Problem. Man registrierte Sieg um Sieg, manchmal sogar mit erheblichen Tordifferenzen. Neben anderen schlug die Mannschaft mit Blunk, Beier, Risse, Mahlmann, Halvorsen, Carlsson, Sveistrup, Glöde, Richard Dörfel, Noack und Gröber Holstein Kiel 8:1. Torjäger Tull Harder hatte in Noack und Dörfel würdige Nachfolger gefunden. So gut es für die Hamburger jedoch in den norddeutschen Titelkämpfen gelaufen war, so schlecht lief es in der Endrunde. Gegen den VfL Benrath — einen Düsseldorfer Vorstadtverein mit den Nationalspielern Karl Hohmann und Jupp Rasselnberg — erkämpfte der HSV noch einen knappen Sieg. Aber in der nächsten Runde war schon alles vorbei, und zwar gegen die gerade von ihrer Sperre genesenen

50

Fußballer von Schalke. Das Spiel fand in Bochum statt, in der unmittelbaren Nachbarschaft von Gelsenkirchen also, und die Schalker hatten sich in ihrem Zwangsurlaub offenbar gut erholt. Außerdem wurden sie von ihrem Publikum lautstark unterstützt. Das war immer so in Schalke und ist bis heute so geblieben.

In Deutschland kündigte sich in jenen Monaten des Jahres 1932 eine »neue Zeit« an. Die Weimarer Republik war mittlerweile zur Präsidial-Demokratie verfremdet, der Reichstag fast zur Farce geworden. Der endgültige K.o. für die erste deutsche Demokratie stand unmittelbar bevor. Die Zahl der Arbeitslosen wuchs auf mehr als sechs Millionen, die Extremisten von links, vor allem aber von rechts führten das große Wort. Auseinandersetzungen mit den Fäusten, Terror auf den Straßen und Saalschlachten waren an der Tagesordnung. Und die schweigende Mehrheit des deutschen Volkes, im demokratischen Lernprozeß kaum über die Grundschule hinausgekommen, sah ängstlich und erwartungsvoll den kommenden Monaten entgegen.

Aber der runde Lederball rollte weiter, die Resonanz bei den Fußballfreunden war unverändert. So ging das Schicksalsjahr 1932 zu Ende. Der Deutsche Fußballmeister der letzten »Weimarer Saison« hieß Bayern München.

Die »neue Ordnung«

Am 30. Januar 1933 fand die sogenannte Machtergreifung durch die Nationalsozialisten statt. Dieser Terminus wurde später deutsches Sprachgut, obwohl die »Kanzlermacher« von damals das ganz anders gesehen haben. Auf Betreiben von Großkapital und Junkertum berief der greise Reichspräsident von Hindenburg — mit über achtzig Lebensjahren ohne politischen Durchblick — Adolf Hitler zum Reichskanzler an der Spitze einer konservativen Regierung. Die Gutsherren und Industriellen wollten ein nationales, später vielleicht ein wieder monarchistisches Deutschland. Und sie gedachten Hitler nur zu benutzen. Er sollte aufräumen im Reich, sollte Ruhe und Ordnung wiederherstellen. Dann jedoch sollte er wieder verschwinden.

51

Wie wir alle wissen, hat der »Führer« diesen Auftrag in vollem Umfang ausgeführt. Er hat die Ordnung gründlich wiederhergestellt und noch gründlicher aufgeräumt. Allerdings verschwand er erst von der politischen Bühne, als Deutschland total am Boden lag, als Millionen Menschen ihr Leben gelassen hatten, als die Uhr zur Stunde Null schlug.

Das aber ahnte kaum jemand an jenem 30. Januar, erst recht wohl nicht der Sportler. Um die damalige Situation im deutschen Fußball deutlich zu machen — so objektiv, wie es eben geht —, müssen wir uns für eine Weile vom Hamburger Sport-Verein und vom Vereinsfußball überhaupt abkehren. Denn in jener Zeit dachte man an der Spitze des Reiches nicht regional, sondern national. Wo also stand der nationale Fußball, als in Deutschland die »neue Zeit« anbrach, und was stand ihm bevor?

Bislang ist wenig von der Nationalmannschaft gesprochen worden. Nicht ohne Grund, denn sie hat im ersten Viertel des 20. Jahrhunderts auf dem internationalen Rasen die große Rolle nicht gespielt. Sie konnte das gar nicht. Der Fußball blühte in Deutschland vorwiegend auf den Straßen, in den Städten und Vereinen. Die Verbände, an der Spitze der Deutsche Fußballbund, waren zu wenig professionell, als daß eine straffere Organisation zu größeren internationalen Erfolgen hätte führen können. 1910 zählte der DFB ganze 80 000 Mitglieder, die Zahl wuchs allerdings bis 1920 bereits auf 450 000, und 1933 registrierte man mehr als eine Million. Grund genug also, eine Verbandsarbeit auf Reichsebene aufzuziehen, die dem deutschen Fußball mehr internationale Geltung verschaffte.

Trotzdem verstand sich der Fußballbund in den frühen zwanziger Jahren offenbar mehr als ein Dachverband, eine Zusammenfassung der regionalen Verbände, und er zeigte auch kaum Neigung, mehr zu sein als ein Verwalter und Ordner der allgemeinen deutschen Fußballinteressen. Man hatte den Profifußball rundheraus abgelehnt, und man ging auch die Länderspiele wie ein Amateurverein an. Das jedenfalls ist den Worten von Sepp Herberger zu entnehmen, der 1921 mit der deutschen Elf in Finnland spielte. Er hat glaubwürdig überliefert, daß die Begleitung der Mannschaft seinerzeit aus ganzen sieben Personen bestand, an ihrer Spitze der Präsident des Deutschen Fußballbundes. Ein Trainer habe nicht zur Reisegruppe gehört, schildert Herberger weiter, die Mannschaft sei vom DFB-Spielausschuß nominiert worden, und das unter erheblichen Geburtswehen. Diskussionen und Abstimmungen, in denen regionale Gesichtspunkte nach vorn gespielt worden seien, hätten letztlich den Ausschlag dafür gegeben, wer auf welcher Position spielen sollte. Von taktischen Überlegungen war nicht die Rede. Die heute selbstverständlichen Besprechungen der Spieler fanden nicht statt. Die erfahrenen Mitglieder des Teams wußten schon — und die Jungen hatten sich danach zu richten.

Entsprechend unbedeutend war die Rolle, die der deutsche Fußball international spielte, trotz hervorragender Leistungen in den Clubs. Freilich, es wurde hier gewonnen, dort verloren, mal spielte man unentschieden. Das nationale Prestige spielte keine Rolle. Also hatten die Deutschen in der europäischen Spitze wenig zu suchen. Und das, obwohl Teams wie der Hamburger Sport-Verein, der FC Nürnberg, die SpVgg Fürth und Hertha BSC Berlin dem deutschen Fußball auch bei berühmten ausländischen Mannschaften bereits Respekt verschafft hatten. Denn in zahlreichen Auseinandersetzungen mit professionellen Vereinen der Nachbarstaaten sahen die Deutschen so schlecht gar nicht aus. Aber die Nationalmannschaft war damals eine andere Sache.

Dennoch, es waren nicht erst die Nationalsozialisten, die dem deutschen Fußball ein besseres Image auf der internationalen Bühne verschafften. Es war der DFB, der sich darauf besonnen hatte, daß man professionell arbeiten mußte, auch wenn auf dem Rasen nur deutsche Amateure kicken durften.

1926 hatte er endlich seinen ersten Sportlehrer verpflichtet, damals Bundestrainer (DFB) und später Reichstrainer genannt: Dr. Otto Nerz. Das Nahziel war die Vorbereitung der Nationalmannschaft auf die Olympischen Spiele von 1928 in Amsterdam — die ersten, an denen das Reich nach dem verlorenen Krieg wieder teilnehmen durfte. Nerz tat sein möglichstes und schaffte zumindest die Vorrunde. Mit der Mannschaft Stuhlfauth, Beier, H. Weber, Knöpfle, Kalb, Leinberger, E. Albrecht, Hornauer, Pöttinger, Richard Hofmann und Ludwig Hofmann wurde die Schweiz 4:0 geschlagen. In

der Zwischenrunde allerdings schied dieselbe Elf aus, mit
1:4 gegen Uruguay, den späteren Olympiasieger. Was keine
Schande war.

Der erste große internationale Auftritt war also nicht unbedingt ein Mißerfolg für den DFB-Trainer. Und das Präsidium des Fußballbundes besann sich weiter auf seine internationale Reputation: Es berief mit Dr. Georg Xandry 1928
den ersten hauptamtlichen Geschäftsführer und verlegte seinen Sitz von Kiel in die Reichshauptstadt. Xandry, ein hervorragender Wirtschaftsfachmann, verwaltete die Geschäfte
exzellent und blieb bis 1950 beim DFB, später in der Funktion des Generalsekretärs.

Endlich also hatte der DFB begriffen, daß man die Reprä-
sentation des deutschen Fußballs im Ausland nicht allein den
großen Vereinen überlassen konnte. Und nach dem An-
fangserfolg bei den Olympischen Spielen setzte man sportlich weiter auf Dr. Nerz.

Otto Nerz war, wie die meisten ehrgeizigen und erfolgreichen Menschen, ein etwas schwieriger Mann, und er hatte
mit den vielen Individualisten in der Nationalmannschaft
wohl manchmal seine liebe Not, wie heute die Trainer der
europäischen Spitzenteams. Man erzählt sich, daß Ernst Kuzorra, der langjährige Kapitän von Schalke 04, nicht gerade
sein Liebling gewesen sei. Aber Ernst war ja auch, wie Zeit-
genossen berichten, ein eigenwilliger Mensch. Es mag also
an beiden gelegen haben, daß dieser hervorragende Fußballer nur zwölfmal das Nationaltrikot getragen hat, während
sein Mannschaftskamerad und Schwager Fritz Szepan in fast
demselben Zeitraum 34 mal berufen worden ist. Beide aber
— Szepan und Kuzorra — machten damals das Spiel in
Schalke und wären als Duo sicherlich ein gutes Gespann für
die Nationalelf gewesen.

Wie dem jedoch sei, Otto Nerz hatte Erfolg, schon bevor die
Nazis auch das Fußballheft in Deutschland auf ihre Art in die
Hand nahmen. Die Länderspielbilanz Ende der zwanziger
und Anfang der dreißiger Jahre weist das augenfällig nach.
Da gab es 1929 ein 7:1 gegen die Schweiz, den treuesten
Länderspielgegner, ein 2:1 gegen Italien, ein 3:0 gegen
Schweden. Und 1930 dann das phantastische 3:3 in Berlin
gegen England, das Spiel, in dem Kuzorra eine überragende

Leistung bot und der Dresdener Richard Hofmann alle drei Treffer für Deutschland erzielte. Um die Bedeutung dieses Remis richtig zu werten, muß man wissen, daß England seinem Ruf als Mutterland des Fußballs bis dahin immer gerecht geworden war. Die wenigen Spiele gegen das deutsche Team waren meist hoch gewonnen worden, bis auf ein 2:2 im Jahre 1911, ebenfalls in Berlin.

Die Stärke der englischen Ländermannschaft war natürlich zum Teil darin begründet, daß die Spieler den Fußball als Beruf ausübten. Und nicht allein auf den Britischen Inseln gab es damals den bezahlten Fußball, rund um Deutschland, in Frankreich, Italien, Spanien, Belgien, sogar in Österreich arbeitete man professionell. Ernst Happel, Mitglied des österreichischen Wunderteams der fünfziger Jahre und heute Trainer beim Hamburger Sport-Verein, weiß darüber zu berichten: »Bei uns war Fußball in den zwanziger und dreißiger Jahren bereits ein Beruf. Er wurde für damalige Verhältnisse sogar recht gut bezahlt. Mit einem Grundgehalt und mit Prämien für erzielte Punkte.«

Vielleicht wäre im Deutschen Reich damals auch schon ein Wunderteam möglich gewesen, wenn sich der DFB klar für den Profifußball entschieden hätte. Im Nachbarland Österreich machte nämlich seinerzeit schon eine Ausnahmemannschaft von sich reden, die einen Traumfußball spielte. Namen wie Sindelar, Platzer, Raftl, Pesser, Skoumal, Sesta sind älteren Fußballfreunden heute noch ein Begriff. Talente dieses Formats wuchsen aber auch in Deutschland nach — auf den Straßen und in den Clubs.

Und tatsächlich beschäftigte man sich 1931/32 beim DFB mit dem Profithema. Ausgelöst wurde die erneute Diskussion in Deutschlands höchster Fußballspitze vor allem durch den Schalke-Skandal. Außerdem wurde der Ruf nach Profis in manchen Vereinen immer lauter, meist nach Freundschaftsspielen gegen ausländische Mannschaften, die auf deutschen Plätzen ihre Kunst demonstrierten und ihrem Gegner auch in Diskussionen deutlich machten, wie schön Fußball als Beruf sein könne. Die fortschrittlichen Kräfte im Deutschen Fußballbund konnten und mochten diese Entwicklung nicht ignorieren. Sie wußten, daß dazu natürlich eine Umorganisation des Spielbetriebs notwendig würde, denn Profifußball bedeutete gleichzeitig Konzentration der Kräfte. Man hörte schon damals sehr viel von Spielerwechseln und Spielerkäufen in England, und man wußte, daß dabei Hunderttausende von Mark den Besitzer wechselten. Ein Beispiel für die Größenordnung, mit der 1936 gearbeitet wurde: Aston Villa, lange führender Club in der englischen Ersten Division, gab in der Saison 1936 für Spielerkäufe die ansehnliche Summe von mehr als 500 000 Mark aus, das war damals im Geldwert mehr, als heute manchem Bundesligaverein für ähnliche Zwecke zur Verfügung steht.

Man brauchte jedoch Zeit im DFB, diese Pläne reifen zu lassen. Und als die fortschrittlichen Kräfte sich endlich durchzusetzen begannen, als man an den entsprechenden Vorlagen für den Bundestag des DFB arbeitete und Profis wie Amateure fein säuberlich trennen wollte, da war plötzlich alles anders. Adolf Hitler begann mit seiner Neuordnung im Reich, also auch mit der Neuordnung des deutschen Sports.

Nationale Erfolge

Die große Mehrheit des deutschen Volkes spürte die ersten Anzeichen und Auswirkungen dieser Neuordnung kaum. Sie spürte überhaupt erst etwas, als es längst zu spät war. Damals, 1933, gab es allerdings nicht nur im politischen Bereich einige Organisationen, die von der »Wende« rasch und unmittelbar betroffen waren. Auch im Sport geschah das, zwar unter Ausschluß der allgemeinen Öffentlichkeit, um so mehr aber zur Bestürzung der direkt Betroffenen.

Die Pflege der Leibesübungen, ob Turnen, Schwimmen oder Rasenspiele, war seinerzeit nicht allein den großen Sportvereinen vorbehalten. In Hamburg kannte man vor 1933 wie in allen anderen Städten sportliche Vereinigungen, die politischen Parteien oder Richtungen nahestanden, das Arbeiter-Sportkartell, den kommunistischen Sportverband, auch »Rotsport« genannt, und die traditionsreiche Deutsche Turnerschaft (»Frisch, fromm, fröhlich, frei«), die für die Ideen des Turnvaters Jahn fast einen Glaubenskrieg führte. Da waren aber auch die konfessionell gebundenen Sportvereine, die katholische Deutsche Jugendkraft (DJK) und das evangelische »Eichenkreuz«. Außerdem aktiv tätig sah man die akademischen Sportverbände.

Das alles war zweifellos dem Breitensport jener Zeit sehr dienlich. Ob es auch in allen Fällen dem Streben nach sportlichen Höchstleistungen gedient hat, muß zweifelhaft bleiben. Vielleicht am ehesten das Arbeiter-Sportkartell, das auch auf internationaler Ebene aktiv war und in diesem Rahmen regelmäßig Wettkämpfe austrug. Insgesamt leuchtet wohl ein, daß die Vielfalt der Verbände auch Nachteile hatte und manches Talent nicht die Voraussetzungen zur sportlichen Entwicklung fand, an deren Ende die absolute Höchstleistung stand. Im deutschen Fußball ist die heutige Bundesliga das beste Beispiel dafür, daß auch eine Konzentration der Kräfte ihre Vorteile haben kann.

Nun war Konzentration in jeder Beziehung ein erklärtes Ziel der Nationalsozialisten, und im Hinblick auf bestimmte Einrichtungen erhielt dieser Begriff schon bald darauf eine ganz üble Bedeutung. Nach Reichstagsbrand und Ermächtigungsgesetz hatten die neuen Machthaber keinerlei Hemmungen mehr, sich ihren Weg zur Macht mit allen Mitteln, auch mit Terror und Gewalt, freizuschlagen. Die unbeliebten Sportverbände wurden kurzerhand aufgelöst und enteignet. Ihren Mitgliedern war noch die Möglichkeit zur politisch-sportlichen Kehrtwendung gegeben, aber Arbeiter-Sportkartell, DJK, »Eichenkreuz«, ständische und akademische Vereinigungen verschwanden von der Bildfläche oder tauchten gleichgeschaltet unter anderen Namen wieder auf.

Zur selben Zeit ging es mit der deutschen Wirtschaft wieder aufwärts, und die Abschaffung der Pressefreiheit ließ den Normalbürger gar nicht erst auf den Gedanken kommen, daß dies nach Depression und weltweiter Krise auch ohne den Machtwechsel geschehen sein würde. Hitlers Propaganda arbeitete geschickt genug, um das Volk glauben zu lassen, daß Arbeitsbeschaffung und Verbesserung des Lebensstandards ohne die neue Regierung gar nicht hätten stattfinden können. So erfolgten die meisten »Konzentrationen« im deutschen Sport ohne großes Aufsehen, und viele Fußballer zum Beispiel übten ihr Spiel plötzlich in einem anderen Verein aus.

Der Deutsche Fußballbund, natürlich der Wende ebenfalls unterworfen, blieb zunächst als Dachorganisation bestehen.

Er hatte seinerzeit in Felix Linnemann einen sehr starken Präsidenten, der später dann das »Fachamt Fußball« im Nationalsozialistischen Reichsbund für Leibesübungen (NSRL) bis 1945 weiterführte. Auch Geschäftsführer Dr. Xandry blieb im Amt.

Der größte Führer aller Zeiten wollte natürlich auch im Sport das Größte — in der Breite und in der Leistung. Für das Jahr 1916 waren vom Internationalen Olympischen Komitee die Spiele an Deutschland vergeben worden. Der Erste Weltkrieg hatte ihre Durchführung verhindert, aber seit 1928 durfte das Reich ja wieder dabeisein, und so hatten die Nazis das Glück, 1936 in der Reichshauptstadt ein Riesenspektakel mit der »Jugend der Welt« aufziehen zu können. Und auf dieses Ziel wurde nun zugesteuert, in jedweder Form.

Für den Fußball allerdings gab es ein noch näheres Ziel: die Weltmeisterschaft 1934, die im damals faschistischen Italien ausgetragen wurde. Deutschland hatte sich auch um diese Spiele beworben, doch der Zuschlag war an die Italiener gegangen. Otto Nerz, der mit seinen Anfangserfolgen als DFB-Sportlehrer wohl zufrieden sein konnte, sah nun die Aufgabe, eine Nationalmannschaft zu formieren, die nach Möglichkeit Weltmeister werden sollte. Das gelang natürlich nicht, denn da gab es andere Teams, die fraglos stärker waren — und die Engländer nahmen nicht einmal teil. Nicht etwa, weil sie sich nicht qualifiziert hatten — wie z. B. bei der Europameisterschaft 1984 —, sondern weil sie sich für zu gut hielten. Sie hatten es als die bestimmende Fußballnation gar nicht nötig, in Italien ihre Stärke zu beweisen.

Die Deutschen wurden also nicht Weltmeister, aber sie erzielten einen weltweit beachteten Erfolg. In der Vorrunde schlugen sie Belgien in Florenz 5:2, in der Zwischenrunde Schweden in Mailand 2:1. Das war schon eine Sensation. Und die Niederlage (1:3) gegen die damals sehr starke Tschechoslowakei nach einem guten Spiel, in dem der Hamburger Rudi Noack für Deutschland den Ehrentreffer erzielte, war kein Debakel. Die ČSSR wurde Vizemeister im Endspiel gegen Gastgeber Italien, und Deutschland schlug im Spiel um den dritten Platz das Wunderteam aus Österreich 3:2. Fußball-Deutschland hatte die Fußballwelt zum erstenmal deutlich auf sich aufmerksam gemacht.

Dieser überraschende Erfolg kam natürlich nicht von ungefähr. Otto Nerz hatte ein detailliertes Programm für den Aufbau einer verjüngten Nationalmannschaft entworfen. Man gab ihm dazu aber auch die Möglichkeiten, wie sie vorher nicht üblich waren. Der Trainer machte Studienreisen nach England und Schottland, konnte die Glasgow Rangers — heute noch eine berühmte schottische Elf — als Trainingspartner seines Teams für Übungsspiele in Hamburg, Berlin, Bochum, Dresden und München verpflichten, außerdem sammelte man die jungen Talente schon in einem ersten großen Lehrgang Anfang Oktober 1933 im Berliner Grunewaldstadion und erprobte sie sozusagen am laufenden Band. Und das unter der Anleitung von sechs Sportlehrern!

Der dritte Platz Fußball-Deutschlands bei der WM war eine Sensation, und entsprechend groß und überschwenglich die Anerkennung, die vor allem der »NS-Sport« dem Reichstrainer Dr. Otto Nerz zollte. Das um so mehr, als Nerz dem Regime offensichtlich recht positiv gegenüberstand. Er wurde nach dem Zusammenbruch von den Sowjets in das ehemalige Konzentrationslager Sachsenhausen gebracht und erlitt dort das gleiche Schicksal wie der berühmte Schauspieler Heinrich George — er starb in der Haft.

Aber auch bei den Nazis brauchte ein exponierter Fußballtrainer Erfolg, um sich behaupten zu können. Einen Lehrer als Sündenbock in die Wüste zu schicken ist also keine Erfindung der Bundesliga. Nerz arbeitete mit der Nationalmannschaft wie ein Berserker, er schloß — alles für die Olympia-Vorbereitung — eine regelrechte Flut von Länderspielen ab, 1935 allein 17, das bedeutet: Durchschnittlich alle drei Wochen mußten die besten Fußballer Deutschlands ins Nationaltrikot schlüpfen. Sie taten das damals noch sehr gern, und ihr Engagement auf dem Fußballplatz sorgte auch für hervorragende Erfolge, für 13 Siege, ein Unentschieden und nur drei Niederlagen. Zu den geschlagenen Gegnern zählten in diesem großen Fußballjahr die Schweiz (4:0), Holland (3:2), Frankreich (3:1), Belgien (6:1), Irland (3:1), Tschechoslowakei (2:1), Finnland (6:0), außerdem Polen, Lettland, Bulgarien, Rumänien und Luxemburg. Verloren wurde nur gegen England (0:3), Schweden (1:3) und Spanien (1:2). Offenbar empfand man gerade die Niederlage gegen Spanien als besonders schmerzlich, denn gleich zu Beginn des Olympiajahres 1936 unternahm man eine Reise auf die Iberische Halbinsel, um Revanche zu nehmen. Mit der Elf Jakob (Jahn Regensburg), Münzenberg (Alemannia Aachen), Munkert (FC Nürnberg), Janes (Fortuna Düsseldorf), Goldbrunner (Bayern München), Rudi Gramlich (Eintracht Frankfurt), Lehner (BC Augsburg), Siffling (SV Waldhof), Lenz (Borussia Dortmund), Szepan (Schalke 04) und Fath (Wormatia Worms) gelang sogar ein Doppelerfolg. In Barcelona blieb Spanien 1:2 auf der Strecke, und in Lissabon holten sich die Portugiesen eine 1:3-Niederlage. Die deutsche Mannschaft schien für die Spiele in Berlin gerüstet.

Doch wie das im Fußball eben ist, das böse Erwachen kam in der Olympiastadt, im neuen, hunderttausend Besucher fassenden Stadion unweit der Heerstraße. Zwar wurde im ersten Spiel des Fußballturniers Luxemburg ohne Mühe 9:0 ausgeschaltet, aber schon im zweiten Durchgang waren alle Medaillenträume der deutschen Fußballer zu Ende. Der Gegner hieß Norwegen, und man war gewarnt durch das Unentschieden im Vorjahr. Vielleicht war die deutsche Elf »überspielt«, vielleicht hatte sie auch — wie so manche Bundesligamannschaft heute — das Spiel schon vorher gewonnen. Jedenfalls verlor Deutschland vor eigenem Publikum 0:2, und das war so etwas wie ein nationales Unglück. Otto Nerz gab die aktive Trainerarbeit an seinen Assistenten Sepp Herberger ab und »avancierte« zum Chefideologen des NS-Fußballs. Nach 1938 hat man jedoch kaum noch etwas von ihm vernommen.

Das Olympia-Debakel von 1936 warf den deutschen Fußball allerdings nicht vollends aus der Bahn. Trainer und Spieler setzten alles daran, die deutsche Fahne hochzuhalten, auch wenn das Schwarzrotgold der Demokratie inzwischen dem Hakenkreuz der braunen Diktatur gewichen war. Sie waren ja auch durchweg unpolitische Menschen — wie leider die meisten im Volk —, gingen ihrem Beruf nach, spielten mit Freude Fußball und sonnten sich in dem Gefühl, auch noch populär zu sein. Außerdem brachte ihnen die Nationalmannschaft viele Vorteile, wenn sich das auch nicht offiziell in barer Münze niederschlug. Sie wurden schon bevorzugt behandelt, im Beruf wie im öffentlichen Leben, und nicht von ungefähr machte damals der Begriff »Staatsamateur« die Runde, eine Umschreibung, wie sie heute vom Westen auf die herausragenden Leistungssportler des Ostblocks angewandt wird.

Im politischen Leben waren unsere Fußballer Mitläufer wie Millionen andere, und sogenannte Aufbauartikel in Sport- und Tageszeitungen nahmen sie wohl als unabwendbar hin, ohne viel darüber nachzudenken. Sie merkten gar nicht, daß die Massierung solcher Beiträge in Presse und Rundfunk gerade vor dem Zweiten Weltkrieg ein ungemein geschicktes Stück nationalsozialistischer Propaganda war, um nicht nur die schlichten Gemüter im Volk zu Beifallskundgebungen für das Regime hinzureißen. Joseph Goebbels, der die Medien total gleichgeschaltet hatte und sie von Berlin aus fast auf Punkt und Komma steuerte, war schon ein mephistophelischer Dämon des »Führerstaates«. Heute, mit dem Abstand von mehr als vierzig Jahren, verstehen vornehmlich wir Älteren so manches nicht mehr, doch seinerzeit lasen die meisten von uns derlei Beiträge so sorgfältig und zustimmend, wie das Gesetz es befahl. Wie ich mögen manche total übersehen haben, daß ein Artikel im »Kicker« vom Januar 1936 ein Loblied auf die Abschaffung der Pressefreiheit in allen Tönen sang. Christian Buchfelder schrieb damals unter anderem:

»Seit dem 30. Januar 1933 ist auch in der deutschen Sportbewegung sehr vieles anders geworden. Das große Gebiet der Leibesübungen wurde nicht nur neu aufgeteilt und gegliedert, sondern der Masse des Sportvolkes wurden vaterländische Ziele zugewiesen, die nunmehr die oberste Maxime jeglicher Sportausübung und -betätigung sind. Das brachte eine tiefgreifende Wandlung der sportlichen Auffassung mit sich, und zwar auf allen Gebieten des sportlichen Lebens. Eine der größten Wandlungen aber vollzog sich (. . .) auf dem weiten und wichtigen Felde der Sportkritik.

Die Sportkritik war früher in Deutschland individuell und — von rühmlichen Ausnahmen selbstverständlich abgesehen — willkürlich. Es konnte und durfte jeder, der sich dazu berufen fühlte und auf Grund seiner Fertigkeit oder seiner guten Beziehungen eine Zeitung fand, das schreiben, was er wollte und für richtig hielt. Es wurde wenig danach gefragt, ob die Kritik fördernd und der großen, guten Sache des Sports nützlich war, sondern die Hauptsache bleibt, daß die Leser in großem Umfange sich bereitfanden, das Geschriebene zu lesen und somit die Zeitung zu kaufen.«

Der Verfasser spricht dann den Kritikern, den meisten jedenfalls, die notwendige Selbstdisziplin ab und unterstellt ihnen Sensationslust und Geltungsbedürfnis. Er schreibt weiter in seinem Artikel:

». . . Und es gab damals in Deutschland keine Macht, die imstande gewesen wäre, die Allmacht und die Willkür dieser Kritik soweit zurückzudrängen, wie es mit Rücksicht auf die gedeihliche und ruhige Arbeit der damaligen Sportverbände notwendig gewesen wäre. Jeder hatte sich mit dieser Freiheit der öffentlichen Meinung — nie ist ein anarchisch-willkürlicher Zustand unter einer so wundervollen Phrase verborgen gewesen — so gut abzufinden, als er es vermochte.«

Man kann sich vorstellen, daß mancher DFB- oder Vereinsfunktionär, der diese Zitate liest, unwillkürlich mit dem Kopf nickt, denn heute wird in den Medien vieles gesagt, gezeigt und geschrieben, was nicht in das Konzept der Verbände und Vereine paßt. Zugegeben, manchmal und von manchem Blatt in Tönen, die einfach dem guten Geschmack und oft sogar den Tatsachen widersprechen. Ich gestehe gerne, daß mich schon mal der Fernsehkommentar zu einem Spiel des Hamburger Sport-Vereins, dem ich live beigewohnt habe, daran zweifeln läßt, ob überhaupt von derselben Veranstaltung die Rede ist. Aber Kritik ist niemals objektiv, sondern Meinung. Und daß wir heute die Meinungsfreiheit haben, dafür können wir nur dankbar sein. Wir, die Fußballkonsumenten und auch die Aktiven, die sich ja ohne Zwang ins Rampenlicht der Öffentlichkeit begeben. Oder möchte jemand wieder die Zeiten heraufbeschwören, in denen Schweigen nicht nur Gold, sondern sogar lebenserhaltend war? Was nämlich der schon zitierte Autor Buchfelder im nächsten Absatz seines Beitrages zur Sportkritik sagt, ist so deutlich, wie man das selbst zu Goebbels' Zeiten nur selten vernommen hat. Er schreibt:

»Als aber Adolf Hitler die Macht in Deutschland ergriffen hatte, da änderte sich auch dieser Zustand [der Meinungsfreiheit, d. Verf.] mit einem Schlage. Fast über Nacht schien der ganze Spuk verschwunden, und auf einmal war ohne jede Schwierigkeit auch der öffentlichen Meinung der Platz angewiesen, der ihr gebührte. Mit der Einführung des Führerprinzips auch im Sport war die Entwicklung klar vorgezeichnet.«

Das Volk und seine Fußballer wurden von den braunen Herren ohnehin als politisch unmündig abgetan, und die meisten nahmen es hin — wider und auch ohne besseres Wissen. Die Fußballer wohl eher ohne, denn wie sonst hätte Fritz Szepan, damals Spielführer der deutschen Nationalmannschaft, seine Kameraden schriftlich im »Kicker« auffordern können, dem »Führer« bei der Wahl am 29. März 1936 — einer der berühmten Volksabstimmungen, die wie heute in der DDR mit 99,5 Prozent Ja-Stimmen endeten — die Stimme zu geben.

Wer Fußball spielt, zudem noch große Leistungen erbringt und viel Erfolg hat, ist diesem Mannschaftssport meist mit Leib und Seele verfallen. Weitere Interessen sind je nach Herkunft und Ausbildung natürlich unterschiedlich ausgeprägt, aber schon damals stand der Fußball für die meisten Sportler so absolut an der Spitze des täglichen Lebens wie heute für die Profis der Bundesliga. Darum weiß man auch nur von wenigen Spitzenfußballern der zwanziger und dreißiger Jahre, die sich aktiv — über die Verpflichtung als Repräsentant des deutschen Sports im Ausland hinaus — für die NSDAP oder ihre Organisationen betätigt haben. Es gibt sicherlich eine ganze Reihe, die nicht nur auf dem sportlichen Feld aktiv waren, die meisten jedoch blieben auch in diesen zweifelhaften politischen Aktivitäten wirkliche Sportler, also fair.

So der Nationalspieler Rudi Gramlich von Eintracht Frankfurt. Von ihm hört man, daß er in der Partei nach 1933 eine gewisse Rolle gespielt habe, man weiß aber auch, daß er seine Position nicht zur Denunziation Andersdenkender ausgenutzt hat. Im Gegenteil, Gramlich hat eher geholfen, und sei es nur durch das Verschweigen ihm bekannter defaitistischer und antinationalsozialistischer Äußerungen, deren Weitergabe ihre Urheber fraglos aufs Schaffott gebracht hätte. Bedeutende deutsche Schauspieler waren unter den Betroffenen, aber ... ihnen geschah nichts. Dank Rudi

Gramlich, der nach dem Krieg lange Zeit als Präsident seinem Verein Eintracht Frankfurt vorgestanden hat.

Ein wenig anders lag der Fall bei einem der deutschen Fußballidole der zwanziger Jahre, bei Tull Harder, dem Mittelstürmer und Torjäger des HSV und der Nationalmannschaft. Niemand weiß heute noch genau, wie es dazu kam, aber — Harder war plötzlich Mitglied der SS. Wohl aufgrund seiner sportlichen Prominenz machte er dort Karriere — solcher Volkshelden bedienten sich die Nazis ja sehr gern —, und schließlich arbeitete er sogar an führender Stelle in einem Konzentrationslager in der Nähe von Hamburg. Nach dem Zusammenbruch wurde er von den Alliierten verurteilt und wanderte ins Gefängnis. Offensichtlich waren seine Taten jedoch nicht so schrecklich gewesen; er wurde bald begnadigt und konnte ins bürgerliche Leben zurückkehren.

Wenn man heute bei den wenigen Leuten, die es eigentlich noch wissen müßten, nachforscht, ob denn Tull ein »strammer Nazi« gewesen sei, wiegen alte HSV-Mitglieder zweifelnd den Kopf. So Kurt Petersen, Jahrgang 1906, heute noch in vielerlei Dingen für seinen Verein am Rothenbaum aktiv tätig: »Ich glaube nicht, daß es bei Tull politische Überzeugung war. Man kannte ihn in Hamburg, man hofierte ihn, und darauf verstanden sich die NS-Ideologen ja vorzüglich. Nein, ich glaube, es war eher politische Naivität.« Und so sieht es nicht nur Petersen, auch andere, die Tull noch gekannt haben, sind der Ansicht, daß »er sich damals wohl nicht allzuviel dabei gedacht hat«.

Nun denn, es gab damals sicherlich viele im Hamburger wie im deutschen Fußball, die braun lieber mochten als früher rot oder schwarz; doch wer jene Zeit miterlebt hat, wird vielleicht der Auffassung zustimmen, daß vielen damals das Unrechtsbewußtsein gefehlt hat für das, was sie glaubten, tun zu müssen.

Der Zweikampf an der Elbe

Wie in allen Städten Deutschlands wurde von 1933 an auch an Elbe und Alster gesäubert, neu geordnet und gleichgeschaltet. Nach außen, so schien es, nahm man das eher gelassen hin, abgesehen von den unmittelbar Betroffenen natürlich. Viele glaubten die NS-Märchen von der besseren Zukunft, viele hielten die Auflösung der Arbeiter-Sportverbände und der konfessionellen Organisationen für notwendige Maßnahmen. Selbst in der Zerschlagung der freien Gewerkschaften und den vor jüdischen Geschäften und Synagogen randalierenden SA-Leuten sah man Übergriffe, die eine so gründliche Neuordnung der Verhältnisse im Lande eben vorübergehend nach sich zöge.

Beim Hamburger Sport-Verein lebte und arbeitete man weiter wie bisher, das Hamburger Bürgertum war ihm zugetan wie ehedem — »Onkel Paul« Hauenschild blieb der große Mäzen, kurz, alles schien beim Alten. Schon einige Jahre vor der Machtergreifung durch die Nazis war im Hamburger Fußball ein Name bekanntgeworden, der heute noch in der ganzen Fußballwelt mit Hochachtung genannt wird: der Name Seeler. Im Arbeitersportverein »Lorbeer«, der wie das Arbeiter-Sportkartell 1933 aufgelöst wurde, hatte Erwin Seeler bereits als Fußballer Karriere gemacht. Er wollte eigentlich schon länger zum HSV wechseln, weil er dort die besten Entwicklungsmöglichkeiten sah, man lockte ihn aber 1932 von »Lorbeer« zu Viktoria.

»Ich habe da wohl selbst nicht richtig aufgepaßt«, erzählt Vater Seeler heute. »Einige Leute vom Rothenbaum hatten da ein bißchen Ärger mit dem Verein, Harder, Rave und Kolzen lotsten mich zu Viktoria. Tull war ja damals schon vierzig und machte nur noch ein paar Spiele, ich aber blieb bei Viktoria hängen, und wir konnten ja gegen die beiden großen Vereine im Hamburg der dreißiger Jahre, gegen den HSV und den ETV Eimsbüttel, nicht viel ausrichten. Und immer nur an dritter Stelle, das war nichts für mich.«

»Old Erwin« sagt das ohne Bitterkeit, er spielte ja auch bei Viktoria einen sehr guten Fußball und stand oft in der Hamburg-Elf. Die fraglos besseren Bedingungen am Rothenbaum aber haben ihm an der Hoheluft doch hin und wieder gefehlt.

»Na ja, 1937 hat es ja dann auch geklappt. Ich wechselte rüber nach Harvestehude. Und in diesem Jahr schafften wir auch zum erstenmal die sogenannte Gaumeisterschaft.«

In diesem Jahr war Erwins jüngster Sohn Uwe erst einige

Monate alt, und niemand ahnte, daß schon knapp zwanzig Jahre später die Fußballfreunde in aller Welt »uns Uwe« kennen sollten. Aber auch Vater Seelers Erstgeborener, Dieter, schrieb später kräftig mit an der Hamburger Fußballgeschichte, die Berühmtheit seines »kleinen« Bruders allerdings erreichte er nicht. Der HSV und die Seelers, das war schon eine ideale Verbindung, von der noch viel zu erzählen sein wird.

Der Hamburger Sport-Verein spielte seit 1933 nicht mehr in einer Alsterstaffel, sondern fand sich mit seinen alten Kontrahenten Altona 93, Viktoria, Eimsbüttel u.a. neugeordnet in der Liga des Gaues Nordmark wieder. Vergleichbar den heutigen Ostblockstaaten hatte im nationalsozialistischen Deutschland die Partei die absolute Macht. Das wurde zwar damals nicht gleich augenfällig, wenn man von den braunen Uniformen im Stadtbild absah, im Grunde aber kam von Anfang an niemand an den Funktionären der NSDAP vorbei, wenn er für sich oder seine Organisation etwas erreichen wollte. Auch mit der Neueinteilung der Fußballklassen wartete man nicht länger. Die Deutsche Meisterschaft von 1933 ließ man gerade noch nach dem üblichen Schema austragen, und der HSV schied in jenem Jahr als Nordmeister in der Vorrunde gegen Eintracht Frankfurt aus. Die »Viktoria« ging an den Niederrhein zu Fortuna Düsseldorf, nachdem Schalke in einem rein westdeutschen Endspiel 3:0 geschlagen worden war.

In der neuen Saison war jedoch alles anders. Hitler hatte den Freiherrn von Tschammer und Osten — einen SA-Obergruppenführer — zum Reichssportführer ernannt und das Reich parteipolitisch in 16 Gaue aufgeteilt, an deren Spitze — als Reichsstatthalter — jeweils der Gauleiter stand. Und jeder Gau besaß auch seine Fußballklassen, auf höchster Ebene die Gauliga, deren zehn Vereine in Hin- und Rückrunde den Gaumeister ermittelten. Diese regionalen Meister traten dann in vier Abteilungen zu den Gruppenspielen um die »Deutsche« an, und das ebenfalls in Hin- und Rückspiel nach dem Punktesystem. Erst die vier Gruppensieger trugen die Vorschlußrunde in der bisher üblichen K.o.-Runde aus und ermittelten dort die beiden Endspielgegner.

Fraglos war der neue Modus leistungsgerechter als der bisherige, obwohl die »Dezentralisation« auch vielfach zur Aufsplitterung der Spitzenkräfte führte. Für den Hamburger SV begann mit der Gauliga Nordmark keine sehr erfolgreiche Zeit, obschon der Mannschaft durchweg alte Bekannte auf den Fußballplätzen gegenüberstanden. Neben ihr spielten die Teams von Altona 93, ETV Eimsbüttel, Viktoria Wilhelmsburg, Union Altona, Polizei Hamburg, Borussia Kiel, Holstein Kiel, Polizei Lübeck und Schwerin 03. Die alten Rivalen Hannover 96, Eintracht Braunschweig und Werder Bremen gehörten nun zum Gau Niedersachsen.

Selbstverständlich gab es wie früher auch Auf- und Abstieg, und so tauchten bereits ein Jahr später in der Gauliga Nordmark der FC St. Pauli und Viktoria auf, während Wilhelmsburg und Schwerin den Weg in die darunterliegende Klasse anzutreten hatten.

Die Hamburger Fußballgemeinde beschäftigte sich nicht sonderlich viel mit dieser Neuordnung des Spielbetriebs, sie wollte guten Fußball sehen, und die große Anhängerschaft des Hamburger SV rechnete in etwa mit der gleichen Situation wie früher, also mit der Meisterschaft. Dem war aber nicht so, denn die üblichen »Durchmärsche« des Großvereins vom Rothenbaum fanden nicht mehr statt. Offensichtlich hatte sich das Kräfteverhältnis verschoben, denn plötzlich war ein anderer Verein stärker als der HSV, der ETV Eimsbüttel. Dreimal hintereinander holten sich die Eimsbütteler den Nordmarktitel, zweimal wurde der Hamburger SV hinter ihnen Zweiter, einmal sogar nur Dritter — da hatte sich SC Victoria dazwischengeschoben.

Die Elf vom Rothenbaum verlor deshalb ihr Ansehen an Alster und Elbe nicht, sie füllte ihr Stadion mit Freundschaftsspielen, zu denen der Verein attraktive Gegner nach Hamburg holte. Es kam der amtierende Deutsche Meister Fortuna Düsseldorf und bezog eine 4:1-Niederlage, worüber der berühmte Georg Hochgesang verzweifelt den Kopf geschüttelt haben soll. Beim Kölner SC 99 siegten die Hamburger 6:2 — fünf Tore allein von Rudi Noack —, dann wurde 1934 eine Auswahl des damals noch nicht zum Deutschen Reich »zurückgekehrten« Saarlandes 5:2 geschlagen. Zum Höhepunkt des Jahres wurde schließlich das Gastspiel eines in der ganzen Welt bekannten europäischen Vereins:

des FC Madrid, heute Real. Die Spanier stellten damals neben dem weltbesten Torhüter Ricardo Zamora mit Quincoces, Regueiro, León, Hilario und Alonso mehr als die halbe Nationalmannschaft ihres Landes und siegten an einem Dienstagabend in der Viktoria-Kampfbahn 3:0.

Nicht nur die unentwegten HSV-Freunde, alle Hamburger waren dem Club dankbar für diese internationalen Aktivitäten, die großen Fußball in die Hansestadt brachten. Sie standen aber ebenso mit Freude und Begeisterung auf der Seite der Eimsbütteler, die ja den Kampf um die Hamburger Meisterschaft spannend gestalteten. Und als der ETV im Jahre 1935 den HSV sogar um sechs Punkte hinter sich ließ, redete man in den Kneipen und auf den Rängen ebenso von einer Krise wie in der Presse. Es hat sich also am Verhalten der Zuschauer und Journalisten bis heute kaum etwas geändert.

Allerdings, einige Sorgen hatte man am Rothenbaum zu dieser Zeit schon, und so etwas überträgt sich ja, wie man weiß, leicht auf das Spielfeld. Das Präsidium sah sich vor finanziellen Schwierigkeiten und mußte die Mitglieder des Vereins um Hilfe bitten, um einen Bankrott zu vermeiden. Das kostete einige Mühe, und für die erheblichen Kosten, die vornehmlich das perfekt ausgestattete Jugendzentrum in Ochsenzoll verschlang, hatte nicht jedermann Verständnis. Man überwand jedoch das Tief, ohne »höhere Stellen« in Anspruch zu nehmen, und verlor den Anschluß nach oben nicht.

Das sollte sich für den Hamburger Fußball als sehr wichtig erweisen, denn die Hoffnungen der großen Sportgemeinde, der ETV Eimsbüttel werde die Hansestadt in der Deutschen Meisterschaft so erfolgreich vertreten wie früher der HSV, erfüllten sich leider nicht.

Gleich im ersten Jahr der Gaumeisterschaft, 1934, geriet Eimsbüttel durch ein vertracktes Los in eine sehr schwere Gruppe: Schalke 04, VfL Benrath und Werder Bremen waren die Gegner. Gegen Schalke hielt sich der ETV sehr gut, er gewann auf eigenem Platz 4:1 und verlor in Gelsenkirchen nur knapp 2:3. Auch gegen Benrath erzielte der Nordmarkmeister einen 5:1-Sieg in Hamburg, das Rückspiel vergab er allerdings mit 1:4. Die ärgste Enttäuschung aber bereitete der ETV Eimsbüttel seinen Anhängern in den beiden

Spielen gegen den alten Rivalen von der Weser, Werder Bremen. Beide Nordderbys gingen mit 1 : 2 und 2 : 4 an die Bremer. Gruppensieger und zum erstenmal Deutscher Meister wurde der FC Schalke 04, der 1933 schon im Enspiel gestanden hatte. In den beiden folgenden Jahren, in denen der Norden durch Eimsbüttel im Kampf um die Deutsche Fußballmeisterschaft vertreten wurde, scheiterten die Hamburger ebenfalls bereits in den Gruppenspielen. Sie waren offensichtlich nicht stark genug, um gegen die harte Konkurrenz aus dem Süden und vor allen aus dem Westen des Reiches bestehen zu können.

Das änderte sich mit jenem Jahr 1937, in dem der HSV wieder die Fußballführung im Norden Deutschlands übernahm. Zwei Jahre lang hatte der damalige Vorsitzende Carl Mechlen zielbewußt an der Sanierung des Vereins gearbeitet. Er war ein liebenswürdiger, aber nicht immer bequemer Mann, der seinen Willen durchzusetzen verstand, auch wenn er sich damit nicht nur Freunde schuf. Zum Beispiel dadurch, daß er es ablehnte, in die NSDAP einzutreten.

Ihm gelang aber der Aufbau einer guten Mannschaft, in die, von Viktoria wechselnd, Erwin Seeler eintrat und deren Trainer Hans Lang wurde, jener Nationalspieler, der auf dem Weg von Fürth nach Südamerika am Hamburger Rothenbaum hängengeblieben war und jahrelang in der Meisterelf des HSV eine große Rolle gespielt hatte. Da der Großverein neben den begabten Fußballern aus eigenem Nachwuchs auch immer wieder Zuwachs von Fußballtalenten aus anderen Clubs erhielt, bedurfte es eben nur des psychologischen Geschicks und der führenden Hand eines Fachmanns, um aus den vielen Begabten eine Mannschaft zu formen. Lang schaffte das. Mit sechs Punkten Vorsprung wurde der HSV vor Holstein Kiel Gaumeister 1937, Eimsbüttel war ins Mittelfeld der Tabelle zurückgefallen. Statt dessen hatte man allerdings St. Pauli eine echte Chance eingeräumt, den Konkurrenten noch kurz vor dem Ziel abzufangen. Die Elf vom Millerntor spielte damals einen guten Fußball, und so wurde die Begegnung der beiden besten Hamburger Fußballclubs in der St. Pauli-Kampfbahn denn auch zum Volksfest. Das Ergebnis machte jedoch einen Klassenunterschied deutlich. Bei Schnee und Regen begann das Spiel für die Paulianer zwar ganz verheißungsvoll, sie hielten gut mit, aber nach zehn Minuten war der Traum aus. Kutter und Carstens schossen zwei Tore für die Elf vom Rothenbaum, dann beherrschte der HSV so eindeutig das Spiel, daß die Anhänger der Platzherren auf den zusätzlich installierten Nottribünen fast verzweifelten: 8:0 hieß es am Ende für die Gäste von der Alster, die später mit einem 1:0 gegen Holstein Kiel endgültig Gaumeister wurden.

Bei der Auslosung der Gruppen um die »Deutsche« hatte der HSV allerdings das Glück, von dem Eimsbüttel Jahre vorher immer nur träumen durfte. Der Sachsenmeister BC Hartha, der schlesische Gaumeister Beuthen 09 und die Ostpreußen von Hindenburg Allenstein waren wesentlich leichtere Gegner als Benrath, Bremen oder gar Schalke. Die Hamburger machten dann auch wieder ihren Durchmarsch, zweimal 3:0 gegen die Sachsen, 6:0 und 4:1 gegen die Schlesier und 5:2 und 6:1 gegen Ostpreußen, in den sechs Spielen holte man 12:0 Punkte und 27:4 Tore. Das Halbfinale war erreicht.

Bevor man jedoch in die Vorschlußrunde einstieg, bot der HSV seinem Publikum wieder mal einen internationalen Gast, den englischen Erstligisten FC Brentfort, eine Elf von ausgekochten Profis. Sie machten ihrem Ruf alle Ehre und siegten in glänzender Manier 3:0. Die Engländer fuhren dann von der Elbe an die Spree und schossen gegen Hertha BSC gar ein 4:0 heraus. Mit einem 2:2 beim fünfmaligen Deutschen Meister Nürnberg ging allerdings schon ein wenig von dem professionellen britischen Fußballglanz verloren, und in der Schalker Glückauf-Kampfbahn endete die Deutschland-Tournee der Klassefußballer mit einer 2:6-Niederlage. Grund dieses Debakels waren aber nicht etwa die Anstrengungen der Reise und die Ermüdung nach drei Spielen. Die Briten hatten im amtierenden Deutschen Meister auch *ihren* Meister gefunden. 35 000 erlebten das in der Gelsenkirchener Kampfbahn mit und wußten, daß dort zur Zeit der beste deutsche Fußball gespielt wurde. Der Hamburger Sport-Verein indes begab sich frohen Mutes zur Vorschlußrunde um die Deutsche Meisterschaft, stolz und selbstbewußt, denn man sah wieder das große Ziel vor sich. Tatort war das Olympiastadion in Berlin, Gegner wieder einmal der Nürnberger »Club«, der als Meister amtierte und seinen sechsten Titel anstrebte. Die Hamburger hatten sich das so schön gedacht: Zum 50. Geburtstag des Vereins am 29. September 1937 kam eine Deutsche Meisterschaft gerade recht. Leider ging die Rechnung nicht auf. Die Nürnberger führten bereits zur Pause 1:0 nach einem Tor von Übelein, und als kurz nach dem Seitenwechsel Gussner das 2:0 schoß, schien alles gelaufen. Offenbar, so las man damals, hatte Hamburgs Verteidiger Bohn einen schlechten Tag.

Trotzdem, die Hanseaten nahmen sich noch einmal zusammen, und Walter Warning im Tor hielt dem Nürnberg Dauerfeuer stand. Als Werner Höffmann dann nach einem bemerkenswerten Alleingang das Anschlußtor erzielte, war plötzlich wieder alles offen. Zwar mußte Rudi Noack, der Spielmacher, für zehn Minuten verletzt vom Platz, doch als er wiederkam, hieß es 2:2. Carstens hatte ausgeglichen. Schon zeichnete sich wieder eine Verlängerung gegen den »Club« ab — das Spielchen kannte man ja noch gut aus der Geschichte, aber ... Bohn hatte eben einen schlechten Tag. Erneut verlor er ein Duell gegen seinen »Mann« Gussner, und der machte vier Minuten vor Schluß das 3:2. Pech für die Hamburger, die dann im Spiel um den dritten Platz auch gegen den VfB Stuttgart unterlagen. Deutscher Meister aber wurde nicht zum sechstenmal der »Club«, sondern zum drittenmal — Schalke 04.

In der folgenden Saison war plötzlich der bereits totgesagte ETV Eimsbüttel wieder da. Rohwedder und Rohde, bereits international für Deutschland eingesetzt, hatten mit ihrem Team wieder einiges zu bieten. Es gab zwischen dem ETV und dem HSV ein Kopf-an-Kopf-Rennen um die Gaumeisterschaft, dem an Dramatik nichts fehlte. Erst schlug der HSV fast alle Gegner eindeutig aus dem Feld, nur St. Pauli schaffte am Millerntor gegen die vom Rothenbaum ein 3:3. Doch auch die Eimsbütteler hatten in der ersten Serie bereits einen Punkt vom HSV mitgenommen. Das Ende vom Lied: Beide lagen punktgleich an der Tabellenspitze, der HSV allerdings mit dem wesentlich besseren Torverhältnis. Ihm genügte also ein Unentschieden, denn an einen abschließenden Sieg am Rothenbaum gegen Phönix Lübeck zweifelte niemand.

Der ETV-Platz an der Hoheluft war brechend voll, als angepfiffen wurde. Und man hörte hier Pfiffe der Enttäuschung, dort Rufe des Jubels, als Eimsbüttel bereits nach relativ kurzer Zeit 2:0 führte. Nach der Pause aber kam der HSV, Rudi Noack und Frido Dörfel, Vater von Bernd und »Charly«, machten das 2:2. Das reichte, um eine Woche später mit einer Tordifferenz von +77 (Eimsbüttel +62) Meister zu werden.

Das Torverhältnis entschied denn auch zu Gunsten des Hamburger Sport-Vereins über den Gruppensieg bei der Deutschen Meisterschaft. Nach einem 6:0 und einem 2:3 gegen Eintracht Frankfurt, einem 6:0 und einem 3:1 gegen die Soldatenelf von York Insterburg, dem Meister Ostpreußens und einem 2:1 und 3:1 gegen den SC Stettin. Eintracht hatte die schlechtere Tordifferenz bei gleichem Punkteverhältnis, der HSV schaffte das Halbfinale ganz knapp.

Nun hatten sich zwei norddeutsche und zwei westdeutsche Clubs für die Vorschlußrunde qualifiziert: der Hamburger SV, Hannover 96, Schalke 04 und Fortuna Düsseldorf. Um ein rein west- oder norddeutsches Finale zu vermeiden, setzte das Fachamt Fußball die Spiele HSV gegen Hannover und Fortuna Düsseldorf gegen Schalke an. Dann leisteten sich die Funktionäre, die in diesem DFB-Ersatz tätig waren, mal wieder ein Kabinettstück, das die Wellen der Empörung in Hamburg und Hannover hochgehen ließ. Schalke und Fortuna Düsseldorf trafen sich in Köln, und alle waren mit der Wahl des neutralen Platzes zufrieden. Hannover und Hamburg wollten sich im Bremer Weserstadion begegnen, sie durften aber nicht. Der Verband legte das Halbfinale der Norddeutschen — nach Dresden. Alle Proteste von Elbe und Leine halfen nicht, es wurde in Sachsen gespielt.

1938 war das Fußballjahr von Hannover 96. Die sehr kämpferisch eingestellte Elf mit dem Nationalstürmer Malecki und den ausgezeichneten Brüdern Richard und Erich Meng hatte in dieser Saison schon manchen Gegner das Fürchten gelehrt. Die Hamburger waren also gewarnt und begannen vorsichtig. Mit Erfolg — zur Pause führten sie bereits 2:0 und wähnten sich wohl schon im Endspiel. In der zweiten Halbzeit mußte dann der Torhüter Warning wegen Verletzung zehn Minuten aussetzen, und die Hannoveraner nutzten das geschickt aus: Ersatzkeeper Richard Dörfel fing sich das 2:1 ein. Als Warning wieder spielen konnte, wollte man den knappen Vorsprung über die Zeit bringen, was heute noch vielfach ohne Erfolg versucht wird. So war es auch damals, die 96er schafften das 2:2 und damit die Verlängerung. Hannover mußte die zusätzlichen dreißig Minuten mit zehn Spielern durchstehen, der Schiedsrichter hatte Reckel wegen eines schweren Fouls an Sikorski vom Platz gestellt. Nach Ansicht der Hamburger eine längst überfällige Maßnahme des Unparteiischen gegen die übergroße Härte des Gegners.

Aber diese Maßnahme half dem HSV nicht. Schon in der ersten Minute der Verlängerung fiel das 3:2 für Hannover, und das wurde mit allen Mitteln bis zum Schlußpfiff verteidigt. 96 zog also zum erstenmal in das Finale um die Deutsche Meisterschaft ein. Erklärter Favorit war Schalke 04, der amtierende Meister. Aber es war eben das Jahr von Hannover 96. Am Ende der neunzig Minuten hieß es 3:3, und dies auch nach 120 Minuten. Am folgenden Sonntag mußte also noch einmal gespielt werden, wenn nötig, erneut mit Verlängerung, aber dann nur bis zum Siegtor. Bei einem Gleichstand nach 120 Minuten sollte das Los entscheiden.

Es erschienen wieder 100 000 Fußballfreunde im Olympiastadion in Berlin, und sie erlebten nach neunzig Minuten wieder ein 3:3-Unentschieden. Aber diesmal passierte es: Ein Bombenschuß von Richard Meng glitt Hans Klodt im Tor der Schalker aus den Händen, Malecki war zur Stelle und Hannover Deutscher Fußballmeister 1938. Nach mehr als drei dramatischen Stunden ging der vierte Meistertitel den Schalkern ganz knapp verloren.

Übrigens: Der HSV erreichte auch diesmal den dritten Platz in der Endrunde nicht. Nach einem torlosen Unentschieden in den ersten 120 Minuten gewann Fortuna Düsseldorf in der Wiederholung gegen die Hamburger 4:2.

Nun war das Jahr 1938 nicht nur das Jahr von Hannover 96, es war auch das Jahr des »Führers«. Er marschierte in Österreich ein und setzte in München die Eingliederung des Sudetenlandes in sein »Großdeutsches Reich« durch. Die Mehrheit des deutschen Volkes jubelte Hitler zu, und Englands Premier Sir Neville Chamberlain glaubte mit dem Münchner

Abkommen »den Frieden für unsere Zeit« gerettet zu haben. Spätestens nach einem knappen Jahr waren beide eines Besseren belehrt, das deutsche Volk wie Mr. Chamberlain.

Das Traumteam vom Schalker Markt

Deutschlands Fußballfreunde schauten nach dem Anschluß Österreichs naturgemäß erwartungsvoll auf Wien, die Hauptstadt der »Ostmark«, wie Adolf Hitler das traditionsreiche ehemalige Habsburgerreich kurzerhand taufte. Von den Profifußballern der Donaumetropole erzählte man sich reine Wunderdinge, obwohl die deutsche Nationalelf die Österreicher bei der Weltmeisterschaft 1934 in Italien im Spiel um den dritten Platz geschlagen hatte. Die Namen Sindelar, Hahnemann, Pesser, Sesta, Platzer tauchten in den Stammtischgesprächen immer wieder auf, und man war gespannt, was jetzt wohl aus dem großdeutschen Fußball würde. Die nächste »Deutsche« müßte ja sehr interessant werden, war die allgemeine Auffassung.

Vier Mannschaften aus Österreich standen vornehmlich im Mittelpunkt des Interesses: Austria, Rapid, Admira und Vienna Wien. Dagegen sah man im »Altreich« auf weiter Flur derzeit nur eine Klassemannschaft, von der man in ganz Europa sprach: den FC Schalke 04. Vor allem seit dem sensationellen Sieg über die englischen Profis vom FC Brentfort galten die Schalker als Wunderteam. So kam denn auch Austria Wien zunächst mal in aller Freundschaft nach Gelsenkirchen, mit dem Superstar Sindelar an der Spitze. Die Gäste zauberten vor 30 000 in der Glückauf-Kampfbahn, aber — sie verloren mit 1:2. Wieder ein Erfolg der Knappen, der über die Grenzen Deutschlands hinaus bekannt wurde.

Wohl immer, wenn in einem Fußballclub Ausnahmespieler heranwachsen, wenn große Persönlichkeiten auf dem Platz spielbestimmend, gar spielgestaltend werden, entwickeln sich die elf Spieler zu einer großartigen Formation, die von Erfolg zu Erfolg marschiert. Das war beim HSV so zu Zeiten von Hans Lang und Tull Harder, beim FC Nürnberg mit Dr. Hans Kalb, wiederum im Hamburg der fünfziger und sechziger Jahre mit Uwe Seeler, beim FC Kaiserslautern mit Fritz Walter, dann in der Bundesliga mit Franz Beckenbauer bei Bayern München und mit Günter Netzer bei Borussia Mönchengladbach. Die Jahre von 1933 bis 1943 gehörten fraglos dem FC Schalke 04, bei dem die beiden größten deutschen Fußballer dieser Zeit spielten: Fritz Szepan und Ernst Kuzorra. Wer über hundert Jahre Fußball in Deutschland berichtet, kann und darf an dieser Wundermannschaft der Vorkriegszeit nicht vorbeigehen.

Beginnend mit den letzten zwanzig Jahren des 19. Jahrhunderts, den sogenannten Gründerjahren, hatte die Industrialisierung auch in Deutschland Ballungszentren mit magischer Anziehungskraft für Arbeitskräfte geschaffen. Eins davon war das Gebiet an Rhein und Ruhr. Die unerschöpflich scheinenden Kohlevorkommen lockten viele Menschen aus den deutschen Ostgebieten in den »Kohlenpott«, denn dort winkten Arbeit und Brot. Und wo Hunderttausende auf relativ engem Raum zusammenleben, gedeiht der Volkssport Fußball natürlich am besten.

An Rhein und Ruhr schossen also vor und nach dem Ersten Weltkrieg die Fußballvereine nur so aus dem Boden. Auf Straßen, Wiesen und Plätzen wurde gekickt, von Hamm bis Düsseldorf etablierten sich zahlreiche Mannschaften, die in unterschiedlichen Zeitabschnitten an Ansehen und Erfolg des deutschen Fußballs kräftig mitgewirkt haben. Borussia Dortmund, der Meidericher Spielverein, Westfalia Herne, Borussia Mönchengladbach, der Duisburger SV, der VfL Benrath und Fortuna Düsseldorf — diese Namen stehen für viele in dieser Region.

Beim Hamburger Sport-Verein hatten sich in den zwanziger Jahren um Lang, Harder und den genialen norwegischen Mittelläufer Halvorsen ausgezeichnete Fußballer gruppiert, so das Verteidigerpaar Beier—Risse, und den Erfolg der Elf mitgetragen. Zehn Jahre später etwa geschah das gleiche in Gelsenkirchens Arbeitervorort. Um Szepan und Kuzorra formierte sich das Wunderteam. Die Familien der beiden »Fußballkönige« waren aus dem ostpreußischen Masuren nach Gelsenkirchen gekommen, und die Väter arbeiteten im Bergwerk unter Tage, »vor Kohle«, wie man dort sagt. Zumindest Ernst Kuzorra machte dem Vater nach, was in den

meisten Bergarbeiterfamilien bis vor gar nicht langer Zeit
üblich war: Er ging auch »auf den Pütt«.
Der Drang der beiden Schalker Jungen zum Fußball war un-
widerstehlich. Von Ernst Kuzorra hörte ich vor zwanzig Jahren in einem Gespräch, daß er sogar am Tage seiner Konfirmation den Ball getreten hat:
»Sie wissen ja, wie das so ist. Zur Konfirmation kriegte ich
einen neuen Anzug und neue Schuhe. Nach dem Essen aber
ließ ich die Verwandtschaft allein und schlich mich zum
Sportplatz. Da spielte die zweite Jugend von uns gegen Erle
08. Und da bei Schalke ein Mann fehlte, spielte ich gleich
mit, mit den neuen Schuhen. Wir hatten doch damals kein
Geld für Fußballschuhe. Ich schoß zwei Tore, aber die
Schuhe waren im Eimer. Ich habe sie dann im Stall versteckt,
da hat sie meine Mutter am nächsten Morgen gefunden. Oh,
hat die mich vermöbelt!«
Szepan und Kuzorra spielten also schon sehr früh im Fußballverein Westfalia Schalke, der 1904 gegründet worden war.
Dieser Club hatte jedoch ähnlichen Verbandsärger wie einer
der HSV-Gründungsvereine, der FC Falke. Er widersprach
den Vorstellungen des Westdeutschen Spielverbandes (WSV).
Wie die Chronik berichtet, konnte man also nur gegen nicht
dem Verband »angeschlossene« Mannschaften spielen, bis
man sich 1912 dem Turnverein Schalke 77 als Fußballabteilung angliederte. Damit war die Mannschaft automatisch Mitglied des WSV. Vorsitzender des Schalker Turnvereins war
damals Fritz Unkel, der sich dann im Jahre 1924 mit seinen
Fußballern unter dem Namen FC Schalke 04 endlich selbstän-
dig machte. Bis zu seinem Tode 1944 war er neben vielem
anderen auch ein väterlicher Freund der jungen Sportler.
»Papa Unkel« nannte man ihn im ganzen Ruhrgebiet, und für
den Verein besaß er eine ähnliche Bedeutung wie »Onkel
Paul« Hauenschild für den HSV. Er trieb den Bau der
Glückauf-Kampfbahn entscheidend voran und war sozusagen
für immerwährende Harmonie im Verein zuständig. Natürlich
hatte Unkel auch seine Hand im Spiel, wenn es um gute Ar-
beitsplätze für seine Spieler ging. Er half, wo immer es ihm
möglich war. Aber die Fußballknappen waren so beliebt in
ihrem Schalke, daß ihre Kollegen auf der Zeche schon meist
von sich aus für einen ruhigen Job sorgten. Ernst Kuzorra zum

Beispiel arbeitete noch während seiner aktiven Zeit »vor Kohle«, doch wenn man der Schalker Chronik glauben darf, hat er sich da keine großen Verdienste erworben. Seine Kumpel machten das bißchen für ihren Ernst schon mit. Heute noch schmunzelt der Achtzigjährige, wenn aus der Bergmannszeit erzählt wird: »Wat der Ernst an Kohle los gemacht hat, dat reichte kaum, um ein Pfund Erbsen damit zu kochen.«

Auf dem Fußballplatz aber war er König, der Ernst, und mit seinem Freund und Schwager Fritz Szepan führte er Schalke zu höchsten Fußballerfolgen. Der Dritte im Bunde war dann der frühere Nürnberger »Bumbas« Schmidt, der als Trainer in Schalke das WM-System einführte und gemeinsam mit seinen Akteuren den berühmten »Schalker Kreisel« erfand — jenes Flachpaß-Spiel auf relativ kurze Distanz, mit dem die Knappen die meisten Gegner perfekt ausspielten. Die Spieler bildeten »magische Drei- und Vierecke« auf dem Platz, ließen vor allem den Ball laufen, dosierten die eigenen Bewegungen geschickt und stifteten beim Gegner eine solche Verwirrung, daß die Tore wie reife Früchte fielen.

1933 griffen die Schalker zum erstenmal direkt nach dem Meistertitel, aber Hochgesangs Fortuna Düsseldorf wies sie im Endspiel mit 3:0 ab. Dann jedoch wurden die Knappen immer stärker, immer bekannter, bekamen durch härtestes Training unter »Bumbas« Schmidt konditionelles Stehvermögen und waren 1934 wieder im Endspiel, diesmal gegen den fünfmaligen Deutschen Meister FC Nürnberg. 1:0 führte der »Club« lange Zeit, doch drei Minuten vor Schluß machten Fritz Szepan und Ernst Kuzorra mit zwei Toren alles klar, die »Viktoria« ging zum Schalker Markt.

Für die Schalker war das allerdings erst der Anfang. Sie schafften 1935 erneut den Titel, mit 6:4 gegen den VfB Stuttgart. Sie führten schon 4:0, als die Schwaben es noch einmal wissen wollten, aber die Schalker behielten die Nerven und blieben Meister. 1936 scheiterten sie im Endspiel mit 0:2 am »Club« und gewannen auch das zweite Finale nicht, das Finale um den Tschammer-Pokal. Der VfB Leipzig siegte 2:1.

Dafür revanchierten sie sich 1937. Die Gaumeisterschaft war eine reine Formsache, sie schossen in 18 Spielen gegen ihre neun Kontrahenten 94 Tore. Der FC Nürnberg, wieder einmal bis ins Enspiel vorgedrungen, hatte im Olympiastadion mit 0 : 2 das Nachsehen. Dann griffen sie nach dem Pokal. Fortuna Düsseldorf wurde 2 : 1 bezwungen, zum erstenmal schaffte ein Fußballclub das begehrte »Double«, das heute noch zu den Seltenheiten im deutschen Fußball zählt.

Die dritte Deutsche Meisterschaft in Folge sollte jedoch auch den Schalkern nicht gelingen, sie scheiterten, wie berichtet, in zwei Spielen an Hannover 96. Trotzdem blieb die Elf aus Gelsenkirchen ein Traumteam. Klodt, Bornemann, Schweisfurth, Gellesch, Tibulski, Berg, Kalwitzki, Szepan, Kuzorra, Urban machten auch nach dem Anschluß des Wiener Fußballs an die deutsche Organisation noch Schlagzeilen in Sport- und Tagespresse.

Die Wiener Wunderkicker

Die Wiener Wunderkicker wurden in den reichsdeutschen Fußball integriert — offensichtlich ein Grund mehr für die Verantwortlichen im Fachamt Fußball, über eine Neuordnung nachzudenken. Schon im Laufe der dreißiger Jahre hatte man immer wieder festgestellt, daß etwas mit dem Kräfteverhältnis im Ligafußball nicht stimmte. Es gab 16 Gauligen, jetzt wurden es 18, denn die »Ostmark« und das Sudetenland wollten und sollten auch einen Gaumeister für die Endrunde um die »Großdeutsche Fußballmeisterschaft« stellen. Zunächst löste man das Problem mit der Teilung einer Gruppe in zwei Hälften — die Sieger der Halbgruppen ermittelten dann in Hin- und Rückspiel den Gruppensieger für die Vorschlußrunde —, aber das konnte nur als unzureichendes Provisorium gelten.

Das Problem lag tiefer. Es war nämlich so, daß die letzten vier einer Meisterschaft meist aus West-, Süd- und Norddeutschland kamen. Die Ostpreußen, die Pommern, die Schlesier hatten mit ihren Mannschaften kaum eine Chance, und aus Sachsen stieß gegen Ende der dreißiger Jahre gerade noch der Dresdener SC in den Kreis der Favoriten vor. Auch innerhalb der Ligen spielten Mannschaften mit unterschiedlicher Leistungstärke. Zwei Beispiele: Der Hamburger SV stritt sich mit dem ETV Eimsbüttel regelmäßig um den Titel im Norden, während Schalke 04 in Westfalen gegen seine insgesamt klar schwächeren Gegner lediglich das Ziel anstrebte, mindestens hundert Tore pro Saison zu treten.

Nun stießen die Wiener dazu, und nur einer der Vereine dieser Stadt konnte sich an der Endrunde beteiligen. Wenn man im Fußball also wirklich »großdeutsch« handeln wollte, mußte etwas geschehen. Tatsächlich lagen damals in den Schubladen der DFB-Nachfolger erneut Pläne bereit, die den Spitzenfußball in Deutschland anders gestalten sollten. Man plante nach dem Vorbild aller Nachbarstaaten die Gründung einer Reichsliga einschließlich Österreichs. Natürlich unter strenger Einhaltung des Amateurstatus, wenngleich der um diese Zeit mit Sicherheit schon wie ein Sieb durchlöchert war. Ernst Happel gibt sich jedenfalls keine Mühe, uns glauben zu machen, daß sich mit dem Anschluß Österreichs an der Bezahlung der Wiener Profis etwas geändert hätte. »Die haben immer für Geld gespielt, auch nach 1938.« Also wäre vermutlich eine Reichsliga auf der Basis entstanden, die ähnlich heute der Ostblock-Fußball für seine Ober- oder Nationalligen nutzt. Sie kam aber nicht zustande, denn eine so völlig andere Organisation braucht Zeit, und die hatte man nicht. 1939 kam der Krieg.

Durch die Wiener Spieler erwartete man 1938 natürlich auch eine Verstärkung der deutschen Ländermannschaft. Selbst Sepp Herberger, der einige Zeit nach dem Olympiadebakel gegen Norwegen Dr. Otto Nerz als Reichstrainer abgelöst hatte, war ein Zuwachs von Klassefußballern immer willkommen. Und das auch noch, als er in der Vorbereitung auf die Weltmeisterschaft 1938 in Frankreich eigentlich eine recht glückliche Hand gehabt hatte. Schon 1937 absolvierte er mit unterschiedlichen Formationen ein umfangreiches Länderspielprogramm — elf Spiele in zwölf Monaten. Von diesen Begegnungen wurden zehn gewonnen, nur von Holland trennte man sich 2:2. Herberger führte seine Mannschaft damals zu Siegen gegen Frankreich (4:0), Belgien (1:0), Schweiz, Lettland, Estland, Finnland. Am 16. Mai 1937 fand er im Spiel gegen Dänemark eine endgültige Formation, die zu den allerschönsten Hoffnungen berechtigte. In Breslau gewannen damals Jakob (Jahn Regensburg), Janes (Fortuna Düsseldorf), Münzenberg (Alemannia

Aachen), Kupfer (Schweinfurt 05), Goldbrunner (Bayern München), Kitzinger (Schweinfurt 05), Lehner (BC Augsburg), Gellesch (Schalke 04), Siffling (SV Waldhof), Szepan und Urban (Schalke 04) in einem Traumspiel 8:0. Otto Siffling schoß allein fünf Tore und wurde damit zum Torjäger eines Teams, das man später mit großem Respekt die »Breslau-Elf« nannte.

Die Mannschaft rechtfertigte dann auch in den nächsten Spielen das Vertrauen des Trainers und der zahllosen Fußballfreunde. Sie schlug im selben Jahr Finnland in Helsinki 2:0, den »Angstgegner« Norwegen 3:0 und Schweden in Hamburg sogar 5:0. Abwehr und Sturm schienen also ideal besetzt, Herberger konnte der WM in Frankreich ganz beruhigt entgegensehen. Auch Umbesetzungen waren möglich, denn Rudi Gellesch aus Schalke funktionierte als Läufer wie als Halbstürmer, und Helmut Schön, der exzellente Techniker, war eben ein Mann, der ein Spiel auch gestalten konnte.

Doch der Schein trog. Der Reichstrainer bekam die Idealbesetzung aus Breslau fast nie wieder zusammen. Mal war ein Leistungsträger verletzt, mal liefen andere ihrer Form hinterher, so daß sich ihr Einsatz verbot. Situationen also, wie wir sie im nationalen wie im internationalen Fußball auch heute noch oft erleben.

Das Jahr der Weltmeisterschaft begann also mit mageren Ergebnissen. 1:1 gegen die Schweiz, 1:1 gegen Ungarn, ein knappes 2:1 gegen den Fußballzwerg Luxemburg. Gegen Portugal gelang in Frankfurt auch nur ein Unentschieden, obwohl bis auf Alfred Urban alle »Breslauer« auf dem Platz standen, kurz vor Beginn des WM-Turniers zerstörten die englischen Profis im Olympiastadion erst recht die deutschen Hoffnungen. Deutschland spielte ohne Otto Siffling — Gauchel von TuS Neuendorf stürmte in der Mitte —, aber die »Breslau«-Abwehr war gegen die ausgekochten Briten zu schwach. 3:6 hieß es nach dem Abpfiff, und die NS-Prominenz auf der Ehrentribüne, gerade gegen die Engländer sehr auf deutsches Fußballprestige bedacht — »Unsere Amateure sind doch besser als diese Profis« —, ging verärgert nach Hause.

Just in diesem Spiel hatte Herberger zum erstenmal vom Anschluß Österreichs sportlich »Gebrauch gemacht«: Er stellte

Rapid Wiens berühmten Außenstürmer Pesser an die Stelle von Urban auf den linken Flügel.

In der Folge wurden dann die Wiener systematisch in die großdeutsche Nationalmannschaft eingebaut. Bei der WM spielten im Achtelfinale in Paris gegen die Schweiz bereits Raftl (Rapid), Hahnemann (Admira), Pesser (Rapid), außerdem Schmaus (Vienna). Trotzdem hieß es auch nach der Verlängerung 1:1, das Spiel mußte also wiederholt werden. Mit Neumer (Austria) und Stroh (ebenfalls Austria) erschienen neue Namen in der zweiten Begegnung. Sie konnten die 2:4-Niederlage allerdings ebensowenig verhindern wie Skoumal von Rapid Wien auf der Position von Kitzinger. Das großdeutsche Team verließ kleinlaut das Stadion.

Weltmeister wurde wieder Italien, und die Deutschen konnten sich nur mit zwei freundlich aussehenden Siegen trösten: Gegen Polen und Rumänien hieß es jeweils 4:1. Helmut Schön machte zwei hervorragende Spiele und empfahl sich für weitere Einsätze auch durch zwei Tore.

Die berühmte »Breslau-Elf« besaß also keine lange Lebensdauer, und mit der Verstärkung aus den Wunderteams von der Donau war es ebenfalls nicht weit her. Letzteres ist allerdings für den Fachmann nicht erstaunlich, denn in Wien wurde ein anderer Fußball gespielt als im »Altreich«, und die Integration neuer Stars in eine Mannschaft von erstklassigen Fußballern ist immer ein langwieriger Prozeß.

Daß die Wiener einiges vom Fußball verstanden, daß sie brillant aufspielen konnten und dem deutschen Vereinsfußball durchaus gewachsen waren, das zeigten sie bereits in der Deutschen Meisterschaft des Jahres 1939. Admira war der Gaumeister der »Ostmark«, hatte sich also in den Gruppenspielen um den Titel zu qualifizieren. Gegner waren die Stuttgarter Kickers, der VfR Mannheim — die Elf, in der Sepp Herberger gespielt hatte — und Dessau 05. Knapp, aber verdient erreichten die Wiener das Halbfinale. Und der Gegner im Frankfurter Waldstadion war — der Hamburger Sport-Verein.

Der HSV hatte auch 1939 im Gau Nordmark den ETV Eimsbüttel mit vier Punkten wieder auf den zweiten Platz verwiesen und in den Gruppenspielen gegen Blauweiß Berlin (3:3 und 3:0), Hindenburg Allenstein (4:1 und 5:2) und den Niedersachsenmeister VfL Osnabrück (5:1 und 2:4) den ersten Platz behauptet. Die meisten Schwierigkeiten hatten die Hamburger damals in Osnabrück an der Bremer Brücke. Sie sollten dort später noch oft einen starken Gegner finden. Nun also ging es erneut um den Einzug ins Finale, in dem man dann auf Schalke zu treffen hoffte. Vor den Wienern hatte man am Rothenbaum keine Angst.

In den Tagen des Spiels herrschte eine fürchterliche Hitze, und Erwin Seeler, eine der Stützen der HSV-Elf, erinnert sich heute noch sehr gut an die schwierigen Bedingungen. Er stimmt sehr wohl der HSV-Chronik zu, in der die Schuld an der 1:4-Niederlage dem Leichtsinn zweier HSV-Akteure zugeschrieben wird. »Die hatten das mit der Hitze wohl zu leicht genommen und sich einen Sonnenbrand geholt. Und so was tut ja weh, wenn man neunzig Minuten stramm durchspielen soll. Die Wiener hätten wir wohl schlagen können«, meint »Old Erwin« weiter. »Sie konnten ja Fußball spielen, aber — wir auch.« Es sollte jedoch nicht sein, und wieder verlor man auch den Kampf um den dritten Platz mit 3:2 gegen den Dresdener SC, die Elf von Helmut Schön.

Alles wartete nun in diesem ersten »Großdeutschen Fußballjahr« auf das Endspiel mit der Traumpaarung Schalke 04 — Admira Wien. Ich erinnere mich noch gut an die ersten Worte des Rundfunksprechers, der die zweite Halbzeit original kommentierte. »Alle werden gespannt sein in Deutschland, wie es denn wohl zur Pause steht. Es bahnt sich eine Sensation an, denn Schalke 04 führt zur Halbzeit gegen die Elf von Admira Wien bereits 4:0.« Jubel im Reich, Enttäuschung in der »Ostmark«.

Aber es kam noch schlimmer — oder besser, je nach regionalem Standort. Die Schalker, in der Vorschlußrunde fast am Dresdener SC gescheitert (3:3 nach Verlängerung im ersten Spiel, erst in der Wiederholung ein 2:0-Sieg), spielten sich in einen wahren Rausch, sie kreiselten die Wiener Fußballkünstler regelrecht ein. Ernst Kalwitzki war als Mittelstürmer an Stelle von Ernst Pörtgen der große Torjäger, Szepan und Kuzorra zogen die Fäden, die Wiener hatten an diesem Tage rein gar nichts zu bestellen. Das Ende in Berlin war mit 9:0 für den FC Schalke 04 das höchste Ergebnis, das jemals in einem Endspiel um die »Deutsche« erzielt worden ist.

Die 100 000 im Olympiastadion erlebten also Traumfußball der Westdeutschen, Fritz Szepan wuchs in seiner spielerischen Eleganz über sich selbst hinaus. Sein Gegenspieler Klackl aber verlor die Nerven, als der Schalker wieder mal einen »Wiener Fußballwalzer« mit ihm getanzt hatte: Er schlug den damaligen Kapitän der deutschen Nationalmannschaft kurzerhand zu Boden. Das war eine unschöne Szene, aber — wem gehen nicht einmal die Nerven durch, wenn man auf dem Fußballplatz so schlecht aussieht? In Gelsenkirchen, im ganzen Ruhrgebiet tanzte man fast auf den Tischen, so groß war die Begeisterung über diesen Sieg. »In Gelsenkirchen bei Schalke«, hieß es.

Das war die erste »Großdeutsche Fußballmeisterschaft« mit einem »Großdeutschen Endspiel«. Es war nicht die letzte, in der die Fußballer von der Donau eine wichtige Rolle spielen sollten. Wohl aber war es die letzte vor dem Zweiten Weltkrieg. Wenige Wochen nach der Fußball-Sensation in Berlin marschierte die deutsche Wehrmacht in Polen ein. In Europa gingen die Lichter aus . . .

Fußball im Krieg

Der Zweite Weltkrieg schien dem Fußball in Deutschland nichts anhaben zu können. In allen Vereinen wurde wie bisher gearbeitet, in allen Klassen von der Kreis- bis zur Gauliga trainierte man regelmäßig zweimal in der Woche, und am Sonntag traf man sich zu den Pflichtspielen. Auch die Jugendmannschaften waren mit Eifer und Freude bei der Sache. Der Drang des Publikums in die Stadien hielt unvermindert an, man registrierte in den Clubs nahezu die gleichen Zuschauerzahlen wie vor dem Krieg. Ein spannendes Fußballspiel lenkte außerdem ab, und kaum jemand dachte während der neunzig Minuten daran, daß sich im Leben des deutschen Volkes Entscheidendes geändert hatte.

Vor allem nach den »Blitzsiegen« in Polen, Norwegen, Frankreich und dem Abenteuer auf dem Balkan waren ja nahezu alle geneigt, Adolf Hitler tatsächlich für den »größten Feldherrn aller Zeiten« zu halten. Es entspricht eben der Mentalität vieler Deutscher, aus Anfangserfolgen gleich

Endsiege und eine neue Epoche der Weltgeschichte abzulesen. Man träumte bereits von besseren Zeiten und nahm kaum mehr wahr, daß sich im täglichen Leben sehr viel zum Negativen gewandelt hatte. Verdunkelung, vereinzelte Fliegerangriffe, Rationierung der Lebensmittel — das waren eben Opfer für die Erhaltung Großdeutschlands. Und daß immer mehr Menschen plötzlich verschwanden — nicht allein durch Versetzung an die Front —, daß bislang ehrbare Bürger durch den Davidstern auf der Brust gebrandmarkt wurden, das brachte halt der Krieg so mit sich — so meinte die Mehrheit.

Auf den Sport, vornehmlich auf den Fußball, hatten diese Dinge kaum Einfluß. Und doch — auch hier war etwas anders geworden. Wer sich — in allen Klassen und Vereinen — die Aufstellungen der Mannschaften genau anschaute, mußte fast Sonntag für Sonntag bei den Senioren Veränderungen registrieren. Hier fehlte plötzlich ein bekannter Name, dort wurden aus Reserve oder Jungliga Spieler vorzeitig in die Ligamannschaften berufen, kaum einmal konnte man Wochen hintereinander in derselben Formation spielen. Die Einberufungen zur Wehrmacht machten vor den Toren der Fußballplätze nicht halt. Schließlich waren die meisten Spieler der oberen Klasse ja im »richtigen« Alter, um dem Vaterland mit der Waffe zu dienen, zum großen Teil hatten sie schon vor dem Krieg ihrer Wehrpflicht genügt, und nun wurde es für sie bitterer Ernst. Hin und wieder wurden Fußballer der obersten Spielklasse für die Punktspiele freigestellt, wenn ihre Einheit noch in Deutschland lag oder sie sich noch in der Ausbildung befanden. Vereinzelt erreichten Clubs und einflußreiche Förderer mit Tricks und Kniffen auch UK-Stellungen — UK = Unabkömmlichkeit — für die wichtigsten Leistungsträger eines Teams. Die Nazis drückten in den ersten Kriegsjahren in solchen Fällen mal ein Auge zu, sie wußten schon, wie sie das Volk bei Laune halten konnten. Fußball war eben ein gutes Mittel zur Ablenkung, und den Deutschen sollte doch so lange wie möglich verborgen bleiben, wie ernst die Situation in Wirklichkeit war. Viele von uns hielten damals den Krieg wirklich nur für eine Folge von kurzen, siegreichen Feldzügen.

Der Hamburger Sport-Verein blieb von den eben erwähnten

Schwierigkeiten natürlich nicht verschont. Immer wieder sah man neue Gesichter am Rothenbaum: Hans Noack, der Bruder vom großen Rudi, stieß zum HSV, Rohwedder wechselte von Eimsbüttel an die Alster, dafür aber waren Warning, Höffmann, Holdt, Reinhardt und andere schon nicht mehr regelmäßig verfügbar, sie taten bereits Dienst mit der Waffe. Doch einige Male gelang es, mit Hilfe der Wehrmachturlauber eine sehr gute Mannschaft aufzustellen. So beim Spiel gegen den sehr stark gewordenen Lokalrivalen »Viktoria«, der vor zehntausend begeisterten Zuschauern 3:1 geschlagen wurde.

Die Probleme, mit denen ja alle Vereine in Deutschland zu kämpfen hatten, brachten dem HSV aber keine Nachteile in der Nordmarkmeisterschaft. In der Saison 1940/41 zum Beispiel marschierte er ohne Verlust durch alle 22 Spiele und wies zum Schluß 44:0 Punkte auf. In der ersten Kriegsspielzeit hatte er allerdings dieses Ziel nicht erreicht; er war in zwei Entscheidungsspielen dem ETV Eimsbüttel 0:6 und 1:4 unterlegen. Der ETV kam aber in der Endrunde nicht sehr weit. Sieger der Gruppe, in der die Hamburger spielten, wurde der Dresdener SC, der im Halbfinale auch Rapid Wien ausschaltete und erst im Berliner Endspiel 0:1 verlor — gegen den amtierenden Meister Schalke 04.

Die Endrunde zur Deutschen Meisterschaft 1941, an der der Hamburger Sport-Verein wieder beteiligt war, mußte erneut nach einem geänderten Modus ausgetragen werden, denn Deutschland war ja schon wieder »größer« geworden. Es gab einige Gaumeister mehr, und man improvisierte, indem man mehrere Gruppen halbierte. Der Sieger einer solchen Halbgruppe war der HSV. Er gewann zweimal gegen den VfB Königsberg und einmal gegen den SV Jena, das zweite Spiel gegen die Thüringer endete 2:2. Dann aber kam das Pech: Der Sieger der zweiten Halbgruppe hieß Schalke. Die Hamburger verloren in Gelsenkirchen 0:3, hatten aber im Rückspiel am Rothenbaum durchaus Chancen, den amtierenden Meister zu schlagen. Sie siegten auch, doch das 1:0 reichte nicht für das Halbfinale.

Schalke aber sollte in diesem Jahr wieder einmal an einem denkwürdigen »großdeutschen« Endspiel beteiligt sein. Es gelang dem »Ostmark«-Meister Rapid Wien, die Elf von

Helmut Schön und Richard Hofmann, den Dresdener SC, in der Vorschlußrunde 2:1 zu besiegen und sich damit für das Finale zu qualifizieren. Die Sachsen machten den Wienern das Siegen zwar schwer, aber sie schieden aus. Sehr viel leichter hatte es da im Halbfinale die Meistermannschaft aus Gelsenkirchen, die ihren dritten Titel in Folge anstrebte. Sie schlug den Meister des Gaues Mittelrhein, den VfL Köln 99, mit 4:1. Die Schalker fühlten sich in bester Form, besaßen eine starke Mannschaft und reisten siegessicher in der Reichshauptstadt an.

Man schrieb den 22. Juni 1941, und 100 000 setzten sich gegen Mittag in Richtung Olympiastadion in Bewegung, die meisten noch unter einem Schock: Am frühen Morgen hatten Rundfunk und Zeitungen verbreitet, daß Hitler den Krieg gegen die UdSSR begonnen hatte. Ich selbst war am Tage zuvor, mit einem Marschbefehl Richtung Polen in der Tasche, von der Kriegsschule in Berlin eingetroffen und hatte mir im Schalker Lager mit viel Mühe eine Eintrittskarte für das Endspiel besorgt. Am Morgen des 22. wußte ich dann auch, warum ich mich am Abend nach Osten in Marsch zu setzen hatte. Trotzdem freute ich mich auf das große Spiel — ich war damals vernarrt in die Schalker Elf — und hoffte auf einen erneuten Kantersieg der Westdeutschen gegen die Wiener, wie zwei Jahre zuvor.

Die Stimmung im Stadion war trotz der schlimmen politisch-militärischen Nachricht prächtig, und die blauweißen Fähnchen schienen mir weit in der Überzahl. Es begann auch so, wie ich mir das gedacht hatte: Hinz und Eppenhoff schossen bis zur Pause zwei Tore für die Knappen, und als kurz nach dem Wechsel Hinz auf 3:0 erhöhte, war das Spiel für mich gelaufen. Die »Viktoria« würde endgültig am Schalker Markt bleiben, was damals nach dem dritten Titelgewinn in Folge vorgesehen und natürlich das Ziel des Schalker Traumteams war. Die Rechnung aber ging nicht auf, sie war ohne Rapids schußgewaltigen Mittelstürmer »Bimbo« Binder gemacht. Der Zwei-Meter-Mann riß seine Mannschaft noch einmal mit, nachdem Georg Schors mit einem traumhaften Tor der Anschluß gelungen war. Binder hatte Glück. Otto Tibulski, der kleine Schalker Mittelläufer, tat in der Abwehr sein Bestes, arbeitete aber auch mit unerlaubten Mitteln. Innerhalb einer Viertelstunde war Schalke geschlagen. Erster Elfmeter, daneben. Kurz drauf der zweite Strafstoß für Rapid, Binder schoß: 3:2. Wieder unerlaubte Abwehr in höchster Bedrängnis, der dritte Elfmeter: 3:3. Nun war alles offen, die Wiener drängten, erzielten einen Eckball, Binder nahm das Leder aus der Luft und — Rapid war Deutscher Fußballmeister. 4:3 — das war eine Sensation, und mir ist bis heute unverständlich, wie sich die Schalker den sicheren Sieg haben nehmen lassen. Mehrfach wurde die Vermutung laut, daß ja auch ein Wiener Club mal Deutscher Meister werden müsse, das sei man eben Großdeutschland schuldig, zumal im Krieg. Ich griff als passionierter Schalke-Freund diese merkwürdige innenpolitische These bereitwillig auf, inzwischen aber habe ich so viele Fußballspiele »umkippen« sehen, auch beim Hamburger SV, daß mir der Verdacht einer Manipulation heute lächerlich erscheint. Jahrzehnte später hatte ich dann Gelegenheit, die beiden Spielmacher Fritz Szepan und Ernst Kuzorra zu fragen. Ihre Antwort: »Nein, nein, da war nichts gemacht, wir glaubten uns zu sicher nach dem 3:0, und das hat der Binder gemerkt. Und nachher war es zu spät. Schicksal ...«

Der Krieg gegen die Sowjetunion brachte einen entscheidenden Einschnitt in die Organisation des deutschen Fußballs. Zwar eilte man zunächst auch im Osten von Sieg zu Sieg, aber schon der Winter 1941/42 zeigte deutlich die Grenzen auf, die der deutschen Wehrmacht gesetzt waren. Trotzdem war das Fachamt Fußball auf Befehl der Reichssportführung emsig bemüht, ohne Rücksicht auf den Krieg ein Länderspiel zu organisieren. Das begann schon 1939.

Der Polenfeldzug war noch nicht ganz zu Ende, da trat die deutsche Nationalelf in Budapest gegen die Ungarn an und verlor 1:5, trotz einer guten Formation. Einen Monat später, im Oktober, gewann man in Zagreb gegen Jugoslawien 5:1, die Welt war wieder in Ordnung. Es ging weiter so: Bulgarien wurde geschlagen, Italien, der Weltmeister, geriet in Berlin mit 2:5 erheblich unter die Räder, die Slowakei verlor in Chemnitz. Nur das »Protektorat Böhmen-Mähren«, der von Hitlertruppen im März 1939 annektierte Teil der ČSSR, trotzte der »großdeutschen« Nationalelf in Breslau ein 4:4 ab.

Zehn Spiele der Ländermannschaft fanden auch 1940 statt, mit wechselhaftem Erfolg allerdings. Ein Unentschieden gegen Ungarn, Niederlagen gegen Italien und Jugoslawien, Siege gegen Rumänien (9:3), Finnland (13:0), Bulgarien (7:3) und wieder ein Unentschieden gegen die sehr starken Magyaren machten immerhin deutlich, daß man doch wer war im internationalen Fußball. Auch wenn der Kreis der möglichen Gegner eingeschränkt war, denn mit etlichen früheren Partnern befand sich das Reich ja im Kriegszustand.

In diesem Kriegsjahr 1940 tauchte in den Reihen der Nationalmannschaft ein Zwanzigjähriger auf, dem der deutsche Fußball, vor allem der Nachkriegszeit, sehr viel zu verdanken hat, eine der großen, spielbestimmenden Persönlichkeiten auf dem Fußballplatz: Fritz Walter. Als Halbstürmer machte er das Spiel, kurbelte den Angriff an und schoß auch selbst Tore. Mit Helmut Schön, den Mittelstürmern Edmund Conen und Ernst Willimowski bestimmte er schon in diesen Kriegsjahren das Gesicht unseres Nationalteams. Bis zur Weltmeisterschaft 1958 in Schweden war er nach dem Krieg als Kapitän der Mannschaft der verlängerte Arm Sepp Herbergers auf dem Spielfeld. An seiner Seite haben auch Frido Dörfel und Uwe Seeler vom Hamburger SV und Rohde vom ETV Eimsbüttel noch das Nationaltrikot getragen.

Am 22. November 1942 war es dann zu Ende mit den Länderspielen, jetzt hatte man auch in Berlin wohl andere Sorgen. 1941 war die Elf noch neunmal angetreten, 1942 sogar noch zehnmal, immer waren die Gegner jeweils neutrale oder in deutscher »Obhut« befindliche Staaten: Schweden, Schweiz, Dänemark, Spanien, Kroation, Slowakei, Rumänien, Ungarn — die Auswahl war ja nicht mehr sehr groß. Die Slowakei war schließlich der letzte Gegner »Großdeutschlands«, sie verlor 2:5.

Auch der Spielbetrieb im deutschen Vereinsfußball nahm seit 1942 ständig ab. Immer mehr Fußballer wurden einberufen, immer weniger freigestellt. Der ETV Eimsbüttel vertrat Hamburg in der Vorrunde zur »Deutschen«, Schalke wurde zum sechstenmal Deutscher Meister, gegen den Wiener Club Vienna. Es sollte für lange der letzte Titel für die Knappen aus Gelsenkirchen sein; das Wunderteam fiel dem Krieg und der Überalterung seiner Leistungsträger zum Opfer.

Der Hamburger Sport-Verein spielte in diesen Kriegsjahren immer nur eine zweite Rolle im Norden, obwohl sich, durch ihren militärischen Standort bedingt, prominente Fußballer am Rothenbaum meldeten. Paul Janes von Fortuna Düsseldorf, einer der besten deutschen Verteidiger, die Schalker Schweisfurth und Berg, der Nationaltorwart Willy Jürissen — sie alle trugen das Trikot des HSV, in dem sich inzwischen auch Heinz Spundflasche angeschickt hatte, an der Hamburger Fußballgeschichte mitzuwirken. Spundflasche, der Mann mit dem lustigen Namen, der unmöglichen Fußballfigur und der großartigen spielerischen Begabung.

Trotz aller Hemmnisse, die sich dem Verein zeit- und situationsbedingt in den Weg stellten, wurde am Rothenbaum weiter Fußball gespielt. 1943 verfehlte man die Nordmark-Meisterschaft um drei Punkte, »Viktoria« ging vor dem HSV durchs Ziel, scheiterte aber schon in der verkürzten ersten Vorrunde zur Deutschen Meisterschaft an Eintracht Braunschweig. Meister wurde in diesem Jahr zum erstenmal der Dresdener Sportclub mit einem 3:0-Sieg im Endspiel gegen den FV Saarbrücken. Er schaffte seinen zweiten Titel gleich im nächsten Jahr, 1944, holte also die letzte »Großdeutsche Fußballmeisterschaft« nach Sachsen. Der Gegner, gegen den Schön und Richard Hofmann 4:0 gewannen, kam allerdings auch aus der Hansestadt. Er war eine »Kriegsgeburt« und hieß Luftwaffensportverein (LSV) Hamburg. Das kam so:

Der Kommandant des Luftgaukommandos Nord hatte offensichtlich ein Faible für Fußball. Er ließ also durch einen ebenfalls sportbegeisterten Stabsoffizier Zug um Zug prominente Fußballer, die bei der Luftwaffe ihren Dienst verrichteten, nach Hamburg versetzen. Sie mußten dort bei Flak, Nachrichtentruppe oder als Flieger-Bodenpersonal ihren Wehrdienst tun, vor allem aber mußten sie Fußball spielen. Und so tauchten in dieser Mannschaft plötzlich Spieler auf, die schon oft in der Länderelf gestanden hatten, wie z. B. Reinhold Münzenberg, als Verteidiger für Deutschland der »Eiserne Reinhold« geheißen.

Dieser LSV holte sich dann 1944 die Hamburger Meisterschaft mit nur einem Verlustpunkt, und den verlor er gegen den Tabellenzweiten, den HSV. Im letzten Pokalspiel der Hamburger Vereine, Ende 1944, dem Finale auf regionaler

Ebene, verloren die Rothenbaumer gegen die Luftwaffensoldaten noch einmal 1:2. Die Pokalrunden waren damit zu Ende, denn auf Reichsebene fand um diese Zeit ohnehin nichts mehr statt. Nach und nach löste sich der LSV dann wieder in seine Einzelteile auf, ab Anfang 1945 war das Fußballspiel überall in Deutschland nur noch Stückwerk.

Dieser LSV Hamburg ist seinerzeit übrigens kein Einzelfall gewesen. Allenthalben haben sich solche Teams gebildet, sogar bei der kämpfenden Truppe. Viele Divisionen, Regimenter und Bataillone haben eine Fußballmannschaft aufgestellt. Nicht mit Tricks wie denen des Hamburger Generals, sondern mit Spielern aus den eigenen Reihen. Die Teams griffen auch nicht etwa in den Kampf um die Deutsche Meisterschaft ein, sie spielten gegeneinander, wenn die Kriegslage hinter der Front es eben zuließ. In diesen Mannschaften waren zum Teil sehr gute Fußballer, die Aktiven kickten auf Wiesen und Sportplätzen zur Freude der anderen. Der militärischen Führung war eine solche Ablenkung für die Landser mehr als recht, eine bessere gab es kaum in den längeren Gefechtspausen.

1943 war Hamburg eine zerstörte Stadt. Sie teilte dieses Schicksal mit vielen deutschen Städten, und die Menschen warteten sehnsüchtig auf das Ende des grausamen Krieges. Erwin Seeler erinnert sich:

»Es war furchtbar nach den Angriffen. Tote, Tote, Tote. Seit 1942 war ich ja wieder im Hafen tätig, und ich habe die Angriffe alle miterlebt. Aber, wir haben eben weitergemacht, irgendwann mußte der Dreckskrieg ja mal zu Ende sein. Und Fußball haben wir auch gespielt, solange es ging. Wenn nicht gerade Alarm war natürlich, und das war selten genug. Gott sei Dank blieb ja der Platz am Rothenbaum heil, und als dann alles vorbei war, haben wir gleich wieder angefangen. Das war gar nicht einfach.«

Natürlich war das nicht einfach. Nun schlug tatsächlich die Stunde Null. Deutschland lag am Boden, besetzt von Ost und West, noch wußte niemand, ob überhaupt und wie es weitergehen würde. Aber, es ging weiter...

ZWEITES KAPITEL

Meisterschaft in »Zonen«

Am 9. Mai 1945 starb das »Tausendjährige Reich« endgültig. Es war zwölf Jahre alt geworden. Adolf Hitler hatte ganze Arbeit geleistet. Die Nazis hinterließen ein Deutschland, an das wir uns heute gar nicht gern erinnern. Millionen Tote, die Städte in Schutt und Asche, das Reich reduziert und in Zonen geteilt. Den Ton gaben die Sieger an. Kaum jemand konnte sich vorstellen, daß es überhaupt eine Zukunft geben sollte.

Und dennoch ging es weiter. Die Überlebenden machten sich an die Arbeit, wenngleich unter fremder Aufsicht. Bald war jedoch klar, daß es ein »ganzes« Deutschland oder gar ein Deutsches Reich nicht mehr geben würde. Ohne Aussicht auf Verständigung standen sich die Großmächte in West und Ost gegenüber, mitten durch Deutschland wurde ein eiserner Vorhang gezogen.

Man sollte glauben, daß in jenen Tagen des Jahres 1945 die Menschen an alles andere, nur nicht an Fußball gedacht hätten. Dem war aber nicht so. Im Gegenteil, zumindest in den westlichen Besatzungszonen vergingen kaum zwei Monate, da wurde der Spielbetrieb wieder aufgenommen. Zwar nur da und dort und oft improvisiert, aber es wurde gespielt, obwohl Hunger und große wirtschaftliche Not herrschten. Das war in Hamburg nicht anders als in München, Stuttgart, Frankfurt oder im Ruhrgebiet. Wo sich ein Ball fand, wo halbwegs vernünftiges Schuhwerk zur Verfügung stand, da wurde munter gekickt. Und so dauerte es auch nicht lange, und die alten Vereine nahmen ihre Arbeit wieder auf. Bereits am 16. Juli 1945, also zwei Monate nach Kriegsende, fand am Rothenbaum ein Spiel zweier Hamburger Kontrahenten statt: Der HSV empfing Altona 93. Vor einer ansehnlichen Zuschauerkulisse siegte der Hamburger Sport-Verein 2:0 in dieser ersten Begegnung nach dem Zusammenbruch. Es spielten damals Jürissen, Adamkiewicz, Been, Greifenberg, Erwin Seeler, Knüppel, Struck, Stenull, Rohwedder, Ventzke und Melkonian — auch hier also schon wieder einige Spieler mit klangvollen Namen dabei.

Die Bedingungen waren naturgemäß nicht gerade ideal. Erwin Seeler: »Gott, mit dem Ballmaterial, das wir damals hatten, und mit den Schuhen würde heute kaum die Jugend eines mittleren Vereins trainieren, aber das war uns doch egal. Wir hatten überlebt, waren halbwegs gesund über die Runden gekommen. Jetzt war da wieder Fußball, und das lenkte uns von dem ganzen Elend wenigstens etwas ab.«

Erwins Söhne, Dieter und Uwe, waren auch schon »am Ball«. Die Eltern konnten gar nicht so viele Schuhe beschaffen, wie die Jungen auf der Straße »vertraten«. Dieter war 14 und spielte bereits seit 1942 in der HSV-Jugend, und Uwe machte sich mit seinen neun Jahren auch bald auf den Weg nach Ochsenzoll. Doch davon später — für die Alten galt es zunächst, »wieder System in die Spielerei zu bringen«.

Dieses »System« konnte sich zunächst natürlich nur auf Hamburg und Umgebung beschränken. An die Organisation einer Meisterschaft war im Augenblick nicht zu denken. Also traf man sich 1945 vorwiegend in Freundschaft, und der HSV absolvierte eine Unmenge von »Kartoffelspielen« auf dem Lande. Sie verbesserten die Ernährungssituation der Spieler, denn sie wurden in Naturalien honoriert.

Es dauerte aber nicht lange, da begannen die renommierten Hamburger Clubs auch »im Ernst« wieder ihre Kräfte zu messen. Die HSV-Chronik weiß von Begegnungen, in denen der alte Kampfgeist auflebte, bei denen viele tausend Zuschauer die Ränge der Kampfbahn am Rothenbaum füllten und begeistert mitgingen. Sie berichtet von einem 3:1 gegen Altona, einem 4:1 gegen Viktoria und einem 5:1 gegen den ETV Eimsbüttel. Der alte Club Erwin Seelers, der Arbeitersportverein »Lorbeer«, war auch bald wieder ins Leben gerufen worden: gegen ihn gewannen Erwin und seine Mannschaft dann 7:0.

Insgesamt konnte man ein halbes Jahr nach der Stunde Null feststellen, daß an Alster und Elbe im Fußball mindestens wieder so viel passierte wie in den letzten Kriegsjahren. Der HSV spielte bei diesem neuen Anfang gleich wieder eine Hauptrolle.

1946, nach einem sehr kalten Winter, gab es in einer einfachen Zehnerrunde schon wieder eine Groß-Hamburger Meisterschft, und der Sieger hieß HSV. In dieser Runde etablierte sich jedoch als stärkster Kontrahent der FC St. Pauli, gegen den der HSV ebenso wie gegen den ETV Eimsbüttel je einen Punkt einbüßte.

Die Bemühungen, eine Norddeutsche Meisterschaft auszuspielen, schlugen allerdings fehl. Der HSV war gerade noch an die Weser gereist, um Werder Bremen 2:1 zu schlagen, da lag auch schon das Verbot der englischen Militärregierung vor. Es galt aber offenbar nur für Meisterschaftsspiele, gegen Freundschaftsspiele deutscher Fußballmannschaften innerhalb der Besatzungszonen hatte man nichts einzuwenden. Diese Chance nutzte der Hamburger SV natürlich. Mit Siegen gegen Schalke 04 (2:0) und den Meidericher Spielverein (2:1 und 4:2), mit einem 4:3 gegen Union Hamborn und einem 1:1 gegen Borussia Dortmund dokumentierte er in diesem Jahr auch im Ruhrgebiet seine Stärke. Eine Niederlage gab es für die Hamburger nur gegen eine britische Auswahl aus Besatzungssoldaten. Die Engländer siegten 2:0. Trotzdem war gerade dieses Spiel für die Hamburger Fußballer von Bedeutung, denn zum erstenmal nach dem Krieg standen sich Sieger und Besiegte in friedlichem Wettkampf gegenüber.

Im Jahr darauf normalisierte sich in den drei westlichen Besatzungszonen der Fußballbetrieb immer mehr. Ligen waren entstanden, und Meisterschaften wurden ausgetragen. Die Engländer, als Väter des *soccer* dem Kampf ums runde Leder besonders zugetan, ließen eine Zonenmeisterschaft zu, Amerikaner und Franzosen folgten dem Beispiel. Die Groß-Hamburger Meisterschaft lief wie früher mit Hin- und Rückrunde: Zwölf Hamburger Vereine nahmen teil.

Meister der Hansestadt wurde aber nicht der »Titel-Abonnent« HSV, sondern — der FC St. Pauli. Der Club vom Millerntor, der in den Nachkriegsjahren neben dem HSV die stärkste Rolle im Hamburger Fußball spielte, und dies bis heute, war damals sehr stark. Die Initiative zum Aufbau eines spielerisch guten Teams hatte Karl Miller ergriffen. Er war gebürtiger Hamburger und ein ausgezeichneter Fußballer, der vor dem Krieg zum Dresdener SC gegangen war und dort Karriere gemacht hatte. Nun war er nach Hamburg zurückgekehrt und hatte gleich einige Kollegen mitgebracht, denen die Entwicklung in der sowjetisch besetzten Zone Deutschlands nicht gefiel, sie kehrten ihrer Heimatstadt den

Rücken. Plötzlich tauchten also in den Reihen von St. Pauli etliche Spieler des Deutschen Meisters von 1943 und 1944 auf. Bekannte Fußballer wie Hempel, Dzur, Schaffer, Machate wurden am Millerntor heimisch und machten dem HSV die Hamburger Meisterschaft streitig. Erwin Seeler erinnert sich sehr gut an diese Jahre nach dem Krieg:

»Die hatten ja auch noch den ausgezeichneten Torwart aus Berlin, Thiele, und ein paar gute Hamburger. Und Karli Miller selbst war ebenfalls nicht schlecht. Zwei Spiele für St. Pauli hat sogar Helmut Schön mitgemacht, eins davon gerade gegen mich, aber wir kannten uns ja schon aus der Meisterschaft 1939, als wir das Spiel um den dritten Platz verloren. Wir waren ja auch nicht schlecht, denn zu uns kam Trenkel von Dessau 05 und auch Heinz Werner, der Nationalspieler vom SV Jena. Aber die Truppe von Karl Miller war in dem Jahr mindestens genausogut.«

Diese Spielstärke des FC St. Pauli drückte sich dann in der Hamburger Meisterschaft von 1947 deutlich aus. Der HSV aber nahm den zweiten Platz gelassen hin. Er wurde jetzt von Hans Tauchert trainiert, der im Prinzip die erfolgreiche Arbeit des im Krieg verstorbenen Nationalspielers Hans Lang fortsetzte.

Die Organisation der Zonenmeisterschaft sah vor, daß der Erste der Hamburger Gruppe gegen den Zweiten aus Schleswig-Holstein antrat und umgekehrt. Der HSV hatte also gegen den Sieger aus der Nachbarschaft, den VfB Lübeck, zu spielen. Er tat das und schlug ihn 5:2. St. Pauli aber weigerte sich, gegen den Zweiten, Holstein Kiel, anzutreten. »Als Hamburger Meister wollen wir ohne Zwischenspiel an der Endrunde teilnehmen«, lautete die Begründung vom Millerntor. Doch die Herren Funktionäre in den Fußballausschüssen waren stärker: Holstein Kiel nahm an der Endrunde teil, ohne Entscheidungsspiel, und St. Pauli sah schmollend zu.

Der Hamburger SV hatte als ersten Gegner in der Endrunde gleich den deutschen Rekordmeister Schalke 04 zu Gast. Im alten Volksparkstadion blieb bei über 40 000 Besuchern kein Platz frei, als die Fußballkünstler Szepan, Kuzorra und Tibulski aufspielten. Hans Klodt im Tor der Schalker war zwar nicht zu überwinden, aber Warning ebensowenig. Also hieß es nach 120 Minuten 0:0, das bedeutete eine Wiederholung im Westen. Erwin Seeler: »Die Schalker wollten das auf neutralem Platz, in Düsseldorf oder Köln, aber wir haben gesagt: Laßt uns mal ruhig in der Glückauf-Kampfbahn spielen, wir haben keine Angst! Alles wartete nun auf unseren Untergang, aber die 45 000 haben nicht schlecht gestaunt: Wir gewannen in fürchterlicher Hitze 2:0.«

Der Hamburger Sieg in Schalke war eine Sensation für Fußball-Deutschland. Alles wartete nun auf das Ende der Norddeutschen in der Vorschlußrunde gegen Rotweiß Oberhausen an der Duisburger Wedau. Aber man wartete vergebens, denn auch hier blieb der Hamburger SV siegreich. Torhüter bei Oberhausen war wieder Willy Jürissen, der eine Zeitlang am Rothenbaum im Tor gestanden hatte. Die Hamburger kannten ihn und seinen Jähzorn, aber sie konnten ihm die drei Tore nicht ersparen. Nach dem zweiten Treffer des HSV, der sozusagen die Entscheidung bedeutete, warf Willy wutentbrannt seine Mütze dem Ball hinterher ins Netz. Beim Abpfiff hieß es dann 3:1 für die Hamburger, die jetzt in Düsseldorf von Borussia Dortmund zum Endspiel um die Zonenmeisterschaft erwartet wurden. Dortmunds Mittelstürmer August Lenz, ein schneller, schußgewaltiger Mann, galt als sehr torgefährlich. Er blieb in Düsseldorf vor 50 000 Zuschauern jedoch ohne Torerfolg, nur Boller traf einmal für den HSV: Dieses goldene Tor entschied denn auch die erste Zonenmeisterschaft.

Es war ein glutheißer Sommer in diesem Jahr 1947, und das Endspiel forderte die 22 Akteure auf dem Rasen bis an die Grenzen ihrer Leistungsfähigkeit. Zum einen war man damals noch nicht so gut genährt wie heute — das hatten auch die vielen »Kartoffelspiele« des HSV nicht vermocht —, und zum anderen hatten Punktspiele und Endrunde erhebliche Kraft gekostet. An Sigi Jessen vom HSV wurden die Strapazen augenfällig. Er startete während des Spiels mit dem Ball am Fuß einen Sturmlauf auf das Dortmunder Tor, drehte dann aber ohne ersichtlichen Grund wieder ab und lief mit Ball zur Mitte zurück. Niemand konnte sich dieses merkwürdige Verhalten erklären. Das gelang erst dem Arzt nach dem Spiel: Er stellte eine leichte Gehirnerschütterung fest. Woher sie rührte, wußten weder Sigi noch die anderen.

Vor achtzig Jahren: Die Elf des SC Germania von 1887. Stehend von links: W. Friese, Woodin, H. Friese, Bowler, Crysar. Sitzend: Zwei Engländer, Dohne, König, Muus

1923: Die Meisterelf des HSV. Flohr, Carlsson, Beier, Martens, Harder, Halvorsen, Krohn (stehend), Rave, Breuel, Schneider, Kolzen, Speyer (vorn sitzend)

1940 in Hamburg: Helmut Schön schießt im Länderspiel Deutschland – Dänemark das »Goldene Tor« zum 1:0-Sieg der Nationalmannschaft

1948: HSV gegen Schalke 04 um die Zonenmeisterschaft. Schalkes Torwart Hans Klodt bei der Faustabwehr

1948: HSV – FC St. Pauli, Endspiel um die Zonenmeisterschaft: Spundflasche lenkt an Thiele vorbei ins Tor. Der HSV gewann 6:1

1937: Das Traumteam des FC Schalke 04. Von links: »Bumbas« Schmidt, Kalwitzki, Szepan, Bornemann, Schweisfurth, Kuzorra, Klodt, Pörtgen, Berg, Tibulski, Urban, Gellesch

1948: Der HSV ist wieder Zonenmeister. Von links: Spundflasche, Reinhard, Werner, Adamkiewicz, Holdt, Trenkel, E. Seeler, R. Dörfel, Tauchert. Kniend: F. Dörfel, Grothe, Jensen

»Old Erwin« Seeler, Vater von
Dieter und Uwe, spielte von
1937 bis 1949 für den
Hamburger Sport-Verein

Der Teil Deutschlands, der von den drei Westmächten besetzt war, erholte sich ganz langsam. Allerdings profitierte er davon, daß sich die Spannungen zwischen Ost und West verstärkt hatten. Man sprach zum erstenmal vom »kalten Krieg« zwischen der Sowjetunion und den Amerikanern. Diese Entwicklung führte u. a. dazu, daß der Westen den von ihm besetzten Teil Deutschlands in sein künftiges politisches Konzept als Bestandteil seines Systems einbaute. Er mußte also an einem schnellen Abschied vom Elend größtes Interesse haben. Es war darum nur folgerichtig, daß bereits ein Jahr vor der Gründung der Bundesrepublik die Zonengrenzen im Westen nur noch auf dem Papier standen. Dies hatte auch Folgen für den Fußball: Man gestattete den Deutschen wieder eine Deutsche Fußballmeisterschaft. Das galt naturgemäß ausschließlich für das Hoheitsgebiet der Amerikaner, Briten und Franzosen: Die Sowjetzone ging ihren eigenen Weg, obwohl ihr Meister eingeladen wurde.

Der Hamburger Sport-Verein hatte 1948 die Meisterschaft in der Hansestadt zurückgewonnen, in einem Entscheidungsspiel gegen den punktgleichen FC St. Pauli allerdings. Dies Spiel war nötig geworden, weil zu diesem Zeitpunkt das Torverhältnis noch keine Rolle spielte. Sonst wäre der HSV wieder an zweiter Stelle gelandet. Nun war er Meister, aber auch die Elf vom Millerntor nahm an der Endrunde um die zweite Zonenmeisterschaft teil. Der Hamburger SV schaffte in Duisburg gegen Hamborn 07 ein 1:0, dann gegen Eintracht Braunschweig in Hamburg vor 35 000 Zuschauern ein 3:2. Ein Zittersieg: Die Hamburger führten bereits 3:0, da unterlief Abramczik ein Eigentor, und der HSV verlor völlig die spielerische Linie. So etwas gibt es ja auch heute noch bei Spitzenmannschaften, und nicht nur in Hamburg.

Der Gegner im Endspiel um die Zonenmeisterschaft 1948 hieß — FC St. Pauli, der sich im Westen ebenfalls hervorragend geschlagen und für das Finale qualifiziert hatte. Trainer Tauchert zog aus dem Braunschweiger Spiel seine Lehren und baute um. Grote ging für Warning ins Tor, Frido Dörfel spielte für Abramczik in der Verteidigung. Adamkiewicz, in allerbester Form, ließ bald keinen Zweifel am Sieg seiner Elf — er traf dreimal. Am Ende hieß es sogar 6:1 für den HSV, der in diesem Spiel wirklich eine Klasse besser war. Ein Tor hatte auch Richard Dörfel beigesteuert, der trotz einer Gehirnerschütterung bis zum Schluß durchspielte.

Nun fand also die erste Deutsche Fußballmeisterschaft nach dem Zweiten Weltkrieg statt. Und das gleich mit zwei Hamburger Vereinen: dem HSV und dem FC St. Pauli. Die Elf vom Millerntor war erfolgreicher. Union Oberschöneweide aus der geteilten Stadt Berlin war ihr erster Gegner und wurde 7:0 geschlagen; der HSV dagegen ging gegen den TuS Neuendorf bereits in der Vorrunde mit 1:2 unter. In dieser ersten Runde tauchte auch der FC Kaiserslautern auf, mit den Brüdern Fritz und Othmar Walter. Er warf München 1860, einen Favoriten, mit 5:1 aus dem Wettbewerb. Am schnellsten erreichte der Club aus Nürnberg die Zwischenrunde, sein Gegner, der SC Planitz aus Sachsen, trat nicht an. Die Clubs aus der sowjetisch besetzten Zone wollten — sollten — nicht teilnehmen.

Die Zwischenrunde war zugleich das Halbfinale. St. Pauli traf auf Nürnberg, der FC Kaiserslautern auf den TuS Neuendorf. Die Lauterer machten kurzen Prozeß, sie schlugen die Elf um Nationalmittelstürmer Josef Gauchel 5:1. Die Nürnberger hatten es gegen St. Pauli erheblich schwerer. 2:2 hieß es am Ende der regulären Spielzeit, erst in der Verlängerung gelang den Süddeutschen das knappe 3:2. Das Endspiel sah dann den Neuling Kaiserslautern gegen den Altmeister aus Nürnberg. Die »Roten Teufel vom Betzenberg«, wie man sie später nannte, scheiterten 1:2 an der Routine des »Clubs«, der damit die siebte Deutsche Meisterschaft nach Nürnberg holte.

Nun rollte der Ball im westlichen Deutschland fast wie in alten Zeiten. Die Entwicklung wurde auch organisatorisch vorangetrieben. Der Deutsche Fußballbund etablierte sich in Frankfurt unter der Präsidentschaft von Dr. Bauwens, die Landesverbände wurden aktiv. Kurz: Es war fast alles wie vor 1933 — für einen Teil des ehemaligen Reiches.

Der kleine Uwe

Drei Jahre nach Kriegsende gab es nicht nur den ersten Deutschen Nachkriegsmeister, das Jahr 1948 setzte auch politische Akzente in der deutschen Geschichte. Die ersten freien Wahlen seit mehr als 15 Jahren fanden statt; in elf Ländern, einschließlich West-Berlin, nahmen gewählte Abgeordnete ihre Sitze in den Landtagen ein, es wurden regionale Regierungen gebildet. Die Westdeutschen lernten den Föderalismus. In der sowjetisch besetzten Zone schickte man sich an, eine »Volksdemokratie« nach sowjetischem Muster zu etablieren.

Und noch etwas geschah: Der »kalte Krieg« erreichte seinen Höhepunkt, als Stalin die Zufahrtswege nach West-Berlin blockieren ließ. Die Amerikaner schufen die berühmte Luftbrücke und versorgten drei Millionen »Insulaner« mit Lebensmitteln, Kleidung und Brennstoffen. Für die Westmächte war das ein Grund mehr, Westdeutschland in ihre Arme zu schließen. Der Plan des amerikanischen Außenministers Marshall für den Wiederaufbau der deutschen Wirtschaft ließ Milliarden Dollars in die drei Zonen westlich der Elbe fließen. Im Juni wurde die Reichsmark abgewertet, jeder Deutsche mußte mit vierzig D-Mark einen neuen Anfang versuchen, Rationierung der Lebensmittel und Schwarzmarktzeit waren vorüber. Die Vorbereitungen für die Gründung eines westdeutschen Bundesstaates traten in ein entscheidendes Stadium. In Frankfurt arbeitete der Parlamentarische Rat bereits am Grundgesetz für die Bundesrepublik Deutschland.

In Frankfurt hatte der DFB begonnen, den deutschen Fußball wieder ganz in geordnete organisatorische Bahnen zu lenken. Zum Glück zog er aus der föderalistischen Entwicklung in der Politik nicht ähnliche Lehren wie seinerzeit der NS-Reichsbund aus der Bildung der 16 Gaue. Er faßte den Fußball in seinen obersten Spielklassen wesentlich konzentrierter zusammen: Auf der Basis der bisherigen Nachkriegsmeisterschaften entstanden die Oberligen Süd, Südwest, West, Nord, West-Berlin. Darüber hinaus befreundete sich der Deutsche Fußballbund ganz vorsichtig mit dem Professionalismus: In den Oberligen und allen zweiten Ligen wurden die Fußballer jetzt offiziell bezahlt: mit 320 Mark. Das war aber nur der erste Schritt, im Grunde waren unsere Vertragsspieler damals »Feierabend-Profis«.

Erst sehr viel später, Anfang der sechziger Jahre, sind dann die DFB-Verantwortlichen endlich den Weg gegangen, den sie schon viel früher hätten einschlagen sollen. 1962 wurde in der Bundesrepublik Fußball zum Beruf, und zugleich schuf die Bundesliga endlich *die* Konzentration der Kräfte, die so dringend nötig war, um international bestehen zu können. Denn die Oberligazeit hat immer wieder deutlich gemacht, daß die Aufteilung in regionale Bereiche nicht der Weisheit letzter Schluß sein kann.

Die unterschiedlichen Stärken der Ligen wurden zwar nicht auf Anhieb sichtbar, doch wußte jeder Fachmann, daß der Hamburger Sport-Verein im Westen oder Süden seine führende Rolle nicht so mühelos würde spielen können wie im Norden, wo er bis zur Gründung der Bundesliga der etablierte Tabellenführer war. Abgesehen einmal vom Jahr 1954, in dem es noch andere Gründe gab als nur nachlassende Spielstärke der Mannschaft. Freilich: Der HSV hat in der zweiten Hälfte der fünfziger Jahre auch in der Endrunde um die Deutsche Meisterschaft eine gute Figur abgegeben — er konnte mit den Spitzenclubs aus dem Westen und Süden schon mithalten —, aber im Norden stand er eben manches Jahr allein auf weiter Flur. Der FC St. Pauli, der VfL Osnabrück und auch Werder Bremen und Holstein Kiel mußten sich mit der Verfolgerrolle zufrieden gegen. Nur Hannover 96 holte sich einmal den Titel im Norden, aber das war eben in jenem Krisenjahr 1954.

In den anderen bundesdeutschen Ligen spielten sich schon härtere Kämpfe um die regionale Meisterschaft ab. Der VfB Stuttgart, der FC Nürnberg, der VfR Mannheim, die SpVgg Fürth, Eintracht Frankfurt, der Karlsruher SC und Kickers Offenbach: Das waren die Protagonisten im Süden. Borussia Dortmund, Schalke 04, FC Köln, Westfalia Herne und Rotweiß Essen standen im Westen für eine ansehnliche Spielstärke. Und im Südwesten war nicht nur der FC Kaiserslautern tonangebend, der FC Saarbrücken und der FK Pirmasens redeten schon ein Wort mit. Nur in der Oberliga West-Berlin war das Kräftepotential naturgemäß schwächer.

Der Hamburger Sport-Verein hatte also in jenen Jahren kaum Sorgen um die Tabellenführung im Norden, aber »Onkel Paul« Hauenschild, dem Verein nach wie vor verbunden, blickte weiter. Mehr denn je bot jetzt das vorbildliche Trai-

108

ningszentrum in Ochsenzoll die Möglichkeit zur sorgsamen Pflege des Fußballnachwuchses, und da die alten Leistungsträger der Ligamannschaft, wie Erwin Seeler und Richard Dörfel, langsam ihre fußballerische Altersgrenze erreichten, wurden junge Talente dringend benötigt. Es war ein großes Glück für den HSV, daß Günther Mahlmann, der jüngere Bruder des früheren Stamm- und Nationalspielers Carl-Heinz Mahlmann, nach dem Krieg zum Rothenbaum kam und sich der Jugendarbeit widmete. Unter seinen Händen gedieh manch große Fußball-Begabung zu einer spielerischen Reife, die man später in ganz Fußball-Deutschland bewunderte. Damals lernten unter der Obhut von Mahlmann Jochen Meinke, Jürgen Werner, Dieter Seeler — vor seinem kurzzeitigen Ausflug zu Altona 93 — und Gerhard Krug, der von Barmbek-Uhlenhorst zum HSV kam. Es war eine Truppe, die bereits im jugendlichen Alter für Aufsehen sorgte. An ihrer Spitze stand Uwe Seeler, der später zum Fußballidol für Generationen werden sollte.

Uwe hatte schon früh mit dem Spielen begonnen. Die Liebe zum Fußball und die Grundbegabung hatte er vom Vater geerbt. Er erinnert sich gern an den Beginn seiner Karriere: »Wir Jungen kannten doch nur eins: Fußball. Wenn wir mittags aus der Schule kamen, ging es an die Schularbeiten und dann raus auf die Straße, zum Bolzen. Ich fand bei meinen Eltern natürlich sehr viel Verständnis, denn Fußball war bei uns zu Hause. Es gab aber auch manche Komplikationen. Wir hatten ja keinen Fußballplatz, wir mußten wohl oder übel auf der Straße spielen. Ob Asphalt, Kopfsteinpflaster oder Sandboden, das war uns egal. Wir flickten und schnürten alte Bälle und machten uns auch keine Sorgen um die Schuhe. Das aber taten unsere Eltern, denn erstens lag das Geld nicht auf der Straße, und zweitens bekam man in den ersten Jahren nach dem Krieg alles nur auf Bezugsschein. Da Dieter und ich aber einen ungeheuren Schuhverbrauch hatten, war der Ärger mit Mutter manchmal nicht zu vermeiden. Vor allem, als ich meine Fußbekleidung durch den Gebrauch der Schuhe meiner Schwester aufbesserte. Diese leichten Dinger gingen ja beim Spielen erst recht drauf.«

Es war natürlich vorherbestimmt, daß Uwe schnell in richtige Trainerhände kam. Der Vater und auch Bruder Dieter spielten ja beim HSV, und Erwin Seeler erzählt heute noch mit Stolz: »Wissen Sie, das Talent von Uwe wurde ja schon auf der Straße entdeckt. Damals gab es zwar wenige Leute, die ein Auto hatten, aber manchmal hielt doch einer an und fragte, wer denn der kleine Blonde sei, der so perfekt mit dem Ball umgehen könne.«

Uwe Seelers Fußballbegabung war so augenfällig, daß auch Günther Mahlmann sofort beeindruckt war. Uwe erhielt umgehend einen Stammplatz in einer Jugendmannschaft. Nicht etwa in seiner Altersklasse, sondern eine höher. »Und das forderte mich selbstverständlich noch mehr«, erzählt er, »aber die Begabung allein macht es ja nicht. Es gehört Fleiß dazu und ein Trainer, der einen fordert und fördert. Günther Mahlmann war für mich der richtige Lehrer. Er ließ aber keine Bäume in den Himmel wachsen. Er brachte uns allen eine Einstellung zum Fußball bei, die mich während meiner ganzen Karriere nicht verlassen hat.«

Uwe sagt das in aller Bescheidenheit, für ihn waren Fußball, Schule, seine Lehre als Speditionskaufmann und seine spätere Arbeit als selbständiger Unternehmer gleichermaßen eine Herausforderung, der er sich stellte. Und er möchte am liebsten gerade jenen Fußballtalenten, die bereits in jungen Jahren vom großen Geld träumen, ins Stammbuch schreiben: »Talent allein ist viel, aber nicht alles. Ohne konsequente Arbeit, ohne Fleiß und ohne Disziplin läuft gar nichts. Im Beruf nicht, und erst recht nicht im Fußball. Und wenn der Fußball zum Beruf wird — wie später bei mir —, dann muß man schon sehr viel arbeiten, um nach oben zu kommen und um oben zu bleiben, solange der Körper mitmacht.«

Der sportliche Ehrgeiz, der absolute Wille zum Erfolg, das war nicht allein bei Uwe Seeler die Triebfeder für das ständige Training. Die gleichaltrigen Jungen, die bei Mahlmann arbeiteten, dachten ähnlich. Gerhard Krug, heute Ressortleiter beim »stern«, damals ein junger Kollege von Uwe und mit ihm lange Jahre in der Ligamannschaft des HSV erfolgreich: »Es machte uns einfach Spaß, Fußball zu spielen, aber auch, im Fußball Erfolg zu haben. Und dazu mußten wir natürlich arbeiten, sonst hätten wir die Spitze nicht erreicht.« Jochen Meinke, einige Jahre älter als Seeler und Krug und

110

später Kapitän der »Ersten«, ist heute verantwortlich im HSV-Leistungszentrum Ochsenzoll. Ihm fällt bei den vielen Jugendmannschaften, die er organisatorisch betreut, so manches Talent auf: »Ich sehe viele sehr talentierte Fußballer hier. Sie könnten sicher viel mehr erreichen, wenn sie den Leistungssport mit mehr Intensität betreiben würden. Wenn ich nur daran denke, wie wir bei Mahlmann schuften mußten. Er war ein fabelhafter Mann und später auch ein hervorragender Trainer unserer Ligamannschaft. Und Nachlässigkeit war bei ihm nicht drin. Auch nicht für Uwe, aber der war uns ja eher noch ein Vorbild an Fleiß und Einsatz.«

Uwe sieht das selbstkritischer: »Ach, manchmal packte mich schon die Lust, statt mit dem Fahrrad von Eppendorf nach Ochsenzoll zu fahren, einfach auf die Straße zu gehen und zu bolzen. Aber das hat mir Günther Mahlmann ganz schnell abgewöhnt. Entweder regelmäßig trainieren oder am Sonntag zuschauen, das wirkte. Nicht dabeizusein, wenn es um Punkte ging, das gab es doch nicht.«

Am Rothenbaum ging inzwischen das Fußballeben der Senioren weiter. Hans Tauchert wurde als Trainer abgelöst von Georg Knöpfle. Der neue Lehrer war Mitglied der ehemaligen Meistermannschaft der SpVgg Fürth, die dem HSV so manchen Ärger auf dem Spielfeld bereitet hatte. Mehr als zwanzig Spiele für Deutschland hatte Knöpfle außerdem auf seinem Konto. Nach seiner aktiven Laufbahn war er als Trainer zu Eintracht Braunschweig gegangen — immerhin für elf Jahre, was heute in der Bundesliga kaum denkbar ist —, dann zu Arminia Hannover. Sein Wechsel nach Hamburg brachte dem HSV zugleich eine enorme spielerische Verstärkung: Jupp Posipal. Der in Rumänien geborene Fußballer hatte sich während des Krieges in Hannover angesiedelt, um dort ein Handwerk zu lernen. Zugleich meldete er sich bei Arminia, um Fußball zu spielen. Dann ging er mit Knöpfle nach Hamburg und wurde dort einer der ganz Großen . . .

Reise in die USA

Im Sommer 1949 stand der erste Fußballmeister der gerade gegründeten Bundesrepublik Deutschland fest — er hieß

VfR Mannheim. Und wie diese Bundesrepublik erlebte auch der Fußball bald eine neue Blütezeit. Die Organisation war insgesamt perfekt — die Fehler lagen ja in der Grundsatzentscheidung des DFB, nur Vertragsspieler statt Vollprofis zuzulassen —, und die Endrunde der Meisterschaft lief ähnlich wie im Vorkriegssystem: In Hin- und Rückrunde wurden in den Oberligen die regionalen Titel ausgespielt, die Endrunde noch nach dem »K. o.-Vorbild« der zwanziger Jahre, Jahre später dann auch in zwei Gruppen mit je zwei Runden.

Im Norden war in diesem Jahr mal wieder ein Entscheidungsspiel fällig: Hamburger SV gegen FC St. Pauli. Die Elf vom Millerntor galt als Favorit, 40 000 im alten Volksparkstadion warteten gespannt auf den Anpfiff. Um so mehr, als der ehemalige Torjäger des HSV, Fred Boller, nach einem kurzen Abstecher in den deutschen Süden bei St. Pauli angeheuert hatte. Er machte dann auch schnell zwei Tore für die Paulianer, die hervorragend spielten. Nach der Pause aber überstürzten sich die Ereignisse: Der HSV glich aus und erzielte das 3:2, dann zog St. Pauli wieder gleich. Es war eine dramatische zweite Halbzeit. Zum Schluß aber lag der Hamburger SV mit 5:3 vorn. Adamkiewicz, Krüger und Ebeling waren die Torschützen der Elf vom Rothenbaum.

Nach diesem überzeugenden Sieg über den Lokalrivalen fuhr man sehr selbstbewußt nach Frankfurt zum ersten Endrundenspiel um die Deutsche Meisterschaft. Es sollte aber zugleich das letzte in dieser Saison sein, denn der HSV wurde vom späteren Meister VfR Mannheim mit 5:0 überfahren. Da gab es nichts zu entschuldigen, die Mannheimer waren einfach besser, wenngleich nicht gerade um fünf Tore. Das stärkere Bild bot in dieser Endrunde übrigens der FC St. Pauli als zweiter aus dem Norden: Die Walter-Elf aus Kaiserslautern benötigte immerhin zwei Spiele, um das Hamburger Team aus dem Rennen zu werfen. Die erste Begegnung endete nach Verlängerung 1:1, die Wiederholung ging mit 1:4 verloren. Die Lauterer kamen aber auch nur eine Runde weiter. Sie scheiterten in der Zwischenrunde an Borussia Dortmund, wiederum in zwei Spielen. Die Borussen vom Dortmunder Borsigplatz gaben sich auch im Endspiel nicht so leicht geschlagen, erst nach 120 Minuten stand mit 3:2 der VfR Mannheim als Meister fest.

Für Georg Knöpfle gab es also viel zu tun am Rothenbaum. Jupp Posipal stellte sich dem Verein und dem Hamburger Publikum in etlichen Freundschaftsspielen vor, und das auf unterschiedlichsten Posten. Auf den Rängen am Rothenbaum war man begeistert, denn er bedeutete eine deutliche Verstärkung der Mannschaft. In dieser Saison machte der Hamburger SV erneut über die Stadtgrenzen hinaus von sich reden: Er erhielt als erster deutscher Club nach dem Krieg eine Einladung ins Ausland. In der portugiesischen Hauptstadt spielte er gegen Sporting Lissabon, die damals führende Elf, und unterlag nur knapp 3:4. Gegen den FC Braga, ebenfalls erste Wahl in Portugal, siegte er 2:1. Ein Gegenbesuch von Belenenses Lissabon im Frühjahr 1950 an der Elbe endete für die Gäste nicht gerade erfreulich: Sie wurden von einem meisterlich aufspielenden HSV mit 6:0 deklassiert.

Diese ersten internationalen Begegnungen nach 1945 wurden jedoch von einem anderen Ereignis in den Schatten gestellt: Der Deutsch-Amerikanische Fußballverband bat den Hamburger Sport-Verein zu sechs Freundschaftsspielen in die Vereinigten Staaten. Den Hamburgern widerfuhr damit eine Ehre, die so kurz nach dem Krieg in aller Welt Beachtung fand. Die Reise wurde zu einem Meilenstein in der deutschen Fußballgeschichte. Nicht etwa aufgrund der sportlichen Ergebnisse. Man wußte, daß eine deutsche Spitzenmannschaft den nordamerikanischen Fußballern jener Zeit klar überlegen sein würde. Es war die Reise an sich, über die man allenthalben sprach. Paul Hauenschild und Hans Ballin, die das Team nach Übersee begleitet hatten, kamen noch nach Jahren ins Schwärmen, wenn sie von der herzlichen Aufnahme in den Staaten, von den offen geführten Diskussionen und den zahlreichen Beweisen sprachen, in denen sich damals bereits die beginnende deutsch-amerikanische Freundschaft dokumentierte. Daß der HSV alle sechs Spiele gewann und dabei 44 Tore schoß, war nur eine angenehme Begleiterscheinung für die Fußballer.

Diese Goodwilltour brachte dem Hamburger SV viele Sympathien in der Bundesrepublik ein. In der Meisterschaft aber wurde auf derlei Dinge keine Rücksicht genommen. Zwar hatten sich die Hamburger kurz vor dem Abflug nach

Amerika noch den Nordtitel gesichert, mit einem 6:0 gegen St. Pauli vor 25 000 Zuschauern, aber in der Endrunde sah es gar nicht gut aus. Es reichte natürlich nach einem 7:0 über Union 06 Berlin zum zweiten Durchgang, aber den Offenbacher Kickers war man nicht gewachsen. Man führte die 2:3-Niederlage zwar auf die Strapazen der USA-Reise zurück, aber das war keine Entschuldigung. St. Pauli als Nordzweitem erging es in der Endrunde auch nicht besser. Nach einem 4:0 über den TuS Neuendorf aus dem Südwesten kam gegen die SpVgg Fürth mit 1:2 ebenfalls das »Aus«. Deutscher Meister wurde in diesem Jahr der VfB Stuttgart, der die Kickers aus Offenbach im Finale 2:1 schlug.

Doch die Reise des HSV hatte auch positive, wenngleich nur rhetorische Nachwirkungen: Dr. Peco Bauwens, Präsident des Deutschen Fußballbundes, vergaß bei der Ehrung des Deutschen Meisters Stuttgart die Hamburger nicht. In der HSV-Chronik stehen seine Worte schwarz auf weiß: »Der wahre Meister ist der HSV. Die Hamburger haben es auf sich genommen, als Botschafter Deutschlands nach Amerika zu fliegen. Sie bezahlten diese Aufgabe mit dem wahrscheinlichen Sieg im Titelkampf.«

Das waren noble Worte für einen Verlierer. Es war aber auch eine gewagte Feststellung, denn gerade Dr. Bauwens mußte doch aus seiner langjährigen Erfahrung als international anerkannter Schiedsrichter wissen, daß dem Hamburger SV auch ohne den Ausflug über den Atlantik der Meistertitel nicht ohne weiteres in den Schoß gefallen wäre. Manche Fußballfreunde haben diese Worte in Richtung Hamburg überdies als eine Schmälerung der Meisterleistung des VfB Stuttgart verstanden, was ihnen nicht einmal übel zu nehmen ist. Selbst in der Hansestadt wurden damals solche Stimmen laut. Aber sicherlich hat Peco Bauwens es nur gut gemeint, ohne jemanden verletzen zu wollen.

Die Hamburger aber luden den amtierenden Meister zu einem Kräftevergleich an den Rothenbaum und schlugen ihn 4:3. Im Stuttgarter Rückspiel trennte man sich 3:3. Die Spieler hatten sich also von den Strapazen erholt, aber Freundschaftsspiele sind eben kein echter Maßstab, wie man weiß. Und so ist auch der 7:2-Sieg gegen den späteren Meister Kaiserslautern nicht allzu hoch zu bewerten, obschon diese blamable Niederlage an der Elbe den guten Fritz Walter sehr gewurmt haben soll.

Die vierzehnte Norddeutsche Meisterschaft war für den Hamburger Sport-Verein kein Problem. Auch St. Pauli blieb diesmal drei Punkte hinter ihm zurück. Für die Endrunde rechnete man sich am Rothenbaum einige Chancen aus, denn jetzt wurde nicht mehr nach dem K.o.-System, sondern in zwei Gruppen um Punkte gespielt. Das war zweifellos gerechter. Zunächst sah es auch tatsächlich so aus, als habe der HSV die leichteren Gegner. St. Pauli mußte mit Schalke und Kaiserslautern um den Gruppensieg spielen, außerdem gegen den Altmeister Fürth. Die Paulianer, von vornherein gegen diese starken Gegner Außenseiter, gaben sich zwar alle Mühe, aber es reichte nicht. Zwei Niederlagen gegen Kaiserslautern und je eine gegen Schalke und Fürth, das rückte den Gruppensieg in weite Ferne.

Aber auch der HSV erlebte eine Enttäuschung. Zwar hatten Preußen Münster und Tennis Borussia Berlin keinen sonderlich großen Namen im deutschen Fußball, aber für die Hamburger war nicht in Münster, wohl aber an der Spree etwas zu gewinnen. Und die Siege gegen die beiden Kontrahenten in Hamburg reichten auch nicht für den Gruppensieg. Dem stand nämlich der FC Nürnberg im Weg, der die Punkte gegen den HSV in direktem Vergleich holte. Dadurch jedoch gelangte Preußen Münster an die Tabellenspitze. Das hatte niemand erwartet, aber die Westfalen schlugen sich sehr gut. Sie gewannen gegen Nürnberg und gegen den Berliner Meister jeweils beide Spiele. Meister wurde allerdings endlich der FC Kaiserslautern, der ja seit Jahren in der Spitze zu finden war. Er gewann gegen Münster 2:1.

Die Hamburger vom Rothenbaum, ohne nennenswerten Erfolg in der Meisterschaft, waren mittlerweile zu so etwas wie Botschaftern des Fußballs der Bundesrepublik Deutschland geworden. Nach den Besuchen in Portugal und den USA wartete auf sie jetzt eine Reise in das Mutterland des Fußballs, nach England. Ihr Auftritt dort war eine Glanznummer. Gegen den FC Burnley, einen Erstdivisionär, gewannen die kontinentalen Gäste durch drei Tore ihres neuen Stars Woitkowiak 3:1 und erhielten von 12 000 fachkundigen englischen Besuchern sogar Beifall auf offener Szene.

Inzwischen hatte sich ein weiterer ausgezeichneter Fußballer beim Hamburger Sport-Verein eingefunden: Fritz Laband. Er kam aus Wismar in der Sowjetzone, war also Norddeutscher. Die Hamburger nahmen ihn mit offenen Armen auf. Außerdem erhielt zu dieser Zeit ein Spieler aus der Talentschmiede Ochsenzoll endlich einen Stammplatz in der Liga-Elf: Jochen Meinke. Er hatte sich 1950 eine komplizierte Verletzung zugezogen, die ihn in seiner Laufbahn um etliche Monate zurückwarf, war jetzt aber wieder voll da. Mehr als ein Jahrzehnt lang sollte er ein Leistungsträger der Ersten Mannschaft vom Rothenbaum sein. Meinke, ein stets ruhiger, sachlicher Mann, ein gradliniger, fairer Fußballer, der fast immer die Nerven behielt und nach Ansicht von Gerhard Krug eine der Integrationsfiguren in der Meistermannschaft von 1960 war: »Eigentlich war er viel zu lieb, der Jochen, aber es war gut, daß es ihn gab. Dadurch wurde mancher Krach im Team verhindert oder doch schnell beendet.«

Mit einer starken Elf ging es also in die Gruppenspiele um die Meisterschaft 1952, nachdem das Ziel im Norden mit vier Punkten Vorsprung erreicht worden war. Zweiter war diesmal der VfL Osnabrück, für St. Pauli hatte es nur zum vierten Platz gereicht. Zwischendurch fühlte sich der Hamburger SV offenbar verpflichtet, seiner Rolle im internationalen Fußball gerecht zu werden: Gegen Austria Wien spielte man 3:3, der FC Burnley revanchierte sich beim zweiten Gastspiel der Hamburger mit einem 5:1-Sieg. Dafür erlitt der englische FC Blackpool, ein renommierter Proficlub, auf eigenem Platz eine 0:2-Niederlage.

Gast war auch Partizan Belgrad, das es an der Elbe nur zu einem 2:2 brachte. Der HSV suchte also auch den Spielkontakt zu Gegnern aus dem kommunistischen Lager; er hatte ja schon 1951 drei Clubs aus der Sowjetzone getestet: Chemie Leipzig (2:2), Motor Zwickau (3:1) und Turbine Halle (2:2). In diesen Spielen überzeugte man sich davon, daß der Fußball auch in der »Zone« wieder zum Volkssport geworden war. Eigentlich kamen diese Sportler seinerzeit schon aus der DDR, denn im Herbst 1949 war die Deutsche Demokratische Republik unter dem Schutz der Sowjetunion gegründet worden. Dieser Name eines zweiten deutschen Staates wollte bei uns damals noch niemandem über die Lippen.

Das Freundschaftsprogramm bescherte dem Hamburger SV also eine sehr positive Spielbilanz, aber mit Freundschaftsspielen ist noch niemand Deutscher Meister geworden. Die Gruppengegner der Endrunde — Nürnberg, Schalke und Saarbrücken — waren die Partner im Kampf um den Einzug ins Finale. Am Rothenbaum wurden sie alle bezwungen — Saarbrücken 4:1, Nürnberg 4:2 und Schalke sogar 8:2 —, aber auswärts verlor man alle Spiele. Zum Schluß hieß der Gruppensieger Saarbrücken. Der zweite norddeutsche Vertreter, der VfL Osnabrück, machte es nicht besser, er mußte dem VfB Stuttgart die Tabellenspitze überlassen. Im Endspiel schlugen die Schwaben dann die Saarländer und lösten Kaiserslautern als Meister ab.

In der Endrunde der nächsten Saison erging es dem mittlerweile sechzehnfachen Nordmeister noch schlechter. Vor Holstein Kiel hatte er diesmal die Tabellenspitze der Oberliga gehalten. Dann wurde gegen den Meister Stuttgart zweimal verloren, gegen die Dortmunder Borussen ebenfalls. Nur drei Punkte blieben aus den beiden Spielen gegen Union 06 Berlin. Das war ein schlechter Schnitt. Holstein Kiel machte keine viel bessere Figur. Die »Störche« holten in den sechs Spielen nur einen Punkt gegen den FC Köln, gegen Eintracht Frankfurt und Kaiserslautern verloren sie, auch zu Hause. Die Elf aus Kaiserslautern holte sich im Endspiel gegen den VfB Stuttgart den Titel zurück.

1953 wurde zum erstenmal nach dem Krieg wieder ein Pokal ausgespielt. Der DFB stiftete die Trophäe und forderte alle Mannschaften zum Wettbewerb auf. Gespielt wurde nach dem K.o.-System. Der HSV mußte nach einer 1:6-Niederlage gegen den späteren ersten DFB-Pokalsieger Rotweiß Essen ausscheiden, aber das nahm man bei weitem nicht so tragisch wie die Mißerfolge in der Meisterschaft.

Überhaupt haben die Pokalspiele im deutschen Fußball kaum jemals die Bedeutung erlangt, die ihnen in anderen Ländern zukommt. Das Cup-Finale auf dem »heiligen« Rasen des Londoner Wembleystadions — auch »Fußball-Mekka« genannt — ist in England *das* Fußballereignis des Jahres, seit mehr als einem Jahrhundert. Erst seit der Europäische Fußballverband (UEFA) nach dem Landesmeisterpokal auch den Europacup der Pokalsieger Jahr für Jahr ausschreibt, hat der Pokalwettbewerb mit seinen oft sensationellen Überraschungen — der »große« HSV schied 1974 gegen den Amateurligisten VfB Eppingen aus und mußte im Volksparkstadion bei schlechten Leistungen jahrelang die Spottrufe »Eppingen, Eppingen« über sich ergehen lassen — auch in der Bundesrepublik größere Bedeutung erhalten. Trotzdem: Das »Größte« im deutschen Fußball ist auch heute noch die Meisterschaft. In England hat der Pokal dagegen mindestens den gleichen Stellenwert.

1954 konnten dann auch die attraktiven Freundschaftsspiele nicht darüber hinwegtäuschen, daß die Elf vom Rothenbaum in einer Krise steckte. Allenfalls der fünfte Tabellenplatz wäre erreicht worden, wenn der Verein nicht auch noch vom DFB eine Strafe aufgebrummt bekommen hätte. Carl-Heinz Mahlmann war seit 1951 Präsident, Carl Mechlen Schatzmeister. Beide waren darauf bedacht, den Club gesund zu machen und die Ligamannschaft zu verstärken. So verpflichteten sie 1954 den Amateur-Nationalspieler Willy Schröder von Bremen 1860 und zahlten für ihn ein Handgeld von 10 000 Mark. Das aber war seinerzeit verboten, wenngleich üblich. Wurde man bei einer solchen Transaktion erwischt, setzte es Strafen. Und der HSV wurde erwischt. Die Folge war ein Abzug von vier Punkten und ein Abrutschen auf den elften Tabellenplatz, außerdem gab es Geldstrafen, für den Verein und für seinen Präsidenten, der ja die Verantwortung trug. Heute lacht man darüber, wenn von Summen dieser Größenordnung im Profifußball gesprochen wird.

An der norddeutschen Tabellenspitze stand in diesem Jahr Hannover 96 mit sieben Punkten vor dem FC St. Pauli. Es sollte mal wieder ein Hannover-Jahr werden, ähnlich wie 1938. St. Pauli kam in der Endrunde, die wegen der bevorstehenden Weltmeisterschaft verkürzt ausgespielt wurde, gar nicht zum Zuge, Hannover aber schlug im Finale den amtierenden Deutschen Meister Kaiserslautern 5:1. Die Niedersachsen sorgten damit zum zweitenmal in ihrer Geschichte für eine Fußballsensation.

Am Rothenbaum setzte man derweil noch auf den Pokal, aber auch in diesem Wettbewerb fand das Endspiel ohne den HSV statt. Er verlor gegen den späteren Finalisten FC Köln 2:3. Der Gewinner des Cups war der VfB Stuttgart.

Nach der Saison 1953/54 gab Georg Knöpfle seine Trainertätigkeit beim HSV auf, es kam Martin Wilke, und ihm zur Seite stand Günther Mahlmann. Im Laufe der Zeit hatten Uwe Seeler, Klaus Stürmer, Gerhard Krug, Jürgen Werner und andere von Ochsenzoll den Sprung in die Ligamannschaft gewagt. Uwe war mit 36 Treffern aus allen Punkt- und Freundschaftsspielen bereits zum erstenmal Torschützenkönig vom Rothenbaum.

»Ja, 1954 war meine erste Saison in der ersten Mannschaft. Ich war gut siebzehn Jahre alt. Man wollte mich schon mit sechzehn haben. Ich war zwar nicht sehr groß, aber kräftig. Dann habe ich auch ein Spiel gemacht, gegen Göttingen 05, und das lief sehr gut. Aber mein Vater hat gerade noch verhindert, daß ich schon so jung zum Stammspieler wurde. Und das ist gut so. Ein Jahr später konnte auch er nichts mehr daran ändern. Es hat ja dann auch gut geklappt.«

Uwe lächelt, wenn er sich an dieses Tauziehen erinnert, aber »Old Erwin« hielt gar nichts davon, seinen Jüngsten zu früh unter den Senioren verheizen zu lassen. »De het ja noch Tiet genug«, war seine Devise auf gut Hamburger Platt. Und Uwe ist ihm heute noch dankbar für das, was seinerzeit einige Leute Sturheit nannten.

Daß auf Uwe Seeler größere Aufgaben warteten, sahen Fachleute schon lange voraus. Er stand bereits in dem berühmten Notizbuch des Bundestrainers, bevor er in der Oberliga Nord Tore schoß. Die junge Garde aus dem HSV-Nachwuchs, mit Uwe an der Spitze, hatte ja schon Schlagzeilen gemacht. Der Norden gewann den Jugend-Länderpokal 1953 gegen Süddeutschland mit sieben Mahlmann-Schützlingen aus Ochsenzoll in der Mannschaft. Und beim FIFA-Jugendturnier in Belgien spielten Seeler und Stürmer für Deutschland. Klaus Stürmer, der anschließend zum HSV kam und dort gemeinsam mit Uwe große Fußballjahre erlebte. Als dann im Jahr darauf das FIFA-Jugendturnier in Deutschland ausgetragen wurde und die deutsche Elf punktgleich hinter Spanien den zweiten Platz belegte — Spanien hatte das bessere Torverhältnis —, schoß Seeler 22 von den dreißig Toren für sein Team, eins schöner als das andere. Als solch ein Traumtor im Spiel gegen Ungarn fiel, sprang der Bundestrainer auf der Tribüne spontan auf und spendete

Beifall für den jungen Hamburger. Herberger hatte seinen künftigen Mittelstürmer entdeckt.

Und nicht nur ihn. Auch auf Stürmer und Jürgen Werner war er aufmerksam geworden. Schon Jahre zuvor hatte er Jupp Posipal, der 1950 von der Leine an die Elbe gekommen war, vom Rothenbaum in die Nationalelf geholt. In einem seiner ersten Spiele für den HSV war »der Neue« so überzeugend, daß ein Zuschauer auf ihn deutete und laut rief: »Da spielt der künftige Stopper der Nationalmannschaft.« Damals lachte die halbe Tribüne über diesen »Wahrsager«. Es verging allerdings kaum ein Jahr, da trug Posipal in Berlin gegen die Türkei zum erstenmal das Nationaltrikot, und bald darauf avancierte er tatsächlich zum Stopper der Ländermannschaft, die in diesem Jahr 1954 — dem schlechtesten HSV-Jahr nach dem Krieg — in der ganzen Welt Aufsehen erregen sollte.

Der Triumph von Bern

Die Fußballclubs auch der Länder, gegen die Deutschland Krieg geführt hatte, nahmen die Verlierer nach 1945 wieder relativ schnell in ihre Mitte auf. Die zahlreichen Privatspiele des Hamburger Sport-Vereins, sogar in England und Amerika, die freundschaftlichen Begegnungen mit Teams der Besatzungsmächte sind nur Beispiele dafür. Noch vor Gründung der Bundesrepublik reisten deutsche Fußballer über die Grenzen und empfingen zu Hause ausländische Gäste.

Die Fußballverbände des Auslands taten sich schwerer. Zwar war der Cheftrainer des Deutschen Fußballbundes, Sepp Herberger, schon lange mit dem Aufbau einer Nationalmannschaft beschäftigt — und die Aktivitäten in dieser Richtung wurden nach dem offiziellen Gründungstag der Bundesrepublik noch erheblich verstärkt —, aber es dauerte doch eine ganze Weile, bevor das Eis endgültig gebrochen war. Den Anfang machte — wie 1920 nach dem Ersten Weltkrieg — Deutschlands liebster Gegner: die Schweiz. Die Eidgenossen haben immer einen guten Fußball gespielt. Am 2. November 1950, fast sechs Jahre nach Kriegsende, reisten

120

sie in Stuttgart zum ersten Spiel gegen die neu formierte bundesdeutsche Nationalelf an. Es erregte Aufsehen, das Spiel, obschon es nicht unbedingt fußballerische Höhepunkte anbot. Denn mit dieser freundschaftlichen Auseinandersetzung war Deutschland auch offiziell wieder in die europäische Fußballfamilie aufgenommen. Folgende Spieler traten für die Bundesrepublik an: Turek (Fortuna Düsseldorf), Burdenski (Werder Bremen), Streitle (Bayern München), Kupfer (Schweinfurt 05), Baumann (FC Nürnberg), Barufka (VfB Stuttgart), Klodt (Schalke 04), Morlock (FC Nürnberg), Othmar Walter (FC Kaiserslautern), Balogh (VfL Neckarau) und Richard Herrmann (FSV Frankfurt). Vom Hamburger Sport-Verein war niemand dabei.

Das Spiel wurde entschieden durch ein Tor von Herbert Burdenski, dem Vater von Dieter Burdenski, der heute in den Diensten von Werder Bremen steht. Er hatte seine Karriere in Schalkes Glückauf-Kampfbahn begonnen und gehörte auch der Meistermannschaft von 1940 und 1942 an. Nach dem Krieg war er zu Werder Bremen gewechselt, wo er nach seiner aktiven Laufbahn als Trainer arbeitete. »Budde« also schoß das erste Tor für die Bundesrepublik Deutschland: Er verwandelte einen Foulelfmeter und sorgte damit für einen erfreulichen Auftakt in der Länderspielfolge des jungen deutschen Staates.

Die Schweiz erwartete unsere Nationalelf dann auch gleich zum Rückspiel in Zürich. Herbergers Elf stellte sich im April 1951 wenig verändert zur Revanche. Der Bundestrainer experimentierte mit Felix »Fiffi« Gerritzen von Preußen Münster, mit Röhrig vom FC Köln und mit Mebus vom VfL Benrath, allerdings war auch Fritz Walter dabei und übernahm gleich die Rolle des Kapitäns. Die Deutschen gewannen 3 : 2, doch Herberger hatte seine ideale Formation noch nicht gefunden. Es war auch schwer, denn noch war der Fußball in Deutschland in den Oberligen regional dezentralisiert.

Die Spiele gegen die Schweiz hatten Signalwirkung. Die Türkei erschien im Berliner Olympiastadion und holte sich einen 2 : 1-Sieg ab, der allerdings im selben Jahr in Istanbul mit 2 : 0 richtiggestellt wurde. Jetzt war in beiden Spielen wenigstens ein Hamburger dabei: Jupp Posipal. Es folgten dann noch im Jahre 1951 ein Ausflug nach Wien mit dem damals sensationellen 2:0-Sieg, ein Spiel im Praterstadion, in dem neben dem HSV-Mittelläufer Posipal Erich Schanko von Borussia Dortmund im Nationaldreß auftauchte. Die Dortmunder hatten damals — ähnlich wie Schweinfurt 05 mit Kupfer und Kitzinger vor dem Krieg — ein Außenläuferpaar, das bereits in ganz Fußball-Deutschland zum Begriff geworden war: Erich Schanko und Max Michallek, auch »Spinne« genannt. Beide waren erstklassig am Ball und verstanden sich blind. Man hat sich in Fußballkreisen und vor allem an den westfälischen Stammtischen oft genug gefragt, warum »Spinne« von Herberger nie berufen worden ist. Kuno Klötzer, der 1977 als Trainer den Hamburger SV zum Europacup der Pokalsieger führte, erinnert sich:

»Es gab auch bei Sepp Herberger, meinem Lehrer an der Sporthochschule Köln, Sympathien und Antipathien. Und es gab Grundsätze, die nicht verletzt werden durften. Er hatte Max Michallek zum Lehrgang berufen; als der sich jedoch in seiner Gegenwart seelenruhig eine Zigarette ansteckte, durfte er am anderen Morgen gleich wieder abreisen. Disziplin und sportlicher Lebenswandel waren für Herberger eben unerläßlich.«

Nicht nur im Ruhrgebiet, sondern überall in Deutschland wurde damals bedauert, daß »Spinne« — in der Figur übrigens Heinz Spundflasche vom Rothenbaum sehr ähnlich — nie mit seinem Kollegen Erich Schanko zusammen für Deutschland gespielt hat, aber die Grundsätze des Bundestrainers standen eben manchmal sogar über dem Erfolg, den er mit einem eingespielten Läuferpaar hätte haben können. Die Öffentlichkeit, die Meinung der Presse, hat Herberger kaum jemals gestört. Manchmal hatte man sogar den Eindruck, als wolle er die Journalisten regelrecht ärgern. Je mehr sie sich nämlich gegen einen Spieler seiner Wahl in den Spalten ihrer Blätter austobten, um so deutlicher bekundete er seine Sympathie für eben jenen Spieler durch erneute Berufungen. 1956/57 zum Beispiel wetterte man in den Zeitungen immer wieder gegen die Nominierung von Heinz Volmar (St. Ingbert, später FC Saarbrücken), doch der »Bundessepp« — den Spitznamen hatte der Trainer längst erhalten — ließ sich nicht beirren. Obschon Volmar auf dem deutschen Nationalflügel nicht immer geglänzt hat.

122

Anfang der fünfziger Jahre hatte Herberger nur ein Ziel: eine stabile Stammformation. Er konnte damit rechnen, daß die Bundesrepublik an der nächsten Weltmeisterschaft — 1954 in der Schweiz — wieder teilnehmen werde, alle Anzeichen sprachen dafür. Das WM-Turnier von 1950 in Brasilien — ohne Deutschland natürlich — hatte aus europäischer Sicht ohnehin nur fragmentarischen Charakter. Die Österreicher hätten teilnehmen dürfen, verzichteten aber. Sie hatten andere — wirtschaftliche — Sorgen. Schließlich fuhr aus der Qualifikationsgruppe eins niemand nach Übersee.

Im übrigen waren die Gastgeber in Rio damals ihrer ersten Weltmeisterschaft sehr nahe. Sie schlugen in der letzten Runde erst Schweden 7:1 und dann Spanien 6:1. Gegen Uruguay allerdings verloren sie 1:2, und Uruguay war Weltmeister 1950. Die Brasilianer mußten also noch auf ihre große Zeit warten, bis der berühmte Pelé auftauchte.

Die konsequente Aufbauarbeit von Sepp Herberger fand nicht immer den Beifall der Fachjournalisten. Es fehlte weder an Kritik, die um Sachlichkeit bemüht war, noch an den berühmten bösen Zungen, die hin und wieder, meist nach nicht erwarteten Mißerfolgen, die Qualifikation des Bundestrainers in Frage stellten. Aber der »Chef«, wie er von seinen Nationalspielern respektvoll genannt und angeredet wurde, ließ sich davon nicht im geringsten beeindrucken. Er probierte und studierte, es tauchten neue Namen im Nationalteam auf. Namen, die dann für lange Zeit in aller Munde waren, wie Werner Liebrich und Werner Kohlmeyer etwa vom FC Kaiserslautern. Namen aber auch, die schneller wieder aus den Gesprächsrunden verschwanden, wie Adi Preißler von Preußen Münster, Bögelein vom VfB Stuttgart oder Haferkamp vom VfL Osnabrück. Das alles waren Spitzenfußballer, aber sie paßten eben nicht in das Konzept des Bundestrainers, der offenbar ganz fest umrissene Vorstellungen von einer Ländermannschaft hatte.

Je näher das Jahr 1954 rückte, um so deutlicher wurden die Konturen dieses Konzepts. Die ersten Erfolge stellten sich schon 1952 ein. Vier von sechs Spielen wurden gewonnen, gegen Luxemburg (3:0), Irland (3:0), Schweiz (5:1) und Jugoslawien (3:2). Nur gegen Frankreich mußte man sich in Paris mit 1:3 geschlagen geben, und gegen Spanien reichte es in Madrid nur zu einem 2:2. Insgesamt war das eine recht gute Aufbaubilanz.

1953 funktionierte das noch besser. Herbergers Team blieb ungeschlagen. Es qualifizierte sich für die Teilnahme an der Endrunde der WM in der Schweiz mit zwei Siegen gegen das Saarland — das ja erst später als elftes Bundesland zur Republik stieß — sowie mit einem Sieg und einem Unentschieden gegen Norwegen. Die Gegner waren natürlich nicht sehr stark, und sehr viel Lob gab es im Blätterwald der deutschen Presse für die Siege nicht. Man sah der Weltmeisterschaft sogar allgemein sehr skeptisch entgegen, denn auch das letzte Vorbereitungsspiel, das gegen die Schweiz 5:3 gewonnen wurde, konnte über die Außenseiterrolle der bundesdeutschen Kicker nicht hinwegtäuschen. Favorit für den Titel war zum einen Brasilien, obschon es noch keinen Pelé gab, vor allem aber Ungarn.

Aus Budapest hörte man immer wieder von einem Wunderteam, das jahrelang kein Spiel verloren hatte und als unschlagbar galt. Anfang 1954 hatte der Bundestrainer seine Wahl getroffen. Nach langer, intensiver Suche glaubte er die stärkste Formation gefunden zu haben. Den Kern des Teams sollte der amtierende Deutsche Fußballmeister FC Kaiserslautern bilden. Fritz Walter, der Ausnahmefußballer mit der brillanten Technik, der blendenden Übersicht, der größten internationalen Erfahrung und der unbestrittenen Autorität bei seinen Mitspielern war der Kapitän und damit der verlängerte Arm des Trainers auf dem Spielfeld. Sein Bruder Othmar führte den Sturm, wenngleich seine Qualitäten in der Fachwelt umstritten waren. »Der lebt doch nur von seinem Bruder«, hieß es. Und wenn schon, muß eingewendet werden, er hat daraus etliche Tore gemacht. Als Mittelläufer hatte sich Werner Liebrich empfohlen, um so mehr, als Jupp Posipal als Außenläufer oder, wie sich schon gezeigt hatte, als Verteidiger ebensogut zurechtkam. Der Kämpfer Werner Kohlmeyer aus Kaiserslautern stand in der rechten Verteidigung, und den intelligenten Techniker Horst Eckel, ebenfalls vom Betzenberg, wollte Herberger als Außenläufer einsetzen. Er baute vor allem auf das Verständnis Eckel—Walter und überhaupt auf die ideale Zusammenarbeit seines Mannschaftskerns. Um diesen Kern baute er dann Toni Turek, Posipal und Fritz Laband, die beiden Hamburger, Berni Klodt aus Schalke, Karl Mai aus Fürth, Max Morlock aus Nürnberg und Hans Schäfer vom FC Köln. Und sein Joker war — Helmut Rahn von Rotweiß Essen. Das war die erste Wahl des »Chefs«, sie mußte hingenommen werden. Skeptisch blieb die Presse, aber auch gelassen. Bundesdeutschland war ja sowieso nur ein kleines Licht im Weltfußball.

Dann ging aber noch einmal ein Aufschrei der Empörung und Warnung durch die Medien: Die halbe Nationalmannschaft, der FC Kaiserslautern, wurde im Endspiel um die »Deutsche« kurz vor Beginn des WM-Turniers vom Außenseiter Hannover 96 mit 5:1 deklassiert. Fünf Tore mußten Kohlmeyer, Liebrich und Eckel hinnehmen, eins nur hatten Fritz und Othmar Walter dagegenzusetzen. Nun war es zumindest für die Pessimisten unter den Fachleuten klar: Das wird eine schöne Blamage in der Schweiz.

Sepp Herberger störte das nicht. Eher schon bereitete ihm Sorgen, daß das Los den Bundesdeutschen in der Vorrunde gleich die Ungarn zum Gegner bestimmt hatte. Alle wußten, aus Budapest kommt der wahrscheinliche Weltmeister, und wir haben es gleich im zweiten Spiel mit ihm zu tun. Herberger aber legte sich eine Strategie zurecht, die nach dem Turnier mit dazu beitrug, daß er als bedeutendster Nationaltrainer seiner Zeit bezeichnet wurde. Er wußte, daß aus jeder Gruppe zwei Mannschaften die Zwischenrunde erreichen würden, also richtete er sein Augenmerk nicht auf die Ungarn, sondern auf die Türkei. Die Türken wurden zunächst geschlagen, und zwar mit 4:1. Turek stand im Tor, Laband und Kohlmeyer verteidigten, Posipal war der Stopper, Eckel und Mai versuchten sich als offensive Außenläufer, im Sturm standen die Brüder Walter, Morlock, Schäfer und Klodt. Dieser Sieg war wichtig, denn bei Punktgleichheit entschied über den Einzug in die Zwischenrunde nicht das Torverhältnis. Das waren alles Überlegungen Herbergers, die er für sich behielt, denn er hätte seine Kritiker ohnehin nicht überzeugen können.

Drei Tage nach dem Sieg über die Türken schien dann alles gelaufen zu sein. Deutschland trat — mit veränderter Formation — gegen Ungarn an und wurde von Puskas, Kocsis, Hidegkuti und Co. 3:8 an die Wand gespielt. Dem Dortmunder Kwiatkowski im deutschen Tor war das Mitleid aller gewiß, gegen den Tordrang der Ungarn wußte er kein Mittel. Da die vierte Elf der Gruppe, Südkorea, von Ungarn mit 9:0 und von der Türkei mit 7:0 auf den letzten Platz verwiesen worden war — Deutschland mußte gegen sie nicht antreten, wie Ungarn nicht gegen die Türkei —, war Herbergers Plan aufgegangen. Es kam zu einem Entscheidungsspiel gegen die Türkei. Der Sieger zog in die Zwischenrunde ein, und das war die Bundesrepublik Deutschland. Sie gewann 7:2.

Jetzt wurden nur noch K.o.-Runden gespielt, und der nächste Gegner hieß Jugoslawien. Die Fußballer vom Balkan empfahlen sich als kämpferisch hervorragendes Team mit Spitzenfußballern, die später in Deutschland als Trainer bekannt wurden: Cajkowski und Zebec. Sie hatten sich auch im Turnier bereits gut behauptet: Ein 1:0-Sieg über Frankreich und ein 1:1 nach Verlängerung gegen den Favoriten Brasilien hatte sie ins Viertelfinale gebracht. Die Deutschen machten ein gutes Spiel und hatten Glück. Horvat unterlief ein Eigentor, und dem starken Ansturm der Jugoslawen hielt die Elf stand. Als kurz vor Schluß ein Konter noch das 2:0 durch Helmut Rahn brachte, begann man in Deutschland bereits, Herberger und sein Team zu feiern. Niemand hatte erwartet, Deutschland unter den letzten vier zu sehen.

Es sollte aber noch besser kommen. Der Gegner in der Vorschlußrunde war Österreichs Wunderteam der fünfziger Jahre, mit dem jungen Ernst Happel und anderen Klassespielern von der Donau. Wiederum schien die Elf der Bundesrepublik nur Außenseiterchancen zu besitzen. Und wieder drehte sie den Spieß um. Fritz Walter als Spielmacher und als Elfmeterschütze in Hochform, die Mannschaft eine Einheit, als ob sie seit Jahren unverändert zusammenarbeite. Die Wunderkicker wurden mit 6:1 regelrecht überfahren. Die Durchlässigkeit ihrer Abwehr war allerdings schon vorher offenkundig geworden. Sie gewannen in der Zwischenrunde gegen die Schweiz zwar 7:5, aber das waren immerhin fünf Gegentore.

Nun war also Deutschland im Endspiel. Und Herberger der Größte. Gerade die Fachleute, die vorher häufig an seiner Qualifikation gezweifelt hatten, waren jetzt seine besten Freunde. Sie hatten es ja immer gewußt, der Sepp würde das schon machen. Dieser Sepp aber blieb ganz gelassen, die großen Worte überhörte er. Die lauten Töne aber, die jetzt schon von einem Weltmeister Deutschland wissen wollten, wies er energisch zurück. Schließlich sei ja hinreichend bekannt, was die Ungarn vor gut einer Woche mit dem mindestens zweitbesten deutschen Team angestellt hätten. Und ihre Endspielempfehlung sei auch nicht schlecht: ein 4:2-Sieg gegen die Ballkünstler aus Brasilien.

In der Bundesrepublik stand jetzt nicht nur die Fußballgemeinde kopf. Menschen, die sich so gut wie gar nicht für Fußball interessierten, diskutierten in den Lokalen über das Finale. Zum erstenmal nach dem Zusammenbruch kam wieder so etwas wie Nationalstolz auf. Leider aber hörte man auch schon neue nationalistische Töne, auf die das Ausland nicht sonderlich erfreut reagierte. Niemand mißgönne den Deutschen den Erfolg im Fußball, schließlich aber sei der Sport nicht dazu da, die politische Vergangenheit Deutschlands vergessen zu machen.

Die Fußballer in der Schweiz und ihr Trainer hörten das Gerede nicht. Sie hatten andere Sorgen. »Wir haben lange mit dem Chef diskutiert, wie wir die Ungarn wohl packen könnten, Pläne gemacht und wieder verworfen«, erzählt Fritz Walter viele Jahre später. »Natürlich waren wir krasse Außenseiter, aber gerade das hilft manchmal weiter.«

Es half tatsächlich weiter. In Deutschland saßen sie zu Millionen vor den Bildschirmen — in Kneipen und in den begüterten Familien, die damals schon ein TV-Gerät besaßen. Oder sie hingen vor den Rundfunkempfängern, um wenigstens per Ton unmittelbar dabeisein zu können. Im Berner Stadion waren die 65 000 Zuschauer und die Akteure auf dem Rasen bereits naß bis auf die Haut, als das Spiel angepfiffen wurde. Es regnete in Strömen. Kurz nach Spielbeginn gab's die zusätzliche kalte Dusche: Ungarn führte nach wenigen Minuten 2:0. Das war wohl das Ende.

Die Deutschen ließen sich nicht den Schneid abkaufen. Sie hatten ja auch nichts mehr zu verlieren. Vize-Weltmeister war mehr, als die ganze Welt von ihnen erwartet hatte. Doch sie wollten es den Ungarn nicht zu leicht machen. Dann schoß im Anschluß an eine Ecke von Fritz Walter Max Morlock das 1:2, das gab Auftrieb. Wenige Minuten später, beim

2:2 durch Helmut Rahn aus fast der gleichen Situation, lagen sich nicht nur die deutschen Spieler jubelnd in den Armen. In der zweiten Halbzeit — es war nicht mehr lange zu spielen — hielt es viele kaum noch vor dem Bildschirm. Die Spannung stieg und stieg. Und plötzlich hob sich die Stimme des Sportreporters Herbert Zimmermann: »... der Ball kommt zu Rahn. Der müßte jetzt schießen. Er schießt. Tor, Tor, Tor. Deutschland führt 3:2.«

Was dann kam, war nichts für Fußballfreunde mit schlechten Nerven. Die Ungarn drehten noch einmal auf, die Deutschen verteidigten mit allen erlaubten Mitteln. Ferencz Puskas, der große Regisseur, der nach dem Aufstand von 1956 seine ungarische Heimat verließ und bei Real Madrid viele Triumphe feierte, er traf noch einmal. Aber der englische Schiedsrichter Ling hatte vorher gepfiffen: abseits. Man atmete auf, im Stadion und zu Hause. Und dann ließ Puskas noch einen Bombenschuß los. Zimmermanns Stimme überschlug sich: »Und Toni hält. Toni, Toni, Toni, du bist ein Fußballgott.«

Schließlich kam der erlösende Schlußpfiff. Deutschland war zum erstenmal in der Fußballgeschichte Weltmeister. Es geschah am 4. Juli 1954.

Der Jubel war groß, und er war verständlich. Die deutschen »Feierabendprofis« hatten die »Staatsamateure« aus dem kommunistischen Ungarn, die auf der ganzen Welt gerühmte Traumelf mit Grocsis, Buzansky, Lantos, Bozsik, Lorant, Zakarias, Czibor, Kocsis, Hidegkuti, Puskas, Toth, geschlagen. Die Namen der deutschen Fußballer, die diese sportliche Leistung vollbrachten, waren auf Anhieb in der ganzen Sportwelt bekannt. Heute sind sie unvergessen: Toni Turek, Werner Kohlmeyer, Jupp Posipal, Horst Eckel, Werner Liebrich, Karl Mai, Helmut Rahn, Max Morlock, Othmar Walter, Fritz Walter und Hans Schäfer. Sie setzten den bedeutendsten Meilenstein im deutschen Fußball nach dem Zweiten Weltkrieg. Leider sind Toni Turek und Werner Kohlmeyer früh gestorben. Der Hamburger WM-Teilnehmer Fritz Laband lebt ebenfalls nicht mehr. In der Erinnerung aber leben auch sie weiter. Sie sind so etwas wie »Helden der Nation«.

Die große Freude über den Weltmeistertitel bestand zu Recht. Die Leistung des deutschen Teams wurde in der ganzen Welt, wo der Fußball eine Heimstatt hat, hoch anerkannt. In Europa und in Südamerika vor allem. Ab sofort mußte man die Deutschen auf dem Fußballplatz sehr ernst nehmen, das wußten die Fachleute nun. Manche Landsleute allerdings hätten damals aus dem sportlichen Erfolg gern mehr gemacht. Selbst dem DFB-Präsidenten Dr. Peco Bauwens rutschte der Satz heraus: »Im Fußball sind wir schon wieder wer.« Das war bestimmt nicht chauvinistisch gemeint, wurde aber im verständlicherweise empfindlichen Ausland so ausgelegt.

Nach und nach jedoch verstummte der Jubel, verstummten auch die falschen Töne. Der Alltag kehrte wieder ein, und der Lederball rollte weiter ...

Seeler im Nationaltrikot

In diesem Jahr der Weltmeisterschaft war die Bundesrepublik Deutschland in der westlichen Welt schon wieder ein angesehener Wirtschaftspartner. Die volle Souveränität schien wieder möglich, aber auch über die Integration in das Verteidigungsbündnis wurde diskutiert. Also stand die Wiederbewaffnung bevor. Zum erstenmal regten sich anläßlich der Debatten um einen deutschen Beitrag zum Schutz der freien Welt eigenständige demokratische Kräfte, die den Bundeskanzler Konrad Adenauer an sein Versprechen erinnerten, daß ein Deutscher nie mehr eine Waffe in die Hand nehmen werde. Trotzdem: Durch das beginnende Wirtschaftswunder wurde bei der Mehrheit vieles Schreckliche aus der Vergangenheit einfach weggewischt. Man dachte — mit Ehrgeiz und auch mit Egoismus — eher an die Zukunft.

Ehrgeiz war auch das Motiv der jungen Fußballer des Hamburger Sport-Vereins, die nach der mißlungenen Saison in die Ligamannschaft drängten. Uwe Seeler und Klaus Stürmer hatten dort bereits ihren festen Platz. Sie glänzten in großen Spielen neben den Routiniers Posipal, Laband, Meinke, sie wurden schnell zu unentbehrlichen Leistungsträgern und machten das Spiel des HSV für viele tausend Zuschauer zunehmend attraktiv. Freundschaftsspiele gegen Tottenham Hotspur (2:2) und die brasilianische Spitzenelf von Flamengo Rio de Janeiro (1:1) setzten Glanzlichter am Rothenbaum und gewannen dem Hamburger SV immer neue Freunde in der Hansestadt und in ganz Norddeutschland.

Neben diesen Höhepunkten mit internationalem Flair wurden die Punktspiele in der Oberliga Nord ohne nennenswerte Probleme absolviert. Der HSV gab zwar den einen oder anderen Punkt ab, aber das Ende der Saison sah den verjüngten Altmeister mit sechs Punkten Vorsprung vor Bremerhaven 93 an der Spitze der Tabelle. Wieder also winkte die Deutsche Meisterschaft.

Noch im Jahre 1954 konnte der Hamburger SV zwei neue Nationalspieler aus seinen Reihen registrieren: Uwe Seeler und Klaus Stürmer. Uwe war noch nicht ganz 18 Jahre alt, als er im Spiel gegen Frankreich gegen den Essener Außenstürmer Termath eingewechselt wurde, und Klaus Stürmer, der in dieser Begegnung bereits über die volle Distanz spielte, schoß das einzige Tor für Deutschland. Die Franzosen gewannen allerdings 3:1. Offenbar hat Uwe bereits mit dem kurzen ersten Einsatz den Bundestrainer von seinen Qualitäten überzeugt, denn sechs Wochen später spielte er in London gegen England volle neunzig Minuten. Neben ihm stürmte damals Jupp Derwall, ein Fußballer, den heute fast jeder in Deutschland kennt, wenngleich aus anderen Gründen. Von ihm, seiner Arbeit und seinen Problemen wird noch ausführlicher die Rede sein.

Die Deutschen verloren Ende 1954 — wie üblich — in Wembley 1:3, obwohl sie Weltmeister waren. Sie hatten auch — ebenfalls mit Seeler als Mittelstürmer — im April 1955 gegen Italien keine Chance. In Stuttgart mußten sie sich 1:2 geschlagen geben. Der junge Uwe brauchte offensichtlich noch mehr Kraft und Sicherheit, um sich gegen Mittelläufer wie Billy Wright (England) oder Ferrario (Italien) durchsetzen zu können. Aber er denkt mit Stolz an seine ersten Einsätze für Deutschland zurück: »Es war schon ein tolles Gefühl, in der Nationalmannschaft zu spielen. Neben Fritz Walter gegen Italien, das machte Spaß. Auch wenn wir verloren haben und mir damals noch kein Tor gelungen ist.«

Tore aber gelangen Uwe Seeler für den Hamburger Sport-Verein reichlich. Auch beim Einstieg in die Endrunde zur Deutschen Meisterschaft 1955 blieb er nicht ohne Torerfolg.

Überhaupt schlugen sich die Hamburger bravourös, sie verloren in ihrer Gruppe nur ein Spiel. Gegen Kaiserslauterns »halbe« Weltmeisterelf spielten sie 2:2 in der Pfalz, unterlagen aber zu Hause 1:2. Gegen den SV Herne-Solingen, der sich im Westen überraschend als Zweiter qualifiziert und auch die damals notwendige Ausscheidung um die Endrunden-Teilnahme gegen den SSV Reutlingen 3:0 bestanden hatte, wurde einmal gewonnen (1:0) und einmal ein 1:1 erzielt. Da Viktoria 89, der Berliner Meister, wesentlich schwächer war und zwei Niederlagen kassierte, hätte es fast für das Finale gereicht. Die Lauterer waren nur um einen Punkt besser und zogen gegen Rotweiß Essen ins Endspiel ein. Sie unterlagen den Westdeutschen mit 3:4 in einem dramatischen Spiel, in dem das Siegtor aus angeblich abseitsverdächtiger Position erzielt wurde.

An der Alster arbeitete Günther Mahlmann auch in der nächsten Saison zielstrebig am Aufbau einer guten Mannschaft. Gerhard Krug, Uwe Reuter und Jürgen Werner standen bereits auf der Warteliste für das Ligateam des HSV. Die Nordmeisterschaft wurde wieder einmal problemlos an den Rothenbaum geholt, und Uwe Seeler — inzwischen war er für viele Hamburger Fußballfreunde schon »uns Uwe« geworden — schmückte sich mit dem ersten Titel: Er wurde mit 32 Treffern deutscher Torschützenkönig, das war eine Würde, die ihm in seiner langen Karriere später noch öfter zuteil werden sollte.

Man ging also die Gruppenspiele um die Deutsche Meisterschaft 1956 recht zuversichtlich an. Gegner waren Borussia Dortmund, der VfB Stuttgart und erneut Viktoria 89 Berlin. Die Berliner hatten nichts zu bestellen, sie bezogen vom Hamburger SV zwei Niederlagen. Doch gegen Borussia Dortmund war das nicht so einfach. An einem glühendheißen Tag mußten die kühlen Hamburger ins Stadion »Rote Erde«. Dort hatten sich die Borussen hervorragend auf den Kontrahenten eingestellt. So spielten immer zwei gegen Uwe Seeler. Uwe: »Das habe ich in fast zwei Jahrzehnten Ligafußball durchstehen müssen. Sie hatten immer einen, der mir auf den Socken stand, und einen anderen dahinter. Mit der Zeit gewöhnt man sich aber daran und wird auch damit fertig.« Die Dortmunder schlugen die Gäste aus dem Norden schlicht und einfach 5:0. Auf den Rängen des Stadions gab es Spott und Hohn für den Nordmeister.

Dieser berühmte »schlechte Tag« des HSV, der sich bis heute ja von Zeit zu Zeit einstellt, veranlaßte Günther Mahlmann zu sofortigem Handeln: Für das nächste Gruppenspiel gegen den VfB Stuttgart in Schwaben brachte er zwei neue Außenstürmer, Gerhard Krug und Uwe Reuter. Die beiden schlugen auf Anhieb ein, der weiter verjüngte HSV siegte in einem hervorragenden Spiel 4:2 und machte seine Kritiker mundtot. Die Scharte von Dortmund war zunächst ausgewetzt, jetzt galt es noch, direkte Revanche für die 5:0-Pleite zu nehmen. Die Dortmunder erschienen in Hamburg, und erneut lief ein junger Mann, diesmal in der Läuferreihe, als Ligadebütant auf den Platz: Jürgen Werner. Auch er machte ein großes Spiel und trug kräftig dazu bei, die Favoriten aus dem Ruhrgebiet 2:1 zu schlagen. Und das ohne Uwe Seeler, der sich mit einer Angina plagte und zusehen mußte. Der Sieg hätte sogar höher ausfallen können, denn die Gastgeber waren deutlich überlegen und hatten den Gegner im Griff, aber Schußpech — Latte und Pfosten standen im Weg — und ein exzellenter Kwiatkoski im Dortmunder Tor verhinderten das. Der Sieg hätte aber auch höher ausfallen *müssen*, wenn der HSV das Endspiel erreichen wollte, denn jetzt galt das bessere Torverhältnis. Und das hatten — bei gleichem Punktekonto von je 9:3 — die Dortmunder. Sie zogen ins Finale ein und wurden auch Deutscher Meister 1956. Ihr Endspielpartner Karlsruher SC verlor mit 2:4.

Mit dem Scheitern knapp vor dem Ziel war die Saison für den Hamburger SV allerdings noch nicht gelaufen. Nun setzte man am Rothenbaum auf den DFB-Pokal, dessen Runden man durchweg gut überstanden hatte. Auch im Halbfinale war die junge Mannschaft erfolgreich, sie schlug Fortuna Düsseldorf 2:1. Erneut also standen die Hamburger in einem Endspiel. Und erneut waren sie zweiter Sieger, denn der Karlsruher SC, der in diesem Jahr sehr stark war, ließ sich den Erfolg im Pokal nicht nehmen. Er siegte gegen den HSV 3:1.

Die Hamburger aber waren zufrieden. Sie hatten sich von dem Tief im Weltmeisterschaftsjahr 1954 erholt. Zwar gelang der Vorstoß zur Spitze noch nicht, aber die Elf vom Ro-

thenbaum mit den jungen Leuten aus dem eigenen Nachwuchs — mit Seeler, Stürmer, Reuter, Krug und Werner —
war wieder zu einem bedeutenden Faktor im deutschen Ligafußball geworden. Dazu Jochen Meinke, seinerzeit Mittelläufer des Teams: »Ja, da begann für uns wieder eine gute
Zeit. Alle waren voll Ehrgeiz, sie wollten mehr als die Norddeutsche Meisterschaft. Wir waren auch ganz sicher, daß wir
es eines Jahres schaffen würden. Eines Jahres würden wir
ganz nach vorn marschieren.«
Und sie marschierten, die exzellenten Nachwuchsfußballer
vom Rothenbaum. Sie marschierten durch die Spiele um den
Nordtitel, ohne sich lange aufzuhalten. Sie marschierten —
zum Beispiel — in einem Punktspiel durch die Abwehr von
St. Pauli und trafen neunmal, ohne ein Gegentor hinzuneh-
men. Und Uwe wurde so zwangsläufig Torschützenkönig der
Oberliga Nord. Am Ende lagen die Hamburger drei Punkte
vor Holstein Kiel und machten sich für die Endrunde zur
»Deutschen« bereit. Gegner in der Gruppe waren diesmal
der FC Nürnberg, im Süden immer noch ein Spitzenclub, der
Duisburger SV, der seine Hauptrolle im Westen auch noch
nicht aufgegeben hatte, und der FC Saarbrücken. Wegen der
im nächsten Jahr bevorstehenden Weltmeisterschaft in
Schweden wurden die Meisterschaften 1957 und 1958 in
einfacher Runde auf neutralen Plätzen ausgetragen. Drei
Spiele also mußte der HSV absolvieren — und nach Möglich-
keit gewinnen —, wenn er das Finale erreichen wollte. Er gewann nur zwei: gegen den FC Nürnberg 2:1, gegen den FC
Saarbrücken mit gleichem Ergebnis. In Berlin langte es gegen den Duisburger SV nur zum 1:1; aber es reichte für den
Einzug ins Finale. Das fand im Niedersachsenstadion in
Hannover statt. »Fast ein Heimspiel«, orakelte man an der
Elbe. »Das werden die Jungens schon schaffen.«
Das allerdings war leichter gesagt als getan, denn in Hannover wartete im ausverkauften Stadion — Borussia Dortmund. Ein Gegner also, mit dem man ein Jahr zuvor sehr
unterschiedliche Erfahrungen gemacht hatte. Die Westfalen
galten fraglos als Favoriten. Freilich: Die Hamburger setzten
auf die vielen tausend norddeutschen Fußballfreunde, mit
deren Rückendeckung eigentlich auch ein Favoritensturz
möglich sein müßte.

Die Rechnung sollte nicht aufgehen. Die Routiniers aus Dortmund waren tonangebend. Eine Elf mit solchen Spielern wie Kwiatkowski, Sandmann, Burgsmüller, Michallek, Preißler, Kelbassa, Kapitulski war auch für eine zweite Meisterschaft gut. Den Führungstreffer der Dortmunder konnte Gerhard Krug noch ausgleichen, dann aber trafen noch einmal Freddy Kelbassa und zweimal Niepieklo. Das 4 : 1 war perfekt. Die Hamburger hatten zu Recht verloren. Gerhard Krug faßt das heute in einem Satz zusammen: »Wir waren einfach noch nicht so weit, die Dortmunder waren nicht nur erfahrener, sie waren auch besser. Da half auch der Optimismus nicht, mit dem wir in das Spiel gingen.«

Es fehlte allerdings in Hannover Klaus Stürmer, der am Meniskus operiert werden mußte. Und Uwe Seeler quälte sich seit langem mit einer Rückenwirbelgeschichte herum. Er sieht darin aber keinen Grund für die Niederlage:

»Die Dortmunder waren uns klar überlegen. Sie hatten zu der Zeit eine fabelhafte Truppe, ausgeglichen auf fast allen Positionen. Und sie hatten Routine. Der Sieg geht auch in der Höhe in Ordnung. Sicher, mein Rücken tat mir tatsächlich weh, aber das ging schon lange so. Trotzdem habe ich voll gespielt. 1956 mußte ich mal drei Monate aussetzen, weil sich Wachstumsstörungen bemerkbar machten. Ich war ja sehr früh in die Liga gekommen, mit knapp siebzehn, und machte auch sehr früh mein erstes Länderspiel, mit knapp achtzehn. Außerdem gab es seinerzeit ja noch die Repräsentationsspiele Nord-Süd usw. Das alles war wohl für den noch nicht voll ausgebildeten Körper zuviel, und mir wurde vom Arzt eine Zwangspause verordnet. Das war aber im Spiel gegen Dortmund längst vorbei. Man soll für eine gerechtfertigte Niederlage nicht nach abwegigen Gründen suchen. Die anderen können eben auch Fußball spielen.«

Am Rothenbaum war man nicht sehr enttäuscht, trotz der Niederlage im Finale. Immerhin hatte es Günther Mahlmann mit dem eigenen Nachwuchs schon weit gebracht, und nicht nur Paul Hauenschild war stolz darauf. Jürgen Werner sieht das auch heute noch so: »Für mich war das ein erster großer Höhepunkt in meiner Fußballkarriere, wenn ich von den Erfolgen in der Jugend absehe. Das ist ja auch nicht zu vergleichen. Es machte uns einen ungeheuren Spaß. Trotzdem habe ich meine berufliche Weiterbildung nie aus den Augen verloren. Damals aber, nach dem ersten Endspiel, wollten wir es natürlich erst recht wissen. Mit doppelter Intensität machten wir weiter. Freilich schadete das dem Studium, in dem Augenblick war der Fußball schon wichtiger.«

Jürgen Werner ist heute Oberstudiendirektor in Hamburg. Er hat die Fußballschuhe frühzeitig an den Nagel gehängt und sich seinem Beruf gewidmet. Doch bereut er seine Zeit als aktiver Fußballer nicht. Sie gehört zu seinen schönsten Erinnerungen.

In der Saison 1957/58 gab es am Rothenbaum zunächst Ärger. Nicht etwa, weil die Erfolge ausblieben. Im Gegenteil, der HSV setzte sich wie gewohnt an die Spitze der Tabelle und steuerte zielbewußt auf die zwanzigste Nordmeisterschaft in der Vereinsgeschichte zu. Aber beim Spiel gegen Bremerhaven 93 kam es zu unschönen Szenen, an die man sich heute nicht mehr genau erinnert. Uwe Seeler mußte den Platz verlassen, was damals keiner so recht verstand. Jochen Meinke, in jenem Spiel aktiv dabei, schildert das so:

»Der Uwe flog vom Platz. Und sein Bruder Dieter, damals nach seinem mehrjährigen Ausflug zu Altona 93 wieder bei uns, machte mit dem Schiedsrichter Ärger. Ich hielt ihn noch zurück, aber das Publikum war natürlich furchtbar sauer, weil Uwe einen Feldverweis erhielt. Zu der Zeit gab es ja noch keine Zäune wie heute, also liefen die zornigen Zuschauer auf den Platz. Nach Ende des Spiel mußte der Schiedsrichter mit Polizeischutz in die Kabine gebracht werden. Ihm ist zwar nichts passiert, aber wir erhielten aufgrund seines Spielberichtes für ein Spiel Platzsperre.«

Ausgerechnet dieses Spiel fand im Weserstadion in Bremen statt — gegen den Erzrivalen Eintracht Braunschweig, der an zweiter Stelle stand und sich noch Hoffnungen auf den Nordtitel machte. Es ist verständlich, daß der HSV mit gemischten Gefühlen an die Weser fuhr. Um so mehr, als er damit rechnen mußte, daß das Gros der Zuschauer auf Braunschweigs Seite stehen würde. Die Sympathie der neutralen Fußballfreunde ist meist bei den vermeintlich Schwächeren, und das schienen eben die Niedersachsen zu sein.

Die Hamburger traten also sehr nervös an und fanden nicht zu ihrem Spiel. Das nutzte die Eintracht. Sie machte in der ersten Halbzeit mit der Hamburger Deckung, was sie wollte. Das Ergebnis zur Pause drückt das auch in Zahlen aus: 4:0. Aber der HSV gab nicht auf. Jupp Posipal, obschon verletzt, stürmte neben Uwe Seeler und riß alle mit nach vorn. Sechs Tore schossen sie in diesen dramatischen 45 Minuten. Die Braunschweiger sahen sich am Ende einer 4:6-Niederlage gegenüber und waren völlig verstört.

Nach der Nordmeisterschaft vor Eintracht Braunschweig gab es auch in der verkürzten Endrunde zur Deutschen Meisterschaft 1958 ausschließlich Siege. Der FC Nürnberg wurde 3:1 geschlagen, der FK Pirmasens kam über ein 1:2 nicht hinaus, und der FC Köln blieb ebenfalls mit 1:3 auf der Strecke.

Der HSV war damit erneut im Finale. In der anderen Gruppe hatte sich nach langer Zeit der FC Schalke endlich einmal wieder durchgesetzt. Die Hamburger warteten seit 1928 auf ihren nächsten Meistertitel, die Schalker erst seit 1942. Wer würde nun eher am Ziel sein? Die Frage stellte sich wieder im Niedersachsenstadion, und viele tausend Schlachtenbummler begleiteten die Elf vom Rothenbaum dorthin, um ihr den Rücken zu stärken. Die Schalker hatten ebenfalls neu aufgebaut und verfügten über eine junge Elf mit einem Durchschnittsalter von 22,5 Jahren. Aber es waren auch einige Routiniers dabei, vor allem der Nationalspieler Berni Klodt, der dann auch für ein schnelles Tor sorgte. Der HSV geriet dadurch ein wenig aus dem Konzept, und als Berni unter dem Jubel der aus Gelsenkirchen angereisten Fans zum zweitenmal traf, hieß es auf den Rängen schon »Schalke, Schalke über alles«. Der Hamburger Sport-Verein schien bereits geschlagen.

Das hatten die jungen Hamburger Fußballer gar nicht gern. So leicht wollten sie es dem Gegner nicht machen, wenngleich sie seine Leistung anerkennen mußten. Sie wehrten sich verzweifelt und setzten das Schalker Tor unter Druck. Aber der Anschlußtreffer wollte nicht fallen. Und wie so oft während einer Drangperiode hatte die Gegenseite Erfolg. Manfred Kreuz schrieb mit dem dritten Tor für die »Knappen« die HSV-Niederlage endgültig fest. Die Hamburger stürmten zwar weiter, doch die gegnerische Deckung hielt. Nicht ohne Grund also hatte sie in den vier Gruppenspielen zur Meisterschaft nur ein Gegentor zugelassen, während der Angriff neunzehnmal traf. Die Frage war also beantwortet: Schalke nahm aus Hannover 1958 den siebten Meistertitel mit, der Hamburger Sport-Verein mußte auf den vierten weiterwarten. Natürlich waren sie enttäuscht, die elf Akteure vom Rothenbaum. Aber sie gaben nicht auf; Schnoor, Schlegel, Klepacz, Werner, Posipal, Meinke, Krug, Stürmer, Uwe Seeler, Piechowiak und Reuter bereiteten sich auf die nächsten Aufgaben vor. Dazu Gerhard Krug:

»Wir waren schon eine gute Truppe, das kann ich auch mit der gebotenen Distanz sagen. Und wir verstanden uns sehr gut. In der Erinnerung erstaunt es mich eigentlich, daß in der Mannschaft eine solche Harmonie herrschte, trotz ganz unterschiedlicher Herkunft und Ausbildung der einzelnen. Natürlich schrien wir uns in der Pause und nach dem Spiel an, aber das legte sich schnell. Wir waren aber auch noch keine absolute Spitzenmannschaft. Dazu wurden wir in der Oberliga Nord wohl auch zu wenig gefordert. Eins aber hatten wir allen voraus: einen Torschützen, der selbst uns immer wieder überraschte. Als ich später Verteidiger spielte, habe ich manchmal sprachlos zugeschaut, wie der Uwe Seeler Tore machte. Den störten weder Taktik noch Strategie. Er schoß aus unmöglichen Lagen — und traf. Dadurch konnte er schon manchmal ein Spiel herumreißen. Die Torhüter hat Uwe schier zur Verzweiflung gebracht. Er konnte noch so eng gedeckt werden, er fand die Lücke.«

Uwe Seeler versucht das Geheimnis seines Erfolges mit ein paar Worten zu erklären: »Ich habe nie einen Ball aufgegeben. Oft genug, wenn von hinten nichts kam, habe ich ihn mir eben geholt. Aber ich habe mit meinen Torschüssen und Kopfbällen auch viel Glück gehabt.« Das klingt ein wenig nach Understatement, aber Uwe ist immer ein bescheidener Mann geblieben, der Erfolg ist ihm nie zu Kopf gestiegen.

Nach diesem Endspiel in Hannover, das den HSV erneut nur als den zweiten Sieger sah, fuhr Uwe Seeler dann als einziger vom HSV zur Weltmeisterschaft nach Schweden. Er hatte sich dem Bundestrainer mittlerweile in einigen Länderspielen empfohlen, und er sollte ihn auch beim WM-Turnier von 1958 nicht enttäuschen. Seine Karriere strebte dem ersten Höhepunkt entgegen.

Von Bern bis Malmö

Die deutsche Fußball-Nationalmannschaft schien ihre große Zeit mit dem Sieg im Endspiel um die Weltmeisterschaft beendet zu haben. Ganz Deutschland erwartete nach den grandiosen Erfolgen in der Schweiz von den Herberger-Schützlingen eine Manifestation deutscher Fußballkunst in aller Welt. Das Gegenteil jedoch traf ein. Die Deutschen traten in Brüssel gegen Belgien an — und verloren 0:2. Sie empfingen Frankreich in Hannover — und verloren 1:3. Sie fuhren nach England — und verloren 1:3. Sie trafen in Stuttgart auf Italien — und verloren 1:2. Erst knapp ein Jahr nach dem Berner Triumph siegten sie wieder. Im Hamburger Volksparkstadion schlugen sie Irland 2:1. Die deutsche Fußballwelt war in Unordnung geraten, viele der zahllosen Freunde, die der Volkssport durch den großen internationalen Erfolg hinzugewonnen hatte, wandten sich enttäuscht wieder ab. Man rätselte und forschte nach den Ursachen, und man war verdrossen.

Die Erklärung für dieses plötzliche Tief der Mannschaft ist einfach. Die Formation des Endspiels gegen Ungarn gab es nicht mehr. Sie brach nicht auseinander, aber einige Leistungsträger wurden krank: Gelbsucht. Sofort machte in den ketzerischen Ecken das übliche Dopinggeschwätz die Runde — selbst das Ausland beschäftigte sich mit diesem Thema und suchte darin eine Erklärung für den deutschen Turniersieg —, doch das alles waren haltlose Gerüchte. Nur die Tatsache der Krankheit blieb, und damit mußte Herberger leben. Er formierte um — und verlor. Auch nach dem Hamburger Hoffnungsschimmer gegen Irland ging es wieder abwärts. Niederlagen in Moskau gegen die Sowjetunion (2:3) und in Belgrad gegen Jugoslawien (1:3) trugen nicht gerade dazu bei, das Image des Nationalteams in der fußballverwöhnten Öffentlichkeit zu verbessern.

»Die Jahre 1955 und 1956 waren für die Nationalmannschaft eine einzige Blamage«, faßte ein Fachjournalist seinerzeit die Mißerfolge Herbergers in einem Satz zusammen. Der Bundestrainer ließ sich von der Kritik nicht beirren. Wenn er gefragt wurde, gab er Auskunft, mal mit zwinkernden Augen, mal knapp und wenig aufschlußreich. Er müsse aufbauen, an die nächste Weltmeisterschaft denken. Schließlich habe er einen Titel zu verteidigen. Herberger und sein Assistent Schön wußten als erfahrene Fachleute nur zu gut, daß das Team von 1954 sich nicht »konservieren« ließ. Einige Protagonisten näherten sich bedenklich der Altersgrenze, und neue Spieler wären nicht so schnell und reibungslos in ein eingespieltes Team einzubauen, wie es die Öffentlichkeit gern sehen würde. Es trat also in diesen beiden Jahren nach Bern fast in jedem Länderspiel eine andere Mannschaft an. Fritz Herkenrath löste Toni Turek im deutschen Tor ab, Erich Juskowiak tauchte in der Verteidigung auf, Uwe Seeler und Klaus Stürmer spielten zeitweise im Sturm. Das alles waren »Probeläufe«, man brauchte Zeit, um das ideale Team für die WM in Schweden zu finden.

Fraglos wurde Herbergers Suche nach jungen neuen Nationalspielern durch die Dezentralisation im deutschen Vereinsfußball erheblich behindert. Darum paßten ihm die immer lauter werdenden Rufe nach einer Konzentration in einer Spitzenliga durchaus ins Konzept. Aber der DFB tat sich schwer mit solchen organisatorischen Entscheidungen, obschon die Verfechter einer zentralen obersten Spielklasse auch im Fußballbund nicht mehr in der Minderheit waren. Und dem Berufsfußball, dem »vollen« Professionalismus nach englischem, italienischem und spanischem Vorbild, redeten viele ebenfalls immer deutlicher das Wort. Abgesehen von Skandinavien waren ja in den Nachbarländern der Bundesrepublik die Spitzenfußballer längst Vollprofis, die ihren Lebensunterhalt ausschließlich mit dem Ball verdienten. Sie trainierten täglich, hatten ausgezeichnete Trainer und waren als erfolgreiche Berufssportler angesehene Mitglieder der Gesellschaft.

Die »United European Football Association« (UEFA) trug ihrerseits dieser Entwicklung Rechnung, angeregt durch die Bemühungen um den Zusammenschluß Europas auf wirtschaftlichem und politischem Gebiet. Sie suchte nach Mitteln, um den Volkssport mit Hilfe der Vereinsmannschaften stärker auf der internationalen Szene zu präsentieren. Darum stiftete sie zunächst den Europapokal der Landesmeister, der 1956 zum erstenmal ausgespielt wurde und mittlerweile zur begehrtesten Trophäe im europäischen Fußball geworden ist. Mit diesem Wettbewerb gewann das Spiel in Europa eine neue Dimension, und das Medium Fernsehen trug es immer öfter bis ins letzte Wohnzimmer.

Auch dieser erste europäische Wettbewerb offenbarte Schwächen des deutschen Fußballs. Rotweiß Essen war der erste deutsche Fußballmeister, der sich international zu bewähren hatte. Die Essener kamen nicht sehr weit: Im Achtelfinale schafften sie zwar ein 1:1 gegen Hibernian Edinburgh, aber das reichte bei weitem nicht, denn der Schottische Meister hatte sie im ersten Spiel bereits 4:0 deklassiert. Niemand in Deutschland nahm das den Essenern übel. Einmal waren sie international unerfahren, zum anderen waren sie an einen Gegner geraten, der in diesem Wettbewerb erst im Halbfinale an Stade Reims scheiterte.

Insgesamt aber wurde der Europacup der Meister in diesen ersten Jahren seines Bestehens von einem Wunderteam beherrscht: von Real Madrid. Der Präsident des »königlichen« Clubs aus der spanischen Hauptstadt, Bernabeu, war ein Fußballmäzen großen Zuschnitts und hatte eine Formation zur Verfügung, die in Europa alles gewann, was es zu gewinnen gab. Alfredo di Stefano, Gento, Rial, später Santamaria, Kopa und der Ungar Puskas waren die hervorragenden Spielerpersönlichkeiten von Real, und sie demonstrierten Fußballkunst im wahrsten Sinne des Wortes. Fünfmal hintereinander — von 1956 bis 1960 — gewann diese Elf von Spitzenfußballern den Pokal, bevor ihre absolute Vorherrschaft im europäischen Vereinsfußball durch Benfica Lissabon, der portugiesischen Meistermannschaft, gebrochen werden konnte. Nur einmal während dieser königlich-spanischen Zeit gelang es einem Deutschen Fußballmeister, ins europäische Endspiel vorzustoßen: Eintracht Frankfurt. Die Frankfurter waren in der Spielzeit 1959/60 hervorragend eingestellt. Im Achtelfinale schalteten sie den Schweizer Meister Young Boys Bern aus, im Viertelfinale Österreichs Meister Wiener Sportclub und im Halbfinale den Schottischen Landesmeister Glasgow Rangers. Mit den beiden Siegen gegen diese etablierte Mannschaft — man gewann 6:3 und 6:1 — sorgte die Eintracht für eine Fußballsensation.

Die bemerkenswerten Leistungen der Frankfurter Feierabendprofis hatten natürlich in Europa Aufsehen erregt, vor allem die Halbfinalspiele. Man sah also gespannt nach Glasgow, wo sich Eintracht und Real zum Endspiel trafen. Die englischen Wetten standen klar für die Spanier, aber die Sympathien lagen bei den Frankfurtern. Vielleicht waren sie ja in der Lage, die Könige vom Thron zu holen. Vor allem in Deutschland stieg endlich wieder das Fußballfieber, und Millionen wollten an den Bildschirmen einen Sieg der Eintracht erleben. Man setzte in Deutschland auch auf Unterstützung durch das Glasgower Publikum, nicht zuletzt, weil Frankfurt den Lokalmatador aus dem Wettbewerb geworfen hatte. Solche Überlegungen werden ja immer wieder angestellt, erweisen sich aber oft als Fehlspekulation, denn letzten Endes wendet sich der neutrale Zuschauer immer der Mannschaft zu, welche die bessere Leistung zeigt.

Das Endspiel zerstörte relativ schnell die Illusionen der Deutschen. Nach dem Frankfurter Führungstor wachten die Spanier auf, sie hätten sich nämlich fast das 0:2 eingefangen. Doch ehe es dazu kam, fanden di Stefano und Puskas, die beiden Regisseure von Real, zu ihrem Spiel. Zum Seitenwechsel hieß es bereits 3:1 für Madrid, am Ende 7:3. Puskas und di Stefano schossen alle sieben Tore.

Die Frankfurter wurden in Deutschland trotz ihrer Niederlage herzlich empfangen. Real war eben eine Nummer zu groß für den Vertreter des deutschen Fußballs, trotzdem galt der Einzug in das Cup-Endspiel als großer Erfolg für die Bundesrepublik. Die Meister der Vorjahre, zweimal Borussia Dortmund und einmal Schalke 04, hatten es nicht annähernd so weit gebracht. Dortmund blieb 1957 im Achtelfinale 2:3 und 0:0 an Manchester United hängen und schied 1958 im Viertelfinale gegen den AC Mailand 1:1 und 1:4 aus. Schalke fand 1959, ebenfalls im Viertelfinale, seinen Meister mit 0:3 und 1:1 in Atletico Madrid.

Der erste europäische Vereinswettbewerb forderte also auch den deutschen Fußball heraus. Die Stimmen mehrten sich jetzt, die eine Konzentration und die damit fraglos verbundene Leistungssteigerung forderten. Beim DFB registrierte man diese Tendenz, aber man brauchte eben Zeit. Und man hatte das Glück, daß Anfang 1957 die Nationalmannschaft wieder mehr in den Blickpunkt rückte und die Kritiker vorübergehend ablenkte. Das Ende des nationalen Fußballtiefs hatte sich schon im Spiel gegen Belgien (4:1) angekündigt, und jetzt gewann man hintereinander gegen Österreich (3:2) und gegen Holland (2:1). Zwar verlor das deutsche Team dann in Stuttgart gegen Schottland, aber mit 1:0-Siegen über Schweden und Ungarn in Hamburg und Hannover ging das Fußballjahr 1957 erfolgreich zu Ende. Der Auftakt zum Weltmeisterschaftsjahr 1958 brachte die Fußballwelt in Deutschland vollends wieder in Ordnung: Siege gegen Spanien und Belgien. Man konnte beruhigt nach Schweden fahren. Der »Bundessepp« würde es schon richten.

Er richtete es auch, denn die Deutschen begannen in Malmö großartig. Deutschland traf im ersten Spiel auf die Elf von Argentinien und schlug die südamerikanischen Fußballartisten überzeugend 3:1. Ein Auftakt nach Maß. Auch für Uwe Seeler, der gegen Argentinien sein erstes Länderspieltor für Deutschland schoß.

Herbergers neue Formation mit Herkenrath (Rotweiß Essen), Stollenwerk (FC Köln), Juskowiak (Fortuna Düsseldorf), Eckel (FC Kaiserslautern), Erhardt (SpVgg Fürth), Szymaniak (Wuppertaler SV), Rahn (Rotweiß Essen), Fritz Walter (Kaiserslautern), Uwe Seeler (HSV), Hans Schäfer (FC Köln) und Berni Klodt (Schalke 04) schien also gut einzuschlagen. Der fast 38 Jahre alte Fritz Walter war immer noch eine der großen Stützen, wenngleich er die Kapitänsbinde an Hans Schäfer abgegeben hatte. Außer ihm und Schäfer waren nur noch Rahn und Eckel aus der Endspielelf von 1954 dabei, Herberger setzte also auf eine gute Mischung aus erfahrenen und jungen Spielern. Er sollte zunächst recht behalten.

Die beiden nächsten Begegnungen der Vorrunde überstand die deutsche Elf einigermaßen. Es sprangen zwar gegen die Tschechoslowakei und gegen Nordirland keine Siege heraus, aber zweimal 2:2, das reichte aus, um den Gruppensieg und damit das Viertelfinale zu erreichen. In dieser Zwischenrunde wiederholte sich dann das Bild von Bern. Gegner war wieder Jugoslawien, die Torausbeute wieder gering. Die Jugoslawen verteidigten geschickt, sie konnten aber den 1:0-Sieg der Deutschen nicht verhindern. Wieder war Herberger mit seinem Team in die Vorschlußrunde der Weltmeisterschaft vorgedrungen. In Deutschland jubelte man, die Niederlagen nach 1954 waren vergessen. Die unverbesserlichen Optimisten machten nun wieder ihre Rechnungen auf. Die Brasilianer hatten das Halbfinale mit einem mageren 1 : 0 gegen Wales erreicht, das stufte sie in den Augen der deutschen Fußballarithmetiker herunter. Um so mehr, als sie gegen England über ein torloses Unentschieden nicht hinausgekommen waren. Mit den Franzosen könne man auch fertig werden, und den vierten Halbfinalteilnehmer, die Gastgeber-Elf, hatte man kaum auf der Rechnung.

Und das war der Grundfehler. Deutschland mußte gegen Schweden antreten und verlor 1 : 3. Diese Niederlage wirkte wie eine kalte Dusche, und da die Arithmetiker eine schwächere Leistung der Deutschen nicht gelten ließen, mußten andere »Argumente« herhalten. Einmal war es die übergroße Härte der Schweden, die vom Schiedsrichter nicht entschieden genug unterbunden wurde. Zum anderen waren es die schwedischen Zuschauer, die mit ihren ekstatischen »Heja, heja«-Rufen die deutsche Elf zu irritieren versucht hatten. Und da war — last not least — der Platzverweis für Erich Juskowiak, der von seinem Gegenspieler Hamrin etliche Fouls einstecken mußte und einmal die Nerven verlor. Drei Gründe also, die für ein schnelles Urteil reichten. »Wir sind in Schweden verschaukelt worden«, hieß es. »In einem solchen Hexenkessel steht ja keine Mannschaft ein Spiel durch.«

Heute, mit dem gebotenen zeitlichen Abstand, sieht man das wohl etwas anders. Die Schweden sind zwar hart eingestiegen, aber das durfte für Juskowiak kein Grund zur Revanche sein. Die Zuschauer standen zwar lautstark hinter ihrer Mannschaft, aber das ist in Heimspielen gang und gäbe. Damit muß eine Spitzenelf fertig werden. Das Fazit: Die Schweden waren mindestens gleichwertig und hatten das bißchen Glück, das auch die Deutschen 1954 gegen die Ungarn gehabt haben. Und: Weltmeister wären die Deutschen wohl ohnehin nicht geworden. Wer das Spiel der Brasilianer gegen Frankreich (5 : 2) und das Endspiel gegen die Schweden (ebenfalls 5 : 2) gesehen hat, gibt gern zu, daß gegen diese Ausnahmemannschaft auch Deutschland keine Siegeschance besessen hätte. Der junge Pelé hatte den ersten Höhepunkt seiner glänzenden Karriere in diesen Spielen erreicht.

Der vierte Titel des HSV

Der Hamburger Sport-Verein machte sich gleich nach der Rückkehr von Uwe Seeler aus Schweden auf den Weg zur Deutschen Meisterschaft. Wieder war der Nordtitel kein Problem. Am Ende der Saison 1958/59 stand die Elf vom Rothenbaum ganze zehn Punkte vor Werder Bremen. Und Uwe wurde zum zweitenmal Deutschlands Torschützenkönig, er traf neunundzwanzigmal.

Sonderlich spannend waren Hin- und Rückrunde in der Oberliga-Nord also nicht. Eher schon fanden die attraktiven Freundschaftsspiele das Interesse der Hamburger Fußballfreunde. Die Mannschaft, inzwischen weiter verstärkt durch Horst Dehn und Hans Reichert, auch Charly Dörfel stürmte jetzt in der »Ersten«, gewann gegen Spartak Prag 4:2 und schlug den englischen Erstdivisionär Manchester United 2:0. Beide Tore machte Uwe Seeler gegen den großartigen Nordiren Harry Gregg im Tor der englischen Profis. Er hatte ihn schon in Schweden mit einem herrlichen Treffer überrascht, beim Vorrundenspiel gegen Nordirland. Natürlich lud der HSV in jenen Jahren auch Europas berühmteste Fußballmannschaft nach Hamburg ein: Real Madrid. Dieses Gastspiel vor ausverkauftem Volksparkstadion ließ sich der Club 25 000 Dollar kosten, das war eine Spitzengage, die sich damals nur wenige Vereine leisten konnten. Aber das Geld zahlte sich aus, die Besucher sahen faszinierenden Fußball, wenngleich der HSV 2:3 unterlag. Die Real-Fußballer blieben auch in Hamburg die ungekrönten Könige.

In der Endrunde um die deutsche Fußballmeisterschaft 1959 lief bei weitem nicht alles so, wie es sollte. Der HSV hatte sich mit Westfalia Herne, dem Westmeister, mit den Offenbacher Kickers und mit Tasmania Berlin auseinanderzusetzen. Eigentlich war man am Rothenbaum ganz zuversichtlich, aber das 2:3 in Offenbach dämpfte die Freude erheblich. Wieder einmal waren in letzter Minute beide Punkte verspielt worden. Da in Dortmund auch gegen Herne 1:3 verloren wurde, halfen die Siege gegen Berlin, Offenbach und Herne nicht weiter. Offenbach wurde Gruppensieger.

Das Fußballendspiel dieses Jahres wurde zur rein hessischen Angelegenheit, denn Eintracht Frankfurt war gegen Werder

Bremen, den FC Köln und den FK Pirmasens Gruppensieger geworden. Das Waldstadion in Frankfurt sah also einen Lokalkampf als Meisterschaftsfinale. Frankfurt blieb Sieger, benötigte für den 5:3-Erfolg allerdings 120 Minuten.

Im Wettbewerb um den DFB-Pokal kam 1959 für den Hamburger Sport-Verein die Endstation in der Vorschlußrunde. Er scheiterte an Schwarzweiß Essen, dem späteren Pokalsieger, 1:2 in der Verlängerung.

Nun konzentrierte sich am Rothenbaum alles auf die neue Saison, nun wollte man es endlich wissen. Die junge Mannschaft hatte mittlerweile an Erfahrung und Routine gewonnen und spielte einen ausgezeichneten Fußball. In der Norddeutschen Meisterschaft gab es zwar eine Niederlage gegen den Lokalrivalen St. Pauli, aber der Titel ging wieder zum Rothenbaum. Zum drittenmal gelang es Uwe Seeler, in der obersten deutschen Spielklasse die meisten Tore zu schießen, diesmal waren es 36. Und nun bot sich das alljährliche Bild: Der HSV nahm an den Gruppenspielen um die Deutsche Meisterschaft teil und traf erneut auf Westfalia Herne, ferner auf den Karlsruher SC und Borussia Neunkirchen.

Diesmal sollte es klappen. Lediglich der Karlsruher SC machte Schwierigkeiten. Aus dem Volksparkstadion nahm er mit einem 3:3 einen Punkt mit, und im Wildparkstadion von Karlsruhe mußte der HSV sich sogar 3:4 geschlagen geben. Das fiel aber nicht ins Gewicht, denn die beiden Siege gegen Neunkirchen — 4:0 und 6:0 — glichen das aus. In Herne wurde nach einem 2:3-Rückstand noch 4:3 gewonnen. Das Rückspiel gegen die Westfalen im Volksparkstadion vergißt niemand, der dabei war. Nicht etwa, weil es ein großes Spiel war. Im Gegenteil, der HSV tat sich sogar recht schwer bei dem 2:1-Sieg. Das Spiel bleibt unvergeßlich durch ein Tor von Uwe Seeler, das wohl zu seinen spektakulärsten zählt. Ein »Jahrhundert-Tor« nannten es die Journalisten. Uwe erinnert sich: »Ein hoher Ball flog auf das Herner Tor zu. Ich stieg hoch, aber Hernes Keeper Tilkowski mit mir. Beide verpaßten wir, beide fielen wir hin. Plötzlich sah ich den Ball wieder herankommen. Ich zog ihn blitzschnell über den Kopf. Das war das 2:1.«

Diesmal also war der Hamburger Sport-Verein wieder im Endspiel. Es fand im Frankfurter Waldstadion statt, Gegner war der FC Köln. Die Kölner hatten bei der Niederlage des HSV in Karlsruhe auf der Tribüne gesessen und sich den vermutlichen Finalgegner angesehen. Sie waren darum recht guten Mutes, denn in diesem Spiel hatten die Hamburger wirklich nicht viel geboten. Jetzt aber, im Waldstadion, sah das ganz anders aus. Werner Nitzschke, heute Inhaber eines Restaurants in Südspanien, aber immer noch unverdrossener HSV-Anhänger, erinnert sich:

»Ich war damals bei der Hochbahn in Hamburg. Wir haben einen alten Bus von der Firma gechartert und einen günstigen Preis für alle gemacht, die mit nach Frankfurt wollten. Im Nu waren wir ausverkauft. Es war schon eine Strapaze, die Fahrt mit der alten Mühle, immerhin aber kamen wir rechtzeitig an. Im Stadion war schon die Hölle los. Die Kölner Anhänger hatten sogar eine eigene Blaskapelle mitgebracht und machten einen ohrenbetäubenden Lärm. Man verstand kaum sein eigenes Wort. Zuerst hatten wir den Eindruck, das gar nicht so viele Hamburger im Stadion seien. Wie viele, das merkten wir erst, als der Uwe nach der Pause den Ausgleich zum 1 : 1 schoß.«

Es sah zunächst nicht sehr gut aus für die Hamburger. Beim Seitenwechsel hieß es noch 0 : 0, dann gingen die Kölner in Führung. Doch die Rheinländer hatten sich noch nicht wieder beruhigt, da machte Uwe Seeler schon das 1 : 1. Kurz darauf traf Charly Dörfel. Der HSV führte 2 : 1. Die Hamburger machten nun das Spiel und waren dem dritten Treffer sehr nahe. Aber es sollte anders kommen. Sechs Minuten vor dem Abpfiff unterbrach der Schiedsrichter das Spiel, er litt an einem Wadenkrampf. Als der Schaden behoben war und der Herr in Schwarz weitermachen konnte, geschah das Unglück — wie ein Blitz aus heiterem Himmel fiel der Ausgleich. Es drohte eine Verlängerung. Doch wie beim Kölner 1 : 0 kam die Ernüchterung für die Rheinländer in Sekundenschnelle: Dieter Seeler schießt einen Freistoß, Kölns Torhüter Ewert kann den Ball nicht erreichen. Aber Uwe, von Klaus Stürmer maßgerecht bedient, erwischt ihn richtig. Es steht 3 : 2 für den Hamburger SV. Zum viertenmal geht die Deutsche Fußballmeisterschaft nach Hamburg.

Den Jubel in Hamburg zu beschreiben hieße die berühmten Eulen nach Athen tragen. Die Hansestadt steigerte sich nach

32 Jahren wieder einmal in einen regelrechten Fußballrausch. Elf glückliche junge Spieler wurden in einem Triumphzug vom Dammtor zum Rothenbaum geleitet. Das neue Team mit Schnoor, Piechowiak, Krug, Werner, Meinke, Dieter Seeler, Neisner, Dehn, Uwe Seeler und Charly Dörfel hatte nach mehreren Anläufen, die kurz vor dem Ziel gestoppt worden waren, endlich den höchsten deutschen Fußballtitel errungen. Und einer der Glücklichsten war ihr Freund und Lehrer: Günther Mahlmann.

Nun wartete auf die Mannschaft des Hamburger Sport-Vereins zum erstenmal eine offizielle internationale Aufgabe: der Kampf um den Europapokal der Landesmeister. Oft hatten die jungen Fußballer bereits gegen ausländische Teams gespielt, nie aber um einen Titel. Vorbild für die Hamburger war natürlich Eintracht Frankfurt, sie wollten auch ins Finale.

Der erste Gegner im Achtelfinale war der Schweizer Meister Young Boys Bern. Die Eidgenossen empfingen zunächst den Hamburger Sport-Verein — und kassierten fünf Tore ohne einen Gegentreffer. Das war für das Rückspiel in Hamburg ein beruhigender Vorsprung. Aber es wurde dort schwieriger, es langte nur zu einem Unentschieden. Mit dem 3:3 erreichte der HSV die zweite Runde.

Das Los gefiel den Hamburgern überhaupt nicht, obschon es sie mit einem alten Bekannten zusammenführte. FC Burnley, Englands Meister und oft Freundschaftsspielpartner des HSV, war der Gegner im Viertelfinale. Los hin, Los her, die Hamburger ließen sich keine Angst einjagen. Und als sie in England eine 1:3-Niederlage bezogen, war das Rennen für sie noch nicht gelaufen. »Erst müssen die Engländer in Hamburg mal gewinnen oder unentschieden spielen. So einfach ist das nicht.« Jochen Meinke wiederholt heute lächelnd, was damals wohl alle gedacht haben, wenngleich keiner so recht daran glauben mochte. Die Fachleute in Presse, Funk und Fernsehen waren ebenfalls sehr skeptisch, sie gaben keinen Pfifferling für den HSV. Eine glänzende Leistung des jungen Teams strafte alle Lügen. In einem begeisternden Spiel vor ausverkauftem Haus schalteten Uwe Seeler und Co. die englischen Profis mit 4:1 aus und gelangten damit ins Halbfinale.

Der spanische Meister CF Barcelona wurde in diesem Wettbewerb um den Europapokal sehr hoch eingeschätzt. Stärker als die anderen Mannschaften in den beiden Halbfinalspielen, als Benfica Lissabon, als Rapid Wien und erst recht als der HSV. Die Hamburger reisten also als Außenseiter nach Spanien und rechneten sich auch nicht sehr große Chancen aus. Eher setzten sie auf das Rückspiel vor eigenem Publikum. Und dafür wollten sie annehmbare Voraussetzungen schaffen. Sie schafften sie mit einer knappen 0:1-Niederlage, versäumten allerdings, ein Tor zu schießen, obwohl sich mehrmals die Gelegenheit dazu geboten hatte. Jochen Meinke: »Vor allem in der ersten Halbzeit hätten wir ein Tor machen müssen, Chancen hatten wir in rauhen Mengen. Und mit einem 1:1 wären wir praktisch im Endspiel gewesen.«

Aber auch ohne das Tor wären die Hamburger fast im Endspiel gewesen. Es fehlten ganze zehn Sekunden daran. Im Rückspiel nämlich waren die Gastgeber eindeutig die bessere Mannschaft, und die 2:0-Führung ging vollauf in Ordnung. Nun wollte man diesen Vorsprung offenbar über die Zeit retten, man nahm das Tempo aus dem Spiel und versuchte, den Ball in den eigenen Reihen zu halten. Aber auch das will gelernt sein, da darf kein Fehler passieren. Es passierte aber ein Fehler. Dann ein langer Paß der Spanier, der Ungar Kocsis lauert vorn und drückt das Leder mit dem Kopf ins Netz. Es steht 2:1 für den HSV. Damit war ein drittes Spiel — auf neutralem Platz — notwendig geworden. Die bessere Bewertung von Toren auf des Gegners Platz, wie sie heute üblich ist, war damals noch nicht beschlossen.

Das dritte Spiel um den Einzug ins Europafinale ging wohl über die Kräfte der jungen Hamburger. Sie wehrten sich zwar mit aller Kraft und allen spielerischen Mitteln, sie konnten aber den 1:0-Sieg der Spanier nicht verhindern. Meinke: »Das geht alles in Ordnung. Barcelona hatte das bessere Stehvermögen und auch die besseren Möglichkeiten. Man soll nichts beschönigen, wir haben das Finale in Hamburg verpaßt, in der neunzigsten Minute zwar, aber ein Spiel dauert eben neunzig Minuten.«

Trotz der knappen Niederlage in Brüssel — Tausende von HSV-Freunden waren live dabei — wurde die Leistung des

Hamburger Teams in der ganzen Fußballwelt beachtet und gewürdigt. Die Hanseaten hatten den deutschen Fußball im wichtigsten europäischen Wettbewerb hervorragend vertreten.

Die Einkäufer aus Mailand

In Deutschland wurde also guter Fußball gespielt, das hatte die Welt weniger durch das Nationalteam als durch die beachtlichen Leistungen von Eintracht Frankfurt und HSV erfahren. Die Erfinder des *soccer*, die Briten, waren in den Wettbewerben um den Europacup der Landesmeister nicht so weit gekommen, sie mußten den Frankfurtern 1960 und den Hamburgern 1961 den Vortritt lassen. Überhaupt schien der Fußball auf den Britischen Inseln zeitweise den Weg des Commonwealth zu gehen, das langsam zerbröckelte. Die eleganten Südländer spielten ohnehin den attraktivsten Fußball, und die Deutschen bemühten sich, es ihnen gleichzutun. In England, Schottland und Irland aber blieb man bei den alten Spielformen: Kraftvoller, gradliniger Fußball dominierte über das »schöne« Spiel, das bei den Zuschauern in Mitteleuropa wesentlich beliebter war.

Die Südländer aber, vornehmlich die Italiener, gaben sich nicht zufrieden mit dem, was sie hatten. Sie suchten auf den Fußballplätzen in ganz Europa nach ausgereiften Talenten, die ihre Liga verstärken sollten. Auch Hamburg wurde auf diesen Beobachtungs- und Einkaufsreisen nicht vergessen, und auf einen Ausnahmefußballer hatten Spanier wie Italiener schon seit geraumer Zeit ein Auge geworfen: Uwe Seeler. Er hatte sich zwar nicht den Ruf des »Bombers der Nation« erworben — er schoß ja auch nicht nur Tore wie später Gerd Müller, er spielte hervorragend Fußball —, aber seit Jahren war er Mittelstürmer und Torschütze Nummer eins in der Ligamannschaft des HSV und seit der WM in Schweden auch bevorzugter Sturmführer der Nationalmannschaft.

Gleich zwei Angebote aus dem Süden erreichten »uns Uwe«, und am Rothenbaum war der Teufel los. Real Madrid, der Club an Europas Spitze, suchte Verbindung zu Seeler, um ihn zum Wechsel zu veranlassen, und Inter Mailand, einer der berühmtesten italienischen Vereine, wollte den Hamburger über die Alpen nach Italien locken. Uwe erinnert sich:

»Ja, das war 1961, noch vor Einführung der Bundesliga. Erst kamen die Spanier, dann die Italiener. Und die wurden gleich sehr konkret. Es ging damals um so viel Geld, daß ich schon ein wenig ins Schleudern geriet.«

Allerdings hatte Uwe gerade in diesem Jahr den Beruf gewechselt. Er war ja gelernter Speditionskaufmann und hatte bislang auch in dieser Branche gearbeitet. Vom Fußball allein konnten unsere Halbprofis in jenen Jahren kaum leben. Nun war dem in ganz Deutschland bekannten und beliebten Mittelstürmer die Nordvertretung der Sportartikelfirma von Adolf Dassler, »Adidas«, angetragen worden. Er sollte die Geschäfte als selbständiger Handelsvertreter wahrnehmen. Und er hatte zugegriffen.

Jetzt kam plötzlich das Angebot aus Italien, und alles sollte wieder anders werden. Das Präsidium des HSV und Nestor Paul Hauenschild wollten Uwe natürlich nicht gehen lassen, sie konnten aber die Attraktivität der italienischen Offerte nicht einfach vom Tisch wischen. Letztlich ging es um die Zukunft eines 25 Jahre alten Spitzensportlers, der auch südlich der Alpen seinen Weg machen würde. Dem Bundestrainer war ein Wechsel seines Mittelstürmers ins Ausland ebenfalls nicht gerade angenehm. Er mußte an den weiteren Aufbau der Nationalmannschaft denken, an die nächste Weltmeisterschaft. Und Uwe war eine feste Größe, mit der Sepp Herberger rechnete. Was aber würde passieren, wenn er erst in Mailand spielte? Würde er ausnahmslos für Länderspiele zur Verfügung stehen? Und auch für die Vorbereitung?

Uwe hatte für all die Einwände des Vereins und des Bundestrainers ein offenes Ohr. Er wollte auch seine Mannschaft nicht gern im Stich lassen. Obschon die Kollegen großes Verständnis für ihn zeigten, als sie Einzelheiten des Angebots erfuhren. »Sie haben mich zwar nicht im Zweifel darüber gelassen, daß sie mich auf dem Platz sehr vermissen würden«, erzählt Uwe, »aber sie wollten mich sogar mit Blumen am Bahnhof verabschieden. Eine solche Chance, meinten sie, könne man sich einfach nicht entgehen lassen.«

Uwe Seeler ließ sich die Chance entgehen. Freilich ist ihm

die Entscheidung, in Hamburg zu bleiben, nicht leicht gefallen. Er hat auch nichts übers Knie gebrochen, denn eine Million Mark — netto natürlich — schlägt man nicht ohne Überlegung aus. Um so weniger, als sich in der Bundesrepublik in jenen Tagen mit dem Fußball kaum jemand eine goldene Nase verdienen konnte. Auch ein Spitzenmann wie Uwe nicht. Seeler hätte außerdem noch einen Trumpf in der Hand gehabt. Die Italiener wären bereit gewesen, ihn nach drei Jahren in die Bundesrepublik zurückkehren zu lassen, ohne eine Ablösesumme zu fordern. Dazu seine Erklärung: »Das war für mich außerordentlich wichtig. Ich wollte meine sportliche Laufbahn ja nicht in Italien beenden. Drei Jahre hätten mir wahrscheinlich genügt, aber dann wäre kaum ein deutscher Verein in der Lage gewesen, eine Ablöse nach italienischen Vorstellungen zu bezahlen. Der Vertrag war schon sehr gut ausgearbeitet und auch fast perfekt.«

Trotzdem hat Uwe Seeler den Italienern schließlich einen Korb gegeben. Einmal war die Bindung an Hamburg und an den HSV sehr stark — Freunde und Bekannte hätte er aufgeben müssen —, zum anderen war da die Unsicherheit, ob sich die Familie Seeler in Mailand wohl fühlen werde. Ilka Seeler hatte zwar erklärt, das sei allein die Entscheidung ihres Mannes, wohin er gehe, dahin werde sie ihm folgen. Aber ein bißchen Angst hatten die Seelers schon vor dem Wechsel. Wer will ihnen das verdenken?

»Damals war es auch noch schwerer, sich von den Kollegen zu trennen«, erklärt Uwe einen Grund seiner Entscheidung. »Wir waren ja viel mehr eine Gemeinschaft als die Bundesligamannschaften heute. Da geht jeder nach dem Spiel seiner Wege. Wir haben uns noch gemeinsam gefreut, wenn wir gewonnen hatten. Oder geärgert nach einer Niederlage. Wir trennten uns nicht sofort nach dem Spiel.«

Andere Spitzenfußballer hatten offenbar nicht die gleiche starke Bindung an ihre Heimat und ihren Verein, wenn das große Geld lockte. Karl-Heinz Schnellinger, Nationalspieler aus Köln, etablierte sich zunächst beim AS Rom und später beim AC Mailand. Er hatte Erfolg und blieb auch nach Beendigung seiner aktiven Laufbahn in Italien. Helmut Haller aus Augsburg wurde beim AC Bologna zum reichen Mann. Albert Brülls von Borussia Mönchengladbach ließ sich vom AC Brescia anheuern und machte dort gutes Geld. Viele folgten später dem Beispiel dieser ersten »Auswanderer« — mit unterschiedlichem Erfolg allerdings. Der spektakulärste Wechsel erfolgte 1984. Karl-Heinz Rummenigge, Kapitän der Bayern und der Nationalelf, verabschiedete sich zu Inter Mailand.

»Uns Uwe« aber hatte der Versuchung widerstanden, und seine Freunde auf dem Fußballplatz und auf den Rängen des Hamburger Stadions dankten es ihm. Er baute erfolgreich an seiner neuen Existenz und ging mit dem HSV in die Endrunde zur nächsten Deutschen Meisterschaft, nachdem die Elf, wie üblich, den Nordtitel problemlos erspielt hatte.

Erneut trafen die Hamburger in ihrer Gruppe auf Borussia Dortmund, und erneut fanden sie dort ihren Meister. Die Borussen machten das sogar ganz gründlich: Sie schlugen den Hamburger SV im Volksparkstadion 5:2 und spielten ihn in der Kampfbahn »Rote Erde« gleich 7:2 aus. In dieser Begegnung wurde einem klar, was ein prominenter Torjäger wie Uwe Seeler durchzustehen hat. Der kleine Kurrat stand ihm ständig auf den Füßen, wich nicht einen Meter zur Seite, Alfred Schmidt paßte mit auf, daß Uwe keinen Freiraum bekam, und wenn beide nicht reichten, war auch noch ein dritter Dortmunder zur Stelle. Eine so konsequente Bewachung legt auch den besten Stürmer der Welt lahm, und mit der Ausschaltung von Uwe Seeler war dem HSV natürlich viel Durchschlagskraft genommen. Er ging unter. Die Dortmunder aber kamen trotz der überzeugenden Leistung in den Gruppenspielen nur bis zum Finale. Sie trafen auf den Altmeister Nürnberg und wurden 3:0 gestoppt. Der »Club« holte seinen achten deutschen Titel und war wieder alleiniger Rekordhalter unter den deutschen Spitzenclubs.

1962 war wieder das Jahr der Fußballweltmeisterschaft, also wurde eine verkürzte Endrunde um die »Deutsche« ausgetragen. Die Hamburger kamen nicht weit, sie verloren gegen Köln und Frankfurt. Endlich war der FC Köln am lange erstrebten Ziel: Er schlug im Finale den amtierenden Meister FC Nürnberg 4:0.

Im Norden aber war der Hamburger Sport-Verein nach wie vor die Nummer eins. Er gehörte zur Spitze des deutschen Fußballs. Bundestrainer Herberger und sein Assistent Hel-

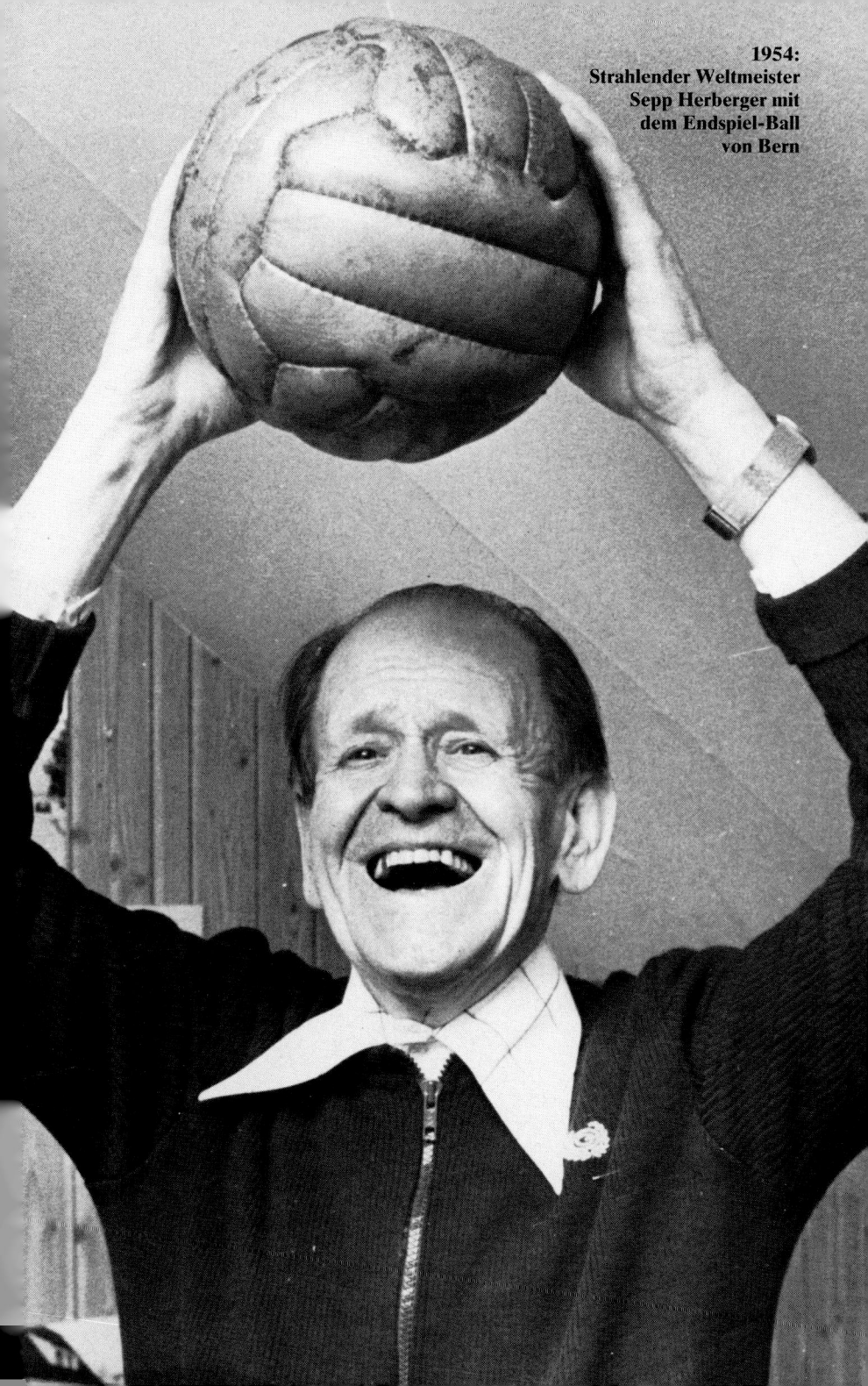

1954: Deutschland ist Weltmeister. Von links: Herberger, F. Walter, Rahn, Posipal, Eckel, Liebrich, O. Walter, Schäfer, Morlock (stehend), Mai, Turek, Kohlmeyer, (kniend). Abgekämpft, aber glücklich nach dem 3:2 über Ungarn

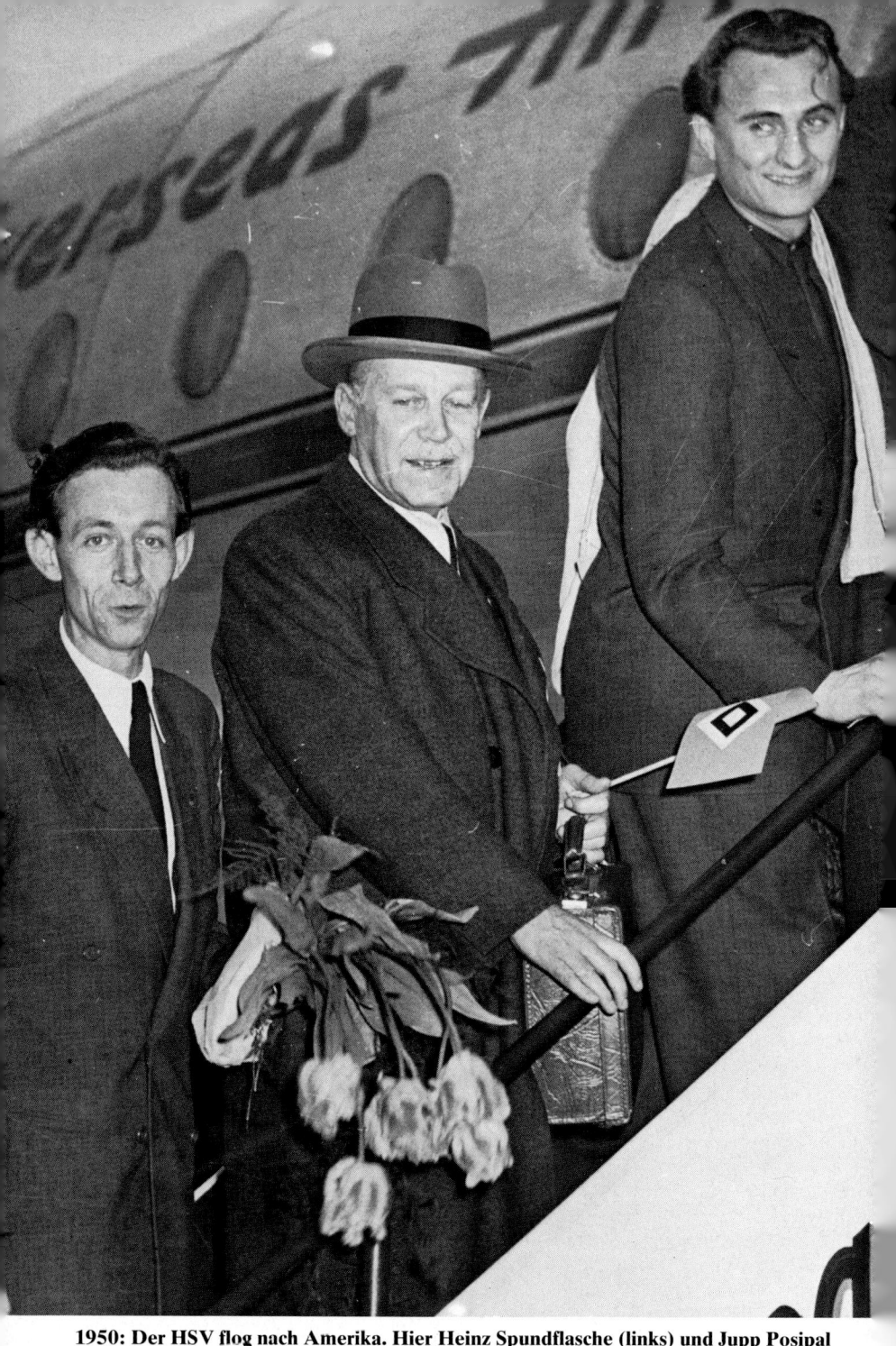

1950: Der HSV flog nach Amerika. Hier Heinz Spundflasche (links) und Jupp Posipal mit »Onkel Paul« Hauenschild. Rechte Seite: Zwei bezeichnende Spielszenen mit Jupp Posipal (oben) und Hamburgs berühmtestem Fußballer Uwe Seeler (unten)

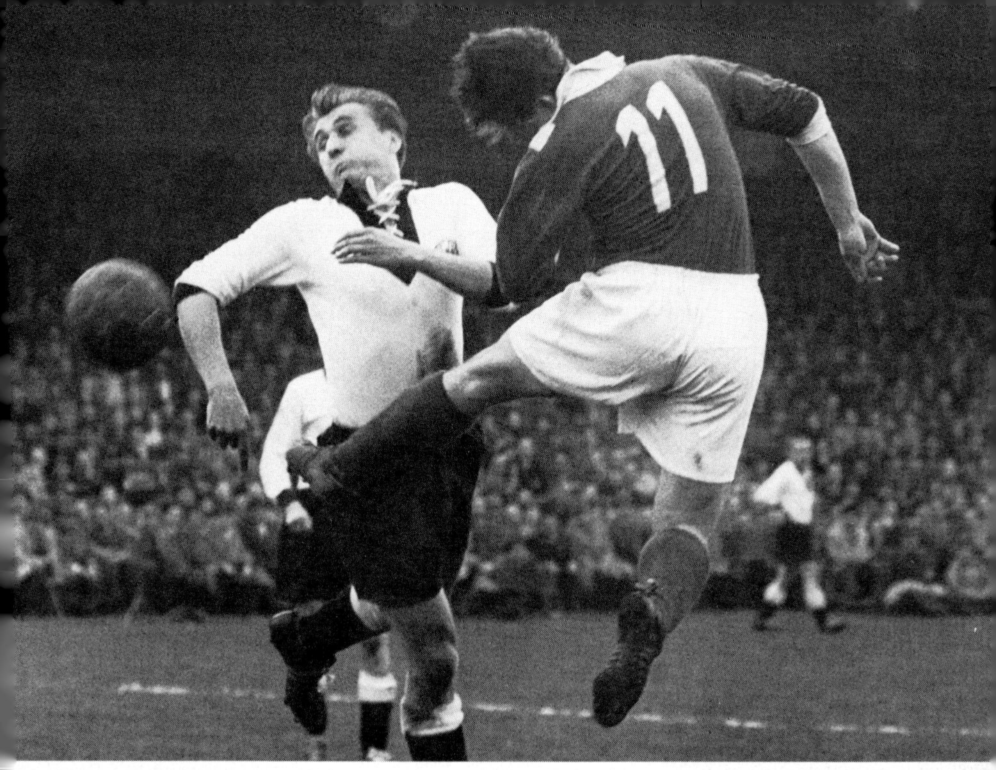

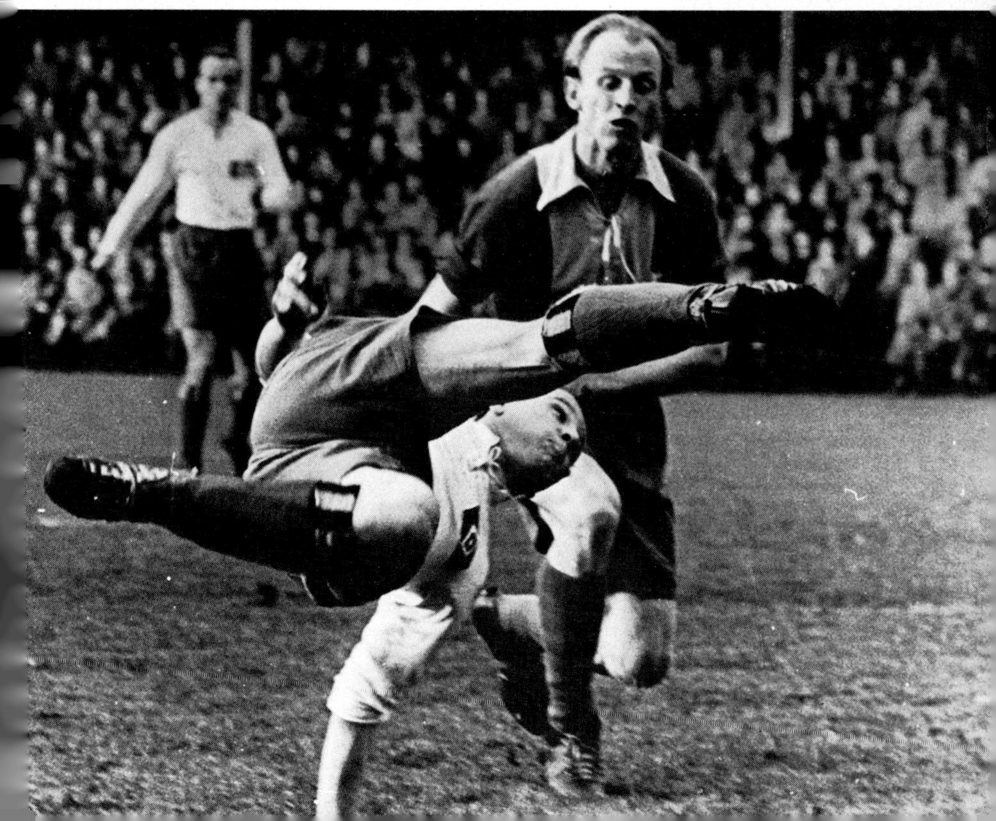

1960: Der Deutsche Meister HSV grüßt in Barcelona. Nach der knappen 0:1-Niederlage im ersten Halbfinale um den Europapokal sahen die Hamburger wie die strahlenden Sieger aus. Von links: Werner, D. Seeler, Schnoor, Dörfel, U. Seeler, Neisner, Krug, Dehn, Meinke

1959: Hürdenlauf für die Meisterschaft: Uwe Seeler, Jochen Meinke, Klaus Stürmer, Dieter Seeler, Jürgen Werner

1960: Jürgen Werner, Protagonist der Meistermannschaft des Hamburger Sport-Vereins von 1960

mut Schön erschienen sehr oft im Volksparkstadion und auch am Rothenbaum, auf der Suche nach neuen Talenten. Und nicht ohne Erfolg, wie man weiß. Zur Weltmeisterschaft nach Chile wurde nicht allein Uwe Seeler eingeladen. Auch Jürgen Werner und der inzwischen im Volksparkstadion sehr angenehm aufgefallene Jürgen Kurbjuhn erhielten eine Flugkarte nach Südamerika. Das war ein neuer großer Erfolg vor allem für Trainer Günther Mahlmann, der diese jungen Spitzenfußballer geformt hatte.

In Chile allerdings war für die bundesdeutsche Elf noch weniger zu holen als in Schweden. Und das, obwohl die Mannschaft sehr gut vorbereitet war. Sie hatte nach Schweden nicht das Tief durchleben müssen wie nach Bern. Drei Unentschieden — gegen Dänemark, Frankreich und Österreich — und einen Sieg gegen Bulgarien gab es noch 1958, allerdings auch eine peinliche 1:2-Niederlage in Kairo gegen Ägypten. Neue Spieler traten im Nationaltrikot an, Tilkowski überzeugte im Tor, Schnellinger in der Verteidigung. Helmut Benthaus, der 1984 den VfB Stuttgart als Trainer zur Deutschen Meisterschaft vor dem Hamburger Sport-Verein führte, erhielt ebenfalls eine Chance. Und Helmut Haller wurde als Spielgestalter erprobt. 1959 schlug man mit diesen neuen Spielern die Schweiz 4:0 und Holland sogar 7:0, spielte gegen Polen und Jugoslawien 1:1 und verlor gegen Ungarn und Schottland. Eine ausgeglichene Bilanz also.

1960 und 1961 standen dann die Qualifikationsspiele zur WM an. Die Deutschen machten in ihrer Gruppe einen exzellenten Durchmarsch: Sie schlugen Nordirland 4:3 und 2:1 und Griechenland 3:0 und 2:1. Außerdem liefen die Freundschaftsspiele als wichtiger Teil der Vorbereitung in diesen beiden Jahren ausgezeichnet. Insgesamt registrierte die Statistik von 13 Spielen zehn Siege und nur drei Niederlagen, eine davon in Chile gegen das Team des WM-Ausrichters.

Das eigentliche Jahr der Weltmeisterschaft begann ebenfalls recht verheißungsvoll. In Hamburg wurde noch vor Antritt der Reise nach Chile der zweifache Weltmeister Uruguay 3:0 geschlagen. Uwe Seeler und auch Jürgen Kurbjuhn waren dabei. Und im Tor stand zum erstenmal Wolfgang Fahrian, der wie ein Komet aufgestiegene Unbekannte aus Ulm, der mit seiner großen Leistung den bereits etablierten Til-kowski in den WM-Spielen verdrängen sollte.

Der erste Gegner in der Vorrunde des Turniers war gleich ein schwerer Brocken: Italien. Es wurde ein torloses Spiel, beide Partner waren ausschließlich auf Torsicherung be-dacht. Einige Tage später aber schaffte das deutsche Team ein 2:1 gegen die Schweiz und am 3. Juni die Sensation: Es bezwang den Gastgeber Chile vor eigenem Publikum in San-tiago mit 2:0. Deutschland hatte erneut die Zwischenrunde erreicht. Aber die Mannschaft mit Fahrian (Ulmer TSG 1846), Nowak (Schalke 04), Schnellinger (FC Köln), Schulz (Schalke 04), Erhardt (SpVgg Fürth), Giesemann (Bayern München), Kraus (Kickers Offenbach), Szymaniak (Karlsru-her SC), Seeler (Hamburger SV), Schäfer (FC Köln) und Brülls (Borussia Mönchengladbach) scheiterte in diesem zweiten Durchgang — an Jugoslawien.

Zweimal war es hervorragend gelaufen gegen die Fußballer vom Balkan, die den »Laden so schön dicht machen« konn-ten. Zweimal — in Bern und in Malmö — hatten die Deut-schen den routinierten Abwehrspielern ein Schnippchen ge-schlagen, einmal in der Schweiz mit 2:0 und einmal in Schweden mit 1:0. Jetzt drehten die Jugoslawen den Spieß um. Die Herberger-Elf rannte sich fest, ein Konter des Geg-ners hatte Erfolg: 0:1. Deutschland war draußen. Wieder war die nationale Not groß, wieder rief man laut nach einer Neuordnung des augenscheinlich nicht mehr konkurrenzfä-higen deutschen Fußballs.

Von den drei Hamburgern spielte in Chile nur Uwe Seeler. Er steuerte auch, wie üblich, zu beiden Siegen der National-elf je ein Tor bei. Werner und Kurbjuhn mußten zuschauen. »Trotzdem war die Reise ein Vergnügen und ein Erlebnis«, erinnert sich Jürgen Werner. »Der fremde Erdteil, das fremde Land, die großen Spiele, das hat mich schon sehr be-eindruckt, wenngleich ich nicht eingesetzt worden bin. Ich habe aber im gleichen Jahr noch in der Ländermannschaft gespielt, gegen die Schweiz.«

Im übrigen wurde Brasilien wieder Weltmeister. Die Fuß-ballkünstler aus Rio und Umgebung schlugen die Tschecho-slowakei im Endspiel 3:1. Und die deutsche Elf korrigierte wenige Monate nach der WM ihre Niederlage im Viertelfinale gegen Jugoslawien: Sie fuhr nach Zagreb und gewann 3:2. Für die WM kam das allerdings zu spät.

Der ausbleibende Erfolg bei den Weltmeisterschaften hatte den Verfechtern einer Konzentration in der obersten Fußballklasse immer mehr Anhänger verschafft. Der Bundestrainer forderte sie seit 1955, und er machte nach 1958 kein Hehl daraus, daß der deutsche Fußball so dezentralisiert auf die Dauer nicht mithalten könne. Das Leistungsgefälle in den Oberligen sei so groß, daß die Spitzenspieler in den Serienspielen nicht genug gefordert würden. In dieser Meinung wurde Herberger, der sich nach Chile anschickte, seine Aufgabe Helmut Schön zu übertragen, von manchem Funktionär unterstützt, nicht nur in den Clubs, auch im DFB. Hermann Neuberger, heute DFB-Präsident und seinerzeit Präsident des Saarländischen Fußballverbandes, stieg für die Konzentration wortgewaltig in die Arena. Und Kölns Präsident Franz Kremer wurde nicht müde, auf den Bundestagen des Fußballbundes für die Neuordnung zu streiten.

Trotz aller Bemühungen aber dauerte es bis zum Juli 1962, ehe der konkrete Beschluß gefaßt wurde. Ein Team von DFB-Mitarbeitern war schon Jahre vorher mit den Vorarbeiten betraut worden, und 1960 hatte Neuberger auf dem Bundestag einen Teilerfolg mit seinem Antrag, die Zahl der Vereine mit Vertragsspielermannschaften zu verringern. Das war ein erster Schritt, den zweiten machte Franz Kremer mit seiner Forderung: »Für das Spieljahr 1963/64 ist im DFB ein neues Spielsystem mit verminderter Anzahl von Vertragsspielermannschaften zu bilden und über die Einführung einer Bundesliga zu entscheiden.« Nun hatte die Vollversammlung das Problem auf dem Tisch.

Sie entschied aber nicht, sie diskutierte weiter. Die Gegner des Antrags nutzten jeden Anlaß, ihn vom Tisch zu fegen, aber die Pleite bei der WM in Chile und die immer lauter werdenden Forderungen auch im »gemeinen Fußballvolk« schafften letztlich Klarheit. Der DFB-Bundestag beschloß in Dortmund am 28. Juli 1962 mit großer Mehrheit, vom Jahre 1963 an eine Bundesliga auf Lizenzspielerbasis einzuführen.

Zum letztenmal wurde also in der Spielzeit 1962/63 nach dem alten Muster gespielt. Es war im Norden erst recht ein altes Muster: Der HSV wurde vor Werder Bremen und Eintracht Braunschweig Nordmeister. Und was anschließend passierte, war für die Elf am Rothenbaum auch nicht neu. Sie scheiterte in den Gruppenspielen vor allem an Borussia Dortmund. Doch auch gegen München 1860 und gegen Borussia Neunkirchen sahen die Hamburger nicht sonderlich gut aus, sie schafften in der Gruppe überhaupt nur ein Unentschieden, ein 1:1 gegen die Saarländer. Alles andere ging verloren, damit war für den HSV die letzte Endrunde alter Art zugleich eine seiner schlechtesten.

Borussia Dortmund brachte dieses letzte »alte Fußballjahr« jedoch noch einen großen Erfolg: Die Elf vom Borsigplatz wurde zum drittenmal Deutscher Fußballmeister. Im letzten »echten« Endspiel um den Titel schlugen die Borussen den FC Köln 3:1. Und sie brachten es sogar noch zu mehr. Im Europacup der Landesmeister erreichten die Westfalen über Lyn Oslo, Benfica Lissabon und Dukla Prag das Halbfinale. Sie unterlagen dann dem Italienischen Meister Internazionale Mailand, dem Club, der so gern Uwe Seeler bei sich gesehen hätte. Die Mailänder wurden in diesem Jahr auch Pokalsieger, sie schlugen Real Madrid in Wien 3:1.

Jetzt brach für den deutschen Fußball eine neue Zeit an. Es gab keine Endspiele mehr, die 16 besten deutschen Teams mußten in Hin- und Rückrunde den Titel unter sich ausspielen. Die Bundesliga war Wirklichkeit. Sie sollte zeitweise zur stärksten Liga der Welt werden. Und der Hamburger Sport-Verein war von Anfang an dabei . . .

DRITTES KAPITEL

Die schwierige Geburt der Bundesliga

Die Entscheidung des DFB-Bundestages, eine Bundesliga ins Leben zu rufen, fiel auf der Höhe des sogenannten Wirtschaftswunders. 17 Jahre nach dem Krieg lebte das deutsche Volk in einer Wohlstandsgesellschaft. Die Wirtschaft blühte, jeder, der bereit war, etwas zu tun, hatte Arbeit und verdiente nicht schlecht. Die Arbeitskräfte im Land reichten nicht einmal aus, um den Bedarf zu decken. Gastarbeiter wurden in die Bundesrepublik geholt. Aus Spanien kamen sie, aus Italien, Griechenland, Jugoslawien und aus der Türkei. Unter ihnen zahllose Fußballfreunde, die sich mit uns auf die neue Spitzenklasse freuten. Die Konzentration der Kräfte in der Bundesliga versprach ja hervorragenden Fußball. Jede Woche mindestens eine Begegnung mit Endspiel-Format, meinte man.

Der Dortmunder Beschluß vom 28. Juli 1962, gefaßt mit 103:26 Stimmen, konnte zunächst allerdings nur als Zeugungsakt angesehen werden. Ein Jahr gaben die Väter dem ungeborenen Kind zur Entwicklung, am 1. August 1963 sollte es geboren sein. Es wurde eine Zangengeburt.

Franz Kremer aus Köln, Hermann Neuberger aus Saarbrücken und Peter Maassen aus Oberhausen verfochten die Neuordnung im Fußball gegen alle Widerstände. Vornehmlich Neuberger, der sich als Vorsitzender eines regionalen Fußballverbandes mit den Problemen und Unzulänglichkeiten des Vertragsspielerstatuts herumschlagen mußte, überzeugte letztlich die Vollversammlung des Deutschen Fußballbundes von der Notwendigkeit der Zentralisierung. In der bestehenden Form sei der Vertragsfußball nicht mehr lebensfähig. Das Statut werde immer wieder durchlöchert, es sei für die finanzstarken Spitzenvereine nur ein wertloses Stück Papier. Und gegen Verstöße seien in den letzten Jahren weder der Kontrollausschuß noch die zuständigen Sportgerichte vorgegangen. Außerdem könne man wirklich nicht damit rechnen, daß die Steuerbehörden diesen undurchsichtigen Zuständen auch in Zukunft tatenlos zusehen würden.

Es gab auf dem Bundestag aber auch engagierte Gegenreden. Paul Flierl aus Fürth ritt ebenso geschliffene rhetorische Attacken wie der Württemberger Dr. Schaible. Doch immer wieder gelang es dem scheidenden Präsidenten Dr. Peco Bauwens und seinem designierten Nachfolger Dr. Goesmann, die Debatten zu versachlichen und auf den Boden der Fakten zurückzuführen. Und der Präsident des FC Nürnberg, Rechtsanwalt Dr. Franz, lange Zeit erklärter Gegner einer Bundesliga, inzwischen aber ein objektiver Sachwalter des Fortschritts, sorgte kraft seiner Autorität ebenfalls für maßvolles Verhalten aller Beteiligten.

Die Bundesliga war also gezeugt, es blieb genau ein Jahr Zeit, sie auszutragen. Das Vertragsspielerstatut behielt seine Gültigkeit nur für die weiterbestehenden regionalen Ligen, die aus den nicht in die Bundesliga abwandernden Vereinen und entsprechenden Aufsteigern aus dem Amateurbereich zusammengesetzt werden sollten. Die oberste Spielklasse sollte ab 1963 nach einem Lizenzspielerstatut funktionieren.

Dieses Reglement jedoch barg etliche Unzulänglichkeiten, eine »Durchlöcherung« war praktisch vorprogrammiert. Abgesehen davon, daß es die Sonnabende als verbindliche Spieltage festsetzte, um Besucherschwund in den anderen Spielklassen zu vermeiden, schrieb es auch Verfahrensweisen vor, die später überhaupt nicht mehr eingehalten wurden. Überdies regelte das Statut die Bezahlung der Lizenzspieler. Man ging nämlich nicht davon aus, daß der Fußball in der Bundesrepublik nun als vollgültiger Beruf ausgeübt werden könne. Dazu vermochte man sich immer noch nicht durchzuringen. Entsprechend setzte man die Spitzeneinkommen der Akteure fest. Sie entsprachen seinerzeit in etwa den Bezügen eines Angestellten oder Facharbeiters der unteren Mittelklasse: 1200,— DM monatlich. Diese Summe durfte nicht überschritten werden. Und das zu einer Zeit, wo in den südlichen Ländern und auch in England und Österreich die Spieler vom Spiel mit dem Ball gut und gern leben konnten, ohne nebenbei noch einem anderen Broterwerb nachgehen zu müssen.

Heute lächeln selbst die Beteiligten von damals über diese Summen. Es klingt ja auch wirklich komisch, wenn von einem Grundgehalt nicht über 500,— DM und über ein Prämienmaximum von 700,— DM gesprochen wird. Und es klingt fast unglaubwürdig, wenn von erlaubten Sonderprämien die Rede ist. Für die Deutsche Meisterschaft wurden 2000,— DM je Spieler gebilligt, für den zweiten Platz 1000,— DM und für den Pokalsieg 1500,— DM. Wie sich bald herausstellte, wurden diese Summen wie in jedem Beruf als Anfangsgehälter gehandelt. Gerhard Krug, Mitglied der HSV-Elf, die in die Bundesliga einzog, und bis 1967 Lizenzspieler, bekennt freimütig, daß er in jenen Jahren etwa 4000 bis 5000 Mark im Monat verdient hat. Eine Summe also, von der man damals sehr gut leben konnte. Und das war nicht nur beim Hamburger Sport-Verein so. Auf leisen Sohlen schlich sich der volle Berufsfußball in die junge Liga ein.

Noch lustiger liest sich heute, viele Jahre danach, die Regulierung der Ablösesummen. Für Amateure, die eine Lizenz bekommen sollten, durften 3000,— DM gezahlt werden. Zusätzlich allerdings 200,— DM für jedes Jahr der aktiven Mitgliedschaft im »verkaufenden« Club, ab dem 14. Lebensjahr des Betroffenen. Und Fußballer, die als Amateure bereits in Auswahlmannschaften gestanden hatten, wurden für jedes absolvierte Spiel des letzten Jahres zehn Prozent teurer »gehandelt«. Ein Rechenbeispiel: Herr Müller ist Amateur und soll in einem anderen Verein Lizenzspieler werden. Er ist zwanzig Jahre alt und seit sechs Jahren Mitglied des Clubs. Außerdem hat er im letzten Jahr zweimal für Baden-Württemberg repräsentativ gespielt. Herr Müller kostet den Bundesligaverein nach dem Statut genau 4500,— DM. Ein Gegenbeispiel von heute: Herr Schatzschneider hat den Hamburger SV 1983 1,2 Millionen Ablösung gekostet, er ist dann 1984 für die gleiche Summe an den FC Schalke 04 weitergegeben worden. Zugegeben, der Vergleich hinkt ein wenig, denn Schatzschneider war bereits Lizenzkicker, und nach den in jenen Tagen festgeschriebenen Gesetzen des DFB hätte er immerhin ein Maximum von 50 000,— DM kosten dürfen. Das Zehnfache also von Herrn Müller, aber nicht einmal fünf Prozent des Betrages, für den er nach Hamburg kam und Hamburg verließ.

Die Verantwortlichen wollten es sehr genau machen, aber es geriet alles ein wenig wirklichkeitsfremd. Sie schrieben auch das Handgeld fest, das an einen Spieler bei Vereinswechsel gezahlt werden durfte. Ein Amateur konnte höchstens mit 5000,— DM bedacht werden, ein Vertragsspieler mit

10 000,— DM. Das alles ist schon lange Vergangenheit und heute allenfalls eine amüsante Reminiszenz, wenn man an den spektakulärsten Wechsel der letzten Jahre denkt: Karl-Heinz Rummenigge, Kapitän der Münchner Bayern und der Nationalmannschaft, wurde 1984 für zehn Millionen Mark an Inter Mailand verkauft. Zum Nutzen des Vereins, aber auch nicht zu seinem eigenen Schaden. Sein Netto-Jahreseinkommen geht ebenfalls in die Millionen.

Man muß aber trotz allem den Geburtshelfern der Bundesliga zugute halten, daß sie das Beste gewollt haben. Ohnehin war das Fußballvolk froh, daß die Leistungsklasse überhaupt das Licht der Welt erblickte. Man wollte attraktiveren Fußball. Und auch den Akteuren erschienen im Augenblick die drakonischen Zwangsbestimmungen eher gleichgültig, sie setzten auf ihre Karriere. Alles andere würde sich schon ergeben. Und es ergab sich auch sehr schnell.

Die Geburtsfehler zeigten sich nämlich bald. Denn Dr. Rudolf Franz und sein Nachfolger im Amt beim »Club«, »Biwi« Müller, stellten den Antrag, »zwölf besonders wertvolle Spieler besser bezahlen zu dürfen«. Das war der Anfang. Und die Schlitzohren vom Schalker Markt entdeckten einen anderen Weg, die DFB-Gesetze sinngemäß zu umgehen. Sie wollten den Nationalspieler Günter Herrmann vom Karlsruher SC verpflichten, der aber für 50 000,— DM offenbar nicht zu haben war. Also nahmen sie einen Kicker namens Lambert mit, dessen Bekanntheitsgrad kaum über die Südliga hinausging. Für jeden zahlten sie 50 000,— DM und bekamen Herrmann. Lambert hat dann auch nur einmal für Schalke gespielt. Der DFB durchschaute den Trick natürlich, aber ihm blieb nur Schmollen und Grollen.

Heute schüttelt man über die Statut-Bestimmungen von damals vielleicht den Kopf. Trotzdem bleibt es der Verdienst der »Gesetzgeber«, ein lange auf dem Tisch liegendes Problem endlich gelöst zu haben. Sie legten im Statut natürlich auch andere Prioritäten fest, die bis heute unverändert Gültigkeit haben. Nicht mehr als drei Amateure dürfen in einer Bundesliga-Elf eingesetzt werden, und nicht mehr als zwei ausländische Spieler. Die Auf- und Abstiegsregelung von damals wurde dann geändert, als die Liga plötzlich doch auf 18 Vereine aufgestockt werden mußte.

Seinerzeit hatten die Verantwortlichen noch ein zweites gravierendes Problem zu lösen: die Auswahl der 16 Vereine für die oberste Spielklasse. 46 Vereine erklärten sich willens, ab 1963 deutschen Spitzenfußball zu präsentieren und mindestens ein Endspiel pro Woche zu garantieren, 30 zuviel also. Man bildete eine Auswahlkommission für die undankbare Aufgabe, so entstand der Bundesligaausschuß, den es heute noch gibt. Vorsitzender wurde Dr. Rudolf Franz aus Nürnberg, sein Stellvertreter Franz Kremer aus Köln. Weiter gehörten der Kommision an: Dr. Willy Hübner aus Essen, Hermann Neuberger aus Saarbrücken und Walter Baresel aus Hamburg.

Die Kommission trat Anfang Januar 1963 zu ihrer ersten Sitzung zusammen, die Bewerbungen der 46 lagen auf dem Tisch. Am Ende dieser Zusammenkunft hatte sich das Dunkel schon merklich gelichtet. Zwei Clubs hatten ihre Bewerbung zurückgezogen, 15 weitere bekamen sie nach Prüfung durch die »Auswahlmannschaft« zurück, mit der Bitte um Verständnis für die Ablehnung. Jetzt standen nur noch 29 Teams zur Debatte, davon gehörten neun gleich zu den Erwählten, weil ihre Voraussetzungen offensichtlich stimmten. Der amtierende Meister Borussia Dortmund, der Vizemeister FC Köln, außerdem Schalke 04 aus dem Westen zogen ins Oberhaus ein. Aus dem Süden stießen Eintracht Frankfurt und Altmeister Nürnberg dazu, aus dem Südwesten kam der FC Saarbrücken und aus Berlin Hertha BSC. Der Norden wurde in der ersten Wahl vertreten durch Werder Bremen und den Hamburger Sport-Verein.

Am Rothenbaum hatte es nie Zweifel der Aufnahme des HSV in die Bundesliga gegeben. Carl-Heinz Mahlmann hatte den Club als Präsident fest im Griff, die Finanzen sahen unter der Obhut von Carl Mechlen nicht schlecht aus. Und die sportliche Leistung sprach für sich: Mit einer Ausnahme war die Mannschaft seit dem Krieg im Fußballnorden die Nummer eins, dreimal hatte sie das Endspiel erreicht, 1960 holte sie den vierten Titel nach Hamburg, und um ein Haar wäre sie im Endspiel um den Europacup gewesen.

Außerdem schickte sich der Hamburger SV gerade im Geburtsjahr der Bundesliga an, den DFB-Pokal zu gewinnen. Bayern Hof wurde in der Vorunde 5:2 ausgeschaltet, der FC

Saarbrücken verlor im nächsten Durchgang gegen die Norddeutschen 0:1, und im Halbfinale unterlag der Wuppertaler SV mit dem gleichen Ergebnis. Noch bevor die Stadien zu den ersten Spitzenbegegnungen deutscher Fußballclubs ihre Tore öffneten, gingen die Hamburger am 14. August in Hannover ins Pokalfinale gegen den »Angstgegner« Borussia Dortmund, den Meister des Jahres. Und diesmal klappte die Revanche. Vor 70 000 begeisterten Zuschauern schlug die Elf mit Schnoor, Krug, Kurbjuhn, Giesemann, Stapelfeldt, Dieter Seeler, Boyens, Wulf, Uwe Seeler, Kreuz und Charly Dörfel die Westfalen 3:0. Alle drei Treffer gingen auf das Konto von Uwe.

Auch im Europapokal der Pokalsieger machte der HSV eine gute Figur. Die Trophäe war 1961 zusätzlich von der UEFA ausgesetzt worden, um dem internationalen Fußball in Europa weitere Attraktivität zu verschaffen. Die Hamburger warfen in der Qualifikation Union Sportive Luxemburg 4:0 und 3:2 aus dem Wettbewerb und trafen im Achtelfinale erneut auf den großen Gegner von 1960, den CF Barcelona. Wieder nötigten die Katalanen den Hanseaten drei Spiele ab, diesmal aber mit umgekehrtem Endresultat. 4:4 und 0:0 endeten die beiden Pflichtbegegnungen, dann gewann der HSV das Entscheidungsspiel in Lausanne 3:2. Im Viertelfinale allerdings endete der Marsch durch den Cup-Fußball: Das Team vom Rothenbaum mußte mit 1:1 und 0:2 die Überlegenheit des französischen Pokalsiegers Olympique Lyon anerkennen. Diese spielerische Bilanz ließ keinen Zweifel daran, daß der Hamburger Sport-Verein seinen Platz im deutschen Spitzenfußball nach wie vor zu Recht in Anspruch nahm.

Den Ärger bekam der Bundesligaausschuß ja auch mit anderen. Bislang hatte man sich relativ leicht getan, jetzt wartete psychologische Schwerstarbeit. Von zwanzig Bewerbern, die sich allesamt für prädestiniert hielten, mußten 13 abgewiesen werden. Um die Entscheidungen auf eine möglichst solide und faßbare Grundlage zu stellen, schuf man Auswahlkriterien, die schwer angreifbar waren. Es war zu prüfen, wie der jeweilige Bewerber in den letzten zehn Jahren im Leistungsfußball abgeschnitten hatte, was er in den letzten fünf Jahren zu bieten in der Lage gewesen war und was er aus der vergangenen Spielzeit gemacht hatte. Die wirtschaftliche Situation der Fußballvereine mußte ebenfalls offengelegt werden.

Bevor jedoch der Ausschuß zum zweitenmal tagte und die Liga auf 16 Vereine aufstockte, flatterten dem Deutschen Fußballbund bereits neue Anträge auf den Tisch. Die bayrischen Funktionäre forderten eine Liga mit 20 oder mindestens 18 Vereinen. Der DFB-Beirat verwarf jedoch diese Forderung. Die Kommission aber tagte intensiv und gab im Mai 1963 schließlich die Namen der sieben Glücklichen preis. Eintracht Braunschweig, Preußen Münster, der Meidericher SV (heute MSV Duisburg), der TSV 1860 München, der Karlsruher SC, der VfB Stuttgart und der FC Kaiserslautern vervollständigten die Bundesliga des bevorstehenden ersten Spieljahres.

Die Regionalverbände waren also in etwa gemäß ihrer Stärke vertreten. Fünf Clubs aus dem Westen, fünf aus dem Süden, drei aus dem Norden, zwei aus dem Südwesten und einer aus Berlin. Trotzdem fing der Ärger jetzt erst richtig an. Der Ausschuß sah sich trotz aller Mühe herber Kritik ausgesetzt. Die Süddeutschen verlangten für ihren Bereich einen Platz mehr, sagten aber nicht, welcher Verband dafür zurückstehen sollte. Und die abgewiesenen Clubs fühlten sich natürlich zu Unrecht abgewiesen, sie hielten sich für stärker als manche der Auserwählten. 13 Vereine legten beim DFB sogar offiziell Beschwerde ein, aber in Frankfurt wurde kurzerhand alles abgelehnt. Auch der Antrag auf Aufstockung der Bundesliga kam nicht durch. Der DFB blieb hart, mit vollem Recht, denn erst sollte die neue Klasse einmal gestartet werden. Änderungen im Laufe der Zeit waren ja immer noch möglich.

Merkwürdig erschien vielen in diesem Zusammenhang nur die Meinungsänderung des Ausschusses. Er hatte im Laufe seiner Tätigkeit eine Erhöhung der Mannschaftszahl stets abgelehnt, jetzt fiel er um und plädierte für 18 Vereine. Das Präsidium des Deutschen Fußballbundes bewies jedoch auch hier Stehvermögen. Und Mitte Juni 1963 war die »Zangengeburt Bundesliga« endlich vollzogen. Der Fußballsäugling sollte am 24. August laufen lernen. Eine neue Epoche im deutschen Fußball kündigte sich an.

Die ersten Vorstellungen

Am vorletzten Sonnabend des August 1963, um 15.30 Uhr, hob sich in acht Fußballstadien der Bundesrepublik Deutschland der Vorhang über der Bundesliga. Sie sollte sich nach einigen Jahren zur stärksten Liga der Welt entwikkeln. Die Spannung im Fußballvolk war auf dem Höhepunkt. Presse, Funk und Fernsehen hatten keine Gelegenheit ausgelassen, die Stimmung anzuheizen. In Kommentaren, Interviews, Prognosen und Vermutungen wurde die neue Liga schon seziert, bevor der erste Anstoß erfolgte. Und nun schaute alles nach Bremen, wo der amtierende Meister Borussia Dormund gastierte, nach Saarbrücken, wo Vizemeister FC Köln seine Visitenkarte abgab, und nach München, wo Eintracht Braunschweig sich präsentierte. Oder nach Frankfurt, wo die Eintracht sich mit Kaiserslautern auseinandersetzte, nach Schalke, wo der VfB Stuttgart antrat, nach Karlsruhe, wo der Meidericher SV aufspielte, und nach Berlin, wo sich mit Hertha BSC und dem FC Nürnberg zwei Altmeister trafen.

Die Hamburger Fußballgemeinde blickte gespannt nach Münster. Der HSV hatte sein erstes Bundesligaspiel in Westfalens Hauptstadt auszutragen. Die Hamburger traten mit dem Team an, das zehn Tage zuvor den amtierenden Meister Dortmund im Pokalfinale geschlagen hatte. Sie wollten natürlich einen besonders guten Start in die neue Fußballzeit und eindrucksvoll bestätigen, daß sie nicht ohne Grund seit 15 Jahren ein Abonnement auf die Tabellenspitze der Oberliga Nord besessen hatten. Aber die Westfalen machten ihnen den Gang durch die ersten neunzig Minuten Bundesliga nicht leicht. Sie spielten einen eher zurückhaltenden Fußball und waren erfolgreich bemüht, den Hamburger Sturm mit Uwe Seeler in der Mitte und Charly Dörfel am linken Flügel nicht zum Zuge kommen zu lassen. Die beiden hatten sich nämlich mittlerweile zu einem sehr gefährlichen Gespann entwickelt, und der Reporterspruch »Flanke Charly, Kopfball Uwe, Tor« war auf allen Fußballplätzen bekannt. Das Rezept der Münsteraner schien aber aufzugehen, zur Pause hieß es noch 0:0. Und in der 70. Minute gerieten die Hamburger in Gefahr, die ersten beiden Bundesligapunkte in

Westfalen lassen zu müssen. Dörr hatte Horst Schnoor im Hamburger Tor überwunden, es hieß 1:0 für die Preußen. Aber da war noch Charly Dörfel, und wenn sich Uwe keine Möglichkeit bot, schlug er oft zu. Vier Minuten vor dem Abpfiff machte er das 1:1 und brachte Hamburgs Fußballwelt wenigstens halbwegs wieder in Ordnung.

Das Remis in Münster war keine sonderliche Überraschung für die Fachwelt, die unerwarteten Resultate kamen von anderen Schauplätzen. Die Dortmunder zum Beispiel wurden in Bremen sehr heiß empfangen und hatten schwer zu kämpfen, um ihrem meisterlichen Ruf gerecht zu werden. Der verletzte Konietzka, seinerzeit Star der Borussen und 1984 kurze Zeit ihr Trainer, traf zwar schon in der ersten Minute und schoß damit das erste Bundesligator überhaupt, aber die Bremer glichen noch vor der Pause aus und gingen nach dem Seitenwechsel mit zwei weiteren Toren in Führung. Das 3:2, wiederum durch Timo Konietzka, war nur ein Schönheitsfehler in der Bremer Bilanz. Der Deutsche Meister war geschlagen. Der Vizemeister allerdings, der FC Köln, gewann beim FC Saarbrücken 2:0 und kündigte damit bereits einen exzellenten Durchmarsch durch die erste Spielzeit der neuen Liga an. Auch Schalke war gegen Stuttgart in der traditionsreichen Glückauf-Kampfbahn 2:0 erfolgreich. 1860 München/Braunschweig, Frankfurt/Kaiserslautern und Hertha/Nürnberg meldeten je ein 1:1 wie der Hamburger SV. Und aus Karlsruhe kam die zweite Überraschung des Tages: Der als schwach eingeschätzte Meidericher SV schlug den SC im Wildparkstadion 4:1. Die Tabellenführung übernahm Köln — und gab sie bis auf eine Ausnahme während der ganzen Saison nicht wieder ab.

Das war also der Auftakt der Bundesliga. Und es kamen zu den acht Spielen 287 000 Zuschauer, die meisten in Berlin (60 000) und in Karlsruhe (40 000). Auch der HSV spielte in Münster vor 35 000. Die Medien kommentierten diese starke Resonanz sehr befriedigt. Auf Anhieb war deutlich geworden, daß der wöchentliche Leistungsvergleich der 16 deutschen Spitzenformationen attraktiveren Fußball versprach als die Ausspielung regionaler Titel in den unterschiedlich stark besetzten ehemaligen Oberligen. Auch wenn nicht jede Woche Endspielcharakter hatte.

Der HSV hatte nach dem Unentschieden in Münster seinen Platz im Mittelfeld eingenommen und gab sich recht zufrieden. Jochen Meinke, versehen mit einem Ehrenvertrag als Lizenzspieler, aber nicht mehr aktiv dabei, drückt das so aus: »Wir gingen ja praktisch mit der Mannschaft des letzten Jahres in die neue Spielklasse. Und dafür haben wir uns meiner Ansicht nach gut gehalten. Auch am ersten Spieltag, denn niemand konnte die Stärke der einzelnen Gegner genau wissen. Immerhin hatten wir aus Münster einen Punkt mitgebracht, und ein Auswärtspunkt ist ja auch heute nichts Schlechtes, oder?«

Für die Medien brach natürlich auch eine neue Zeit an, Presse und Rundfunk waren sofort dabei, das Fernsehen jener Zeit eher noch sporadisch, bis einige Jahre später dann der Sport den Bildschirm in gleichem Maße eroberte wie der Bildschirm die Wohnzimmer.

Für den »Kicker«, der bis heute als Deutschlands renommierteste Fachzeitung in Sachen Sport und vor allem Fußball gelten darf, war mit der Bundesliga ein ganz großer, neuer Schwerpunkt in der Berichterstattung geschaffen. Er schickte Redakteure und Reporter auf alle Plätze und begnügte sich nicht mit der Darstellung von Spielverläufen, die später durch das Fernsehen ohnehin überholt wurden. Er analysierte und beobachtete, sprach mit Trainern und Spielern, gab also dem Fußballfan ein getreuliches Bild über das, was sich am Sonnabend auf den acht Plätzen ereignet hatte. Und das wurde gelesen. Bis heute hat auch das Fernsehen dem nichts anhaben können, man weiß sogar: Der Fußballfreund will nachlesen, was er im Stadion oder am Bildschirm gesehen hat. Im übrigen beobachtete der »Kicker« vor allem die Nationalspieler bei ihren Bundesligaauftritten. Am Montag nach dem 24. August 1963 hieß es über Deutschlands Spitzenfußballer:

»Von den zum augenblicklichen Stamm der Nationalelf zählenden Spielern ragten folgende Namen besonders heraus: Verteidiger Nowak (Schalke), alle drei Stopper: Wilden (FC Köln), Wenauer (FC Nürnberg) und Landerer (Eintracht Frankfurt). Von den Außenläufern bestach der Schalker Schulz. Keine besonderen Leistungen der Außenstürmer Dörfel (HSV) und Heiß (1860). Die Mittelstürmer Uwe Seeler und Strehl sehr fleißig, aber ohne Torerfolg. Von den Halbstürmern war der gehandicapte Konietzka der erfolgreichste, denn er schoß zwei Tore. Als Halbstürmer der Zukunft empfahl sich (unter Herbergers Augen) der junge Meidericher Krämer.«

Der Schalker Außenläufer Willi Schulz deutete also schon damals seine große Karriere an. Er setzte sie dann beim HSV fort und handelte sich durch seine hervorragenden Leistungen bei der Weltmeisterschaft 1966 in England den respektvollen Spitznamen »World-Cup-Willi« ein.

Nach dem gelungenen Auftakt begann der Bundesligaalltag, und es stellte sich bald heraus, daß die Hoffnung auf mindestens ein Endspiel in jeder Woche mehr als trügerisch war. Aber man sah Spitzenfußball, wenngleich nicht in der erwarteten Beständigkeit. Noch tasteten sich die Kontrahenten ab, noch wurden die Spielstärken nicht ganz deutlich, und es gab Überraschungen am laufenden Band. Die Zuschauer aber machten mit, und am dritten Spieltag überschritt ihre Zahl die 300 000, bei acht Spielen. Davon kann die heute mehr als zwanzig Jahre alte Bundesliga nur träumen. Die imposante Kulisse machte nicht nur den Spielern Freude — sie spornte seinerzeit ja noch zu besonderen Leistungen an —, sie zauberte auch Zufriedenheit in die Mienen der Schatzmeister, die ja über das Budget zu wachen hatten.

Von den großen Fußballern des Jahres 1954, von den ersten deutschen Weltmeistern, waren auch in der ersten Bundesligasaison noch drei aktiv. Max Morlock vom FC Nürnberg, Hans Schäfer vom FC Köln und der Siegtorschütze Helmut Rahn, der von Rotweiß Essen über ein Gastspiel in Holland zum Meidericher SV gewechselt war. Und ihn, den sie den »Boss« nannten, traf es schon am vierten Spieltag. An der Duisburger Wedau war Hertha BSC zu Gast. Rahn wurde gegen den Berliner Bayer tätlich und mußte das Feld verlassen. Schade, aber auf Prominenz wurde bei den Fouls keine Rücksicht genommen. Das sollte immer so sein.

Der weitere Verlauf der ersten Bundesligaspielzeit war bei Gott nicht frei von Überraschungen. Hin und wieder gab es sogar eine Fußballsensation. Und der Hamburger SV wirkte dabei mit. Er blieb zwar im Volksparkstadion ungeschlagen, neun Siege und sechs Unentschieden schufen eine ansehnliche Heimbilanz, aber das Auswärts-Konto war bei weitem nicht so positiv: 8 : 22 Punkte und 24 : 42 Tore. Die Gesamtleistung über die Saison reichte nur zum sechsten Platz. Vielleicht wäre mehr möglich gewesen, wenn sich mit der Einführung der Bundesliga Erfolgstrainer Günther Mahlmann nicht verabschiedet hätte. Jochen Meinke: »Ja, Mahlmann wollte im Berufsfußball nicht mehr mitmachen. Und da hatten wir in diesem Jahr Martin Wilke wieder. 1964 kam dann Schorsch Gawliczek.«

Nicht nur in Hamburg besaß man noch kein gültiges Urteil über die Spielstärke der neuen Liga. Andere Vereine tappten auch noch im dunkeln. München 1860 zum Beispiel überraschte zu Hause mit sensationellen Ergebnissen, die Grünwalder Straße stand manchmal kopf. Da wurde der Hamburger SV 9 : 2 abgefertigt, da verlor Schalke 7 : 1, da ging Meister Borussia Dortmund 6 : 1 unter. Auf fremden Plätzen vermochten sich die torhungrigen Löwen aber offenbar nicht durchzusetzen: in Hamburg 0 : 5, in Schalke 1 : 2, in Dortmund immerhin ein 3 : 3. Beständigkeit der Leistung war in München noch nicht erreicht.

Wohl aber in Köln-Müngersdorf. Der Vizemeister des Vorjahres marschierte vom ersten Spieltag an als Spitzenreiter durch die Saison und zeigte die ausgeglichenste Leistung aller Teams. Nur ein Ausrutscher unterlief ihm gegen den Tabellenletzten Saarbrücken, er verlor auf eigenem Platz gegen die Saarländer 1 : 3. Es war zur Karnevalszeit, und da sind in Köln oft Punkte zu holen. Der Verlust störte die Bilanz jedoch nicht, der FC wurde mit sechs Punkten Vorsprung Meister vor dem Meidericher SV. Absteigen mußten nach einem Jahr Bundesliga Preußen Münster — die Elf sollte nie wieder im »Oberhaus« auftauchen — und der FC Saarbrücken. Hertha BSC und Karlsruhe retteten sich knapp.

Der Schützenkönig der ersten Bundesligasaison aber hieß Uwe Seeler. Er wurde von den Sportjournalisten außerdem 1964 zum »Fußballer des Jahres« gewählt. Die Würde war »uns Uwe« nicht neu, schon 1960, als die bundesdeutsche Sportpresse diese gute Sitte einführte, war er damit bedacht worden. Zur zweiten Wahl haben wohl seine dreißig Treffer im ersten Bundesligajahr entsprechend beigetragen. Und es sollte nicht die letzte Wahl sein, die auf ihn fiel.

Parallel zur Meisterschaft wurde wie üblich der DFB-Pokal ausgespielt, aber die Hamburger schieden schon nach der ersten Hauptrunde aus. Nach insgesamt 240 Minuten Spielzeit scheiterten sie an einem Regionalligisten mit großem Namen. Sie spielten gegen die SpVgg Fürth erst 1:1 und unterlagen im Wiederholungsspiel in der Verlängerung 1:2. Immerhin ein ehrenvoller Abgang von der Pokalbühne. Aufsehen erregte allerdings im Pokalkampf der unbeständige TSV 1860 München. Er setzte sich bis zum Finale durch und gewann das auch, 2:0 gegen Eintracht Frankfurt. Endlich gab es mal wieder einen Fußballtitel für die »Löwen«.

Und sie wußten etwas damit anzufangen. Im Europawettbewerb der Pokalsieger erreichten sie ebenfalls das Endspiel. Über Luxemburg, den FC Porto aus Portugal, Legia Warschau und den AC Turin. Das Halbfinale gegen die Italiener war eine langwierige Auseinandersetzung. In München gewann 1860 2:0, in Turin verloren die »Löwen« 1:3. Nach heutiger Rechnung hätte das gereicht, denn bei Gleichstand sind auf dem Platz des Gegners geschossene Tore mehr wert. Damals wurde einfach gezählt und das Spiel wiederholt. In Zürich schlugen die Münchner den AC Turin dann endgültig 2:0 und waren im Finale.

Und dieses Finale fand in London statt. Gegen den Londoner Club Westham United, den englischen Cupsieger. Ein Heimspiel also für die Briten auf dem traditionsreichen Rasen von Wembley. Münchens Elf mit Radenkovic, Wagner, Reich, Luttrop, Kohlars, Bena, Grosser, Heiß, Küppers, Brunnenmeier und Rebele gab sich alle Mühe, aber gegen die elf englischen Vollprofis und die 90 000 Zuschauer war nichts zu machen. Die Deutschen verloren 0:2. Bis heute hat die UEFA an der Übung festgehalten, den Endspielort für die europäischen Vereinswettbewerbe schon frühzeitig festzulegen. Das muß zwangsläufig hin und wieder zu Komplikationen führen.

Eins hat die UEFA inzwischen geändert: den Losentscheid. Der FC Köln aber hat ihn nach seiner ersten Bundesligameisterschaft im Europacup erlebt. Im Viertelfinale spielte er gegen den Englischen Meister Liverpool dreimal unentschieden, zweimal 0:0 und im Entscheidungsspiel auf neutralem Platz 2:2, jeweils nach Verlängerung der regulären Spielzeit.

Dann entschied das Los — für Liverpool. Ungeschlagen mußten die Kölner zusehen, wie Inter Mailand mit einem 1:0 gegen Benfica Lissabon Pokalgewinner wurde. Das war ein trauriges Los, und man mag gegen das Elfmeterschießen noch so viele Einwände geltend machen, es ist eine sportlichere Entscheidung. Der FC Köln Deutscher Fußballmeister, der TSV München 1860 Gewinner des DFB-Pokals, das war's am Ende des ersten Bundesligajahres. Bei den Münchnern erfreute die Zuschauer besonders deren jugoslawischer Torwart Radenkovic, Radi geheißen. Er war ein echter Spaßmacher und demonstrierte oft in ernster Stunde, daß Fußball eben doch nur ein Spiel ist. Bei den Kölnern jedoch — sie wurden damals von Georg Knöpfle betreut — machten in diesem Jahr schon zwei große Talente auf sich aufmerksam: Wolfgang Overath und Wolfgang Weber.

Die Schöpfer der neuen Liga aber wußten bereits nach den ersten dreißig Spielen, daß ihnen mit der Neuordnung ein Volltreffer gelungen war.

Die Meister aus dem Norden

Überraschungen sind ein markantes Wesensmerkmal des Fußballspiels. Sie machen sogar einen Teil seiner Faszination aus. Ohne Überraschungen wären die Spieltage der Bundesliga und auch die einzelnen Spiele bis heute sehr oft sogar langweilig. Wie oft mußten wir zum Beispiel nach 1979 befürchten — zu Beginn jeder Saison wurde das allenthalben prognostiziert —, der deutsche Meistertitel werde ausschließlich unter zwei Spitzenteams — HSV und Bayern München — ausgemacht! Doch plötzlich war da ein VfB Stuttgart, der Anspruch erhob und für die Überraschung sorgte. Oder der FC Kaiserslautern, der sich in der Spitzengruppe etablierte und den eigentlichen Favoriten das Fußballdasein erschwerte. Oder der FC Köln, der trotz hochgradiger Leistungsschwankungen immer wieder vorn mitmischte. Oder gar Werder Bremen, eine Mannschaft, die nach dem Wiederaufstieg 1981 unter der sicheren Führung von Otto Rehhagel gleich auf dem fünften Tabellenplatz landete und ein Jahr später dem Hamburger Sport-Verein um ein Haar den Titel abgenommen hätte. Nur acht Tore fehlten den Bremern dazu, nicht ein Punkt.

Und Werder Bremen war auch die Überraschungsmannschaft der zweiten Bundesligaspielzeit. Niemand hatte die Herren von der Weser auf der Rechnung. Eher sah man neben dem Meister FC Köln, dem Pokalsieger TSV 1860 München und dem Vorjahrsmeister Borussia Dortmund den Hamburger Sport-Verein oben. Er hatte ja die Bremer in den letzten fünf Oberligajahren ständig auf den zweiten Platz verwiesen. Aber gerade dieser HSV war plötzlich weg vom Fenster. Er landete in den nächsten Jahren nur im Mittelfeld, in dieser zweiten Saison fiel er sogar auf den elften Tabellenplatz ab.

Der Rückfall ins Mittelmaß hatte sicherlich viele Gründe. Die Elf brauchte Auffrischung, und das war nicht so einfach. Außerdem bestätigt sich bis in die Gegenwart die Binsenweisheit, daß neue Leute eine geraume Zeit brauchen, bevor sie am neuen »Arbeitsplatz« voll eingearbeitet sind. Das ist im Fußball nicht anders als in der gesamten Wirtschaft. In dieser Saison 1964/65 trafen den Hamburger Sport-Verein allerdings auch noch andere Rückschläge. Uwe Seeler, damals der Kapitän des Teams vom Rothenbaum, schildert das sehr plastisch:

»Die Spielzeit lief für uns nicht schlecht an. Wir hatten uns auch einiges ausgerechnet. Doch dann kam der erste Rückschlag. Beim Spiel gegen Borussia Neunkirchen stößt unser Torwart unglücklich mit Harry Bähre, einem unserer Läufer, zusammen. Ergebnis: Jochbeinbruch und schwere Schädelverletzung. Schnoor fiel für Wochen, wenn nicht Monate aus. Das war gar nicht heiter, aber es sollte noch schlimmer kommen. Am 22. Spieltag erwischte es mich. Im Frankfurter Waldstadion schauten 30 000 zu, als mich in der 55. Minute — wir führten durch ein Tor von Jürgen Kurbjuhn 1:0 — der Frankfurter Georg Lechner bei der Ballannahme zu stören versuchte. Ich sprang mit einem Satz über Lechners Bein, spürte aber im gleichen Augenblick einen rasenden Schmerz, ein Tritt von Lechner hat mich voll getroffen.

Nach zwei, drei Schritten war es ganz vorbei. Rasender Schmerz in der rechten Wade, ich lag lang im Schnee: Die Achillessehne war gerissen, das bedeutete vielleicht, nie wieder Fußball spielen zu können. Mindestens aber eine lange Pause. Ich war total fertig.«

Uwe hat aber wieder gespielt, wie wir wissen. Er hat auch noch viele Tore für Hamburg und Deutschland geschossen. Damals jedoch war seine Verletzung ein harter Schlag für den Hamburger SV und sicherlich mitbestimmend für die bescheidene Rolle in der zweiten Spielzeit, die Werder Bremen um so mehr glänzen ließ.

Die Bremer waren die Mannschaft des Jahres 1965, und als sie am Ende der Spielzeit die »Salatschüssel« in Empfang nahmen, hatten sich viele Fußballexperten von ihrem Staunen über das Nordlicht noch nicht erholt. Mancher Fachmann allerdings hatte schon mit den Bremern gerechnet und machte den übrigen Mitgliedern der Liga den sanften Vorwurf der Unachtsamkeit. Werner Schilling, Sportredakteur und hervorragender Kenner der Fußballszene, schreibt in der »Kicker«-Spezialausgabe zum zwanzigjährigen Bestehen der Bundesliga:

»Bei Werder Bremen hätte die Konkurrenz eigentlich wachsamer sein müssen. Der Club von der Weser stand lange auf dem Sprung, war hintereinander fünfmal Nordzweiter hinter dem HSV, 1961 Pokalsieger. Seit Jahrzehnten hatte Werder vor allem mit Verstärkungen aus dem Westen, und hier besonders Schalke, das Glück zu zwingen versucht: Edu Hundt, Hans Tibulski, Scharmann, Heidemann, Ziolkewitz, Münzenberg, Herbert Burdenski, Wilmowius, nun Jagielski, Ferner, Soya, Steinmann, Klöckner, als letzte der Mönchengladbacher Junioren-Nationalspieler Horst Dieter Höttges, der hier eine erstaunliche internationale Karriere beginnen sollte, und Abstauberkönig Matischak, der in sechs Jahren den sechsten Verein durchzog, nach Bottrop, Karlsruhe, Viktoria und Schalke.

Auch die Mannschaftsleitung war fest in westdeutscher Hand: Obmann Edu Hundt, Trainer »Fischken« Multhaupt. Jede Überraschung hat ihre Vorgeschichte. Bei den Bremern war es die USA-Reise im Sommer 1964 mit Spielen gegen europäische Spitzenclubs. Erfolge beflügeln. Erfolge hatten die Bremer. Und Multhaupt hatte seine Mannschaft eine gute Zeit unter einem Dach. Das formte.«

Es gingen aber einige Spieltage der Saison 1964/65 ins

Land, bevor die Gefahr von der Weser erkannt wurde. Ein 2:0-Sieg der Norddeutschen in Frankfurt ließ zwar aufhorchen, aber die großen Fußballkenner Herberger und Schön wiegelten ab, sie hielten den forschen Stil der Werder-Elf für eine Episode. Das war er auch, aber so lange, bis der Titel im Weserstadion gelandet war. Einen Grundstein legten Multhaupt und sein Team im Hamburger Volksparkstadion. Das Nordderby war immer eine Attraktion, aber diesmal gab es für die HSV-Freunde eine grausame Überraschung: Der »Lehrling« SV Werder spielte seinen langjährigen »Meister« mit 4:0 nach allen Regeln der Fußballkunst aus. Später, am vorletzten Spieltag, als die Fachwelt von den Borussen aus Dortmund noch eine Korrektur erwartete, blieb dann der Titel endgültig in Bremen. Die Werderaner fertigten die Westfalen im Weserstadion 3:0 ab und waren am Ziel. Die Sensation war perfekt.

Um es vorwegzunehmen: Zwei Jahre später machte sich ein zweiter Außenseiter auf dem Meistersessel breit, Eintracht Braunschweig. Ähnlich wie Bremen 1965 sorgten die Niedersachsen 1967 für Leben in der Bundesliga. Auch dazu Werner Schilling vom »Kicker«:

»Hatte man Werder zwei Jahre vorher noch halbwegs eine Zukunft zugetraut, Braunschweig galt gar nichts. Nicht mal die Würde einer grauen Maus gönnten die Auguren bei der Erschaffung der Bundesliga 1963 dieser Randerscheinung zwischen Zonengrenze, Harz und Heide.

Braunschweig — das galt lange als Irrtum der Bundesligaschöpfung, Inbegriff des vorgezeichneten Abstiegs.

Doch als das Meisterjahr 1966/67 begann, hatte Eintracht die drei Jahre vorher nicht einen einzigen Tag auf einem Abstiegsplatz gestanden.«

1984 stand Braunschweig an einem neuen Anfang. Günther Mast stutzte rigoros die hochgeschossenen, wilden Triebe und suchte den Weg zurück in die wirtschaftliche Solidität. Damals, in den ersten Bundesligajahren, war alles solide bei der Eintracht. Kein Star erhob besondere Ansprüche, es gab keinen. Vorstand, Trainer und Spieler bildeten eine verschworene Gemeinschaft mit dem Ziel, den Verein aus dem Mittelmaß herauszuführen. Man verstärkte das Team, aber nicht mit Kräften der absoluten Spitzenklasse. Und doch war schließlich einer dabei, der in Braunschweig einen Karriere-sprung vollzog: Lothar Ulsaß. Er führte Regie im Mittelfeld, und er schoß Tore. Braunschweig ließ die Konkurrenz hinter sich. Trainer Helmut Johannsen, heute noch des Lobes voll über die gedeihliche Zusammenarbeit, hatte einen Außen-seiter zum Meister gemacht.

Es hat aber auch im zweiten Bundesligajahr noch mehr Überraschungen gegeben als die Meisterschaft des SV Wer-der. Hannover 96 war gemeinsam mit Borussia Neunkirchen aufgestiegen und setzte sich kurzerhand auf den fünften Ta-bellenplatz. Auch das war eine große Leistung, über welche die Experten staunten. Mehr noch aber imponierte der abso-lute Zuschauerrekord. In den 15 Heimspielen ihrer ersten Bundesligasaison begrüßten die Hannoveraner im Nieder-sachsenstadion insgesamt 618 502 Besucher, das entspricht einem Durchschnitt von 41 230 je Spiel. Von solchen Zahlen können die Schatzmeister selbst vieler Spitzenvereine heute nur noch träumen.

Überraschungen waren und sind natürlich nicht allein das Privileg der aktiven Bundesligakicker. Der Deutsche Fuß-ballbund trug ebenfalls seinen Teil dazu bei, das Leben in der obersten Spielklasse nicht langweilig werden zu lassen. Die Herren in Frankfurt besannen sich nämlich gerade in diesem Jahr 1965 wieder einmal auf das Lizenzspielerstatut und ihre Aufsichtspflicht als Hüter dieses »Gesetzes«. Der erste Bun-desligaskandal fand statt.

Während des Krieges hat ein Spaßvogel in Uniform mal den Spruch geprägt, Befehle seien da, um sinngemäß umgangen zu werden. Er machte blitzschnell die Runde bei allen Wehr-machtsteilen und wurde zum geflügelten Wort. Man möchte meinen, er habe sich bis in die Zeiten des Bundesligastatuts gehalten. Über die Unzulänglichkeiten des Statuts ist berich-tet worden, über den unaufhaltsamen Vormarsch des vollen Profifußballs ebenso. Die Bestimmungen waren allen Verei-nen geläufig, demnach umging man hier und da die Paragra-phen der Lizenzgesetze sinngemäß. Sie waren aber noch nicht außer Kraft, also mußte man vorsichtig sein. Offiziell durfte den Spielern nicht mehr bezahlt werden, als im Statut verankert war. Wie man heute weiß, wurde mehr bezahlt.

Und einer wurde dabei erwischt. Ausgerechnet der Berliner Altmeister Hertha BSC. Die Berliner führten auch als Fußballer ein Inseldasein und waren gegenüber den Konkurrenten in der Liga fraglos benachteiligt. Nicht jeder folgte gern dem Ruf nach Berlin, die »Insulaner« mußten schon etwas bieten. Sie versuchten also, der akuten Abstiegsgefahr mit höheren Zuwendungen an die Akteure zu begegnen. Mehr Handgeld und mehr Grundgehalt, das war ein Vergehen.

Eines Freitags im Februar 1965 erschienen plötzlich die Buchprüfer des DFB an der Spree und deckten das Fehlverhalten auf. Die Strafe folgte auf dem Fuß: Hertha BSC wurde aus der obersten Spielklasse ausgestoßen. Zwangsabstieg in die Regionalliga nach Ende der Saison. Der Vorstand der Berliner Kicker trat die Flucht nach vorn an. In Berlin wußte man zuverlässig, daß auch in anderen Vereinen die Bestimmungen des Statuts nicht so genau genommen wurden. Man nannte auch Roß und Reiter, aber die Aufklärung weiterer Verstöße durch den DFB blieb aus. Bis heute ist nur zu vermuten, daß Hertha für viele andere mitbestraft worden ist. Es wäre auch müßig, erneut Nachforschungen anzustellen, die Zeit hat alles längst überholt.

Trotzdem muß etwas faul gewesen sein im DFB-Staat jener Tage. Der »Kicker«, immer am Ball, hat damals eine Umfrage bei zwölf Bundesligapräsidenten gestartet, um zu erfahren, wie man zu einer Amnestie stünde. Elf der zwölf Befragten hielten sie für richtig. Diese elf also müssen doch gewußt haben, daß nicht Hertha allein der Sündenbock war. Warum sonst hätten sie einer Amnestie das Wort reden sollen? Sie redeten es allerdings nur ganze zwei Tage, dann fielen sie um. Der Deutsche Fußballbund hatte gewonnen.

Leider wußte er mit dem Sieg nicht allzuviel anzufangen. Er brachte sich selber erneut ins Gerede. Am Tabellenende dieser zweiten Saison ergab sich nach dem letzten Spieltag folgendes Bild: Schlußlicht war Schalke mit 22:38 Punkten, auf dem vorletzten Platz stand der Karlsruher SC mit 24:36. Beide waren zum Abstieg verurteilt. Den vierzehnten Rang in der Tabelle bekleidete Hertha BSC mit 25:35 Zählern. Der Berliner Verein wäre also in der Liga geblieben, wenn das DFB-Gericht als letzte Instanz den Zwangsabstieg nicht endgültig festgeschrieben hätte.

Nun kamen zwei Probleme auf den Fußballbund zu: Wenn drei Vereine die Bundesliga verließen, stimmte der Spielplan nicht mehr. Ein Team wäre jeweils spielfrei, und das war wirtschaftlich schwer zu verkraften. Andererseits aber wurden Stimmen laut, die an die Verpflichtung gegenüber der alten Hauptstadt Berlin erinnerten. Auch die Politik meldete sich zu Wort und machte deutlich, daß man gern einen Berliner Vertreter in der obersten Spielklasse des bedeutendsten Volkssports sehen würde. Das benötige man schon als ein Zeichen dafür, daß Berlin zur Bundesrepublik gehöre. Heute sieht man das bei weitem nicht mehr so eng, seinerzeit aber war man bereit, für die Bindung der »Insel« an den Bund jeden Kompromiß zu schließen.

Beiden Problemen konnten sich die Herren in Frankfurt nur schwerlich verschließen: Das eine war eine existentielle Frage für die Liga und das andere ein Politikum. Es bot sich allerdings ein ganz simpler Ausweg an. Karlsruhe und Schalke hätten absteigen müssen, für Hertha wäre der Berliner Regionalmeister Tasmania ins »Oberhaus« gekommen. Letzteres beschloß man auch, aber man schuf damit einen Bundesligisten, der völlig unvorbereitet vor unlösbaren Aufgaben stand und keine gute Repräsentanz für Berlin in der obersten Fußballklasse sein konnte. Trotzdem wären damit beide Probleme vom Tisch gewesen, wenn man nicht vorher schon verkündet hätte, es brauche jetzt nur noch Schalke abzusteigen, Karlsruhe könne »drin« bleiben. Jetzt hatte man plötzlich 17 Vereine. Der Spielplan stimmte wieder nicht.

Und nicht nur das: Die Frankfurter Fußballherren hatten die Rechnung ohne Schalke gemacht. Im westdeutschen Blätterwald begann es zu rauschen und zu stürmen: »Wenn Karlsruhe nicht absteigen muß, dann Schalke auch nicht. Gerade Schalke, der siebenfache Deutsche Fußballmeister, gehört in die oberste Spielklasse. Tradition verpflichtet, auch den Deutschen Fußballbund.«

Die Argumentation war nicht ungeschickt, und der DFB geriet tatsächlich in die Zwickmühle. Dann zog er sich mit einem Trick aus der Affäre. Auf einem Sonder-Bundestag in der Sportschule Barsinghausen bei Hannover beschloß die Vollversammlung deutscher Fußballclubs, die oberste Spielklasse auf 18 Mannschaften aufzustocken. Das erschien allen als die beste Lösung. Um so mehr, als sich schon vor der Geburt der Liga einige Regionalverbände für 18 Teams ausgesprochen hatten.

Aus dem Beschluß von Barsinghausen läßt sich allerdings eine Frage ableiten: Was hätte der Bundestag beschlossen, wenn zwei Jahre vorher schon den Anträgen auf 18 Vereine vom DFB entsprochen worden wäre? Hätte er die Liga auf zwanzig Mitglieder aufgestockt? Zum Glück für den deutschen Spitzenfußball bleibt die Frage nur Theorie. Hätte sie sich ernsthaft gestellt, würden heute zwanzig Teams um die Deutsche Meisterschaft spielen. Und die Bundesliga würde in eine noch tiefere wirtschaftliche und sportliche Krise hineingehen, als sie sich heute ohnehin abzuzeichnen beginnt.

Hertha BSC — das war also die Überraschung der zweiten Spielzeit vom grünen Tisch. Es stieg keiner ab, nur der Wechsel in Berlin wurde vollzogen. Trotzdem stand der Liga neues, frisches Fußballeben bevor, denn die Aufsteiger der Saison hießen Bayern München und Borussia Mönchengladbach. Noch wußte keiner, wie sehr diese beiden Mannschaften schon nach relativ kurzer Zeit für Überraschungen sorgen würden. Mit ihrem Aufstieg in die Liga hatte ein neues Stück deutscher Fußballgeschichte begonnen.

Außenseiter Werder Bremen wurde in dieser Spielzeit 1964/65 Meister, und fast wäre auch der Pokal an eine Mannschaft gegangen, die man eher aus vergangenen Fußballzeiten kannte: Alemannia Aachen. Die Westdeutschen waren in der Aufstiegsrunde zur Bundesliga zwar an Bayern München gescheitert, versuchten aber, sich im Pokal schadlos zu halten. Sie schalteten in der ersten Hauptrunde den VfL Osnabrück aus, in der zweiten Rotweiß Oberhausen. Mit Hannover 96 nahmen sie sich mit Erfolg den ersten Bundesligisten vor, mit Schalke im Halbfinale den zweiten. Das Spiel endete 4:3 für Aachen, nach Verlängerung. Im Finale wollten die Alemannen dann die Überraschung perfekt machen. Das aber schafften sie nicht. In den routinierten Borussen aus Dortmund fanden sie ihren Meister. Die Westfalen hatten das Endspiel über Preußen Münster, Tennis Borussia Berlin, Eintracht Braunschweig und den FC Nürnberg erreicht. Nun schlugen sie auch Aachen 2:0. Das sollte für Borussia Dortmund zugleich der Start zum größten Erfolg werden.

Der erste Europacup für Deutschland

Als im August 1965 die dritte Saison der Fußballbundesliga angepfiffen wurde, hatten sich die Gemüter durchweg wieder beruhigt. Der nüchterne Sportfreund verstand zwar manches nicht, die Entscheidungen am grünen Tisch kamen ihm schon etwas merkwürdig vor. Es blieb ihm aber kaum anderes übrig, als sich mit der veränderten Situation abzufinden: Die Liga hatte jetzt 18 Mannschaften. Das hatte auch sein Gutes für manche Fußballnarren, es gab jetzt vier Spieltage mehr. Wie von der Fachwelt vorausgesagt, wurde der neue Berliner Vertreter Tasmania 1900 allerdings vorwiegend zum Punktelieferanten für die bundesdeutsche Konkurrenz, die Elf hatte von Anfang an nicht den Hauch einer Chance, sich länger als ein Jahr in der obersten Klasse aufzuhalten. Und nach Tasmanias Abstieg spielte man dann doch zwei Jahre ohne Berlin, daran konnte auch die noch so starke Affinität zur alten Hauptstadt nichts ändern.

Mit Hoffnung und Freude wartete man in Schalke auf den Saisonbeginn. Der bittere Kelch des Abstiegs in die Zweitklassigkeit war am siebenfachen Deutschen Meister noch einmal vorübergegangen. Wenn auch der Verbleib im Oberhaus nicht auf dem Fußballplatz erstritten worden war, der DFB-Bundestag hatte es möglich gemacht.

Die Schalker kamen auch meist mit einem blauen Auge davon, wenn sie sich irgendwelcher Verstöße gegen irgendwelche Bestimmungen schuldig gemacht hatten. Die generelle Sperre des gesamten Teams Anfang der dreißiger Jahre war eigentlich die härteste Strafe, die den Verein in seiner Geschichte getroffen hat. Die dubiose Transaktion Hermann/ Lambert überstand er unbeschadet, der vom DFB zunächst verfügte Punktabzug wurde später annulliert. Und die Prüfung der »schwarzen Kassen«, aus denen offenbar das Geld für diesen Spielerkauf stammte, ging letztlich auch aus wie das berühmte Hornberger Schießen. Die Behörden, denen Steuern vorenthalten worden waren, drückten im Grunde beide Augen zu, denn Schalke war nach wie vor ein Aushängeschild für die Bergarbeiterstadt Gelsenkirchen. Selbst die Aufdeckung der großen Korruption in der obersten deutschen Spielklasse, an der fast die ganze Schalker Mannschaft beteiligt war, führte nur zur Bestrafung der Spieler, nicht aber zu Maßnahmen gegen den Verein.

Am Schalker Markt und im ganzen Ruhrgebiet war das Fußballvolk natürlich heilfroh, daß in der Glückauf-Kampfbahn auch künftig erstklassiger Fußball geboten wurde. Im Verein aber blieb man trotz aller Freude realistisch. Man konnte ja auch nicht mit großen Sprüngen rechnen. Es würde ein Kampf um den Klassenerhalt werden, zumindest in dieser dritten Spielzeit.

Optimistischer gab man sich da schon am Hamburger Rothenbaum. Spieler und Präsidium empfanden den elften Tabellenplatz der zweiten Spielzeit doch als sehr peinlich, das Image verlangte nach einer Korrektur. Man setzte auf den überraschend schnell von seiner schweren Verletzung genesenen Uwe Seeler. Der Hamburger Kapitän hatte sich mit der Energie, die ihn auch auf dem Fußballplatz auszeichnete, gegen eine eventuell drohende Sportinvalidität gestemmt — mit Erfolg. Seine Karriere sollte ihren Höhepunkt noch nicht erreicht haben. Man setzte in Hamburg aber auch auf zwei neue Spieler im blauschwarzen Dreß: auf den Nationalspieler Willi Schulz, der in die Hansestadt gewechselt war, und auf Helmut Sandmann. Beide überzeugten die HSV-Freunde bald davon, daß sie ein echter Gewinn für den Hamburger Fußball waren. Man mußte allerdings künftig auf einen Stammspieler verzichten, der auch schon eine Hamburger Institution geworden war: auf Uwe Seelers Bruder Dieter. Mit 34 Jahren hängte er die Fußballschuhe an den Nagel, auch aus gesundheitlichen Gründen. Leider sollte dem sympathischen Sportler nicht mehr viel Zeit bleiben, er starb in jungen Jahren an einer tückischen Krankheit. Sein Tod traf nicht nur die Eltern sehr hart, auch Uwe brauchte viel Zeit, um den Schock zu überwinden.

Und Uwe verlor in jenen Jahren noch einen Freund, der mit ihm zusammen Hamburger und deutsche Fußballgeschichte geschrieben hatte: Klaus Stürmer. Man nannte sie am Rothenbaum die Zwillinge Uwe und Klaus, weil sie nicht allein auf dem Rasen ein so exzellent eingespieltes Duo waren, sie schienen auch im Privatleben unzertrennlich. Stürmer war zwar in die Schweiz abgewandert, um dort sein Fußballglück zu versuchen — es gelang ihm auch —, dennoch war die ganze Hamburger Sportgemeinde tief betroffen, als sie von seinem überraschenden Tod erfuhr. Er starb an Krebs.

Der HSV ging also ganz zuversichtlich in die dritte Bundesligaspielzeit. Trotzdem mußte man bald erkennen, daß die Trauben wieder sehr hoch hingen. Die Bundesliga war eben doch nicht die alte Oberliga Nord, und man war wohl gezwungen, sich noch einiges mehr einfallen zu lassen, wenn man auf die Dauer ganz oben mitspielen wollte. Diesmal waren die Hamburger am Ende froh, nach dem letzten Spiel der Saison mit einem ausgeglichenen Punktekonto (34 : 34) genau in der Mitte der Tabelle zu stehen.

Und immerhin schlugen sich die Fußballer vom Rothenbaum im Kampf um den DFB-Pokal sehr gut. Denn dieser Wettbewerb fand seit der Einführung des zweiten Europacups auch bei den Zuschauern erheblich mehr Beachtung. Vor allem, weil die Pokalrunden fast an jedem Spieltag Überraschungen brachten, die in den Punktspielen nicht gang und gäbe waren. Eigentlich war das schon immer so gewesen, aber nie so registriert worden: Plötzlich standen da in vorderster Pokalfront unbekannte Amateurteams, die haushohe Favoriten vom Sockel holten. Der HSV sollte das später am eigenen Leib zu spüren bekommen.

In diesem Jahr 1965 ließen sich die Kämpfe um den »Pott« für die Hamburger recht gut an. Hannover 96 wurde 4 : 2 geschlagen, Borussia Neunkirchen blieb in der zweiten Hauptrunde sogar 0 : 4 auf der Strecke. Im Viertelfinale wurden die Hanseaten dann zwar hinausgeworfen, immerhin aber war es die Elf von Bayern München, die bereits im Jahr ihres Aufstiegs ernsthaft um den Meistertitel stritt und außerdem den DFB-Pokal holen sollte. Bereits in der Qualifikation für die erste Hauptrunde hatten die Münchener mit dem jungen Franz Beckenbauer den amtierenden Pokalsieger Borussia Dortmund 2 : 1 aus dem neuen Wettbewerb ausgeschlossen. Das war zwar nicht angenehm für die spielstarken Borussen, aber bald stellte sich heraus, daß sie diesen »Hinauswurf« nicht sehr ernst zu nehmen hatten. Sie holten nämlich zum Ende der Saison im Frühsommer 1966 zum erstenmal für den deutschen Fußball eine europäische Trophäe, den Europacup der Pokalsieger.

Das Fußballvolk in der Bundesrepublik war mittlerweile

daran gewöhnt, daß deutsche Spitzenmannschaften in den europäischen Wettbewerben nicht sang- und klanglos untergingen. Aber auch daran, daß es nur ganz selten zur ganz großen nationalen Fußballfreude gereichte. Zwei hatten bislang im Endspiel gestanden, 1960 Eintracht Frankfurt bei den Landesmeistern und der TSV München 1860 im Jahre 1965 bei den Pokalsiegern. Die Superleistung des HSV 1961 im Halbfinale gegen Barcelona war ebenso unvergessen. Nirgendwo jedoch hatte es zum letzten großen Sieg gereicht. Also wagte auch jetzt niemand eine Prognose, zu gut kannte man in deutschen Fachkreisen die Stärke des europäischen Feldes. Die Namen etlicher Teilnehmer sprachen ja für sich: Atletico Madrid, Dynamo Zagreb, Celtic Glasgow, Dukla Prag, Westham United, der Pokalverteidiger. Ferner Dynamo Kiew, damals schon die halbe sowjetische Nationalelf, der FC Magdeburg, der auch bereits über die Grenzen der DDR hinaus bekannt war, und — last not least — der englische Cupsieger FC Liverpool. Das alles waren Teams von Rang. Die Dortmunder würden kaum etwas zu gewinnen haben, orakelte man an Stammtischen und in Redaktionen.

Es sollte aber anders kommen. Die Borussen, obschon ohne ihren Star Timo Konietzka, der nach München zu 1860 abgewandert war, gingen den Wettbewerb offenbar mit großem Selbstvertrauen an. Der Pokalsieger des Zwergstaates Malta, Floriana La Valetta, war in der Qualifikation gar kein Problem. Er wurde 5:1 und 8:0 überrannt. Das Fußballvolk nickte anerkennend mit dem Kopf ob der Deutlichkeit der Dortmunder Siege, blieb aber skeptisch. Dann kam das Achtelfinale. Die Dortmunder erwarteten den Armeeclub Sofia und schickten ihn mit einer 0:3-Niederlage wieder auf den Balkan zurück. Das Polster sollte auch für die nächste Runde reichen, obwohl in Bulgariens Hauptstadt im Rückspiel 2:4 verloren wurde. Die Anerkennung des Publikums wurde jetzt allenthalben schon deutlicher spürbar, aber noch wartete man zumindest außerhalb Dortmunds und des Fußballwestens ab. Denn jetzt fing das Rennen ja erst an, der nächste Gegner der Borussen hieß Atletico Madrid. Die Spanier standen längst nicht mehr im Schatten des königlichen Clubs Real, sie waren emanzipiert und zählten schon geraume Zeit zur europäischen Spitzenklasse.

Die Dortmunder mußten zunächst in Spaniens Hauptstadt antreten und schufen sich dort mit einem 1:1 eine gute Ausgangsposition für die Rückrunde. Und tatsächlich wurden die Spanier in der Kampfbahn »Rote Erde« 1:0 geschlagen. Nun waren die Dortmunder im Halbfinale, und die ganze Fußballgemeinde der Bundesrepublik stand hinter ihnen.

Für diese Vorschlußrunde jedoch hatten sich außer den Borussen ausschließlich britische Profisclubs qualifiziert. Der Fußball auf der Insel war also wieder da. Und es schien gleichgültig, auf wen das Los fallen würde. Dortmund hatte jeden der drei zu fürchten, ob Westham, Glasgow oder Liverpool. Die Wahl traf dann Westham United, den Verteidiger des Pokals, an dem im Vorjahr München 1860 gescheitert war. Die Dortmunder scheiterten nicht. Sie gewannen sogar zweimal gegen die Engländer, in London 2:1 und in der eigenen Arena nach einem großen Spiel 3:1. Es war die Glanzzeit des blonden Siegfried Held, der mit Beginn der dritten Ligasaison zu den Borussen gestoßen war.

Das Endspiel fand dann in Glasgow statt. Hier, im legendären Hampden-Park, hatte vor Jahren Eintracht Frankfurt als Deutscher Fußballmeister aufgespielt und im Finale gegen Real Madrid 3:7 verloren. Hier warteten nun 40 000 Zuschauer und der englische Pokalsieger FC Liverpool auf die Deutschen. Glasgow lag weitab von Deutschland, aber das Fernsehen brachte das Finale wenigstens in Schnitten in die Wohnzimmer. Die Dortmunder kämpften wie selten zuvor gegen die harten und routinierten Briten, sie machten wieder ein glänzendes Spiel. Der Kampf dauerte 120 Minuten, und es stand nach 106 Minuten — 1:1. Eine Wiederholung kündigte sich an, da gelang dem Schützen des 1:0, »Siggi« Held, ein einmaliges Solo. Er ließ drei Liverpooler stehen und schoß den herauslaufenden Keeper Lawrence so hart an, daß der Ball von des Hüters Brust weit ins Feld zurücksprang. Das Leder war also noch »heiß«, wie man in der Fußballsprache zu sagen pflegt. Und vor dem Strafraum stand Libuda. Er zögerte nicht, sondern setzte den Ball mit einem exzellenten Bogenschuß aus 25 Metern Entfernung genau in den Winkel. Es stand 2:1 für die Deutschen. Als der Schiedsrichter abpfiff, hatte zum erstenmal in der Fußballgeschichte ein deutsches Team einen europäischen Pokal gewonnen. Die Mannschaft der Borussen mit Tilkowski, Cyliax, Redder, Kurrat, Paul, Assauer, Libuda, Schmidt, Held, Sturm und Emmerich wurde in der gesamten Republik stürmisch gefeiert. Es war wieder einmal eine Sternstunde des deutschen Fußballs.

Der Trainer der Dortmunder war seit Saisonbeginn Willi »Fischken« Multhaupt. Von der Weser in den Westen zurückgekehrt, setzte er einen neuen Akzent in seiner Karriere: Nach der Überraschungsmeisterschaft mit dem SV Werder Bremen schaffte er den Europacup mit dem VfB 09 Borussia Dortmund.

Und noch mehr hatte »Fischken« in diesem Jahr erreicht: Seine Borussen führten zur Zeit des Finales in Glasgow auch die Tabelle der Bundesliga an. Vor den Münchener Löwen, die punktgleich auf Platz zwei standen. Im Hintergrund lauerten die anderen Münchener, der gerade aufgestiegene FC Bayern. Er hatte nur einen Punkt Rückstand. Am vorletzten Spieltag der Saison, just nach dem großen Triumph der Dortmunder, erschienen die »Sechziger« aus München in Westfalen. Man gab an der Fußballbörse keinen Pfennig für sie, die Dortmunder waren gerade so recht in Schwung. Selbst Münchens Trainer Max Merkel, bekannt in der Branche für große und auch gute Sprüche, hatte sein Team nahezu aufgegeben. Doch wieder ereignete sich eine Fußballüberraschung: Die Münchener schlugen die Dortmunder vor eigenem Publikum eiskalt 2:0. Es war für die Borussen die erste Heimniederlage der Saison und der Abschied von der vierten Deutschen Fußballmeisterschaft. So nahe liegen Freud und Leid im Fußball beieinander.

Während des Pokalhöhenflugs der Dortmunder hatte man die Bundesliga zeitweise ein wenig aus den Augen verloren. Vor allem auf die Aufsteiger achtete man, wie üblich, nicht sonderlich. Obschon zum Auftakt der Spielzeit der Münchener Renommierclub 1860 die jungen Bayern vor 44 000 im Stadion an der Grünwalder Straße nur knapp 1:0 geschlagen hatte. Den Treffer markierte der Ex-Dortmunder Timo Konietzka, offenbar Spezialist für schnelle Tore in der ersten Spielminute. Die Sechziger zählten zum engeren Favoritenkreis für den Titel. Sie wollten nach dem Pokal und dem zweiten Platz im Europacup des Vorjahres endlich auch die

Meisterschale. Diese bedeutendste nationale Fußballauszeichnung fehlte ihnen immer noch.

Und sie schafften es. Zwar nicht im Durchmarsch, aber mit Ausdauer, Kondition und ausgeprägtem Ehrgeiz. Es gab für sie einige bemerkenswerte Erfolge auf diesem Weg nach oben, aber auch etliche Blamagen, nach denen sie fast ihr Selbstvertrauen verloren. Die Siege in Nürnberg (4:1), in Hamburg (2:1), in Bremen (3:0) zählen zu den Glanztaten, die Niederlagen in Kaiserslautern (0:3), in Köln (1:3) und vor allem im Rückspiel gegen den noch weit unterschätzten Lokalrivalen »Bayern« (0:3) ließen Max Merkel oft laut und deutlich an der Qualifikation seiner Schützlinge zweifeln. Nach einem 1:1 in Braunschweig meinte er, der Zopf sei ab, das Rennen aus. Nach dem 1:1 im letzten Spiel der Saison gegen den Hamburger SV jedoch genügte dem spruchgewaltigen Trainer ein solches Ergebnis. Es bedeutete ja auch die Meisterschaft.

Der TSV 1860 hatte eine Saison präsentiert, die auch den neuen Bundestrainer Helmut Schön aufmerken ließ. Der intelligente lange Dresdener, einst Star in der Meistermannschaft des DSC und als exzellenter Techniker sechzehnmal unter Herberger in der deutschen Nationalmannschaft angenehm aufgefallen, hatte vom »Bundessepp« ein im Grunde geordnetes »Fußballgeschäft« übernommen und schickte sich gerade an, seine Schützlinge für die Weltmeisterschaft zu präparieren. Die Erfolge des neuen Deutschen Fußballmeisters imponierten ihm. Er berief Grosser und Brunnenmeier aus München in die Länderelf und nahm sie nach einem Testspiel gegen die UdSSR zum WM-Qualifikationsspiel mit nach Stockholm.

Wie sein Vorgänger und Lehrer hatte der neue Cheftrainer des DFB guten Kontakt zu den Bundesligaclubs, und so tauchten noch vor Beginn des WM-Turniers 1966 in England zwei junge Fußballer im Nationaltrikot auf, die wie Fritz Walter und Uwe Seeler immer zu den ganz Großen zählen werden. Sie standen damals am Anfang ihrer glanzvollen Karrieren und waren nur regionale Größen. Jahre später sollten sie weltbekannte Spieler sein. Ihre Namen: Franz Beckenbauer (Bayern München) und Günter Netzer (Borussia Mönchengladbach), die Spielgestalter der Aufsteiger von 1965.

Das Tor, das keines war

Der Bundestrainer Sepp Herberger, spätestens seit der Weltmeisterschaft von 1954 eine absolute Autorität im deutschen wie im internationalen Fußball, trat 1964 zurück. Er hinterließ seinem Nachfolger ein gut bestelltes Haus. Nach dem dritten Platz bei der WM in Schweden (1958) und dem Ausscheiden seines Teams gegen Jugoslawien bereits im Viertelfinale des WM-Turniers in Chile (1962) hatte er noch erleben dürfen, daß seine ständigen Hinweise auf die Notwendigkeit einer Konzentration der Kräfte im deutschen Spitzenfußball durch die Einführung der Bundesliga gefruchtet hatten. Er konnte mit seinem Team sogar noch ein Jahr lang Nutznießer dieses Erfolges sein, wenngleich sich in den Anfängen der zentralen Liga die Leistungssteigerung auf die Nationalelf noch nicht voll auswirkte. Zur Situation der Ländermannschaft in den Jahren vor der Bundesliga schreibt der Chefredakteur des »Kicker«, Karl-Heinz Heimann, in der Bundesliga-Jubiläumsausgabe seines Blattes:

»...Der Triumph von Bern wurde nicht zuletzt deshalb möglich, weil Herberger damals seine Kandidaten vor wichtigen Länderspielen zu Sondertrainings anhielt, zu regionalen Trainingsgruppen zusammenfaßte und den Vereinstrainern ständig im Nacken saß, besonders intensiv mit den Nationalspielern zu arbeiten.

Nur durch diese speziellen Anstrengungen und durch Herbergers besonderes Geschick wurde der Erfolg 1954 möglich, obwohl bei uns der Fußball noch nicht in einer Spitzenklasse zusammengefaßt war und unsere Nationalspieler bei den großen Leistungsunterschieden innerhalb der Vereine und innerhalb der Oberligen es öfter gemächlich in den Punktspielen angehen lassen konnten. Das aber, so wußte Herberger, war auf die Dauer keine gesunde Basis für eine Nationalmannschaft, von der Erfolge erwartet wurden.«

Er behielt ja auch recht, der große Fußballfachmann Herberger. In Schweden klappte es längst nicht mehr so gut wie in der Schweiz und in Chile erst recht nicht. Und da in Bundesdeutschland sehr viele Fußballfreunde gerade gegenüber dem Nationalteam keine Nachsicht üben und mit dem »Hosianna« weniger schnell bei der Hand sind als mit dem

»Kreuziget ihn«, gerieten die Ländermannschaft und ihr
Chef sehr oft in das Kreuzfeuer auch unsachgemäßer Kritik.
Das hat sich übrigens heute eher noch verstärkt.

Die Bundesliga war also auch gedacht, um die Spielstärke
der Nationalmannschaft zu verbessern und dem Bundestrainer die Bildung des wirklich stärksten Teams zu erleichtern.
Das war natürlich nicht von heute auf morgen möglich. Dazu
Karl-Heinz Heimann, der als exzellenter Fachmann die Entwicklung genau beobachtet hat. Er schreibt:

»Natürlich konnte sich die Bildung der Bundesliga nicht auf
Anhieb in den Spielen der Nationalmannschaft niederschla-
gen. Auch hier mußte das Neue erst verkraftet werden.
Hinzu kam, daß Herberger ein Jahr nach Bundesligabeginn
sein Amt aufgab und Helmut Schön erst in seine Aufgabe
hineinwachsen mußte. Schwer genug wurde der Neubeginn
für ihn, denn die erste Aufgabe hieß gleich, die Qualifikation
für das WM-Turnier 1966 in England zu schaffen.«

Die Qualifikation war wirklich eine beträchtliche Hürde. Da
standen nämlich die Schweden den Deutschen im Wege, und
die Erinnerung an das Halbfinale von 1958 war für alle noch
lebendig. Sie waren im eigenen Land Zweiter geworden und
in Chile gar nicht erst dabeigewesen. Jetzt brannten die
Skandinavier auf eine Teilnahme an der Endrunde in England. Entsprechend diesem »Feuer« war ihre Vorstellung
beim ersten Qualifikationsspiel gegen die deutsche Elf im
November 1964 in Berlin: Sie nahmen nach hartem Kampf
ein 1:1 und damit einen ganz wichtigen Auswärtspunkt mit.
Danach winkten die unverbesserlichen Fußballtheoretiker in
der Bundesrepublik bereits ab: Das wird nichts mit England
für die Deutschen.

Der zweite Gegner in der Gruppe hieß Zypern und war weder für die Schweden noch für die Bundesdeutschen ein echter Prüfstein. Die Zyprioten wurden dann auch in allen vier
Spielen regelrecht an die Wand gespielt und landeten mit
einem Torverhältnis von 0:19 auf dem dritten Platz der
Gruppe. Nun konzentrierte sich alles auf das Rückspiel der
deutschen Elf in Stockholm. Es mußte gewonnen werden.

Es wurde gewonnen. Mit zwei Hamburger Protagonisten,
ohne die das Nationalteam kaum noch denkbar schien: mit
Uwe Seeler und Willi Schulz. Und mit dem gerade zwanzig

Jahre alt gewordenen Franz Beckenbauer, der sein erstes
Länderspiel bestritt. Es sollten am Ende seiner einmaligen
Laufbahn 103 Begegnungen im Nationaldreß sein. Im übrigen standen Hans Tilkowski im Tor, Höttges und Schnellinger in der Verteidigung, Brunnenmeier, Grosser, Seeler, Szymaniak und Krämer im Sturm. Das Mittelfeld, damals noch
die Läuferreihe, war mit Beckenbauer, Sieloff vom VfB
Stuttgart und Willi Schulz besetzt. Diese Mannschaft korrigierte das 1:1 von Berlin durch einen überzeugenden 2:1-
Erfolg. Uwe Seeler steuerte dazu das entscheidende Tor bei.
Nun konnte Helmut Schön in Ruhe mit seinen Vorbereitungen auf das WM-Turnier beginnen.
Mit der Ruhe war es allerdings nicht weit her. Es blieb ja nur
ein gutes halbes Jahr bis zum Beginn der WM. Und es liefen
parallel die Spiele der Bundesliga, des DFB-Pokals und des
Europacups der Pokalsieger mit Dortmunder Beteiligung.
Werder Bremen, der amtierende Landesmeister, war um
diese Zeit im europäischen Wettbewerb schon gescheitert, an
Partizan Belgrad. Die Spitzenspieler wurden also in ihren
Clubs hinreichend gefordert. Damals allerdings galt ihnen
das Nationaltrikot schon sehr viel, war es die bedeutendste
Fußballehre, für Deutschland spielen zu dürfen. Darum nahmen die Erwählten die Sonderbelastung nur zu gern in Kauf.
Und erwählt wurde in diesen Monaten eine ganze Menge,
berufen, ausprobiert, erneut berufen oder auch zurückgestellt. Helmut Schön, ein sehr guter Psychologe, verstand
sich vorzüglich auf den Umgang mit Fußballern — seine bedeutende aktive Vergangenheit, sein menschliches Verhalten
und seine Führungsqualitäten verschafften ihm absoluten
Respekt bei seinen Spielern. Freilich mußte er manchem eine
Absage erteilen, der sich schon auf das Turnier gefreut hatte,
aber für ihn konnten nur die elf besten Fußballer zählen.
Der Bundestrainer fand dann letzten Endes überwiegend
Zustimmung in der deutschen Fußballöffentlichkeit, als er
sein endgültiges Aufgebot für das Turnier benannte. Die
Zweifler fehlten natürlich nicht. Ob der Helmut Haller vom
AC Bologna wirklich das Spiel machen könne, ob die beiden
anderen »Italiener« Schnellinger und Brülls sich in das Spiel
der Elf zu integrieren wüßten und ob die jungen Hüpfer aus
Köln, Overath und Weber, wirklich erste Wahl seien; solche

und ähnliche Geschichten waren vor dem Turnier der Gesprächsstoff in der Fußballszene der Bundesrepublik.

Eine ganze Reihe von Spitzenspielern wurde von Schön zurückgestellt oder kam in England nicht zum Spiel. Die Fußballer sahen das ein und warteten geduldig auf ihre Chance. Sie waren zumeist ja noch sehr jung und erst am Anfang ihrer Laufbahn. So auch Günter Netzer, seit 1965 mit Gladbach Bundesligist und bereits im selben Jahr, mit 21 Jahren, gegen Österreich und Zypern in die Nationalelf berufen. Im Februar 1966, einige Monate vor der Weltmeisterschaft, machte er sein drittes Spiel im bundesdeutschen Trikot. Im Londoner Wembleystadion gegen den Gastgeber der bevorstehenden WM. Die Deutschen verloren 0:1.

Nach der knappen Niederlage in England gab es für das Nationalteam bis zur Reise nach England nur noch Erfolge: gegen Holland 4:2, gegen Irland 4:0, gegen Nordirland 2:0, gegen Rumänien 1:0 und gegen Jugoslawien 2:0. In Dublin gegen Irland debütierte ein deutscher Torwart, der ebenfalls auf vielfältige Weise Fußballgeschichte schreiben sollte — Sepp Maier aus München. Der Stammhüter der Deutschen blieb aber zunächst Hans Tilkowski, und zum ersten Spiel der WM-Endrunde trat Helmut Schön in Sheffield gegen die Schweiz mit folgender Aufstellung an: Tilkowski (Dortmund), Höttges (Bremen), Schnellinger (Mailand), Beckenbauer (München), Schulz (Hamburg), Weber (Köln), Brülls (Brescia), Haller (Bologna), Seeler (Hamburg), Overath (Köln) und Held (Dortmund). Es wurde ein großartiger Auftakt, die Schweiz blieb 0:5 auf der Strecke. Haller (2), Beckenbauer (2) und Held schossen die Tore. Beckenbauer, Overath, Haller und Seeler zauberten vorn und in der Mitte, Höttges, Schnellinger, Schulz, Weber und Tilkowski hielten hinten alles sauber. Sofort wußte man in Fachkreisen, daß diese Mannschaft erst schlagen müsse, wer Weltmeister werden wolle. Und als im zweiten Spiel gegen Argentinien nur ein 0:0 heraussprang, war man im deutschen Lager zwar nicht ganz zufrieden, blieb aber gelassen.

Schön nahm dann gegen Spanien Krämer aus Duisburg in den Sturm, außerdem Emmerich von Borussia Dortmund. Brülls und Haller blieben auf der Bank. Und Lothar Emmerich bedankte sich für den Einsatz mit einer sensationellen

Einzelleistung. Er und Held waren ja in Dortmund beim Europacup-Sieger zu einem idealen Gespann geworden. Die beiden verstanden sich blind, ähnlich wie vorher Uwe Seeler und Charly Dörfel. Gegen Spanien also debütierte »Emma«, wie man ihn in Dortmund liebevoll nannte. Im Laufe des Spiels, das lange Zeit nicht so recht vorwärtsging, bekam Emmerich den Ball an der Toraus-Linie zu fassen. Alles erwartete eine Flanke, da knallte der Dortmunder dem spanischen Torhüter das Leder aus diesem unmöglichen Winkel mit voller Wucht ins Netz. Der Spanier wußte gar nicht, wie ihm geschehen war, die Deutschen auf dem Feld, auf den Rängen des Stadions von Birmingham und an den Bildschirmen in der Bundesrepublik waren erst sprachlos, dann brach überall unbeschreiblicher Jubel aus. Über diesen Ausnahmetreffer ist noch viel gesprochen worden, doch nicht so lange und ausgiebig wie über ein anderes Tor des Turniers, das ganz allein für sich Fußballgeschichte gemacht hat.

Jetzt hatte Deutschland auch gegen Spanien gewonnen — 2:1, das zweite Tor schoß Uwe —, das Viertelfinale war erreicht. Gegner war die Mannschaft von Uruguay, und Helmut Schön stellte noch einmal um. Er brachte Haller für Krämer. Dabei sollte es denn auch bleiben. Die Südamerikaner lernten die Deutschen von ihrer besten Seite kennen und mußten sich 0:4 geschlagen geben. Seeler, Beckenbauer und Haller sorgten für die Treffer. In der Vorschlußrunde traf die Nationalelf aus der Bundesrepublik dann auf die Sowjetunion, die ihr den Weg ins Finale ebenfalls nicht verbauen konnte. 2:1 hieß es nach neunzig Minuten in Liverpool, und wieder waren es Beckenbauer und Haller, die den Sieg mit je einem Treffer perfekt machten.

Im dritten Anlauf nach Bern hatte es endlich geklappt: Deutschland stand erneut im Endspiel um die Fußball-Weltmeisterschaft. Gegner war Gastgeber England.

In der gesamten Bundesrepublik und in allen ausländischen Ferienzentren, in denen Deutsche ihren Sommerurlaub verbrachten, herrschte Endspielfieber. Die meisten schwelgten in hoffnungsfrohem Optimismus. Was in Bern möglich war, mußte sich in England wiederholen lassen, hörte man die »Experten«. Schließlich seien die Ungarn seinerzeit ja viel besser gewesen als die Briten heute. Nur Schön und seine

Spieler blieben gelassen, sie ließen sich von der allgemeinen Euphorie nicht anstecken.

Der Bundestrainer hatte sein Team hervorragend eingestellt. Die Qualität der englischen Formation mit dem 4—3—3-System war ihm hinreichend bekannt, die Torjäger Hurst und Hunt wußte er bei »Eisenfuß« Höttges und »World-Cup-Willi« Schulz in guten Händen. Und es begann auch sehr gut, Haller brachte die deutsche Mannschaft sogar in Führung. Das aber wollte nichts heißen, ein Spiel dauerte ja neunzig Minuten. Dieses sollte allerdings zwei Stunden dauern und einen dramatischen Verlauf nehmen.

Die Engländer schlugen zurück, gleich zweimal. Hurst und Peters sorgten für eine 2:1-Führung. Und alles glaubte die deutsche Sache bereits verloren, da gelang Wolfgang Weber, dem jungen Hüpfer aus Köln, aus einem Gewühl vor dem britischen Tor der Ausgleich. Die Uhr zeigte die 90. Minute. In der Verlängerung war noch alles offen, als das geschah, was viele deutsche Fußballfans bis heute nicht wahrhaben wollen. Mit einem Volleyschuß knallte Hurst den Ball an die Unterkante der Latte, das Leder sprang von dort auf die Torlinie, dann ins Aus. Schiedsrichter Dienst aber gab das Spiel noch nicht wieder frei, er folgte vielmehr einem Wink des sowjetischen Linienrichters. Der Herr hatte den Ball hinter der Linie gesehen. Dienst glaubte ihm und zeigte zur Mitte. Die Engländer jubelten, die Deutschen protestierten. Sie waren sicher, daß der Ball nicht, wie es die Regel vorschreibt, in vollem Umfang die Torlinie überschritten hatte. Leider ignorierte der Schiedsrichter die deutschen Proteste. Er blieb bei seiner Tatsachenentscheidung: 3:2 für England. Millionen Deutsche grollten, fühlen sich betrogen, obwohl sie gar nicht wußten, ob die Nationalelf die Verlängerung überhaupt heil durchgestanden hätte. Und daß der Linienrichter aus der Sowjetunion kam, war für manche wieder ein Grund, Absicht zu vermuten, wo allenfalls ein folgenschwerer Irrtum vorlag. Protest hin, Beweis her, das Tor wurde registriert, und die Engländer gewannen das Endspiel. Die Deutschen versuchten zwar mit allen Mitteln, das Ergebnis noch zu revidieren, um vielleicht eine Wiederholung zu erzwingen, aber ihr Powerplay blieb ohne Erfolg. Im Gegenteil, ein Konter, den Hurst mit einem weiteren Treffer für die Gastgeber abschloß, veränderte noch das Resultat. Das war aber nur von statistischer Bedeutung. Deutschland verlor also 2:4, und die Briten, die an den ersten Weltmeisterschaften in den zwanziger und dreißiger Jahren gar nicht teilgenommen hatten, weil sie sich als Väter des Fußballs für zu gut hielten, waren überglücklich, als ihnen der Jules-Rimet-Pokal überreicht wurde. Selbst Elisabeth II. konnte ihre Freude nicht ganz hinter der majestätischen Würde verbergen.

Nach diesen dramatischen zwei Stunden von Wembley blieb für viele deutsche Fußballfreunde herbe Enttäuschung zurück. Trotzdem überwogen zum Glück die Stimmen, die an den Fußball als »die schönste Nebensache der Welt« erinnerten, und das mit der Betonung auf »Nebensache«! Mit der Zeit beruhigten sich dann auch die heißesten Gemüter und schlossen sich der Ansicht des am stärksten Betroffenen an: Deutschlands Torhüter Nummer eins in jenen Tagen, Hans Tilkowski, stellte lakonisch fest: »Es war zwar kein Tor, aber was soll es. Schwamm drüber.«

Wichtiger waren für den deutschen Fußball die Lehren, die er aus dem nicht in Zweifel stehenden Erfolg der Nationalmannschaft in England ziehen konnte. Die Bundesliga hatte sich einmal mehr als nützlich erwiesen. Für die ganze Fußballnation. Dazu als Abschluß dieses spannenden Kapitels deutscher Fußballgeschichte noch einmal »Kicker«-Chef Karl-Heinz Heimann:

»In der Endspiel-Elf 1966 standen sechs ›echte Kinder‹ der Bundesliga: Beckenbauer, Emmerich, Held, Höttges, Overath und Weber. Die fünf ›Altgedienten‹ schon aus Oberligazeiten hießen Haller, Schnellinger, Schulz, Seeler und Tilkowski. Nach nur drei Jahren Existenz hatte die Bundesliga das Gesicht der Nationalmannschaft bereits wesentlich mitgeformt.«

Der HSV am Rande des Abstiegs

Die deutsche Nationalmannschaft hatte sich durch ihre imponierende Leistung beim WM-Turnier in England endlich wieder in den Blickpunkt gespielt. Sie wurde in der Welt und vor allem in der deutschen Fußballöffentlichkeit mit großem

Respekt behandelt. Und die junge Bundesliga hatte ihr fraglos geholfen, das schwindende Ansehen zurückzugewinnen. Je mehr aber das Länderteam nach vorn marschierte, desto weniger hörte man vom Hamburger Sport-Verein. Die Spielzeit nach der Weltmeisterschaft brachte, wie schon berichtet, den zweiten Überraschungsmeister aus dem Norden: Eintracht Braunschweig. Und hinter dem Spitzenreiter etablierten sich die erklärten Favoriten des Jahres, Vorjahressieger 1860 München, Europacup-Gewinner Borussia Dortmund, Eintracht Frankfurt, Kaiserslautern, Bayern München, ferner der FC Köln und Borussia Mönchengladbach.

Die Elf aus Hamburg, wie Schalke und Nürnberg schon lange eine Institution im deutschen Spitzenfußball, teilte offenbar in jenen Jahren auch das Schicksal der beiden Rekordmeister. Sie fand sich am Ende der Saison auf dem 14. Tabellenplatz wieder. Es gibt für alles eine Erklärung, man kann sogar alles schönreden, wenn man will. Der HSV tat das nicht. Am Rothenbaum wußte man um die Krise, man diskutierte sie, man suchte nach den Ursachen.

Einige Gründe lagen klar auf der Hand. Die Meistermannschaft von 1960 befand sich seit dem Start in die Bundesliga 1963 in einem latenten Auflösungsprozeß. Einmal machte Günther Mahlmann nicht mehr mit, als der Fußball vollends zum Beruf zu werden drohte. Martin Wilke war für den hervorragenden Trainer kein vollgültiger Ersatz, Georg Gawliczek als sein Nachfolger operierte auch nicht gerade glücklich, und Josef Schneider, der Coach der Spielzeit 1966/67, blieb ebenfalls ohne Erfolg.

Aber auch zwei schwer ersetzbare Leistungsträger hatten der Bundesliga einen Korb gegeben: Jochen Meinke und Jürgen Werner. Meinke, Jahrgang 1941, ein tadelloser Sportsmann, stellte zwar jederzeit seinen Rat zur Verfügung, er wollte jedoch nicht mehr spielen. Der langjährige Kapitän der HSV-Erfolgsmannschaft erinnert sich: »Ich war bereits 32 Jahre alt, und mit der Bundesliga begann ja eine neue Zeit im Fußball. Man mußte praktisch unter geänderten Voraussetzungen arbeiten, und dazu fühlte ich mich zu alt. Überdies waren damals mit dem Ball noch keine Reichtümer zu ernten, und ich mußte an meine künftige berufliche Arbeit denken. Zwar akzeptierte ich den sogenannten Ehrenvertrag, den mir der

Verein anbot, ich habe auch noch trainiert. Auf dem Platz aber ließ ich gern anderen den Vortritt. Nicht, daß ich den Berufsfußball ablehnte wie Mahlmann — ich war ja selber lange genug halber Profi —, aber ich hätte in meinem Alter in der Spitzenliga kaum noch Bäume ausreißen können. Darum blieb ich draußen.«

Präsidium und Mannschaft akzeptierten damals die Entscheidung ihres Mittelläufers. Jürgen Werners Entschluß, die Fußballschuhe an den Nagel zu hängen, traf den HSV noch empfindlicher, doch auch er fand letzten Endes Verständnis. Werner hatte mit seinem Studium — er strebte mit den Hauptfächern Latein und Sport das höhere Lehramt an — ohnehin seine Schwierigkeiten. Und die Schuld daran gibt er dem Fußball, ohne ihm deshalb jedoch gram zu sein:

»Ich habe während meiner Zeit als Vertragsfußballer beim HSV immer den Weg zur Uni gefunden, aber wenn die großen Fußballentscheidungen anstanden, wenn schwere Spiele vor mir lagen, zog ich das Training doch des öfteren der Vorlesung oder dem Seminar vor. Man kann eben auf die Dauer nicht Diener zweier Herren sein. Seinerzeit war ich begeisterter Fußballer, spielte für Deutschland, wurde in der Stadt beachtet, erhielt Beifall im Stadion, das alles geht an einem jungen Mann nicht spurlos vorüber. Also ließ ich das Studium eine Weile langsam angehen. Ich verlor es aber nie ganz aus den Augen.«

Als dann von ihm die Entscheidung für den Professionalismus auf dem Fußballplatz gefordert wurde, winkte Jürgen Werner ab. Er hätte zwar noch einige gute Fußballjahre vor sich gehabt, denn bei der Geburt der Bundesliga war er erst 28. Er wußte aber, daß er am Scheideweg stand. Wenn er sich für den Ball entschieden hätte, wäre es mit dem Studium aus gewesen. Und da Werner immer ein realistischer Mensch gewesen ist, stand sein Entschluß fest. Die Erklärung leuchtet ein: »Ich wollte unbedingt Lehrer werden. Dazu mußte ich mein Studium fortsetzen und beenden. Und ich mußte intensiver lernen als bisher. Knappe zwei Jahre hatte ich durch den Fußball ohnehin verloren, aber die waren aufzuholen. Also war für mich alles klar, und der HSV zeigte Verständnis für meine Entscheidung.«

Jürgen Werner hörte also auf und machte, wie man weiß,

auch als Pädagoge keine alltägliche Karriere. Heute ist der Oberstudiendirektor für die Ausbildung der Referendare im Stadtstaat Hamburg verantwortlich. Er hat seine Entscheidung von 1963 nicht bereut, so schwer ihm auch der Abschied vom aktiven Fußball gefallen ist. Dem Hamburger Sport-Verein ist Werner bis heute eng verbunden, nicht nur als beratendes Mitglied. Als Paul Hauenschild starb, hinterließ der große Gönner dem HSV sein gesamtes Vermögen. Es ging in die Millionen. Und Werner wurde in die Kommission berufen, die auf Wunsch des Mäzens die »Hauenschild-Stiftung« verwaltet.

»Onkel Paul«, so Jürgen Werner, heute, »hat verfügt, daß die Erlöse dieser Stiftung vor allem dem Jugendfußball dienen sollen. Und darauf hat der Ausschuß zu achten. Man hat vor einigen Jahren mal durch Verkauf der Ochsenzoll-Anlage finanzielle Schwierigkeiten beheben wollen, aber das haben wir verhindert. Und wir werden auch in Zukunft dafür sorgen, daß die Erlöse der HSV-Arbeit zufließen, für die sie testamentarisch bestimmt sind.«

Außer Meinke und Werner schied auch Uwe Reuter aus der HSV-Elf aus, ehe die Bundesliga ihren Spielbetrieb aufnahm. Der Zwangsverzicht auf drei Leistungsträger war für die Seeler-Elf ein harter Schlag. Um so glücklicher waren alle, als man nach der ersten Saison wenigstens im oberen Drittel der Tabelle landete. Später kamen dann ja, wie berichtet, Willi Schulz und Helmut Sandmann, und Manfred Pohlschmidt wechselte von Preußen Münster zum Rothenbaum. Frisches Blut war also vorhanden. Doch dann nahm Dieter Seeler seinen Abschied, auch Gerhard Krug stieg aus und setzte sein Studium fort. Und diese spielerischen Verluste konnte auch der Schalker Egon Horst nicht aus der Welt schaffen, als er zum HSV kam.

Nach Ansicht von Jochen Meinke fehlte schon damals der Nachwuchs aus den eigenen Reihen. Ideale Jugendlehrer und -förderer wie Günther Mahlmann sind sehr selten, und in Ochsenzoll spielten zwar nach wie vor viele junge Mannschaften im Dreß des HSV, da war aber niemand, der die schlummernden Talente weckte und fit machte für den großen Fußball. Und so ergiebige Jahre wie von 1948 bis 1954, in denen die Ligamannschaft gleich reihenweise mit exzellenten jungen Nachwuchsspielern beliefert werden konnte, wiederholen sich nicht ständig. Einzig Helmut Sandmann fand aus den Amateurformationen den Weg zu den Lizenzkickern. Er hatte sich durch konstant gute Leistungen und etliche Berufungen in die Amateur-Elf des Deutschen Fußballbundes für die Bundesliga empfohlen und behauptete sich dort sehr gut eine Reihe von Jahren.

All diese Umstände waren mit schuld daran, daß der Hamburger SV im vierten Spieljahr der Bundesliga an den Rand des Abstiegs geriet. Und wäre nicht ein Uwe Seeler immer wieder mitreißend nach vorn marschiert, hätte der Kapitän seine Elf nicht immer aufs Neue begeistert, wer weiß, ob es die Mannschaft vom Rothenbaum in jenen Jahren nicht doch erwischt hätte. Dabei hatte selbst Uwe seine Schwierigkeiten mit der Gesundheit. Der Riß der Achillessehne war zwar überraschend schnell überwunden. Wozu andere ein Jahr brauchen — wenn sie es überhaupt schaffen — , das brachte der Hamburger in sechs Monaten fertig. Aber — da war doch noch etwas zurückgeblieben. Uwe erinnert sich:

»Im Februar 1965 erfolgte die Verletzung. Im August spielte ich schon wieder für den HSV. Und im November des gleichen Jahres stand ich für Deutschland in der Nationalelf und schoß in Stockholm das entscheidende zweite Tor gegen Schweden, das uns die Teilnahme an der WM sicherte. Aber ich hatte noch Schmerzen. Da war noch eine Entzündung an der Ferse, die sich nicht einfach beilegen ließ. Mein Chef Adi Dassler, ein großer Tüftler vor dem Herrn, verpaßte mir zwar ein Paar Spezialschuhe, in denen sich meine lädierte Ferse einigermaßen wohl fühlte, aber ich mußte doch noch einige Male operiert werden, ehe das endgültig vom Tisch war. Ich ließ das dann immer in der Sommerpause machen, damit ich zum Saisonbeginn wieder fit war. Gerade in den schweren Jahren, in denen es um den Klassenerhalt ging, konnte ich den HSV doch nicht im Stich lassen.«

Wer Uwe Seeler kennt, weiß, daß solche Worte kein Eigenlob sind. Der »Dicke« war mit Leib und Seele Fußballer, und das in erster Linie für seinen Hamburger SV. Daß sein Fußballruhm mittlerweile in alle Welt gedrungen war — er hatte ja auch wie weiland Jupp Posipal in der FIFA-Auswahl gestanden —, freute ihn zwar, änderte aber nichts an der Rang folge. Für Uwe galt es auch in den nächsten Jahren, den HSV in der Bundesliga zu halten, bis die endgültige Regeneration vollzogen war.

Aber die Gesundheit machte es Uwe Seeler nicht eben leicht, das Ziel im Auge zu behalten. Schon 1966 hatten sich die Schmerzen im Rückgrat wieder verstärkt, er mußte oft unter der schmerzstillenden Wirkung von Injektionen spielen. Kein Wunder also, daß er sich in jenen Tagen zum erstenmal ernsthaft Gedanken um die Beendigung seiner Laufbahn machte:

»Es gab nach der WM in England zwei Gründe. Einmal war das Rückgrat ein ständiger Schmerzfaktor, zum anderen war ich inzwischen dreißig Jahre alt. Und ich hatte mir immer vorgenommen, den Zeitpunkt meines Abschieds vom Fußballplatz selbst zu bestimmen. Wenn man für den Höchstleistungssport zum alten Eisen gehört, ist man ja noch jung. Und die Zeit danach ist viel länger, als die meisten Profifußballer heute glauben. Damals waren mit dem deutschen Fußball noch nicht die Gelder zu verdienen wie jetzt, aber selbst das war und wäre auch heute für mich nicht entscheidend. Ich könnte gar nicht ausschließlich nur von meinem verdienten Geld leben, auch wenn ich es de facto könnte. Ohne Arbeit würde mir das alles keinen Spaß machen. Und es muß eine sinnvolle Arbeit sein. Das wird für mich ein Leben lang gelten. Allen Profis jedoch kann ich nur raten, rechtzeitig Schluß zu machen, bevor mit ihnen Schluß gemacht wird. Das ist nicht nur besser für das Image in der Fußballöffentlichkeit, das ist auch besser für das eigene Selbstverständnis. Fußball ist wunderbar, aber Fußball ist nicht das Leben allein. Das Leben ist Beruf und Familie, und ich halte die Familie und vor allem die Rolle der Frau im Leben eines Berufssportlers für sehr bedeutend. Wenn es zu Hause nicht stimmt, geht es auch im Geschäft meist nicht gut, ob dieses Geschäft nun auf dem Fußballplatz betrieben wird oder anderswo in der freien Wirtschaft. Ich habe ja beides erlebt und es immer so gehalten. Leider aber hört man gerade heute sehr oft, daß diese häuslichen Voraussetzungen für den Erfolg bei vielen längst nicht mehr stimmen.«

Das ist Uwe Seeler, wie ihn die Fußballwelt kennt und liebt. Gesunder Ehrgeiz, unheimliche Energie, starke Selbstdisziplin und menschliche Wärme, eine Summe von Eigenschaften, die heute nicht viele Leistungssportler auszeichnen. Manche kommen sogar nur mit dem Ehrgeiz aus. Uwe war und ist ein fairer Kämpfer, wie er im Buch steht. Nicht nur auf der Jagd nach Toren, auch im Berufsleben. Inzwischen hat sich der Hamburger eine überaus solide Existenz aufgebaut. Man spricht an Elbe und Alster und sogar weit über Hamburg hinaus immer noch von »uns Uwe«, und die »Uwe-Seeler-Moden« sind in der Bekleidungsbranche ebenfalls bereits ein fester Begriff.

Wir wissen, Uwe Seeler ist damals sogar mit den Schmerzen in seinem Rückgrat noch mal fertig geworden und hat weiter Fußball gespielt. Er nahm zwar 1968 Abschied von der Nationalmannschaft, nicht aber vom HSV. Und selbst für Deutschland stieg er trotz des Abschieds noch einmal in die Fußballarena, als Helmut Schön ihn dringend darum bat. Nicht zu seinem Schaden, wie sich zeigen sollte, und erst recht nicht zum Schaden des deutschen Fußballs.

Wichtig war Uwe Seeler allerdings in erster Linie sein Verein. Ihm gebührt ein großer Teil des Dankes, den der HSV dem Team jener Jahre schuldig ist. Die Mannschaft schaffte ihn immer wieder, den Klassenerhalt. Und heute gehört der Hamburger Sport-Verein neben Frankfurt, Kaiserslautern und Köln zu den vier Vereinen, welche die Bundesliga mitgegründet und sie nie verlassen haben.

Leider hat Uwe Seeler als aktiver Fußballer die Vollendung der HSV-Regeneration nicht mehr erlebt. Der Prozeß dauerte fast länger als ein Jahrzehnt, denn Ende der sechziger Jahre bis zur Mitte der »Siebziger« gaben andere Mannschaften den Ton an.

Die Bayern im Anmarsch

Der FC Bayern München hatte 1965 seine Visitenkarte in der obersten deutschen Fußballklasse abgegeben. Und nicht nur das. Er sorgte auch in der ersten Spielzeit bereits für Überraschungen. Am Ende fehlten den Fußballern um den jugoslawischen Trainer »Tschik« Cajkowski ganze drei Punkte, um den anderen Münchenern, dem TSV 1860, den

Titel abzunehmen. Die Bayern verspielten ihre letzte Chance am vorletzten Spieltag vor eigenem Publikum. Sie verloren gegen den FC Köln 1:4. Der Aufsteiger als Titelaspirant — die Bundesliga staunte.

Die Bayern waren also eine Größe, mit der man rechnen mußte. Das wußte man nun in der Fußballfachwelt. Sie sollten das schon bald in der Landesmeisterschaft so eindrucksvoll demonstrieren wie keine andere Elf, im DFB-Pokal griffen sie bereits in ihrem ersten Bundesligajahr nach der Trophäe. Auf dem Weg dahin schalteten sie alles aus, was Rang und Namen hatte: Borussia Dortmund, den Hamburger Sport-Verein, den FC Nürnberg. Niemand konnte die Münchener aufhalten, auch der Meidericher Spielverein nicht. Er unterlag ihnen im Endspiel 2:4.

Fußball-Deutschland stieg mit zwei Teams in den Kampf um den Europacup der Pokalsieger ein, mit dem Verteidiger Borussia Dortmund und den weithin unbekannten Bayern. Man wünschte ihnen natürlich eine Wiederholung des Erfolges der Dortmunder Borussen, aber man mochte nicht recht daran glauben. Da hatte zwar Franz Beckenbauer in der Nationalelf die ersten Kostproben seiner spielerischen Genialität abgeliefert, auch Sepp Maier hatte für Deutschland nachweisen dürfen, daß er ein sehr guter Torwart ist. Doch zwei erstklassige Spieler machen noch keine europäische Spitzenmannschaft, und von den übrigen Bayern, die bei den »Bayern« kicken, wußte man noch nicht viel. Niemand achtete auf den kleinen Herrn Müller, erst als er in der Spielzeit 1966/67 mit dem Dortmunder Lothar Emmerich gemeinsam Schützenkönig der Liga wurde, wurde man auf den späteren »Bomber der Nation« aufmerksam.

Aber da war es ja bereits passiert: Der FC Bayern hatte von Dortmund den Europapokal übernommen und für ein Jahr in München sichergestellt. Da wurde auch wieder ein Bayer Fußballer des Jahres, jener »kleine, dicke« Gerd Müller nämlich. Er löste in diesem Amt seinen Kollegen Beckenbauer ab, der 1966 nach seinen spektakulären Auftritten bei der Weltmeisterschaft diese Würde erhalten hatte.

Die Münchener Aufsteiger waren also schon wer im bundesdeutschen Fußball, bevor man das im letzten Winkel des Landes richtig gemerkt hatte. Auf dem internationalen Parkett vertraten sie Deutschland glänzend. Erst wurde auf dem Weg zum Cup Tatran Prešov (Rumänien) ausgeschaltet, dann kamen im Achtelfinale die Shamrock Rovers von den Britischen Inseln mit 1:1 und 3:2 an die Reihe. In derselben Runde mußte der Pokalverteidiger Dortmund gegen die Rangers aus Glasgow mit 1:2 und 0:0 ausscheiden. Alle deutschen Hoffnungen ruhten nun auf den Bayern.

Sie wußten sie zu rechtfertigen. Allerdings hatten sie ziemliche Mühe mit dem österreichischen Pokalsieger, mit Rapid Wien. Im Praterstadion ging das Spiel 0:1 verloren, und zu Hause benötigten die Münchener tatsächlich eine Verlängerung, um gegen die offenbar unterschätzten Wiener 2:0 weiterzukommen. Derlei Schwierigkeiten gab es dann im Halbfinale für die Deutschen nicht. Der belgische Teilnehmer Standard Lüttich wurde 2:0 und 3:1 geschlagen. Die Bayern hatten das Endspiel erreicht. Und da das Finale bereits am Beginn des Wettbewerbs von der UEFA nach Nürnberg vergeben worden war, kamen diesmal die Deutschen in den Genuß des Heimvorteils. Man fühlte sich als Bayern bei den Franken auf der Nürnberger Noris ja praktisch zu Hause und war sicher, daß das Endspiel auch vom Publikum als Heimspiel der Münchener angesehen wurde.

Dem war auch so, Tausende von Bayern und Franken füllten das Stadion. Das aber ließ den Endspielgegner absolut unberührt. Er kam aus Schottland, war international erfahren und hieß Glasgow Rangers. Die Schotten hatten den Pokalverteidiger bereits hinter sich gelassen und fürchteten auch die Herren Beckenbauer und Müller nicht. Münchens Team mit Maier, Nowak, Beckenbauer, Olk, Kupferschmidt, Roth, Koulmann, Nafziger, Ohlhauser, Müller und Brenninger tat sich dann auch sehr, sehr schwer. Die Rangers waren hart im Geben wie im Nehmen und ließen die Münchener lange Zeit gegen ihre Abwehrmauer anrennen, ohne ihnen eine Lücke zu bieten. Auf der Gegenseite war das allerdings nicht anders, denn Beckenbauer hatte die Deckung hervorragend organisiert. Also hieß es am Ende der regulären Spielzeit 0:0. Nicht einmal Gerd Müller hatte eins seiner Tore aus unmöglicher Situation treten können. Es war keineswegs ein langweiliges Spiel, wissen Augenzeugen zu berichten, aber es fehlte ihm eben die Würze. In der Verlängerung setzte sich

Uwe Seeler,
wie ihn die
Fußballfreunde
kennen und lieben

1965: Werder Bremen ist Deutscher Meister. Von links: Klöckner, Multhaupt, Bernard, Steinmann, Piontek, Schütz, Matischak, Jagielski, Lorenz (stehend), Zebrowski, Höttges, Ferner (kniend)

1967: Eintracht Braunschweig ist Deutscher Meister. Von links: Co-Trainer Patzig, Präsident Fricke, Dulz, Moll, Bäse, Trainer Johannsen, Wolter, Kaack, Ulsaß, Masseur Maas (stehend), Gerwien, Schmidt, Saborowski, Meyer (kniend)

1970: Meister Borussia Mönchengladbach. Von links: Weisweiler, Köppel, Sieloff, L. Müller, Dietrich, Laumen, Le Fèvre, Wimmer (stehend), Vogts, Bleidick, Kleff, Wittmann, Netzer (kniend)

1969: Deutscher Meister Bayern München. Von links: Beckenbauer, Müller, Roth, Starek, Schmidt, Schwarzenbeck, Ohlhauser (stehend), Pumm, Maier, Trainer Zebec, Olk, Brenninger (kniend)

1974: »Wasserspiele« gegen Polen bei der WM. Beckenbauer und Overath, zwei Spielgestalter vor einem Spielzug

1971: Zwiesprache mit dem Ball. Günter Netzer bereitet einen seiner berühmten Freistöße vor

**Die zweiten deutschen Fußball-Weltmeister von 1974: Von links (oben):
Höttges, Maier, Flohe, Müller, Grabowski, Breitner, Schwarzenbeck,
Cullmann. Unten: Nigbur, Hoeneß, Heynckes, Bonhof, Helmut Schön (mit
Trophäe), Beckenbauer, Hölzenbein, Vogts, Overath**

Drei Ehrenkapitäne des deutschen Fußballs: Fritz Walter, Franz Beckenbauer und Uwe Seeler

im Grunde die szenische Darbietung der beiden regulären Spielhälften fort. Die Schotten besaßen aber fraglos spielerisches Übergewicht. Die Deckung der Bayern geriet zunehmend unter Druck, aber sie hielt stand. Trotzdem rechneten die Zuschauer jeden Augenblick mit einem Tor der Rangers. Es kam aber anders, und die Überraschung war perfekt. Ohlhauser schlug einen Ball weit nach vorn, wohl mehr als Befreiungsschlag gedacht. Und Franz Roth beförderte ihn mehr intuitiv als geplant weiter in Richtung Schottentor. Der Schütze war offensichtlich selbst überrascht über die plötzliche Landung des Balles im Netz. Wie auch immer, die Bayern hatten — wenngleich mit viel Glück — den Europacup gewonnen. Zum zweitenmal war es einem Bundesligisten gelungen, sich mit an die Spitze des europäischen Fußballs zu setzen.

Der Hamburger Sport-Verein, der in der Liga dieser Jahre ein Schattendasein führte, entwickelte im Gegensatz dazu beim Kampf um den DFB-Pokal gewisse Qualitäten. Offenbar lagen der Elf jener Zeit die Sondergesetze der »Pott«-Spiele mehr als die Woche für Woche geforderte Bundesligabeständigkeit. 1966 waren die Hamburger in der ersten Hauptrunde vom späteren Pokalsieger Bayern München geschlagen worden, 1967, als Braunschweig Meister wurde und Bayern den Europapokal holte, drangen sie bis ins Finale vor. In der ersten Hauptrunde erlebte die Hansestadt nach langer Zeit wieder einen Lokalkampf um höhere Ehren: Der HSV mußte sich mit Altona 93 auseinandersetzen. Er nahm die Gelegenheit wahr, um augenfällig zu demonstrieren, daß er trotz seiner schlechten Position in der Bundesliga an Alster und Elbe die Nummer eins geblieben war: Er schlug den Lokalrivalen früher Fußballjahre 6:0.

Die zweite Hauptrunde forderte das Team vom Rothenbaum schon stärker heraus, Gegner war der FC Köln. Die Kollegen aus der Bundesliga waren auch nicht so schnell zu besiegen. Die Hamburger brauchten dazu insgesamt 210 Minuten. Die ersten 120 gingen torlos zu Ende, erst in der Wiederholung machte der HSV mit 2:0 alles klar für den nächsten Durchgang. Mit dem Viertelfinale kamen die Offenbacher Kickers. Auch sie wollten unbedingt zwei Spiele, aber der Hamburger SV überstand auch diese 210 Minuten unbeschadet. Es bot sich das gleiche statistische Bild wie gegen Köln: erst 0:0 nach Verlängerung, dann 2:0 für die Hamburger.

In die Vorschlußrunde war wieder der Regionalligist Alemannia Aachen eingedrungen, der im selben Jahr 1967 allerdings auch endlich den Aufstieg ins »Oberhaus« des deutschen Fußballs schaffte. Die Hamburger gewannen gegen die Kicker aus der Eifel 3:1 und konnten sich endlich wieder auf ein Finale freuen.

In diesem Finale sahen sie aber ganz schlecht aus. Gegner war der Cup-Verteidiger Bayern München. Er ließ dem Hamburger SV nicht den Hauch einer Chance. Uwe Seeler kam nicht zum Zuge, und am Ende hieß es 4:0 für die Münchener. Trotzdem kamen die Hamburger in den Genuß der Teilnahme am Europacup. Das ist bis heute so: Wenn der Pokalverteidiger erneut den Landespokal gewinnt, darf neben ihm auch der Endspielpartner um den Europacup mitspielen. Das war immerhin ein Trostpflaster für die Hamburger zum Ende der Spielzeit 1966/67, einer Saison, in der sie den Abstieg gerade hatten vermeiden können.

Der HSV nutzte die seltene Chance und versammelte wieder begeisterte Zuschauer im Volksparkstadion. Es begann auch sehr gut gegen Freja Randers aus Island, mit 5:3 und 2:0 wurde die Qualifikation für das Achtelfinale glänzend geschafft. Die Bayern schalteten derweil Athen 5:0 und 2:1 aus. In dieser Zwischenrunde erschien dann der Polnische Pokalmeister Wista Krakau an der Elbe und bezog eine 0:4-Niederlage, nachdem er schon vor eigenem Publikum 0:1 gegen den HSV gescheitert war. Die Hamburger hatten damit das Viertelfinale ebenso erreicht wie Bayern München. Die Süddeutschen hatten mit Vitoria Setubal nicht viel Mühe gehabt.

Jetzt wurde es ernst für die Hamburger: Im Volksparkstadion erschienen die Franzosen von Olympique Lyon, den Gastgebern wohlbekannt. Sie reisten mit einer 0:2-Niederlage wieder ab. In Lyon drehten sie den Spieß allerdings um, sie schickten den HSV mit einer 0:2-Schlappe zurück. Die Entscheidung sollte dann mit Heimvorteil für die Deutschen fallen: In Hamburg hieß es wieder 2:0 für die Platzherren, und der HSV war in der Vorschlußrunde wie die Bayern, die den FC Valencia mit 1:1 und 2:1 überwunden hatten. Zum erstenmal bahnte sich ein deutsches Europaendspiel an, aber niemand mochte so recht daran glauben. Es kam auch nicht dazu, die Bayern mußten gegen den unheimlich starken AC Mailand mit dem deutschen »Gastarbeiter« Karl-Heinz Schnellinger 0:2 und 0:0 das Rennen aufstecken.

Die Hamburger aber überraschten die Sportwelt. Sie schlugen Cardiff City im Volksparkstadion 3:2. Das reichte nach dem 1:1 auf der Insel. Sie zogen ins Finale ein.

Am 23. Mai 1968 machte sich ein großer Teil der Hamburger Fußballgemeinde wieder einmal auf. Ziel war Rotterdam, wo die Fans ihren HSV lautstark unterstützen wollten. Alle waren trotz der Außenseiterrolle ihres Teams guter Hoffnung. Die Mannschaft hatte in dem türkischen Nationalkeeper Öczan einen guten Torwart bekommen und sich auch im Angriff verstärkt. Charly Dörfels Bruder Bernd stürmte neben Uwe Seeler und Werner Krämer, dem Nationalspieler vom Meidericher SV. Und Josef Hönig hatte sich mittlerweile am Rothenbaum eingefunden. Neue Leute also in den Hamburger Reihen, da konnte es wohl auch gegen den AC Mailand klappen.

Um es kurz zu machen: Es klappte nicht. Die Mailänder waren zu stark. Was den Bayern nicht gelungen war, blieb auch den Hanseaten versagt. In den gesamten neunzig Minuten beherrschten die Italiener das Feld, ihre spielerische Überlegenheit errang ihnen auch die Sympathien der 50 000 im Stadion. Der Schwede Hamrin, den Deutschen hinreichend bekannt vom WM-Halbfinale 1958, schoß für den AC Milano beide Tore, es hieß mit dem Abpfiff 2:0. Der HSV hatte nicht enttäuscht, der Gegner war einfach eine Nummer zu groß für ihn.

Der Vollständigkeit halber sei noch nachgetragen, daß die beiden Landesmeister jener Jahre, München 1860 und Eintracht Braunschweig, in den Europawettbewerben vorzeitig scheiterten. 1967 wurden die Münchener von Real Madrid überwunden, dem 1:0 an der Grünwalder Straße folgte ein 1:3 in Spaniens Hauptstadt bereits im Achtelfinale. Das gleiche Schicksal erlitt 1968 der amtierende Deutsche Meister Eintracht Braunschweig eine Runde später. Die Mannschaft war kampflos ins Achtelfinale eingezogen und hatte dort Rapid Wien ausgeschaltet. Im nächsten Durchgang kam dann das Ende. Juventus Turin wurde an der Hamburger Straße in Braunschweig zwar 3:2 geschlagen, aber dieser Sieg durch ein 0:1 in Turin egalisiert. Da damals noch nicht die besondere Wertung von Auswärtstoren galt, mußte in einem dritten Spiel entschieden werden. In Bern verloren die Braunschweiger schließlich 0:1 und waren draußen.

Während sich Bayern München, der Hamburger SV und Eintracht Braunschweig in jenen Monaten um höhere Ehren bemühten, kündigte sich in der Bundesliga erneut eine Sensation an. Wieder machte sich ein Außenseiter auf den Weg zur Meisterschaft. Es sollte der dritte Überraschungssieger in fünf Bundesligajahren werden. Der Rekordmeister der frühen deutschen Fußballjahre, der traditionsreiche »Club« aus Nürnberg, strebte mit Riesenschritten nach oben.

Der »Club« in Glück und Pech

Der Wiener Fußballtrainer Max Merkel hat vom vielgerühmten Wiener Charme so gut wie nichts. Er hält es wohl eher mit seinem großen Landsmann, dem Schriftsteller Karl Kraus. Allerdings zählen dessen Zynismen — »Wenn die Sonne der Kultur niedrig steht, werfen auch die Zwerge lange Schatten« — zur Weltliteratur. Merkel produziert zwar witzige Sprüche, über die die Fußballwelt schmunzelt. Er produziert aber auch groteske Sprüche, und die Fußballwelt ist schockiert. Fettnäpfchen hat Merkel immer gefunden, wohin er auch trat. Inzwischen hat sich der Österreicher auf sein Altenteil zurückgezogen. Niemand kann jedoch sicher sein, daß er dort bleibt. Wer ihn kennt, glaubt eher daran, daß er auf einen Rückruf wartet. Auf einen Rückruf in die bundesdeutsche Liga. Vielleicht, um mal wieder einen Club vor dem Abstieg zu retten und anschließend zum Meister zu machen. Die Fachwelt ist aber sicher, daß ein solcher Rückruf ausbleibt.

Als die höchste deutsche Fußballklasse das Laufen lernte, war Max Merkel sehr gefragt. Er galt als einer der Erfolgstrainer und demonstrierte das auch sehr deutlich. Den TSV 1860 München führte er zum Pokalsieg und bis ins Endspiel um den Europacup, dann machte er ihn noch zum Deutschen Fußballmeister. Aber: Sprüche klopfte Merkel immer, ob er ganz oben stand oder ganz unten war. Auch die Münchener blieben davon nicht verschont, und es wunderte niemanden, daß es da eines Tages Schwierigkeiten gab. Max konnte es sich damals noch leisten, seine Aufgabe zurückzugeben. Er sagte den bayrischen Kollegen kurzentschlossen adieu ... und ging zu den Franken. Sie hatten ihn gerufen, da sie sich in akuten Abstiegsnöten befanden.

In Nürnberg angekommen, machte Merkel gleich von sich reden. Nicht nur mit Worten, auch mit Erfolgen. Denn den Club, den man heute noch in der ganzen Fußballszene mit Hochachtung einfach den »Club« nennt, bewahrte er nicht nur vor der Zweitklassigkeit, er machte ihn ein Jahr danach sogar zum Meister. Das war in der fünften Spielzeit der deutschen Bundesliga, an deren Ende dem Hamburger Sport-Verein lediglich der 13. Tabellenplatz blieb und die Genugtuung, in das Finale des Europapokalwettbewerbs der Pokalsieger vorgedrungen zu sein.

Die Nürnberger brauchten in jenen Tagen tatsächlich dringend Hilfe. Sie hatten die vierte Saison eigentlich recht gut begonnen, dann fielen sie plötzlich zurück. Von Woche zu Woche ging es weiter abwärts, dem Tabellenende entgegen. Der ungarische Trainer Jenö Csaknady mußte im November 1966 gehen, sein Landsmann Jenö Vincze folgte ihm einen Monat später. Zu dieser Zeit trennte den »Club« noch ein ganzer Punkt vom Abstiegsplatz. Das aber sollte nicht so bleiben, darum holten die Nürnberger Max Merkel.

Dem Wiener kam der Wechsel gerade recht, und in Nürnberg fackelte er nicht lange. Er ließ sich die Lage an der Noris schildern und griff gleich zu. Sein Führungsstil — Zuckerbrot und Peitsche, sagte man seinerzeit — imponierte dem neuen Arbeitgeber. Und das abstiegsbedrohte Team zog voll mit. Die Spieler taten, was Merkel befahl, und stiegen allmählich wieder die Tabellenleiter hinauf. Am Ende der Spielzeit verfügten sie über ein ausgeglichenes Punktekonto und einen achtbaren zehnten Platz in der Rangliste. Keiner hatte das noch für möglich gehalten. An neun Spieltagen in Folge blieb der »Club« im Frühjahr 1967 ungeschlagen und zeigte letzten Endes neben Eintracht Frankfurt noch die beste Auswärtsbilanz aller Bundesligisten vor.

Merkel hatte das natürlich vorher gewußt. So sagte er jedenfalls. Seine Freude über den Erfolg war sehr groß, seine Schadenfreude allerdings ebenfalls. Er hatte nämlich dem TSV 1860 mit seinem neuen Team zwei wichtige Punkte abgenommen. Als dann nach dem letzten Spieltag Bilanz gezogen wurde, fehlen den Münchenern just diese beiden Punkte zum zweiten Titelgewinn.

Merkel aber wollte in und mit Nürnberg mehr als die Rettung vor dem Abstieg. Und der Erfolg stimmte auch Vorstand und Mannschaft sehr optimistisch. Des Trainers Wort war fast Evangelium, und so fand der Zyniker auch einmal ein Lob für Fußballer, dem nicht ein Schuß Ironie beigemischt war. Laut »Kicker« sprach er in Nürnberg:

»Wir starten unter optimalen Voraussetzungen. Das Betriebsklima ist erstklassig. Ich habe noch nie eine Mannschaft trainiert, die so willig war, so mitzog.«

Merkel hatte die Mannschaft allerdings reformiert. Elf Spieler verließen das Team, darunter einige Protagonisten aus der Zeit der achten Deutschen Meisterschaft des »Clubs«. Flachenecker, Heiner Müller, Reisch, Wild, sie waren unter den Abgängen jenes Sommers. Und als Neuzugänge erschienen an der Noris neben anderen Starek von Rapid Wien und Cebinač, ein jugoslawischer Spitzenmann, der bislang beim PSV Eindhoven Dienst getan hatte.

Daß man sich zutraute, Meister zu werden, wußte man am Anfang der fünften Bundesligasaison allerdings nur in Nürnberg. Außerhalb des »Schattens der Burg« kam kaum jemand auf die Idee, den Altmeister zum engeren Kreis der Favoriten zu zählen. Unter den Fußballprognostikern wurden vielmehr die beiden Münchener Vereine, »Bayern« und »1860«, gehandelt, außerdem Frankfurt, Köln, Hannover und — wie immer — der amtierende Meister, Eintracht Braunschweig. Cajkowski, noch Bayern-Coach, sprach zwar von der Ausgeglichenheit der Liga und davon, daß sogar Nürnberg Meister werden könne, doch darüber lächelte man in Fachkreisen. »Tschik« gab sich ja gern ein bißchen ungewöhnlich. Er war zwar kein Max Merkel, aber mit Sprüchen konnte auch er gut umgehen. Vor allem klangen sie in seinem gebrochenen Deutsch immer lustig, auch wenn sie noch so ernsten Inhalts waren.

Eigentlich war nämlich Cajkowski der Ansicht, daß er nun endlich mit Bayern München Meister werden müsse. Zweimal den deutschen Pokal, einmal den europäischen, nun wurde es Zeit für den Titel. Er ahnte wohl schon, daß ohne einen neuerlichen Erfolg seine Zeit beim FC Bayern kurz bemessen sein würde. Doch aller Optimismus half dem rundlichen, immer fröhlichen Jugoslawen nicht, die Nachbarn aus Franken machten das Rennen. Sie waren von Merkel hervorragend eingestellt, kletterten am dritten Spieltag mit einem 4:0 über den Hamburger Sport-Verein an die Spitze und blieben dort — bis die Saison abgepfiffen wurde.

Inzwischen hatten die internationalen Fußballverbände einen Schritt nach vorn getan, der schon seit Jahrzehnten fällig gewesen war: Sie gestatteten die Auswechslung eines Spielers bei Verletzungen und Erschöpfungen. Mittlerweile dürfen zwei Akteure getauscht werden, und vom Zwang zur Verletzung als Voraussetzung für den Austausch redet keiner mehr. Als diese neue Regel gültig wurde, hatten bald viele Trainer ihren sogenannten »Joker«, den sie aufs Feld schickten, wenn es für ihr Team gefährlich wurde. Bei der Weltmeisterschaft von 1970 sollte der Frankfurter Jürgen Grabowski dafür ein geradezu klassisches Beispiel werden. Merkel hatte auch einen Spieler, der sich schnell und nahtlos in ein laufendes Spiel einzuschalten verstand, seinen Landsmann Starek. Einen Stammplatz bekam der Wiener nämlich nicht, denn Max war mit seinem Freund nicht immer zufrieden, und dann kannte er keinen Pardon. Auch Georg Volkert, beim HSV später ein großer Außenstürmer, bekam diese Merkel-Peitsche zu spüren. Er gehörte aber dann doch zum Stamm, im Gegensatz zu Starek. Die endgültige Formation glaubte Merkel auch bald gefunden zu haben. Sie lautete: Wabra, Leupold, Popp, Ludwig Müller, Wenauer, Ferschl, Cebinač, Strehl, Brungs, Heinz Müller, Volkert. Damals fiel Volkert auch Helmut Schön auf, und bald trug der Hamburger Franke, wie man ihn an der Elbe nannte, das Nationaltrikot. In der direkten Auseinandersetzung zwischen Bayern und Franken traf es den Trainer der Münchener besonders hart: Vor 65 000 Zuschauern wurde sein Team auf der Noris regelrecht vorgeführt, die Bayern fuhren deprimiert nach Hause, mit einer 3:7-Niederlage im Koffer. Damals hatte

Nürnbergs Mittelstürmer Brungs seinen großen Tag: Er traf fünfmal. Der Trost über diesen Reinfall mag den Bayern leichtgefallen sein, denn in jenen Wochen gab es in Nürnberg überhaupt nichts zu gewinnen. Auch auf fremden Plätzen war das Merkel-Team gefürchtet. Zur Halbzeit der Saison führte der »Club« die Tabelle mit sieben Punkten vor den Verfolgern — es waren 1860 München, der MSV Duisburg und der FC Bayern — an.

Nun gehört es allerdings zum guten Ton in der Bundesliga, daß fast jede Mannschaft, vornehmlich aus der Spitzengruppe, einmal im Jahr ihre spielerische Krise »nimmt«, wie gewöhnliche Sterbliche ihre Grippe bekommen. Die Nürnberger machten da keine Ausnahme. Niederlagen beim Hamburger SV, zu Hause gegen Frankfurt und Schalke, in Kaiserslautern und in Aachen bewölkten plötzlich den strahlendblauen Fußballhimmel über der Burg und ließen zumindest die Skeptiker um die schon sicher geglaubte Meisterschaft bangen. Es ging aber gut. Zum Schluß fehlten dem »Club« aus den letzten drei Spielen noch drei Punkte, und am vorletzten Spieltag machte er bereits alles klar. Ausgerechnet mit einem 2:0 bei den »Bayern« in München. Wieder war eine Fußballsensation perfekt.

Es gibt einen alten deutschen Spruch, er gilt für viele Menschen: »Wenn dem Esel zu wohl wird, geht er aufs Eis.« Auch Max Merkel blieb nicht am Ufer . . . und brach ein. Die Nürnberger hatten nun ihren neunten Meistertitel und halten diesen Rekord bis heute. Trotzdem brachte die nächste Spielzeit ein grausames Erwachen aus der Euphorie. Merkel hatte mal wieder ausgetauscht, er wollte, wie ihn Helmut Dirschner im »Kicker« zitiert, »aus einer Bauernkapelle ein philharmonisches Orchester machen«.

Solche Sprüche hörte man in Nürnberg gar nicht gern, außerdem verstand man nicht, daß er Leistungsträger wie Brungs und Ferschl einfach nach Berlin ziehen ließ, nachdem die Hertha wieder erstklassig geworden war und sich verstärken wollte. Aber nicht nur sie verließen den »Club«, auch Starek und Hilpert verschwanden, und der erklärte Publikumsliebling Cebinač sollte in der nächsten Saison ebenfalls nicht mehr regelmäßig auflaufen. Dafür erschienen Küppers, Hansen, Rynio, Erich Beer, der erst später in Berlin ganz großes Format erreichte, und Klaus Zaczyk, der am Ende der Saison beim HSV einen festen Platz fand und zu einem der beliebtesten Fußballer im Volksparkstadion wurde. Gemeinsam mit Volkert lieferte er in Hamburg große Spiele.

Merkel ließ sich auch noch andere ungewöhnliche Dinge einfallen. Ein Trainingslager in 2000 Meter Höhe zum Beispiel, wo die Akteure so gedrillt wurden, daß sie mit einem Muskelkater ins erste Ligaspiel der neuen Saison gingen. Sie kamen mit einer 1:4-Schlappe vor eigenem Publikum gegen Alemannia Aachen wieder heraus. »MM« nahm das gelassen hin, die Kritiker ließen ihn kalt. Nun kam auch noch Unglück beim Losentscheid dazu: Erster Gegner im Europacup war Ajax Amsterdam, eine Spitzenmannschaft, der die Nürnberger nicht gewachsen waren. Sie hielten zu Hause noch ein 1:1, gingen dann aber in Holland sang- und klanglos 0:4 unter.

Dagegen stieß der deutsche Pokalsieger der Saison 1967/68, der FC Köln, in seinem europäischen Wettbewerb über Bordeaux, Den Haag und Preßburg bis ins Halbfinale vor und unterlag dann erst dem CF Barcelona, der 1961 ja auch die Endstation für den Hamburger Sport-Verein gewesen war.

Mißerfolge schaffen Unruhe, sie stören die Harmonie. Da waren die Niederlagen, und da stand Merkels Spruch von der Bauernkapelle im Raum. Die Fußballwelt pflegte über diese vergleichsweise harmlosen Sprüche von »MM« zu lachen, die Nürnberger aber fühlten sich getroffen. Vor allem die »Bauernkapelle« selbst, das Team. Die Leistungen wurden nicht besser, die Niederlagen häuften sich. Es ist müßig, die Stationen des Nürnberger Leidensweges im Detail nachzuzeichnen. Vorerst hoffte und glaubte man immer noch, bis man sich nach dem ersten Spieltag der Rückrunde auf dem letzten Tabellenplatz wiederfand. Die Alemannen in Aachen hatten den amtierenden Meister mit einer 2:4-Niederlage dorthin beordert. Und das war ein Novum in der deutschen Fußballgeschichte.

Max Merkel war nun als Coach kaum noch zu halten. Er tat den ersten Schritt, im März trat er aus Gesundheitsgründen zurück. Das Nürnberger Präsidium war froh darüber, es hatte dem Wiener nach dem Titelgewinn einen Vertrag bis 1972 gegeben. Nun kam Kuno Klötzer, von dem man einiges erwartete. »Ritter Kuno« galt als nüchterner Taktiker, der im Augenblick »spielfrei« war. In Düsseldorf hatte der damals 44jährige mit Fortuna allerdings auch nur den Abstieg erspielt. Trotzdem machte er seine Sache in Franken zunächst sehr gut. Aus vier Spielen holte er mit der Elf 7 : 1 Punkte. Aber es war zu spät, auch die Mitkonkurrenten um den Klassenverbleib gewannen, und der »Club« blieb in der bedrohten Zone. Im entscheidenden Spiel gegen Dortmund, in dem ein Sieg alles klargemacht hätte, gab es ebenfalls nur ein 2 : 2. Und das reichte nicht, denn am vorletzten Spieltag kam das Ende, beim FC Köln wurde 0 : 3 verloren. Zum erstenmal im deutschen Fußball war ein amtierender Meister aus der Meisterklasse hinausgeworfen worden.

Bis heute ist das ein Einzelfall geblieben. Ganz Fußball-Deutschland hatte damals Mitgefühl mit dem »Club«, der so viele Jahre guten Fußball gespielt hatte und ein Begriff auch im internationalen Bereich geworden war. Mit dem langen Abstand ist heute nicht zu klären, wer nun die Schuld an dem Debakel trug. Die Vereine sind leicht geneigt, die Trainer verantwortlich zu machen, und sicher ist Max Merkel am Fall Nürnbergs in die Zweitklassigkeit nicht schuldlos. Meist aber kommen doch viele Komponenten zusammen, um ein so gravierendes sportliches Unglück letztlich auszulösen. Man darf schon annehmen, daß der Erfolg des Titelgewinns vielen in Nürnberg den Blick für die Realitäten getrübt hat.

Mittlerweile hat sich der »Club« ja an solche Situationen gewöhnen müssen. Erst 1978 stieg er wieder auf, aber nur, um das »Oberhaus« am Ende der Saison sofort wieder zu verlassen. Als er 1980 dann noch einen Versuch startete, hielt er sich bis 1984. Und was ihm die Zukunft bringt, liegt noch im dunkeln. Es wäre sehr schade, wenn der Rekordmeister nun für immer von der Bildfläche der Bundesliga verschwinden würde.

Während Nürnberg um seine Rettung kämpfte und schließlich unterging, begann eine neue Epoche der Fußballbundesliga und des Fußballs überhaupt. In den nächsten acht Jahren, von 1969 bis 1977, sollten ausschließlich zwei Mannschaften, der FC Bayern München und Borussia Mönchengladbach, die Rangliste anführen und sich in der Führung abwechseln. Sie produzierten im Laufe dieser Zeit ein

Glanzlicht nach dem anderen und veränderten sogar das gewohnte Bild des Spiels. Diesen beiden Mannschaften ist es auch vorwiegend zu danken, daß die skandalöse Korruptionsaffäre, der weltbekannte Bundesligaskandal, letztlich doch aufgrund von Spitzenleistungen verziehen und vergessen worden ist. 1969, als der Altmeister abstieg, gewann Bayern München Meistertitel und Pokal und schaffte damit zum zweitenmal nach Schalke das begehrte Double im deutschen Fußball. Der Hamburger SV aber hatte zum erstenmal seit Jahren erfolgreich versucht, sich aus dem unteren Tabellendrittel zu lösen. Er belegte immerhin den sechsten Platz.

Der Fußballkaiser

Der FC Bayern München begann die Bundesligasaison 1968/69 mit einem neuen Trainer. Nachdem der Kollege Merkel dem kleinen Cajkowski in der Meisterschaft erneut den Rang abgelaufen hatte, diesmal sogar mit dem krassen Außenseiter aus Nürnberg, waren des redseligen Jugoslawen Tage in München gezählt. Es kam zwar erneut ein Jugoslawe, aber er war vom Wesen her genau das Gegenteil vom kleinen »Tschik«. Es kam der große Schweiger Branco Zebec, von ihm wird noch oft die Rede sein. Als Fußballer wurde er in seiner aktiven Zeit hochgelobt, als Nationalspieler seines Landes stand er sogar in der FIFA-Auswahl, als Fußballlehrer jedoch war er zumindest in der Bundesrepublik ein noch unbeschriebenes Blatt. Das sollte sich schlagartig ändern, als Zebec bei den Bayern seine Arbeit aufnahm. Er setzte dort sofort seine Zeichen, und das in einer Handschrift, die man allenthalben deutlich lesen konnte.
Die Formation, die Zebec in München vorfand, konnte sich sehen lassen. Auch wenn sie noch nicht Meister geworden war, sie spielte in der Bundesliga eine Hauptrolle, seit sie ihr angehörte. Namen wie Sepp Maier, Gerd Müller, Roth und Ohlhauser hatten längst einen guten Klang im deutschen Fußball. Und von Franz Beckenbauer sprach bereits die ganze Fußballwelt, obwohl er den Höhepunkt seiner großartigen Karriere noch nicht annähernd erreicht hatte.
Als ich Beckenbauer zum erstenmal live spielen sah — es war

in einem Heimspiel des Hamburger SV gegen den FC Bayern
—, war ich sprachlos vor Bewunderung. Zwar hatte ich das
Vergnügen via Bildschirm schon mehrfach genossen, aber das
Original im Stadion ist selbst durch das beste Kamerateam
nicht zu erreichen — auch, wenn mancher immer wieder die
Zeitlupenwiederholungen der spannendsten Torszenen ver-
mißt.

Beckenbauer war damals das wichtigste Fußballthema für
mich und viele Freunde, so etwas hatten wir noch nicht gesehen. Wir kannten und liebten Uwe Seeler, wir schätzten Fritz
Walter, mir selbst waren Fritz Szepan und Ernst Kuzorra
noch in lebendiger Erinnerung. Aber dieser Beckenbauer —
das war etwas ganz anderes. Er demonstrierte Fußball in ganz
anderen Dimensionen. Freilich, es hatte Ballartisten gegeben,
Rastellis auf dem Rasen sozusagen — die Südländer und Südamerikaner führten das manchmal ja in Perfektion vor —,
aber auch das war nicht Beckenbauer.

Zwei Dinge wußten wir längst von ihm: Er konnte alles am
Ball und hatte im Spiel einen bestechenden Überblick. Er dirigierte die Münchener Abwehr wie kaum ein anderer Kapitän seine Elf. Das aber war es nicht ausschließlich, was uns so
staunen ließ. Er mutete uns an wie ein ungewöhnlich vorneh-
mer Mann, wie ein Gentleman auf dem Spielfeld, der den
Fußball mit einer Eleganz, ja mit einer Nonchalance betrieb,
die wir nirgendwo vorher erlebt hatten.

Bei Beckenbauer schien alles Spiel zu sein, er behandelte das
Leder mit einer so traumhaften Sicherheit, daß man glauben
mochte, er ziehe es magisch an. Der Ball schien ihm am Fuß zu
kleben, er führte ihn ganz eng, aber er schaute gar nicht hin. Er
marschierte, tänzelte mit ihm über das Feld, mit dem Blick
nach vorn. Er schien die Aktionen des Gegners vorauszuah-
nen. Er schien zu wissen, wann ihn wer angreift, und ließ ihn
mit einer kaum wahrnehmbaren Körpertäuschung ins Leere
laufen. Er schaute nach links, dann schlug er einen Traumpaß
über vierzig Meter — nach rechts, genau in den Lauf eines
Bayern-Kollegen. Er deutete einen solchen Paß an — alle
Gegner erwarteten ihn —, da spielte er kurz zu Gerd Müller,
lief durch die Gasse, erhielt den Ball zurück, trickste noch
einen Verteidiger aus und schoß kraftvoll.

Das sind nur zwei der spielerischen Varianten, die er mit unnachahmlicher Sicherheit beherrschte. Es gab deren so viele, daß der junge Mann von kaum einem Gegner auszurechnen war. Für mich ist Beckenbauer bis heute der beste Fußballspieler, den es je gab, weil er eben alles beherrschte: die Technik, die Taktik, die Führung der Mannschaft, kurz, das ganze große Spiel. Beckenbauer war nicht Fußballer, er war eben Fußball*spieler.* Was er machte, sah manchmal geradezu verspielt aus. Er demonstrierte wie kaum ein anderer, daß Fußball im übertragenen Sinn sogar eine Kunstform sein kann. Wenn ich das sage, will ich damit die großen Fußballer unserer Zeit nicht herabsetzen, die Seelers, die Walters, die Netzers — sie alle gehören zur absoluten Weltklasse. Aber Beckenbauer — das war eben noch eine Nuance mehr. Selbst seine Eigentore waren eine Augenweide.

Er war in seiner Art ein Künstler, und er zog auch viele Künstler in die Stadien. Große Schauspieler und Regisseure waren beeindruckt von den Szenen, die der junge Mann auf dem Rasen spielte. Künstler sogar, die mit dem Fußball überhaupt nichts im Sinn hatten. Der Schauspieler Helmut Lohner, gern gesehen auf der Bühne wie auf dem Bildschirm, war ein Fußballnarr und ist es noch heute. Er erzählte mir vor Jahren eine sehr hübsche Geschichte von dem großen Theatermann Fritz Kortner, die für sich — und für Beckenbauer — spricht:

»Ich probierte unter Kortner im Münchener Residenztheater den Ferdinand in Schillers Trauerspiel ›Kabale und Liebe‹. Kortner hörte nie pünktlich mit den Proben auf, das waren wir gewohnt. Aber immer am Samstag, wenn die Fußballzeit näherkam, wurde ich unruhig. Und prompt kam vom Regiepult die näselnde Stimme: ›Hören Sie mal, Herr Lohner, ich weiß, Sie wollen wieder zu diesem . . . diesem Fußball. Aber die Probe ist noch nicht zu Ende.‹

Als ich dann einmal mit Fritz Kortner über meine Liebe zum Fußball ins Gespräch kam, gelang es mir tatsächlich, ihn zu einem gemeinsamen Besuch im Olympiastadion zu bewegen. Das Spiel war noch keine fünf Minuten alt, Franz Beckenbauer hatte vielleicht drei oder vier Ballkontakte hinter sich, da beugte sich Kortner zu mir, zeigte mit dem Finger auf Franz und sagte: ›Lohner, der . . . der da mit der Nummer fünf, der ist genial.‹«

So wurde auch der berühmte Fritz Kortner, wenigstens vorübergehend, ein Beckenbauer-Fan, der große Einzelgänger war jedoch in dieser Eigenschaft nur einer von Millionen, denn in jenen Jahren schätzte bereits die ganze Fußballwelt diesen Ausnahmespieler. Sie schätzte ihn, respektierte ihn, erkannte ihn an, ob sie ihn auch liebte, bleibt fraglich.

Geliebt wurde zum Beispiel Uwe Seeler. Der Kämpfertyp vom Hamburger Sport-Verein war für die Fans ein Inbegriff an athletischer Kraft, der über dem Toreschießen nie das Fußballspielen vergaß und nicht durch seine sensationellen Treffer allein weltberühmt wurde. Uwe war für die Fans in den Stehkurven und auf den Tribünen einer der Ihren. Er rannte, dribbelte, kickte, schoß, köpfte, brachte die Massen in Ekstase.

Franz Beckenbauer spielte fast Rasenschach. Er schien sich überhaupt nicht anzustrengen. Er hatte bei gutem Fußballwetter im Gegensatz zu manchen Kollegen nur selten ein schmutziges Trikot. Er war trotzdem der unbestrittene Chef seiner Elf. Das achtete man, aber nur die Fußballästheten liebten es auch. Sie spendeten Beifall auf offener Szene, auch wenn sie nicht Anhänger des FC Bayern waren. Natürlich wurde »ihr Franz« von den Münchenern verehrt, aber auf fremden Plätzen erschien die eindrucksvolle Überlegenheit, mit der er Fußball spielte, vielen oft als Arroganz. Und es wurde sogar schnell gepfiffen, wenn Beckenbauer einen der Lieblinge lässig ausspielte oder mit ein paar fürs Publikum unsichtbaren Tricks ganz schlecht aussehen ließ. Uwe dagegen liebte man fast auf allen Plätzen, auch beim Gegner, sein Kampf bis zur Selbstaufgabe war so recht nach dem Herzen der Fans.

Freilich, Franz Beckenbauer wußte sehr wohl, wie gut er war. Er wußte auch, was und wieviel er tun mußte, um mit seinem Team Erfolg zu haben. Für seine Kollegen war er die unumstrittene Autorität. Er ging sparsam mit seinen Kräften um, er war selten verletzt, weil er sich durch seine Fußballkunst Zweikämpfe weitgehend ersparen konnte. Auch das machte ihn nicht unbedingt zum Liebling des breiten Publikums.

Doch es hat auch Spiele gegeben, da eroberte sich Beckenbauer die Herzen aller. Spiele für Deutschland, in denen der im Kampf so zurückhaltende Franz fightete wie Uwe Seeler, wie Günter Netzer, wie Wolfgang Overath. Im Halbfinale der Weltmeisterschaft 1970 in Mexiko — er stand das Spiel mit angebrochener Schulter durch und war ein Vorbild für alle. Und im Finale um die Weltmeisterschaft 1974 in München — er kämpfte bis zum Umfallen und hielt mit seiner Elf dem Powerplay der Holländer 45 Minuten lang stand.

Der deutsche Fußball verdankt Franz Beckenbauer jedoch mehr als sehr, sehr viele geniale Auftritte. Er verdankt ihm auch eine Wandlung des allzu starren Spielsystems, das bei der Geburt der Bundesliga noch weithin praktiziert wurde. Im Laufe der Jahre waren die Trainer immer stärker auf Torsicherung bedacht. Die Begründung leuchtete ein: Wer weniger Tore kassiert, muß auch weniger Tore schießen. Das sollte in den nächsten Jahren den Fußball zwar viel von seiner Attraktivität fürs Publikum kosten, aber damals schien das manchen Vereinen einfach wichtig, um überleben zu können. Später wurde dann diese, nach einer Zwischenphase schon fast zementierte Szene durch Ernst Happels fröhlichen Angriffsfußball mit dem erstarkten Hamburger Sport-Verein erneut belebt.

Seinerzeit hatte ein Fußballspiel oft den gleichen Ausgang wie das Duell zwischen Mittelläufer und Mittelstürmer, die absolute Manndeckung war Trumpf. Branco Zebec und mit ihm andere Spitzentrainer sahen darin keine Zukunft, sie suchten den Weg zur Deckung des Raumes, die in anderen Ländern schon Fortschritte gemacht hatte. Sie stellten dem ehemaligen Stopper die Aufgabe, diese Raumdeckung zu organisieren, und gaben ihm einen Assistenten, der sich um die gegnerische Sturmspitze zu kümmern hatte. Bei den Bayern war das später Schwarzenbeck, der sich als kongenialer Assistent von Beckenbauer einen großen Namen machte.

Der Organisator der Abwehr war also ohne unmittelbaren Gegenspieler, er war der letzte Mann und hatte einzugreifen, wo Gefahr drohte. In vielen Fällen war er der exzellente Ausputzer, wie Willi Schulz beim Hamburger SV, an dem erst vorbei mußte, wer ein Tor erzielen wollte. Franz Beckenbauer aber machte aus dieser Rolle des freien Mannes, der dann nach südländischem Brauch auch bei uns Libero geheißen wurde, etwas ganz anderes. Er hatte ja das Spiel seiner gesamten Bayern-Elf fest im Griff, er sah Situationen und

Chancen fast wie in Trance voraus, und er wußte, daß er sich auf »Katsche« verlassen konnte. Also gab er dem Angriffsspiel seines Teams aus der Abwehr heraus neue Impulse. Nicht allein mit langen Maßvorlagen. Er marschierte plötzlich nach vorn, den Ball wie immer magnetisch eng am Fuß, ließ die Abwehr des Gegners allein stehen oder durchquerte sie mit Gerd Müller im perfekten Doppelpaßspiel, das die Münchener so berühmt gemacht hat wie einst der Schalker Kreisel die Elf um Szepan und Kuzorra. Beide Spielzüge haben ja auch eine augenfällige Ähnlichkeit.

Diese Doppelpässe sorgten stets für Gefahr im gegnerischen Strafraum. Sie setzten sich zusammen aus den unberechenbaren Spielzügen des Franz Beckenbauer und dem bis heute unerreichten Torinstinkt des Gerd Müller, der die meisten Tore für die Bayern und auch für Deutschland schoß. Er machte Treffer aus Situationen und mit Schüssen, die heute noch vielen Fußballfreunden ein Rätsel sind. »Kleines, dikkes Müller« — der Spruch stammt wohl von Tschik Cajkowski — traf halt öfter als alle anderen. Uwe Seelers Tore waren fraglos attraktiver und spektakulärer, aber Gerd Müller traf meistens, auch wenn es nicht so schön aussah.

Nun waren Beckenbauer und Müller nicht allein die Motoren beim Entwickeln neuer Spielzüge. Das verkrustete WM-System mochte schon lange niemand mehr. Und wenn heute Verteidiger oft Tore schießen oder zumindest direkt vorbereiten — Manfred Kaltz vom HSV ist da wohl das beste Beispiel —, wenn ein Spiel oft durch das Mittelfeld, die Nachfolgeformation der Läuferreihe, entschieden wird, wenn ein Sturm mit drei Spitzen schon die Ausnahme in der Bundesliga ist, dann ist diese Abkehr von Großvaters Fußballzeiten vornehmlich den Erfolgstrainern zu danken. Aber auch sie brauchten Männer, die ihre Ideen in die Praxis umsetzten, und da zählte Beckenbauer fraglos zu den ersten und den größten. Große Fußballer haben in ihrer Fan-Gemeinde schnell einen Spitznamen, er drückt Verehrung, manchmal gar Liebe aus. »Uns Uwe« wurde in Hamburg und in ganz Deutschland geliebt, man liebt ihn immer noch. »World-Cup-Willi« Schulz war als Fußballer hochgeschätzt, und der »Bomber der Nation«, Gerd Müller, bedankte sich bei seinen Verehrern mit vielen Treffern für Deutschland.

Das sind nur drei besonders ins Auge fallende Beispiele, die für viele stehen mögen. Beckenbauer bekam natürlich auch seinen Beinamen, in der deutschen Fußballwelt sprach man urplötzlich vom »Kaiser Franz«. Man gerät unwillkürlich ins Grübeln, wenn man für diesen vom Volk an einen Fußballer »verliehenen« Titel eine Erklärung sucht. Vielleicht war es der Respekt, den unsere Vorfahren mit der Persönlichkeit ihres Kaisers verbanden. Vielleicht war es aber auch ein Nimbus der Unnahbarkeit, der den Herrscher »zu Kaisers Zeiten« allgemein umgab. Man erkannte ihn als den Größten, so war man ja erzogen, aber darum mußte man ihn nicht unbedingt lieben. Ob das Fußballvolk den Kaisertitel für Franz Beckenbauer in ähnlichem Sinn verstanden wissen wollte? Denkbar wäre es. Viele Fußballfreunde jedenfalls schrieben Beckenbauer schon eine gewisse Unnahbarkeit zu. Und von den Fankurven in den Stadien war er bestimmt weiter entfernt als »uns Uwe«.

Des Fußballkaisers Karriere ist aller Welt gegenwärtig. 1969, als die Münchener Bayern unter Branco Zebecs und Beckenbauers Führung zum zweitenmal in der deutschen Fußballgeschichte das begehrte Double, Meisterschaft und Pokal, schafften, hatte sie kaum begonnen. Damals stand aber auch eine neue Weltmeisterschaft an, der deutsche Fußball hatte erneut zu beweisen, ob er besser oder gar schlechter war als sein unbestritten guter Ruf in aller Welt. »Kaiser Franz«, »World-Cup-Willi«, der »Bomber der Nation« und auch noch einmal »uns Uwe« sollten 1970 in Mexiko eindrucksvoll demonstrieren, daß in der Bundesliga und damit in der Bundesrepublik seinerzeit absoluter Spitzenfußball gespielt wurde. In den Jahren nach Mexiko avancierte die höchste deutsche Spielklasse ja auch für eine geraume Weile zur stärksten Liga der Welt . . .

Die Fohlen vom Bökelberg

In der Bundesligaspielzeit 1968/69, als Bayern München mit einem 2:1 ausgerechnet gegen den bislang einzigen deutschen »Doppelsieger«, den FC Schalke 04, im Pokalfinale das Double schaffte, als der amtierende Deutsche Fußballmeister FC Nürnberg den Weg nach unten antreten mußte, sah der Hamburger Sport-Verein schon wesentlich besser aus als in den Jahren zuvor. 1968 war Georg Knöpfle zum Rothenbaum zurückgekehrt und hatte das Kommando über die Ligaelf übernommen. Nun trug seine Arbeit die ersten Früchte. Der HSV mischte im oberen Drittel der Tabelle mit und stand am Ende der Saison auf Platz sechs. Er war für alle Anwärter auf den Titel zumindest im Volksparkstadion eine beachtliche Hürde, Borussia Mönchengladbach, Alemannia Aachen, der amtierende Vizemeister, ließen beide Punkte dort. Selbst die Bayern schafften in Hamburg — im dichten Nebel, der fast einen Spielabbruch provoziert hätte — nur ein 2:2. Mit den Hamburgern mußte man also wieder rechnen in der obersten deutschen Fußballklasse. Dieser Umstand wurde an Alster und Elbe mit großer Genugtuung registriert. Schließlich sollte auch nach Einführung der Bundesliga der Spitzenfußball in der größten Stadt der Bundesrepublik eine Heimstatt behalten.

Noch aber war es nicht ganz soweit. Noch spielten der Süden und der Westen nach der Zwischenmusik aus Bremen und Braunschweig die ersten Geigen. Die Bayern machten zwar im Europapokal der Landesmeister auch nicht viel her — sie schieden bereits in der Vorrunde gegen den französischen Meister St. Etienne 2:0 und 0:3 aus —, Schalke aber kam im Cup der Cupsieger wenigstens ins Halbfinale. Über Shamrock Rovers (3:0 und 1:2), IFK Norköping (1:0 und 0:0) und Dinamo Zagreb (3:1 und 1:0) erreichte man die Vorschlußrunde gegen den englischen Pokalgewinner Manchester City. In der Glückauf-Kampfbahn in Gelsenkirchen wurde noch 1:0 gewonnen, aber die Niederlage im Rückspiel war deutlicher als dieser Sieg. Die Engländer schalteten die Deutschen überlegen mit 5:1 aus.

Während sich die Schalker um internationale Ehren bemühten und immerhin einen Achtungserfolg erzielten, hatte in der Bundesliga ein Zweikampf begonnen. Die Borussen aus Mönchengladbach schickten sich an, den Bayern die Verteidigung des Titels so schwer wie möglich zu machen. Sie machten sie ihnen sogar unmöglich. Schmollend mußten sich die Süddeutschen mit dem zweiten Platz begnügen, mit Meisterehren dagegen schmückte sich zum erstenmal in der Vereinsgeschichte der VfB Borussia Mönchengladbach. Das war nicht unbedingt eine Überraschung, denn die Borussen hatten schon in den beiden vorangehenden Spielzeiten eine sehr wichtige Rolle gespielt. Sie kletterten zwar jeweils nur auf den dritten Tabellenplatz, aber man sprach von ihnen. Man sprach von der »Fohlen-Elf« vom Niederrhein.

Der Weg nach oben war für die Gladbacher kein Spaziergang. Als sie 1964 Hennes Weisweiler zum Trainer machten, war der Lehrer an der Sporthochschule Köln auch noch kein sehr beschriebenes Blatt. Man kannte ihn zwar in Fußballkreisen, ahnte aber noch nicht, wie gut man ihn noch kennenlernen sollte. Weisweiler fand am Gladbacher Bökelberg einen Club mit geordneten Verhältnissen und eine Mannschaft vor, mit der sich gut arbeiten ließ. Junge, erfolgshungrige Fußballbegabungen, die darauf brannten, in die oberste Spielklasse aufzusteigen und dort an die Spitze zu gelangen. Sie zeigten unter der fachkundigen Leitung des Trainers einen flotten, unbekümmerten Angriffsfußball, so recht nach dem Herzen der Zuschauer. »Von denen wird man noch einiges erleben«, faßte ein Journalist nach dem ersten Auftritt der Gladbacher in Hamburg die Meinung der Experten zusammen. »Trotz der 1:2-Niederlage.« Er sollte, weiß Gott, recht behalten.

Trotzdem hatte Hennes Weisweiler seine Schwierigkeiten. Seine jungen Leute schossen viele Tore, nahmen aber auch viele hin. Günter Netzer, heute Manager des Hamburger Sport-Vereins, damals ein Gladbacher »Fohlen«, erinnert sich: »Es macht sehr viel Spaß, auf dem Fußballplatz anzugreifen und Tore zu schießen. Weniger schön ist allerdings, wenn man auch so viele Tore einstecken muß. Wir kassierten in der ersten Spielzeit mehr, als wir schießen konnten. Erst als Vorstand und Trainer die Abwehr verstärkten — es kamen Luggi Müller von Nürnberg und Klaus-Dieter Sieloff von Stuttgart —, sah es besser aus. Das war 1969, und da klappte es auch sofort mit der Meisterschaft.«

Günter Netzer war 1969 natürlich schon über Gladbachs Grenzen hinaus bekannt. Er trug das Nationaltrikot und hatte die ganze deutsche Fußballgemeinde auf sich aufmerksam gemacht. Wie die meisten Spitzenfußballer begann er seine Laufbahn auf der Straße und auf Schulhöfen, er wurde jedoch frühzeitig zu den jugendlichen Borussen gerufen und kam dort in eine gute Schule. Und Hennes Weisweiler half ihm, den Grundstein zu einer großen Karriere zu legen. Er wurde wie Fritz Walter, Uwe Seeler, Franz Beckenbauer und Wolfgang Overath eine der spielbestimmenden Persönlichkeiten des deutschen Fußballs.

Dazu erfüllte er eine wesentliche Voraussetzung: Er war ein Mann mit Überblick. Das und seine brillante Technik prädestinierten ihn zum Regisseur seiner Mannschaft. Keiner hat diese Aufgabe so unmißverständlich erfüllt wie er, und keiner außer Fritz Walter und Franz Beckenbauer war so augenfällig und kongenial der verlängerte Arm des Trainers auf dem Feld. Diesen Arm aber braucht eine Mannschaft, wenn sie Erfolg haben will. Dazu Günter Netzer heute:

»Es ist meistens zwecklos, wenn ein Trainer vom Spielfeldrand aus gestikulierend und brüllend Anweisungen gibt, wie auch Hennes Weisweiler es getan hat. Wir hören das gar nicht, wir müssen allein fertig werden. Und es muß auf dem Platz einen Chef geben, der über unbestrittene Autorität verfügt. Um das sein zu können, hat man natürlich eine Leistung zu bringen, die auch die Kollegen überzeugt. Ich war mit Weisweiler abgestimmt, ich hatte zu spielen und auch das Spiel zu machen. Das war nicht immer leicht, denn um mich herum waren exzellente Fußballer wie Horst Köppel, Herbert Laumen, Herbert Wimmer, Berti Vogts, Jupp Heynkes, außerdem Sieloff und Müller. Sie haben alle auch für Deutschland gespielt. Doch letztlich hat ihre Karriere nicht darunter gelitten, daß sie getan haben, wozu ich sie aufforderte. Ich war manchmal heiser vom Brüllen.«

Günter Netzer, der Fußballer, der die längsten und schönsten Pässe schlug, die man je auf einem Fußballplatz gesehen hat, der mit einem einzigen Paß eine ganze Abwehr aufreißen konnte, der mit einem kurzen Sprint, einem überraschenden Haken sich oder andere freispielte und ähnlich wie sein Freund Beckenbauer Situationen im voraus berechnen konnte — dieser Günter Netzer war auch ein schwieriger Mann. Es heißt, Weisweiler habe ihm einmal in aller Öffentlichkeit gesagt, er solle doch den Eindruck vermeiden, daß er auf dem Platz faulenze. Ich halte das für möglich, denn man merkte Netzers Spiel an, daß er um seine Qualitäten wußte. Die Gegner wußten allerdings auch davon. Also standen sie dem Regisseur auf den großen Füßen und versuchten zu verhindern, daß er sein Spiel fand. Da Netzer aber trotz seiner Kraft und seiner athletischen Figur so sensibel war, wie es gerade Spitzensportler oft sind, resignierte er schon mal, wenn es gar nicht klappen wollte. Ich erinnere mich da eines Spiels im Hamburger Volksparkstadion, das 1:1 ausging. Netzer wurde von den Hamburgern, Willi Schulz an der Spitze, so eng markiert, daß er kaum Bewegungsfreiheit hatte. Das Gladbacher Spiel war damit praktisch leblos. Da hockte sich Netzer dann auf den Boden in der Mitte des Platzes und schüttelte den Kopf, daß die lange, blonde Mähne nur so flog. Er kam nicht zu seinem Spiel, und dann wollte er wohl auch nicht mehr. Mancher empfand das als arrogant, ich meine jedoch, daß eine solche Reaktion eher menschlich ist. Schließlich sind Spitzenleute in fast jedem Beruf meist schwierige Menschen. Der oft dornenreiche Weg hat sie dazu gemacht. Warum nicht auch im Fußball? Netzer hat in vielen Spielen für Gladbach und für Deutschland nicht resigniert. Er hat auch nicht allein seine Technik und sein strategisches Vermögen ausgespielt. Er hat gekämpft wie kein zweiter, wenn es darauf ankam, er hat seine Mannschaft, aber auch sich selber angetrieben. Er hat Spiele entschieden durch seine einmaligen Freistöße, die für jeden Keeper unhaltbar waren. Der Ball war so stark angeschnitten, daß er die gegnerische Mauer umflog und im Lattenkreuz landete. Das hat Zuschauer begeistert und Spieler irritiert. Alles in allem war Günter Netzer schon die Seele des Gladbach-Teams, das erkannten Kollegen wie Gegner neidlos an. Und für Hennes Weisweiler, der in ihm ja seinen »Arm auf dem Feld« sah, war er der wichtigste Gesprächspartner.

»Das hat natürlich manchmal zu Meinungsverschiedenheiten geführt«, resümiert der HSV-Manager. »Man kann meiner Ansicht nach nicht nur angreifen, man muß auch das Tor sichern. Und man kann nicht einfach jeden Zug im Planspiel vorausberechnen, Fußball ist oft unberechenbar. Die veränderte Situation kommt aber während der neunzig Minuten nicht auf den Trainer zu, sondern auf den Kapitän. Und der steht ganz allein mit seiner Verantwortung. Er muß in Sekundenschnelle entscheiden, und das gerät auch mal daneben. Im Laufe der Zeit gab es mit Hennes Weisweiler dann heftigere konzeptionelle Auseinandersetzungen, und es war mehrfach Sendepause zwischen uns. Später ist das jedoch alles bereinigt worden, und wir haben uns bis zu seinem frühen Tod sehr gut verstanden.«

Eine solche rhetorische Sendepause hatte ihren Höhepunkt erreicht, als Fußball-Deutschland eines der schönsten Pokalspiele — original in Düsseldorf oder live am Bildschirm — erleben durfte; das Finale 1973 zwischen Borussia Mönchengladbach und dem FC Köln. Die Kölner traten in stärkster Besetzung an — ihr Spielmacher Overath war auch bereits einer der Großen —, bei den Borussen saß Günter Netzer auf der Reservebank.

Das Spiel wurde eine tolle Werbung für den Fußball. Es war fair, es war technisch hochklassig, es war schnell. Und es war kein Sicherheitsfußball, sondern offener Schlagabtausch über die volle Distanz. Die 70 000 im Rheinstadion und die Millionen vor dem Fernsehschirm freuten sich sogar, daß es nach neunzig Minuten 1:1 stand. Sie hielten einmal das Ergebnis für leistungsgerecht und hatten zum anderen das Vergnügen, eine weitere halbe Stunde hervorragenden Fußball zu sehen.

Natürlich hofften alle, daß Weisweiler jetzt Netzer einwechseln würde. Zwar wußte man um die Differenzen, die durch Netzers Spanien-Pläne nicht gerade beigelegt worden waren, aber man rechnete doch mit seinem Einsatz. Weisweiler brachte ihn dann auch . . . und Netzer entschied das Spiel. Anstoß zur ersten Hälfte der Verlängerung. Netzer jagt mit dem Ball auf das Tor zu, paßt kurz vor dem Strafraum nach rechts, erhält das Leder maßgerecht zurück und jagt es aus vollem Lauf knallhart unter die Torlatte. Ein Traumtor in einem Traumspiel. Gladbach gewann mit dem Treffer den DFB-Pokal 1973. Dazu noch einmal Günter Netzer:

»Ich war natürlich sauer, daß ich auf der Bank sitzen mußte. Ich wollte auch nicht eingewechselt werden, das war mir einfach zu dumm. Als ich aber Christian Kulik nach den neunzig Minuten regelrecht wanken sah, habe ich mich selber eingewechselt. Ohne Weisweilers Anordnung abzuwarten. Ich weiß nicht, ob er mich gebracht hätte, der Hennes war ja genauso stur wie ich. Und Kommunikation fand in jenen Tagen zwischen uns beiden nicht statt. Daß mir dann ein solches Tor gelang, war mein und Gladbachs Glück. Aber das braucht man im Fußball, vor allem, wenn beide Teams so absolut gleichwertig sind wie die Kölner und wir damals.«

Es war das letzte Spiel Netzers im schwarz-weiß-grünen Trikot der Borussen. Er suchte neues Fußballglück in Spanien. Real Madrid hatte sich nach seiner grandiosen Leistung bei der Europameisterschaft 1972 gemeldet und ihn zu neuen Ufern gelockt.

Zurück zur Spielzeit 1969/70. Um Deutscher Fußballmeister zu werden, muß man viel können, aber auch Glück haben. Für Gladbach begann die Saison, die zum ersten Titel führen sollte, gar nicht verheißungsvoll. Nach und nach aber fand das »Fohlen-Team« zu einer blendenden Form und bot über weite Strecken traumhaften Fußball. Netzer und Co. waren spielerisch und kämpferisch gleich stark — der Kapitän als Vorbild an der Spitze, was auch der Bundestrainer mit Befriedigung zur Kenntnis nahm. Die Sympathien der ganzen deutschen Fußballöffentlichkeit gehörten den jungen Gladbachern und ihrem genialen Lehrer Hennes Weisweiler, der sich zum Meistermacher zu entwickeln schien.

Natürlich hatte das Team auch Tiefpunkte zu verkraften. Manchmal genügen ja 45 Minuten, um ein Spiel »umkippen« zu lassen. Und das wäre den designierten Meistern vom Bökelberg im eigenen Haus am vorletzten Spieltag um ein Haar passiert. Ausgerechnet gegen den Hamburger Sport-Verein, der seinerzeit auf fremden Plätzen als nicht unbedingt gefährlich galt. Die Gladbacher machten in der ersten Halbzeit mit vier Toren auch alles klar. Die Meisterschaft schien endgültig gelaufen. Nach dem Wechsel legten Uwe Seeler und Co. jedoch los, es hieß 4:1, dann 4:2 und fünf Minuten vor dem Abpfiff gar 4:3. Die Hamburger witterten ein Unentschieden, aber dazu reichte die Zeit nicht mehr. Gladbach stand die Angriffe des Gegners durch und war Meister. Mit dem besten Punkteverhältnis, das es bis dato in der Bundesliga gegeben hatte: 51:17.

Die Saison sah die Bayern also auf Platz zwei, außerdem zwei prominente Absteiger. Der Meister von 1966, der TSV München 1860, und der Vizemeister von 1969, Alemannia

Aachen, mußten zurück in die Regionalliga. Dafür stiegen Arminia Bielefeld und Kickers Offenbach auf. Und das sollte für die ganze Liga böse Folgen haben.

Beide Aufsteiger hatten sich den Erfolg redlich verdient. Die Bielefelder Arminen fanden seit Jahrzehnten starke Resonanz im heimischen Publikum. Das weite ostwestfälische Hinterland brachte sie in eine beneidenswerte Situation. Und die Offenbacher Kickers, ein traditionsreicher Verein aus dem Rhein-Main-Dreieck, waren ebenfalls lange um den Aufstieg bemüht. Der ehemalige Dortmunder Nationalspieler Alfred Schmidt hatte das Team als Trainer in dieser Saison dann so gut eingestellt, daß es neben dem Aufstieg sogar den deutschen Pokalsieg schaffte. Mit einem 2:1 gegen den favorisierten FC Köln sorgten Schmidt und seine Männer dafür, daß der Pokal — wie auch in England — nicht unbedingt Sache der obersten Spielklasse bleiben mußte.

Der Vollständigkeit halber noch die Gastspiele der Deutschen im Europapokal: Offenbach schied schon in der Vorrunde gegen den FC Brügge aus, Gladbach kam eine Runde weiter, unterlag aber dem englischen Meister FC Everton nach insgesamt 240 Minuten Spielzeit. Beide Male hieß es mit dem Abpfiff der Verlängerung 1:1, nach der neuen FIFA-Regel mußte also das Elfmeterschießen entscheiden. Gladbach schoß schlechter, die Briten gewannen 4:3.

Nach der Spielzeit mit einem neuen Meister hatten die Fußballfreunde keine Pause. Vor ihnen lag wieder eine Weltmeisterschaft, das WM-Turnier in Mexiko. Viele gute Wünsche begleiteten Helmut Schön und sein Team nach Lateinamerika. Nur einer mußte zu Hause bleiben — Günter Netzer, mittlerweile einer der Leistungsträger auch in der Nationalelf. Er war verletzt.

Dramatik in Mexiko

Nach der Weltmeisterschaft in England war Deutschlands Fußballwelt zwar betroffen wegen des zweifelhaften Tores im Endspiel, doch die Nationalelf stand in bestem Ruf. Die folgende Europameisterschaft, bislang unter dem Titel »Europapokal der Länder« eher halbherzig ausgespielt und nach

1966 erstmals deutlicher als Bindeglied zwischen zwei WM-Turnieren gedacht, hatten die Deutschen allerdings kaum im Blickfeld. Dieser Titel sollte auch erst einige Jahre später an sportlicher Bedeutung gewinnen. 1968 schaffte die deutsche Elf nicht einmal die Qualifikation für die Endrunde, sie scheiterte wieder einmal an Jugoslawien. Und auch die Mannschaft der DDR, mittlerweile international sehr beachtet, spielte sich nicht weit nach vorn. Sie mußte den Ungarn mit 1:3 und 0:1 den Vortritt lassen. Europameister wurde schließlich Italien nach zwei Endspielen gegen Jugoslawien. Aber das hatte für die deutsche Fußballgemeinde nur statistischen Wert.

In der Bundesrepublik richtete man vielmehr die Aufmerksamkeit auf die Vorbereitung des nächsten WM-Turniers. Es sollte in Mexiko stattfinden und hoffentlich die hochgesteckten Erwartungen der Fußballfreunde erfüllen. Man wußte, daß die Bundesliga stärker geworden war, daß Helmut Schön ein Kräftereservoir zur Verfügung hatte. Daraus sollte sich doch eine Spitzenmannschaft formen lassen, denn immerhin waren da die Ausnahmefußballer Beckenbauer und Netzer, die großen Spieler Wolfgang Overath und Willi Schulz, die erfahrenen »Ausländer« Schnellinger und Haller. Schließlich stand mit Sepp Maier ein Weltklassetorhüter zur Verfügung, und Gerd Müller war ein Torjäger, von dem man nicht nur in der Bundesrepublik mit Hochachtung sprach. Die heute legendäre »Münchener Achse« Maier — Beckenbauer — Müller deutete sich damals bereits an.

Nur einer wollte nicht mehr dabeisein: Kapitän Uwe Seeler. Getreu seinem Grundsatz, rechtzeitig den Zeitpunkt seines Abschieds selber zu bestimmen, hatte er im April 1968 in Basel mit einem 0:0 gegen die Schweiz sein letztes Spiel im Nationaltrikot absolvieren wollen. Er war noch nicht 32 Jahre alt und dachte auch gar nicht daran, die Fußballstiefel an den Nagel zu hängen. Nur reichte ihm sein Einsatz für den Hamburger SV. Der ließ ihm noch Zeit für das notwendige Engagement in seinem Beruf als selbständiger Unternehmer. Uwe hatte allerdings seine Zukunftsplanung ohne den Bundestrainer gemacht. Helmut Schön wollte nämlich trotz des »Bombers der Nation« nicht auf den Hamburger verzichten. Seine Erklärung klingt heute noch einfach und überzeugend:

»Uwe Seeler war nicht nur ein Fußballer von Weltformat, er war als Persönlichkeit auch eine Integrationsfigur in der Mannschaft, auf die ich nicht verzichten wollte. So einen Kämpfer, so ein Vorbild braucht man eben, auch wenn man ein ganzes Feld von Klassefußballern zur Verfügung hat.«

Nachdem das Experiment in Mexiko geglückt war, wie man weiß, erschien die Entscheidung des Bundestrainers im nachhinein selbst den Besserwissern logisch. Doch vor Tisch las man es anders. Im Blätterwald rauschte es, an den Stammtischen knisterte es. Die Deutschen verstanden den Schön nicht. Er konnte doch froh sein, für seinen Mittelstürmer einen exzellenten Nachfolger gefunden zu haben — und nun dies.

Als die »Fachleute« dann gar erfuhren, daß Helmut Schön mit beiden Spielern in einem Team arbeiten wollte, war erst recht die Hölle los. Die beiden Torjäger nebeneinander, das wollte kaum jemandem in den Kopf. Auch als Uwe neben Gerd Müller im September 1969 beim 1:1 gegen Österreich im Wiener Praterstadion erfolgreich spielte, war das für die »Fußballstrategen« noch kein überzeugender Beweis. Und offensichtlich angesteckt von der allgemeinen Stimmung, sagte dann Gerd Müller in der Öffentlichkeit einen Satz, der ihm später sehr leid getan hat: »Helmut Schön muß sich bald entscheiden, für Uwe oder für mich.«

Den Bundestrainer focht das nicht an. Er stand souverän über den Dingen und überzeugte den kleinen Bayern bald davon, daß sein öffentliches Statement ein Fehler gewesen war. Der Psychologe Schön formte aus den beiden schließlich sogar ein Gespann, das selbst Altbundestrainer Herberger überzeugte. Uwe Seeler sieht das auch so: »Als Helmut Schön mich unbedingt noch einmal einsetzen wollte, habe ich mich nicht lange gesträubt. Letztlich war das ja eine Ehre für mich, da lohnte sich mindestens ein Versuch. Und das klappte dann in den Vorbereitungsspielen immer besser. Die Marschrichtung war ja auch richtig, wie sich zeigen sollte. Ich hing etwas zurück und brachte die Bälle aus dem vorderen Mittelfeld, und der Gerd machte die Tore. Er stand ja auch meistens goldrichtig.«

Die Qualifikation hatte Schön vorwiegend noch ohne Uwe geschafft. Österreich wurde 2:0 in Wien und 1:0 in Nürnberg geschlagen, Zypern in Nikosia 1:0 und in Essen 12:0. Nur durch Schottland drohte Ärger. Die Schotten hatten in Glasgow nur ein 1:1 zugelassen und strebten selbst die Endrunde an. Im Hamburger Volksparkstadion fiel dann im Oktober 1969 die Entscheidung zugunsten der Bundesrepublik. In einem regelrechten »Zitterspiel« sorgte Reinhold Libuda in der zweiten Halbzeit mit seinem Treffer für einen eher glücklichen 3:2-Erfolg der deutschen Nationalmannschaft. Damit war die Reise nach Mexiko gebucht.

Die Mehrzahl der Kritiker war jetzt verstummt, obschon die Leistung des Teams beim letzten Qualifikationsspiel nicht überzeugt hatte. Auch die weitere Vorbereitung mit einer Niederlage in Sevilla gegen Spanien (0:2), einem Unentschieden gegen Rumänien (1:1) und Siegen gegen Irland (2:1) und Jugoslawien (1:0) lief für die Deutschen nicht gerade optimal, aber das wollte nicht unbedingt etwas heißen. Man fuhr eigentlich recht optimistisch nach Mittelamerika. Und in Deutschland harrten wir gespannt der Dinge, die da kommen sollten.

Es fing zwar nicht so verheißungsvoll an wie vier Jahre zuvor in England, aber der mühsame 2:1-Sieg gegen Marokko, bei dem sich Seeler und Müller die magere deutsche Torausbeute teilten, war wenigstens kein totaler Flop. Die Mannschaft mit Maier (München), Vogts (Gladbach), Höttges (Bremen), Beckenbauer (München), Schulz (Hamburg), Fichtel (Schalke), Haller (Bologna), Seeler (Hamburg), Müller (München), Overath (Köln) und Held (Dortmund) war ja auch für Schön noch nicht der Weisheit letzter Schluß. Schon im zweiten Treffen spielte für Haller Libuda (Schalke), für Schulz Schnellinger (Mailand) und für Held Löhr (Köln), diese Formation schlug Bulgarien schon wesentlich überzeugender 5:2. Die Tore machten Müller (3), Seeler und Libuda. Nun hatte Schön seine Elf gefunden... und den Joker Grabowski (Frankfurt) auf der Bank. Sein Auftauchen sorgte in der zweiten Halbzeit meist für Unruhe beim Gegner, so bei Bulgarien (für Löhr) und bei Peru (für Libuda). Die Südamerikaner wurden 3:1 geschlagen, und Gerd Müller steuerte mit drei weiteren Treffern zielsicher auf den Preis für den WM-Schützenkönig zu.

In Deutschland herrschte Hochstimmung, als die Nationalmannschaft nach drei Siegen die Zwischenrunde erreicht hatte. Vor allem, da der nächste Gegner England hieß. Man suchte die Revanche für das Endspiel von 1966, man wollte den amtierenden Weltmeister aus dem Turnier werfen. Am 14. Juni 1970 gegen 23 Uhr mitteleuropäischer Zeit begann dann in Leon — 2000 Meter über dem Meeresspiegel — des Fußballkrimis erster Teil. Jubel in den Kneipen und Wohnzimmern der Bundesrepublik, als Deutschland in Führung ging, Schweigen vor den Bildschirmen, als die Briten ausgeglichen, Enttäuschung, als der Weltmeister das 2:1 erzielte. Das Spiel schien schon gelaufen, die Revanche mißglückt, da beförderte Uwe Seeler kurz vor Ende der regulären Spielzeit einen hohen Paß mit dem Hinterkopf in hohem Bogen ins englische Tor: 2:2 und Verlängerung. Nun ging es ums Ganze, und die deutsche Elf kämpfte bis zum Umfallen. Für Höttges war Schulz gekommen, für Libuda wieder einmal ... Jürgen Grabowski. Und »kleines, dickes Müller« machte tatsächlich das 3:2, der Weltmeister England war entthront. Die Wellen der Begeisterung schlugen hoch in Deutschland, und wie das meistens ist: Alle hatten vorher gewußt, wie wichtig und richtig die Berufung von Uwe Seeler gewesen war.

Helmut Schön allerdings blieb zurückhaltend. Er erinnert sich heute:»Freilich, wir hatten nicht nur gekämpft, wir hatten auch hervorragend gespielt. Aber England war ja nur eine Hürde und die nächste sicherlich höher: Italien.«

Der Bundestrainer sollte recht behalten. Am 17. Juni 1970 folgte im Stadion von Mexiko-City des Fußballkrimis zweiter Teil. Die Italiener waren über Uruguay, Schweden und Israel in die Zwischenrunde gelangt und hatten dort den Gastgeber Mexiko 4:1 ausgeschaltet. In den Vorrundenspielen waren sie offenbar nicht sehr torhungrig gewesen, ihr Riegelfußball hatte sie mit Mühe weitergebracht. Dieses System bevorzugten sie zunächst auch gegen die Bundesrepublik. Sie schossen das 1:0 und setzten sich dem Powerplay der Deutschen aus. Der Riegel schien auch zu halten, aber offenbar hatten die Italiener das Konzert ohne ihren »Gastarbeiter« Schnellinger gemacht. Der nämlich schaffte in buchstäblich letzter Minute aus einem Gewühl im italienischen Strafraum den 1:1-Ausgleich. Der italienische Nationalkeeper, dem

Schnellinger aus den Ligaspielen hinreichend bekannt war, schüttelte staunend den Kopf: »Carlos, ich habe dich gar nicht gesehen, woher bist du gekommen?«

In der Verlängerung war es dann vorbei mit dem berühmten Catenaccio, dem Abwehrriegel der Azzurris. Sie gingen 2:1 in Führung, es schien die Entscheidung zu sein. Dann glichen die Deutschen wieder aus und gingen ihrerseits 3:2 in Front. Aber auch das war noch nicht das Ende, denn es folgten das 3:3 und schließlich das 4:3 für Italien. Fünf Tore in dreißig Minuten, zwei total erschöpfte Teams, und die Italiener hatten den Deutschen den Weg ins Endspiel verbaut. Er war sehr glücklich, dieser italienische Erfolg. Der Sieger hätte ebensogut Deutschland heißen können. Die bundesdeutsche Elf hatte einen großen Kampf geliefert. Franz Beckenbauer: »Wir wollten unter allen Umständen ins Endspiel. Und als ich mir bei einem Zusammenprall die Schulter angebrochen hatte, ließ ich mich bandagieren und machte weiter. Natürlich ging das nicht mehr mit voller Kraft.«

Wir alle erinnern uns noch daran. Es war ein Beckenbauer, wie ihn viele deutsche Fußballfreunde noch gar nicht kannten. Ein vorbildlicher Kämpfer, und 15 Jahre danach ist seine und der ganzen Mannschaft große Leistung noch in der Erinnerung lebendig. So spielten sie damals: Maier, Vogts, Patzke, Beckenbauer, Schnellinger, Schulz, Grabowski, Seeler, Müller, Overath und Löhr. Für Patzke kam dann in der Verlängerung Held, für Löhr spielte Libuda. Sie alle bildeten ein Team, das später in Deutschland wie ein Weltmeister empfangen worden ist. Obschon sie »nur« den dritten Platz mitbrachten, der ihnen nach einem 1:0-Sieg gegen Uruguay zugefallen war.

Sie sind allen unvergeßlich, die Spiele dieses WM-Turniers von 1970. Sie gehören zu den schönsten und größten, die eine deutsche Nationalmannschaft absolviert hat. Überhaupt halten Fußballer, die dabeigewesen sind und Vergleichsmöglichkeiten haben, diese Weltmeisterschaft für die beste der letzten Jahrzehnte. Uwe Seeler: »Nicht nur in unserer Gruppe wurde sehr guter Fußball gespielt. Da die Spiele zeitversetzt waren, erlebten wir in Leon an den Bildschirmen auch fabelhaften Fußball der anderen Gruppen. Das Niveau war allgemein sehr hoch.«

Diese Ansicht des deutschen Kapitäns von 1970 bestätigen auch Helmut Schön und Franz Beckenbauer, der vor allem die grandiose Leistung der Brasilianer lobt: »Sie hatten ein Traumteam, und ich glaube kaum, daß wir im Endspiel dieser Mannschaft widerstanden hätten.« Die Brasilianer holten sich in Mexiko ihre dritte Weltmeisterschaft. Vor mehr als 100 000 Zuschauern schlugen sie in Mexiko-City die italienische Elf überzeugend 4 : 1.

Uwe Seeler aber machte nun endgültig ernst mit seinem Abschied von der Nationalmannschaft. Am 9. September 1970 trug er zum letztenmal die Armbinde des deutschen Kapitäns. Nach einem 3 : 1 gegen Ungarn in Nürnberg trat er zurück.

Sichtlich bewegt nahm er das ihm vom Bundespräsidenten verliehene Große Verdienstkreuz der Bundesrepublik Deutschland entgegen. Er hatte es verdient. Für den Hamburger SV allerdings schoß Uwe noch etliche Tore, bevor er 1972 endgültig eine der glanzvollsten Fußballerkarrieren beendete, die es in Deutschland bis jetzt gegeben hat. Heute noch hört man — nicht allein im Hamburger Volksparkstadion — Sprechchöre wie »Uwe, Uwe . . .«, wenn es mit dem Toreschießen der Partner auf dem Rasen gar nicht klappen will. Und das wird wohl auch so bleiben, denn Uwe Seeler ist eben einer der größten Fußballer, die dieses Land hervorgebracht hat.

Als Uwe Seeler Abschied nahm von seinen Kollegen in der Nationalmannschaft, hatte der Bundesligaalltag gerade wieder begonnen. Die höchste deutsche Spielklasse war in ihre achte Saison gegangen. Sie sollte reich werden an spielerischen Höhepunkten, aber an ihrem Ende stand ein Skandal, der bis heute einmalig ist in der wechselvollen Geschichte des deutschen Fußballs.

Der große Skandal

Der deutsche Spitzenfußball stand nach dem WM-Turnier von Mexiko in der Gunst seiner Anhänger ganz oben. Wochenend für Wochenend lockte er Hunderttausende in die Stadien der Bundesligisten. Selbst sanft steigende Eintrittspreise waren kein Hindernis für die Fans. Man befand sich ja in allgemeinem Wohlstand, den die seit 1969 in Bonn arbeitende sozial-liberale Regierung noch zu mehren bemüht war. Das Volk suchte das große Spiel. Es wollte aber nicht nur den Kampf um Punkte, es wollte auch phantasievollen Fußball erleben. Und der wurde ihm zumindest von den deutschen Spitzenmannschaften geboten. Man hatte dafür ja die Ausnahmeteams von Borussia Mönchengladbach und Bayern München, und man hatte ein Mittelfeld, das sich auch nicht unbedingt verstecken mußte. Hertha BSC vertrat Berlin würdiger denn je, Braunschweig und Hamburg spielten eine sehenswerte Rolle, Schalke und der MSV Duisburg sorgten im Westen für Munterkeit, Frankfurt und Stuttgart boten im Süden beachtliche Leistungen.

Obschon Gladbach und München einen Zweikampf um den Titel vorführten — Fachleute sahen von Beginn der Saison 1970/71 an einen der beiden als Meister —, füllten sich die Stadien auch bei vielen anderen Begegnungen. Vor allem, wenn die Favoriten und ihre Verfolger auftraten. Die Spitzenteams ließen auf fremden Plätzen manchen Punkt, also kam man auch in Hamburg, Stuttgart, Braunschweig, Frankfurt und anderswo auf seine Kosten.

Im direkten Zweikampf deuteten die Gladbacher schon an, daß sie den Titel für sich in Anspruch nehmen wollten, in den zwei Auseinandersetzungen nahmen sie den Bayern drei Punkte ab. Die vom Niederrhein waren in dieser Spielzeit fraglos das bessere Team, und als es am letzten Spieltag um die berühmte Nasenlänge ging, hatten sie auch die besseren Nerven. Punkt- und torgleich lagen sie mit den Münchenern gleichauf, und in Frankfurt machten sie mit 4:1 alles klar. Die Bayern dagegen mußten beim damaligen Angstgegner Duisburg 0:2 die Waffen strecken. Die Meisterschale blieb in Gladbach.

Allerdings lieferten die Borussen in dieser Spielzeit auch eine Kuriosität: Beim Heimspiel gegen Werder Bremen brach am Bökelberg ein Tor zusammen. Es war wenige Minuten vor dem Abpfiff. Herbert Laumen rutschte ins Netz, und das Gehäuse ging parterre. Das Spiel mußte abgebrochen werden. Der DFB tat sich schwer mit einem Urteil über das Unglück, dann erkannte er Bremen beide Punkte und zwei Tore zu. Begründung: ungenügende Sorgfaltspflicht der Gladbacher. Was ihre Leistung noch mehr aufwertete.

Nicht nur diese zumindest fragwürdige Entscheidung, die den Gladbachern zum Glück am Ende keinen Nachteil brachte, sollte dem Deutschen Fußballbund die Spielzeit 1970/71 in unangenehmer Erinnerung halten. Er wurde nach langer Zeit wieder einmal vor wirkliche Probleme gestellt. Und das geschah so:

Wie berichtet, waren Arminia Bielefeld und der DFB-Pokalsieger Kickers Offenbach in die oberste Spielklasse aufgestiegen. Und damals galt schon, was immer noch Gültigkeit hat: Es ist sehr schwer, sich im »Oberhaus« zu etablieren. Die Vereine wußten ja um ihren Aufstieg erst, als sie ihn endlich erreicht hatten, und die Transferliste wurde schon kurz darauf geschlossen. An gute Spieler war in der kurzen Zeit ohnehin nicht zu denken, die waren längst bei den finanzstarken Vereinen unter Vertrag. Und das um so eher, als das Lizenzspielerstatut mit den festgesetzten Mindestbeträgen kaum mehr beachtet wurde. Also mußten sich die Neulinge meist mit dem Team durchbeißen, mit dem sie den Aufstieg geschafft hatten. Und das reichte oft nicht. Zwangsläufig bot sich am Ende der Tabelle in den letzten Tagen der Saison folgendes Bild: Neben Borussia Dortmund und Eintracht Frankfurt waren die Aufsteiger von 1969 — Rotweiß Oberhausen und Rotweiß Essen — sowie die Aufsteiger von 1970 — Offenbach und Bielefeld — am meisten gefährdet.

Die Offenbacher hatten in dieser Saison den Klassenerhalt mit drei Trainern zu erreichen versucht. Sie begannen die Saison mit Alfred Schmidt, der sie erstklassig gemacht hatte, aber sie feuerten ihn bereits nach wenigen Wochen. Dann versuchten sie es mit dem eben frei gewordenen Rudi Gutendorf, der gerade in Schalke vor die Tür gesetzt worden war, doch das klappte offenbar auch nicht. Im Februar kam schließlich Kuno Klötzer, der retten sollte, was zu retten war. Er erinnert sich:

»Die Aufgabe war natürlich schwer, wenn nicht gar unlösbar. Trotzdem, es lief ganz gut. Zum Schluß hätten wir nur einen Punkt aus Köln gebraucht. Die Essener standen auf dem letzten Platz, Bielefeld und Oberhausen waren neben uns am meisten gefährdet. Ich hatte so viel Hoffnung nicht, denn die Kölner waren mindestens zu Hause sehr stark. Um so mehr wunderte mich die Gelassenheit meines Präsidenten, Horst-Gregorio Canellas. Ich solle mir nur keine Sorgen machen, meinte er, es werde schon gutgehen. Schließlich seien die Kölner seine Freunde. Ich wußte nicht, was ich von diesen Bemerkungen halten sollte. Und als wir in Köln 2:4 verloren und damit absteigen mußten, dachte ich gar nicht mehr daran.«

Der gute Kuno Klötzer sollte erst am nächsten Tag die Wahrheit erfahren. Am Abend des 6. Juni 1971, auf seiner Geburtstagspartie, packte Canellas nämlich aus. In der Bundesliga seien mittels Bestechung von Spielern Spiele gekauft und verschoben worden. Und er sei einer der »Käufer«.

Die Öffentlichkeit war zunächst sprachlos. Bis auf die Medien, die natürlich sofort mit den Recherchen begannen und herauszufinden suchten, was Dichtung und was Wahrheit war. Leider schlug das Pendel sehr stark in Richtung Wahrheit aus, und bald wußte es ganz Fußball-Deutschland in Einzelheiten: In der höchsten deutschen Fußballklasse herrschte massive Korruption. Der Deutsche Fußballbund stand vor einem Chaos, als nach Monaten intensiver Ermittlung alle Tatsachen auf dem Tisch lagen. Der große Skandal fand statt.

Zwar hatte man in eingeweihteren Kreisen schon immer davon geredet, daß manches nicht mit rechten Dingen zugehe. Man sprach schon mal von Schmiergeldern und Bestechungsversuchen. Keiner wollte das jedoch so recht wahrhaben, erst recht nicht der DFB, der ja solchen Gerüchten hätte nachgehen müssen. Freilich ist das sehr schwer, und wahrscheinlich kann der deutsche Fußball sogar von Glück sagen, daß Herr Canellas die Karten auf den Tisch gelegt hat. Er besaß nämlich auch Beweise, die seine Selbstbezichtigung untermauerten und andere kompromittierten. Aufzeichnungen auf Tonbändern, auf denen er Telefongespräche einfach mitgeschnitten hatte. Nun mußte der Fußballbund handeln. Er tat es gründlich.

Das Verfahren, dessen sich die abstiegsbedrohten Vereine Offenbach und Bielefeld und Oberhausen bedient hatten, war denkbar einfach. Sie kauften mit erheblichen Summen baren Geldes Spielern des Gegners das Versprechen ab, im richtigen Augenblick Punkte zu verlieren. Das gelang den Bielefeldern in Schalke, zu Hause gegen Stuttgart und am letzten Spieltag in Berlin bei Hertha. Jeweils wurde ein 1:0-Sieg erzielt. Das gelang den Offenbachern in Köln nicht, obschon der Präsident beim Torwart die Weichen gestellt zu haben glaubte.

Die Juristen nennen diese Handlung schlicht Bestechung, das Strafgesetzbuch sieht ein Vergehen darin jedoch nur, wenn es im Amt, im öffentlichen Dienst geschieht. Also konnten weder Vereine noch Spieler durch ordentliche Gerichte belangt werden. Der Fußballbund mußte allein damit fertig werden. Es wurde die große Zeit des Hans Kindermann, von Beruf Richter, im DFB jetzt Chefankläger. Er gab sich alle erdenkliche Mühe, reinen Tisch zu machen. Trotzdem ist bis heute der gesamte Umfang des Skandals nicht aufgedeckt, nach Ansicht der Experten blieb eine Dunkelziffer, die nicht abschätzbar ist. Immerhin aber reichten die Manipulationen, die durch Kindermann und seine Helfer aufgedeckt wurden, spielend aus, um die gesamte Bundesliga im Ansehen des Publikums erheblich herabzusetzen. Der deutsche Spitzenfußball hatte keine weiße Weste mehr.

Betroffen waren vorwiegend die beiden jüngsten Aufsteiger in die oberste Spielklasse, Kickers Offenbach und Arminia Bielefeld. Den Offenbachern machte man gleich nach Ende der Saison 1970/71 den Prozeß. Für zwei Jahre wurde ihnen die Lizenz entzogen, der Vorstand durfte kein Amt mehr bekleiden. Canellas' Flucht nach vorn traf ihn und seinen Verein damit an erster Stelle. Bei Arminia Bielefeld zogen sich die Ermittlungen länger als ein halbes Jahr durch die nächste Spielzeit, und das Team aus Ostwestfalen kickte weiter in der Liga, belastet mit der schweren Hypothek der Ungewißheit. Im Februar 1972 kam dann das Urteil, das den Verein und vor allem die Mannschaft schwer traf: Der DFB entzog dem Club die Lizenz und versetzte die Elf mit Ende der Spielzeit 1971/72 in die Regionalliga. Und dort sollten sie mit zehn Minuspunkten vorab ihr neues Fußballglück versuchen, was später annulliert wurde.

Hans Kindermann begründete das Urteil: »Arminia ist sicher nicht *das* schwarze Schaf der Bundesliga. Es ist in einer Herde von schwarzen Schafen nur eines — aber in einer Spitzenposition. Kein anderer Verein ist, soweit wir bisher wissen, in einem solchen Ausmaß in Manipulationen verwickelt. Arminia hat das Recht verwirkt, im bezahlten Fußball mitzuspielen. Das Urteil muß so hart sein, weil es sonst keine Relationen zu anderen Fällen geben könnte.«

Der Ankläger nannte im Laufe des Plädoyers auch Namen und Zahlen: »Am 17. April flossen 40 000 DM in Richtung Schalke, am 29. Mai sind mindestens 45 000 DM an Stuttgarter Spieler gegangen, am 5. Juni waren 250 000 DM in Berlin, am selben Tag waren 170 000 DM als Siegprämie für Eintracht Braunschweigs Spieler als Siegprämie gegen Oberhausen gedacht.« Die Bielefelder Anwälte konnten diesen Angaben nicht widersprechen.

Am Tag, als das Urteil kam, siegte die Elf von Arminia Bielefeld auf der Alm 1:0 gegen Werder Bremen. Es sollte nicht der letzte Bundesligaerfolg der Saison sein, den die fortan »Geistermannschaft« genannten Arminen erspielten. Gleich eine Woche später wurde Bochum geschlagen, Stuttgart schaffte zu Hause nur ein 2:2, ebenso wie Hertha BSC in Berlin nur ein 1:1. Und Borussia Dortmund mußte beide Punkte auf der »Alm« lassen. Es war das spielerische Aufbäumen gegen die Strafe, der Versuch der Fußballer, die sich keiner Manipulation schuldig fühlten, das Publikum wiederzugewinnen. Und das gelang auch, denn in den Heimspielen der Saison 1971/72 hatte Arminia knapp 300 000 Besucher. Am Ende der Saison allerdings wies die Elf in der Tabelle eine einmalige Bilanz aus: 0:0 Tore und 0:0 Punkte.

»Etwas merkwürdig war die Verfahrensweise schon«, kommentiert dieses Spielchen Siegfried Klemm, engagierter Sportredakteur und Arminia-Freund. »Ich kann nur sagen, daß sich der neue Vorstand und die so arg gebeutelte Mannschaft achtbar aus der Affäre gezogen haben. Und ich freue mich, daß das Publikum dieses Bemühen honoriert hat.«

Heute, mit dem Abstand von fünfzehn Jahren, erscheint mir sogar einiges sehr merkwürdig. Wenn ich mir nämlich die Liste der bestraften Spieler ansehe, finde ich bis auf den damaligen Torhüter des FC Köln ausschließlich Akteure von vier Vereinen, von Schalke, von Stuttgart, von Hertha BSC und von Braunschweig. Von Bielefeld selbst war nur der Spieler angeklagt, der seine manipulativen Aktivitäten in einem Brief an den DFB offen bekannt hat. Der alte Vorstand war auch sofort zurückgetreten. Und von den Offenbacher Kickers geriet ausschließlich der Vorstand in die Mühlen der DFB-Gesetze, von Oberhausen waren es Trainer und Präsident.

Insgesamt wurden mehr als fünfzig Spieler und Funktionäre bestraft. Der DFB sprach Sperren auf Lebenszeit, Sperren auf Zeit und Geldstrafen aus. Alle Verurteilten wurden später begnadigt, nur die Geldbußen blieben. Etliche der verurteilten Spieler sind heute noch aktiv in der Liga, einige haben nach Aufhebung der Sperre sogar wieder für die deutsche Nationalmannschaft gespielt.

So konsequent, wie sich der DFB zur Stunde der Urteilsverkündung gab, blieb er also nicht. Vielleicht war er selbst zu der Einsicht gelangt, daß mindestens *eine* Ursache dieses Skandals in einem seinerzeit unfertigen Statut gelegen hat. Einem Statut, das sich mittlerweile selbst überholt hat. Immerhin aber kann auch heute, trotz aller Merkwürdigkeiten in der Verfahrensweise, dem Fußballbund nur bescheinigt werden, daß er zumindest um restlose Aufklärung bemüht war und ein Exempel statuiert hat. Ich glaube kaum, daß seit dem Skandal noch jemand versucht, Spiele oder Spieler zu manipulieren. Und das ist immerhin ein Gewinn für den Spitzenfußball in Deutschland.

Trotz des Durchgreifens der Fußballbehörde hatte die Bundesliga einen Knacks bekommen, von dem sie sich nur mühsam erholen sollte. Die Zuschauer blieben aus. In der Saison 1971/72 kamen 800 000 Besucher weniger in die Stadien als im Schnitt der vergangenen Jahre, im folgenden Spieljahr zählte man sogar ein Minus von 1,3 Millionen. Es drohte ein Niedergang, der nur durch exzellente sportliche Leistungen allmählich wieder aufgefangen werden sollte.

Ein ganz böses Nachspiel hatte der Skandal noch für mehrere Spieler von Schalke 04. Sie gerieten plötzlich in Konflikt mit den ordentlichen Gerichten. In Bielefeld ermittelte nämlich die Staatsanwaltschaft, weil der Verdacht bestand, daß der alte Vorstand Vereinsgelder veruntreut hatte. In diesem Zusammenhang wurden die Schalker, die »Geldempfänger«, als Zeugen vernommen, sogar unter Eid. Sie leugneten jedoch beständig und handelten sich damit eine Anklage wegen Meineids ein. Das Verfahren zog sich über Jahre hin, und erst 1975 standen sie in Essen vor dem Kadi. Sie wurden durchweg zu Geldstrafen verurteilt und mußten noch einmal eine begrenzte Sperre durch den Fußballbund hinnehmen.

Acht Vereine waren mehr oder weniger tief in den Bundesligaskandal verstrickt, das war fast die halbe Spielklasse. Die anderen rühmten sich ihrer Unschuld. Beim HSV ging man zur Tagesordnung über. Es war nicht hanseatischer Stil, mit Steinen zu werfen, auch wenn man nicht im Glashaus saß. Das Publikum jedoch war verdrossen und ließ das auch die Hamburger spüren, vornehmlich wenn eine der betroffenen Mannschaften an der Elbe erschien. Das legte sich zwar hier schneller als anderswo, aber die Verdrossenheit blieb. Man wollte in Hamburg endlich wieder ganz oben sein, auch der fünfte Platz reichte den Besuchern nicht. Und als Uwe Seeler endgültig die Fußballstiefel auszog, um künftig nur noch in Freundschaft und für einen guten Zweck zu spielen, sah man auf den Rängen keine rosige Zukunft für den Hamburger Club voraus.

Aber am Rothenbaum war man nicht untätig geblieben. Horst Barrelet, der Präsident, und seine Mitarbeiter wußten um die Schwächen des Teams. Sie wußten aber auch, daß der Stamm für eine Regeneration der Elf aus der eigenen Jugend kommen mußte. Und da die Talente am Ochsenzoll nicht reihenweise heranreiften, fand man einen anderen Weg. Gerd Heid, ein cleverer Manager, übernahm die Betreuung der Jugend und sah sich auf den Schauplätzen im Lande nach Talenten um. Er wurde fündig, und eines Tages tauchten im Leistungszentrum vor den Toren der Hansestadt Jünglinge auf, von denen man einige Jahre später nicht nur an Elbe und Alster sprechen sollte. Manfred Kaltz, Peter Hidien, Rudi Kargus, Caspar Memering, Kurt Eigl, Peter Krobbach, das sind Namen, die heute viele Fußballfreunde kennen, nicht nur in Hamburg und Norddeutschland. Sie wurden systematisch auf ihren Einstieg in die Ligamannschaft vorbereitet und gaben dem HSV Jahre später tatsächlich neue spielerische Impulse. Es ist mit ihr Verdienst, daß der Hamburger SV eines Jahres wieder eine Spitzenmannschaft in der Bundesliga stellen konnte.

Damals hat es übrigens auch ein wenig Ärger mit dem DFB

gegeben, wie sich Schatzmeister Helmut Kallmann und Dr. Barrelet erinnern. Kallmann: »Wissen Sie, wir hatten die Jungen in die Hansestadt geholt, sie kamen meist aus ländlicher Umgebung. Ihre Eltern glaubten zwar an die Seriosität des HSV, aber sie wollten sich doch davon überzeugen, daß ihre Sprößlinge nicht in einen Sündenpfuhl geraten waren. Hamburg wird ja in der Provinz sehr schnell an der Reeperbahn gemessen. Also haben wir die Eltern nach Hamburg eingeladen, damit sie sich selbst davon überzeugen konnten, wie gut es ihren Jungen hier ging. Das aber stach dem DFB als unzulässige Zuwendung an Amateure in die Augen. Natürlich kam bei den Untersuchungen nichts heraus.«

Man sollte meinen, dem DFB hätten schon zu jener Zeit andere Aufgaben dringlicher erscheinen müssen als die Nachprüfung von Einladungen eines Vereins, der den Eltern das Wohlergehen ihrer Kinder demonstrieren wollte. Das jedoch ist damals wohl die Tendenz gewesen: jeder Anzeige nachzugehen, damit die Fußballweste nicht beschmutzt werde. Um so unverständlicher, daß man die zweifellos grassierenden Gerüchte über Spiel- und Spielermanipulationen nicht intensiv verfolgt hat.

Der große Skandal aber war dem DFB und seinem Ankläger eine Lehre. Seit diesem Ereignis wacht man mit Argusaugen über jeden Fehltritt.

Der Fußball in Deutschland hatte also nach den unrühmlichen Vorfällen von 1971 einiges gutzumachen. Nicht nur am grünen Tisch, auch in den Stadien. Selbst auf internationaler Ebene galt es, verlorenen Boden wiederzugewinnen, denn der Skandal war ja auch im Ausland heftig diskutiert und kritisiert worden. In Europa allerdings gewann man das Ansehen über Erwarten schnell zurück. Schneller als im eigenen Land.

Und das war einmal das Verdienst der Beckenbauer-Elf aus München, die sich anschickte, auf den europäischen Fußballfeldern für Sensationen zu sorgen, zum anderen trug dazu die bundesdeutsche Nationalelf bei, die 1972 einen absoluten Höhepunkt deutscher Fußballgeschichte inszenierte: die Europameisterschaft.

Der Triumph von Wembley

Am Gladbacher Bökelberg strebte man nach den Titelgewinnen von 1970 und 1971 die dritte Deutsche Fußballmeisterschaft in direkter Folge an. Die immer noch junge Mannschaft um den exzellenten Regisseur Günter Netzer, die auch beim Bundestrainer starke Beachtung fand, bereitete sich intensiv auf die neue Spielzeit vor und schien alle Chancen zu haben, das große Ziel zum erstenmal in der deutschen Fußballgeschichte zu erreichen. Es war den Nürnbergern in den zwanziger Jahren nicht gelungen, und die Ausnahme-Elf von Schalke 04 schoß in den dreißiger Jahren ebenfalls knapp daran vorbei. Es war wohl fast ein Gesetz, denn auch die Gladbacher scheiterten, zumindest bei ihrem ersten Anlauf.

In München schlief man nämlich nicht. Und der FC Bayern, der in der Saison 1970/71 unter seinem neuen Trainer Udo Lattek den Titel nur ganz knapp verfehlt hatte, wollte es wissen. Lattek hatte eine gestandene Formation aufgebaut, auf deren Stammplätzen neben den erfahrenen Kickern junge, ehrgeizige Spieler ihre Aufgabe glänzend erfüllten. Die Achse Maier, Beckenbauer, Müller war einzigartig in dieser Phase des deutschen Fußballs. Die Phantasie, mit der man zu Werke ging, begeisterte in allen Stadien der Bundesliga. Und Namen wie Paul Breitner, Uli Hoeneß und »Katsche« Schwarzenbeck machten in der Fußballöffentlichkeit die Runde, ähnlich wie neue Protagonisten von Gladbach, Heynkes, Wimmer und Bonhof. Sie alle sollten schon bald auch die deutschen Farben vertreten.

Die Bayern hatten 1971 zur Abwechslung mal wieder den DFB-Pokal nach München geholt — sie schlugen den FC Köln im Endspiel 2:1 nach Verlängerung —, aber sie wollten mehr. Und sie erreichten ihr Ziel. Ende der Spielzeit waren sie Meister, und sie hatten die Würde wohlverdient. Die Gladbacher wurden nicht einmal Zweiter, denn in dieser Zeit strebte Schalke nach oben und sicherte sich mit drei Punkten hinter München die Vize-Meisterschaft. Die vom Skandal geschüttelte Elf zeigte es der deutschen Fußballwelt noch einmal, bevor die meisten Akteure für einige Jahre aus dem Verkehr gezogen werden mußten. Die Gladbacher nahmen den dritten Platz ein, dennoch schrieben sie gerade in dieser Saison sozusagen »europäische Fußballgeschichte«. Denn im Europapokal der Landesmeister begannen die jungen Spieler des Hennes Weisweiler furios. 5:0 und 2:1 wurde der schottische Meister Cork Hibernian aus dem Rennen geworfen. Im Achtelfinale begann dann die Tragik der Borussen, die in ganz Europa diskutiert wurde. In einem ihrer größten Spiele besiegten sie am Bökelberg die weltbekannte Elf von Internazionale Mailand mit 7:1!

Niemand zuvor hatte den Klassefußballern aus Norditalien eine solche Schlappe beigebracht. Doch das Spiel wurde von der Europäischen Fußballunion annulliert. Warum?

Der professionelle Fußball wurde zu jener Zeit von Jahr zu Jahr hektischer. Weniger auf dem Spielfeld, wenngleich es um immer höheren ideellen und vor allem finanziellen Einsatz ging. Letztlich setzte sich dort in den meisten Fällen die reifere Leistung durch. Um so mehr rumorte es auf den Rängen der Stadien. Überall hatten sich Fan-Clubs gebildet. Sie verfolgten ihre Mannschaft bei jedem Spiel, ihre Mitglieder waren zum Teil dem Alkohol zugetan, obschon sie ihn noch nicht vertragen konnten, und sie begannen hier und da zu randalieren. Seinerzeit war der Höhepunkt der Ausschreitungen, wie sie später national und international beklagt werden mußten, noch nicht erreicht. Aber die Begeisterung ging auch 1972 schon mal mit einem bierseligen Zuschauer durch. Und so segelte in jenem großen Europacupspiel der Gladbacher eine leere Bierdose aufs Spielfeld. Mailands Nationalspieler Bonisegna fühlte sich getroffen und fiel um. Er mußte vom Platz getragen werden, weil er von selbst nicht wieder aufstand. Das nahmen die Mailänder zum Anlaß für einen Protest bei der UEFA gegen die Wertung des Spiels, und sie kamen damit durch, obwohl das Spiel nicht abgebrochen worden war. Europas Fußballgewaltige werteten die Begegnung nicht, sie setzten eine Wiederholung auf fremdem Platz an.

Damit war für Borussia das »Aus« im so hoffnungsvoll begonnenen Wettbewerb bereits programmiert. Vorstand und Trainer bemühten sich zwar, eine Revision des Urteils zu bewirken, doch aller Einsatz war vergeblich. Die UEFA blieb bei der Bestrafung, und Gladbach mußte nach dem zweiten Spiel, das in Mailand erwartungsgemäß 2:4 verloren wurde, in Berlin zur Wiederholung antreten. Die jungen Borussen wollten auch hier das Blatt noch wenden, aber der Mailänder Riegel stand eisern, und es wurde nur ein torloses Unentschieden erspielt. Damit waren die vom Niederrhein aus dem Cup ausgeschieden. Unverdient, wie die ganze deutsche Fußballwelt befand. Auch heute noch, mit dem Abstand von mehr als einem Jahrzehnt, bleibt die Entscheidung der UEFA unverständlich. Um so mehr, als später viele Dosen auf Spielfelder flogen, in Deutschland und in ganz Europa, ohne daß in jedem Fall ein Spiel annulliert worden ist.

Vielleicht saß dieser »Europa-Schock« den Gladbachern stärker in den Knochen, als sie selber wahrhaben wollten. Sie gingen die weitere Saison nämlich nicht sehr erfolgreich an, kassierten insgesamt 25 Verlustpunkte und lagen damit zwölf Zähler hinter dem Meister. Dieser Meister kam in seinem Europawettbewerb allerdings auch nicht ans Ziel. Nach glänzenden Ergebnissen gegen den tschechischen Pokalsieger Skoda Pilsen (1:0 und 6:1), einem Sieg und einem Unentschieden gegen den berühmten FC Liverpool, der diesmal den englischen Cup gewonnen hatte, und einem 0:0 und 1:1-Erfolg gegen Steaua Bukarest, bei dem das auswärts erzielte Tor für München entschied, scheiterten sie im Halbfinale an den Rangers aus Glasgow 1:1 und 1:2. Die Schotten revanchierten sich damit für die 0:1-Niederlage, die sie 1967 in Nürnberg erlitten hatten.

Zum erstenmal hatte die UEFA in dieser Saison einen weiteren europäischen Fußballwettbewerb ausgeschrieben. Sie nannte ihn UEFA-Pokal. Es handelte sich praktisch um die Fortsetzung des 1955 ins Leben gerufenen Messe-Pokals. Der war erst nur von Auswahlmannschaften der europäischen Messestädte ausgespielt worden, später ließen die Metropolen ihre Fußballinteressen durch ihre renommierten Clubs vertreten. Der Pokal wurde in seinen Anfängen über drei Jahre ausgetragen, später jährlich. Aber es gewann nie ein deutscher Club. Außerdem löste der Messecup in der Bundesrepublik nicht annähernd das Publikumsinteresse aus, das später dem UEFA-Cup zuteil werden sollte.

Die Regeln für das Spiel um den UEFA-Pokal besagen, daß die vier besten Mannschaften jedes Landes um ihn zu streiten haben. Außer Landesmeistern und Pokalsiegern, die ja ihre eigenen europäischen Wege gingen. Wenn man nun davon ausging, daß Meister und Pokalsieger im oberen Drittel der Tabelle zu suchen und zu finden waren, wurde die Liga bis einschließlich Platz sechs international interessant. Im ersten UEFA-Wettbewerb war der HSV als Fünfter der Meisterschaft leider nicht sonderlich erfolgreich. Er schied gleich in der ersten Runde gegen den FC St. Johnstone 2:1 und 0:3 aus. Hertha BSC dagegen — die Elf hatte Berlin in der letzten Saison hervorragend vertreten — und der FC Köln erreichten zumindest die zweite Runde, Eintracht Braunschweig drang sogar ins Achtelfinale vor und unterlag erst dort Ferencvaros Budapest mit 1:1 und 2:5.

In den Jahren nach der Weltmeisterschaft von Mexiko war natürlich auch die deutsche Nationalmannschaft nicht untätig. Nach den hervorragenden dramatischen Spielen gegen England und Italien legte sie kaum eine Pause ein. Sie gewann zunächst in Nürnberg gegen die Ungarn 3:1 und kümmerte sich dann sehr intensiv um die Qualifikation zur Europameisterschaft 1972, die ein Höhepunkt der deutschen Fußballgeschichte werden sollte. Im ersten Spiel in Köln sprang nur ein 1:1 gegen die Türkei heraus, das wurde aber im Rückspiel in Istanbul 3:0 richtiggestellt. Gegen Albanien, bis heute einer der unangenehmsten Gegner unserer Ländermannschaft, wurde 1:0 und 2:0 gewonnen. Dritter Partner in der Qualifikation für das Viertelfinale war die Elf aus Polen, die in Warschau 3:1 geschlagen wurde, in Hamburg aber einen 0:0-Rückspielerfolg buchte. Trotzdem waren die Deutschen qualifiziert.

Bis zu diesem Zeitpunkt, dem November 1971, hatte man in der Bundesrepublik mehr vom Bundesligaskandal als von der Nationalelf oder gar der Europameisterschaft gesprochen. Man registrierte Siege und Unentschieden, aber die Verärgerung über den Profifußball war noch allgemein und traf auch Helmut Schöns Team, obwohl dort keine Skandalsünder zu finden waren. Der Bundestrainer durfte sich durch diese verständliche Animosität nicht beirren lassen. Er sah ja auch in dem Bemühen seiner Mannschaft den Versuch, den Profis ihr Ansehen wiederzugewinnen. Und Ende April 1972 führte er im Wembleystadion den Erfolg seiner Arbeit so eindrucksvoll vor, daß zumindest die Mehrheit der deutschen Fußball-Gemeinde das große Ärgernis vorübergehend verdrängte.

Schön hatte eine Formation gefunden, die ein Traumteam werden sollte. Maier (München), Schwarzenbeck (München), Breitner (München), Beckenbauer (München), Wimmer (Gladbach), Grabowski (Frankfurt), Hoeneß (München), Müller (München), Netzer (Gladbach) und Held (Dortmund), das war eine hervorragend abgestimmte Truppe, von der man bald in ganz Europa sprechen sollte. Sie hatte sich in Hin- und Rückspiel mit Englands Nationalelf auseinanderzusetzen, um in die Endrunde vorzudringen.

Der Schauspieler Peter Striebeck, erklärter Fußballanhänger und seit Jahrzehnten unverbesserlicher HSV-Fan, drehte damals in London den Fernsehfilm »Das Paradies auf der anderen Seite«. Die Arbeit war beschwerlich und anstrengend, aber für einen Platz auf der Wembleytribüne während des Spiels Deutschland—England mußte die Zeit einfach reichen. Striebeck verschlug es mitten in einen Block mit Schotten, und was er dort erlebte, ist wohl symptomatisch für den Fußballpatriotismus in den Vereinigten Königreichen von Großbritannien. Hier sein Bericht:

»Ich saß also ausschließlich unter schottischen Fans, und man muß wissen, daß die Freunde aus dem Norden Britanniens nicht unbedingt Fußballbrüder der Engländer sind. Sie spielen ja auch eine Insel-Meisterschaft aus, und sie treten zu internationalen Wettbewerben wie Welt- und Europameisterschaft mit getrennten Teams an. Und für die Schotten gibt es offensichtlich nichts Schöneres, als einer klassischen Fußballniederlage der Engländer beizuwohnen. Das erlebten sie nun in meiner Gegenwart. Die Deutschen zogen ein Spiel auf, daß den Engländern regelrecht schwindelig wurde. Es lief von der ersten Minute an so fabelhaft, daß nicht nur die Schotten begeistert waren. Und es war das große, wenn nicht das größte Spiel des Günter Netzer. Beckenbauer und er verstanden sich traumhaft, war der eine vorn, blieb der andere hinten, es ging ohne Pause in Wellen und mit Traumpässen gegen Englands Tor, so daß die Schotten mich dauernd begeistert fragten, ›Who is that boy?‹. Beckenbauer kannte man, aber Netzer, das war für sie ja noch viel mehr. Sie wollten unbedingt ein Lied anstimmen, ein deutsches

Lied. Und ich in meiner Begeisterung übte mit ihnen. ›So ein Tag, so wunderschön wie heute.‹ Es ist unvorstellbar, aber nach einer kurzen Weile sangen sie ›So a day, so wonderful wie heute‹. Es muß furchtbar geklungen haben, aber wen störte das schon? Wie die Kinder freuten sie sich über Englands Niederlage, vor allem aber wohl über das tatsächlich grandiose Spiel der deutschen Mannschaft. Und als ihr Freund Netzer gar noch ein Tor schoß, standen wir allesamt auf den Bänken und jubelten. Es war ein tolles Erlebnis.«

Natürlich fanden nicht nur Striebeck und seine schottischen Freunde, daß hier eine Weltklassemannschaft die Engländer regelrecht 3 : 1 deklassiert hatte. Alle, die das Spiel am Bildschirm erlebten, waren hingerissen. Der deutsche Fußball hatte einiges wieder gutgemacht. Helmut Schön denkt gern an diese Zeit und den glanzvollen Sieg in Wembley zurück: »Ja, damals in England, das war wohl eins der größten Spiele, das eine deutsche Elf unter meiner Leitung je gemacht hat. Damals stimmte aber auch alles, der Günter und der Franz verstanden sich blind, sie machten das Spiel und hatten jederzeit das Heft in der Hand. Und die anderen spielten, rannten, dribbelten und schossen, daß es eine reine Freude war. Für mich war diese Europameisterschaft ein großer Höhepunkt, auch die anschließend an die Viertelfinalspiele stattfindende Endrunde in Belgien. Auf eine solche Elf konnte man natürlich aufbauen, für die Weltmeisterschaft 1974, die uns ja in der Bundesrepublik ins Haus stand. Die Europameisterschaft hat uns für 1974 allerdings in die immer unangenehme Favoritenrolle gedrängt.«

Obwohl es beim Rückspiel gegen England wenige Wochen später in Berlin nur ein 0 : 0 gab, hatte die deutsche Mannschaft die Engländer mit einer überzeugenden Gesamtleistung aus dem Rennen geworfen. Das wurde auch von der englischen Presse neidlos anerkannt. Für die britischen, ja für alle europäischen Journalisten hieß vor Beginn der Endrunde in Belgien der Europameister 1972 schon Deutschland. So sollte es dann auch kommen. Im Halbfinale gab es für den Gastgeber Belgien nichts zu gewinnen, der 2 : 1-Sieg der deutschen Elf in Antwerpen war knapp, aber ungefährdet. Und das Endspiel in Brüssel gegen die Mannschaft der Sowjetunion brachten die Deutschen ohne nennenswerte

Mühe unter Dach und Fach. Sie gewannen mit einer soliden Leistung 3:0 und hatten dem deutschen Fußball erneut ein Denkmal gesetzt.

Nicht zuletzt durch das Spiel in England hatte zum erstenmal auch eine Europameisterschaft in der Bundesrepublik landesweites Aufsehen erregt. Die Mannschaft, zu der auch Heynkes aus Gladbach, Flohe aus Köln und Erwin Kremers aus Schalke zählten, wurde bei ihrer Rückkehr mit Beifall überschüttet.

Die andere Führung des HSV

Im August 1972, nach dem Gewinn der Europameisterschaft durch die deutsche Nationalmannschaft, ging die Bundesliga in ihr zehntes Spieljahr, noch immer belastet mit der Hypothek des großen Skandals. Einige Vereine, wie Schalke und Hertha, mußten total neu aufbauen, weil ihre Stammspieler zum großen Teil gesperrt waren, die Schatzmeister aller Clubs sahen mit Skepsis der neuen Saison entgegen. Sie befürchteten weiteren Zuschauerschwund.

Um diese Zeit setzte man in München bei den Bayern zu einem unvergleichlichen Siegeszug durch das Spieljahr an. Die Beckenbauer-Elf machte sofort deutlich, daß sie den Titel erfolgreich verteidigen werde. Sie erreichte dieses Ziel schließlich mit 54:14 Punkten und ließ den Verfolger FC Köln weit hinter sich. Die Kölner schlossen die Spielzeit als Vizemeister mit 43:25 Punkten ab.

Der Durchmarsch der Bayern in dieser Saison, den sie 1973/74 mit einem knappen Vorsprung vor Borussia Mönchengladbach wiederholen sollten, erinnerte an die Rolle, die der Hamburger Sport-Verein in den fünfziger Jahren in der Oberliga Nord gespielt hatte. Dieser Hamburger Sport-Verein allerdings versank in der Spielzeit 1972/73 im unteren Mittelfeld. Er mußte sogar gegen den Abstieg kämpfen. Erst gegen Ende der Rückrunde brachte er sich mit einem 1:0 gegen Eintracht Braunschweig im Volksparkstadion in Sicherheit. Der mit einem Bombenschuß von »Bubi« Hönig erzielte Klassenerhalt wurde von den wenigen tausend treuen Anhängern fast wie eine Meisterschaft gefeiert.

In Hamburg mußte also etwas geschehen. Der relativ junge Trainer Klaus Ochs, ein intelligenter Mann, hatte nach Anfangserfolgen 1970, als er den fünften Platz in der Rangliste des deutschen Spitzenfußballs schaffte, immer weniger Glück gehabt. 1972 fand sich sein Team schon auf dem zehnten Tabellenplatz, ein Jahr später geriet es sogar in die gefährdete Zone. Das Publikum in Hamburg zeigte seine Verdrossenheit durch Fernbleiben, der Verein machte sich Sorgen um sein Image in der Stadt und im deutschen Fußball überhaupt.

Eine gewisse Hoffnung auf eine erfreulichere Zukunft war allerdings vorhanden. Nicht allein die jungen Talente wie Kaltz, Kargus und Freunde berechtigten dazu. Es gab auch gestandene Leistungsträger in der Elf. Klaus Zaczyk, der flinke Techniker, der auch ein Spiel machen konnte, Georg Volkert, der spritzige Linksaußen, der Däne Ole Björnmose, ein Mann mit Überblick auf dem Fußballplatz. Und — last not least — Peter Nogly , den sie »Eiche« nannten, weil er in zahllosen Abwehrschlachten das unbeugsame Rückgrat der HSV-Deckung war.

Nun verpflichtete das Präsidium mit Beginn 1973/74 auch einen neuen Trainer: Kuno Klötzer. Er war zwar in der Bundesliga bislang noch nicht sonderlich erfolgreich gewesen, trotzdem versprachen sich die Hanseaten in der HSV-Führung mit Dr. Horst Barrelet an der Spitze einiges von seiner Verpflichtung. Und das mit Recht, wie sich zeigen sollte. Klötzer brauchte natürlich Zeit, um die Mannschaft neu zu gestalten, mit den erfahrenen Profis und den jungen Hüpfern vom Ochsenzoll, aber seine Arbeit sollte sich im Laufe von vier Jahren doch auszahlen. Schon in seiner ersten Spielzeit konsolidierte er den HSV in der Tabelle, Abstiegssorgen mußte man nicht haben. Und im Pokal stieß er ganz nach oben, erst im Finale unterlag er Eintracht Frankfurt nach Verlängerung 1:3. In diesem Wettbewerb übrigens lieferte der Hamburger SV im verschneiten Volksparkstadion wieder einmal ein dramatisches Spiel. Er mußte in der zweiten Hauptrunde in Mönchengladbach antreten und erkämpfte bei den Borussen ein 2:2. Das Spiel wurde in Hamburg wiederholt, im Tor stand der junge Rudi Kargus. Lange Zeit führten die Gladbacher 1:0, erst in letzter Minute erzwang

Horst Heese, damals Hamburgs eifrigster Kämpfer, den Ausgleich. Die Verlängerung blieb torlos, Elfmeter mußten die Entscheidung bringen. Um es kurz zu machen: Kargus erwarb sich in diesem Spiel bundesligaweit den Ruf des »Elfmeter-Töters«. Er hielt drei Strafstöße der Borussen und begeisterte 40 000 im Stadion.

Es wäre also falsch, dem Hamburger SV Anfang der siebziger Jahre »Schlafmützigkeit« vorzuwerfen. Dr. Barrelet und Ernst Naumann, der Liga-Obmann und spätere hochgeschätzte Vizepräsident, kümmerten sich schon um die Verstärkung der Elf, immer aber mit hanseatischer Seriosität und Zurückhaltung. »Preistreibereien und Dinge außerhalb der Legalität machen wir nicht mit«, stellte Horst Barrelet kategorisch fest. Trotzdem: 1973 wurde er amtsmüde — in der Hauptversammlung kandidierte er nicht mehr. Der Rechtsanwalt schlug als Nachfolger einen Diplom-Kaufmann vor: Dr. Peter Krohn, dessen Vater in der Meistermannschaft von 1922 und 1923 gestanden hatte. Der glänzende Rhetoriker überzeugte sein Auditorium, wenngleich mancher Zuhörer seine großen Versprechungen eher sprachlos staunend zur Kenntnis nahm. Er werde den wirtschaftlich nicht sonderlich prosperierenden HSV sanieren, und er werde die Ligamannschaft zu einem europäischen Spitzenteam machen. Neue, lautere Töne also, die von vielen gern gehört wurden. Dr. Krohn wurde gewählt.

Der Erfolg zeigte sich schon in wenigen Wochen, weniger allerdings im Volksparkstadion als in der Öffentlichkeit der Hansestadt. Die Haltung der Hamburger war bürgerlich abwartend, und der Presse war der Verlagskaufmann Dr. Krohn ja nicht unbekannt. Seine Dynamik und sein Ehrgeiz hatten ihm bislang nicht nur positive Kritiken beschert, und sein Parforce-Ritt von Hannover, wo er sich als Verlagsleiter kurzerhand auch zum Chefredakteur ernannt hatte, war manchem Journalisten mehr Anlaß zur Skepsis als zu vorbehaltloser Zustimmung.

Nach wenigen Wochen aber hatte Krohn bereits die Mehrheit der Hamburger Fußballfreunde gewonnen. Von hanseatischer Noblesse hielt er nur bedingt etwas, und mit seiner Meinung, daß der Bundesligafußball Sport und Show zugleich sein müsse, fand er neben Kopfschütteln viel Zustimmung. Freilich stieß er auch auf Widerstand, vor allem im Verein. Aber er ließ sich nicht beirren. Er hatte sich ein Konzept gemacht und war willens, es durchzusetzen. Gerhard Krug zu Dr. Krohn in seinem Buch »HSV — Porträt eines Fußballvereins«:

»... erst einmal machte Krohn Wirbel, fütterte die dankbare Presse der Stadt mit Meldungen, die den Club einfach nur ins Gespräch bringen sollten. ›Die Omi in der U-Bahn muß sich für uns interessieren, soll fragen, wie denn der HSV gespielt hat.‹ Die Omi fragte, und nicht nur sie. Neue Bevölkerungsschichten wurden mobilisiert, der Aufmerksamkeitswert war gestiegen bei einem Verein, von dem man dachte, ihn würde jeder kennen an Alster und Elbe.

... Aber es war nicht nur die Werbung, die Krohn für den HSV und für sich selbst machte (oder umgekehrt) — das allein hätte nicht gereicht, die Massen ins Volksparkstadion zu locken. Krohn zielte in erster Linie auf die Leistung, darauf, daß dem Publikum etwas geboten werden muß, auch bei sogenannten uninteressanten Spielen. Er trieb die Spieler mit ungewöhnlichen Prämien an, und sie nahmen's gern. Krohn ist ein Macher, einer, der bewegen will, der nicht ruht, bis er seine Idee in die Tat umgesetzt hat.«

Der langjährige Pressechef bei Krupp, Georg Graf Zedtwitz, hat einmal ein Buch über Öffentlichkeitsarbeit geschrieben mit dem einleuchtenden Titel »Tu Gutes und rede darüber«. Dies scheint mir auch der Wahlspruch des Dr. Krohn gewesen zu sein, und manchmal konnte ich mich des Eindrucks nicht erwehren, daß ihm der zweite Teil des Slogans mindestens so wichtig schien wie der erste. Diese Ansicht hörte man auch von prominenten Club-Mitgliedern, und nicht jeder HSV-Hanseat fand das Volksfest der Mannschaftsvorstellung im rosa Trikot am Rothenbaum so gelungen wie die 20 000, die sich über die Show freuten. Auch manchen Spielern war solche Art Public Relations nicht recht, aber sie spielten mit. »Wenn es dem Verein dient, warum nicht«, war die Ansicht der Akteure, die sich lieber mit dem Ball auf dem Platz als hautnah mit dem Zuschauer beschäftigen wollten.

Was keinesfalls verkannt werden darf, was auch heute noch — sogar von erklärten Krohn-Gegnern — eingestanden

Torjubel beim HSV, Keegan springt am höchsten (vorhergehende Seite); Uli Stein, der Hamburger Keeper, wie man ihn oft erlebt (links oben); Keegan, Hrubesch und Kaltz grüßen die Fans mit der Meisterschale (links unten); angespannt im Kampf: Magath und Buljan (rechts oben); Zweikampf der »großen Kleinen«: Kevin Keegan und Gerd Müller (rechts unten)

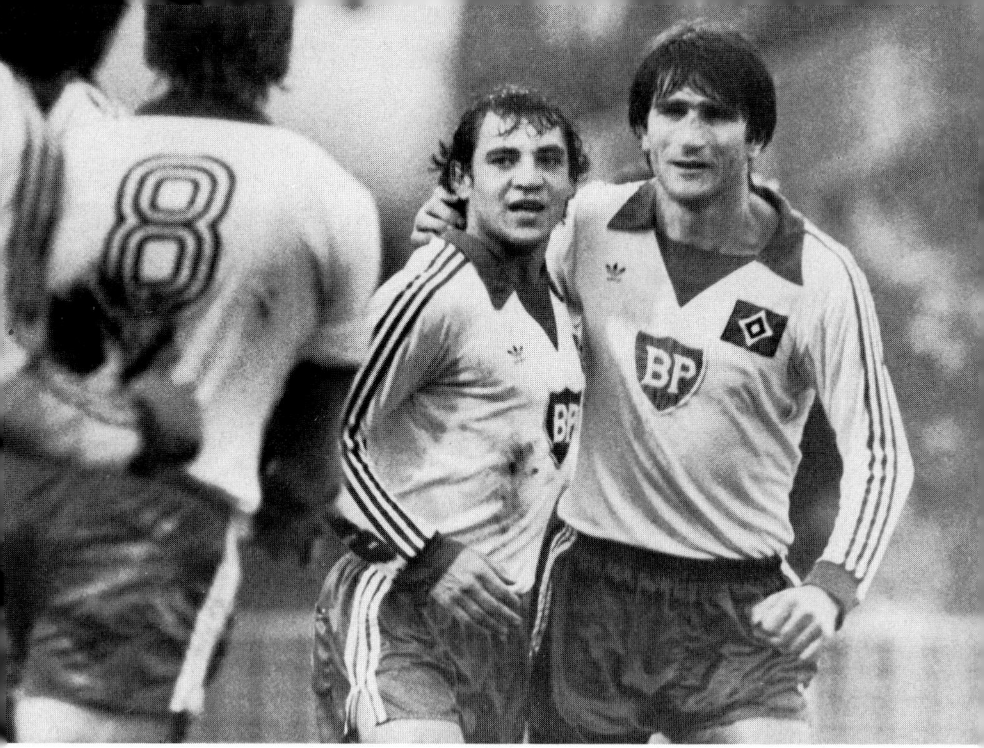
BP

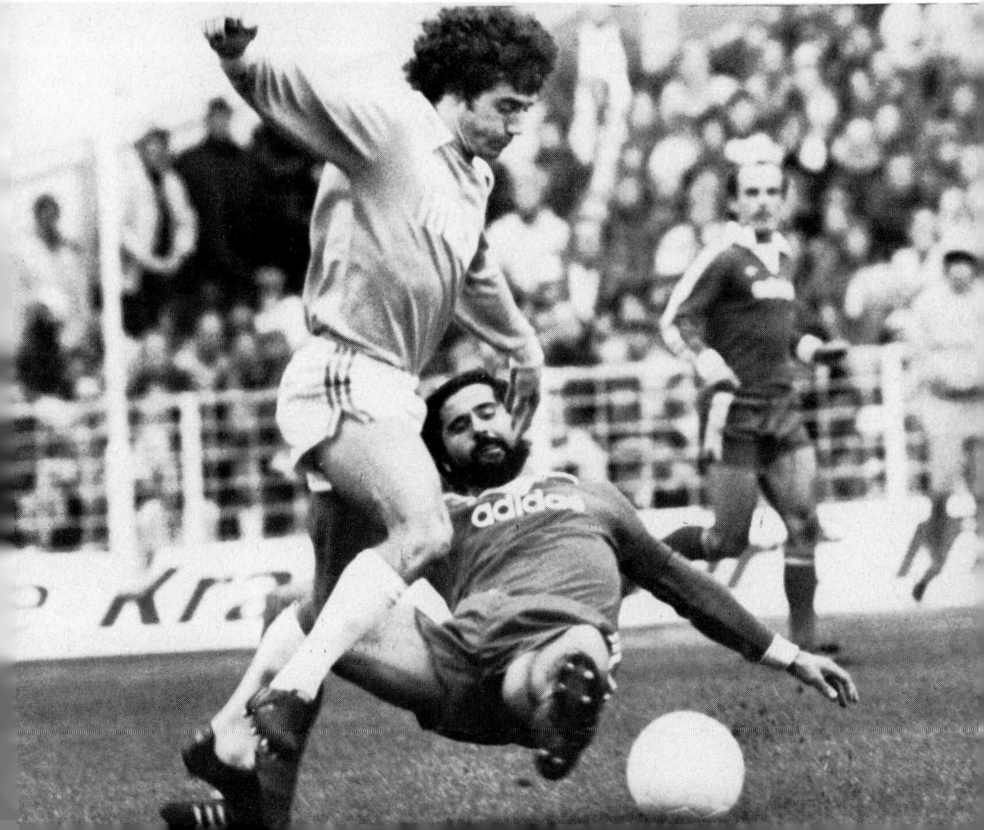

1976: Die Bundesliga-mannschaft des Hamburger Sport-Vereins holt den DFB-Pokal mit Kargus, Kaltz, Hidien, Blankenburg, Nogly, Memering, Reimann, Zaczyk (Sperlich), Björnmose, Eigl und Volkert. Freude bei den Akteuren und ihrem Trainer Kuno Klötzer nach dem Sieg über Kaiserslautern

HSV – Bayern München: Stein ist schneller als Augenthaler (linke Seite); nach dem Triumph: Ristic, Magath, Happel und Netzer mit dem Europapokal der Landesmeister (oben); die Fans sind außer Rand und Band (unten). Nächste Seite: Mit Zuversicht in die HSV-Zukunft: Präsident Dr. Wolfgang Klein mit Manager Günter Netzer und dessen designiertem Nachfolger Felix Magath

HAMBURG

wird: Er hat den Hamburger SV aus der vornehmen Anonymität herausgeführt. Daß er *allein* auch die Bundesligaelf zu einer Spitzenmannschaft geformt hat, wird er nicht behaupten wollen. Letztlich hatte der Trainer Kuno Klötzer mit seiner Elf den Weg nach oben bereits angetreten, als Krohn kam. Und die Mannschaft schwor auf ihren Trainer, dessen Qualitäten in der Menschenführung bis heute nicht bestritten werden können. Zweifellos aber war Krohn der Auslöser und Motor der größeren Popularität des Hamburger Sport-Vereins, und davon profitierte auch die Mannschaft. Mit einem stimulierten Publikum im Rücken läßt sich leichter spielen und gewinnen. Und wirtschaftlich hatte die PR-Arbeit Krohns nur positive Folgen. Man sprach vom HSV, und man ging wieder zum HSV.

Allerdings ist die Flucht in die Öffentlichkeit, die Dr. Krohn ein um das andere Mal lautstark antrat, für Personen wie Institutionen nicht immer von Vorteil. Als er nach zwei Jahren seine ehrenamtliche Präsidentschaft in eine hauptamtliche umgewandelt wissen wollte, versagte ihm die Hauptversammlung die erforderliche Dreiviertel-Mehrheit. Immerhin aber stimmten 67,1 Prozent der anwesenden Mitglieder für einen bezahlten »geschäftsführenden Präsidenten«. Nun wäre das ein Novum in der deutschen Vereinsgeschichte und im Vereinsrecht gewesen. Dr. Barrelet: »Natürlich ist die ehrenamtliche Präsidentschaft des HSV ein sogenannter Fulltime-Job, das habe ich über Jahre am eigenen Leibe erfahren, aber damit muß man leben, wenn man ein solches Amt übernimmt.«

Krohn wollte damit aber nicht weiterleben. Und der Verein wollte auf ihn auch nicht verzichten. Das neue Präsidium unter Paul Benthien bot ihm das bezahlte Management an, das sich in einem Fußballclub bislang vorwiegend in der Person des Robert Schwan bei Bayern München dokumentiert hatte. Krohn akzeptierte und wirkte weiter, auf der Bühne der Öffentlichkeit und hinter den Kulissen. Es kam auch einiges dabei heraus, wie der objektive Betrachter anerkennen muß. Heute sieht Dr. Krohn seine Arbeit von damals mit gebotener Distanz:

»Einmal weiß ich nicht, ob eine hauptamtliche Präsidentschaft nach dem Vereinsrecht in Deutschland überhaupt möglich gewesen wäre. Sie hätte doch einiges nicht nur im Sportbereich in Frage gestellt. Da war der General-Manager schon ein gangbarer Ausweg. Ich konnte ja so weiterarbeiten wie bisher, vor allem mit der Lizenzspieler-Abteilung. Und die ist der sportliche und der wirtschaftliche Kern des Hamburger Sport-Vereins.«

Dr. Krohn verfolgt die Entwicklung im Berufsfußball und im Hamburger SV auch heute noch mit aktivem Interesse. Er spielt auch gern mal das Enfant terrible oder gar den Advocatus Diaboli in der Hauptversammlung. Den Spitzenfußball würde PR-Experte Krohn jetzt anders verkaufen:

»Die Wertvorstellungen vor allem der jungen Generation haben sich doch sehr gewandelt. Vielfältige Interessen auch ideeller Art spielen eine Rolle. Ich würde, hätte ich heute einen Fußballclub mit Spitzenanspruch zu vertreten, wieder stärker zum guten, alten Sportverein zurückkehren. Nicht zum Amateur-Fußball, denn man kann das Rad der Entwicklung auch im Fußball nicht zurückdrehen, aber doch zu den Werten, die jenseits vom absoluten Geschäft den Fußball immer noch auszeichnen: seine sportliche Attraktivität, seine Faszination, seine Verbundenheit mit den Fans in Kurven und auf Tribünen.«

Das sind Erkenntnisse, die sich von der Vorstellung vom Fußball als Showgeschäft natürlich abkehren. Wahrscheinlich kommt ein solcher Sinneswandel erst mit dem gehörigen Abstand von der eigenen Arbeit und vom eigenen Erleben. Schließlich hatte Krohn mit dem »Showgeschäft Fußball« Erfolg und scheiterte trotzdem an den Auffassungen seiner Kontrahenten im HSV. Nicht zuletzt wohl, weil er Dinge in aller Öffentlichkeit austrug, die dem im Innersten noch sehr konservativen Club absolut nicht behagten.

Krohn ging nämlich offenbar davon aus, daß Manager und Trainer einer Profimannschaft natürliche Gegner zu sein hätten. Nicht persönliche Feinde, sondern zwei Pole, zwischen denen Spannung herrschen müsse. Ähnlich wird es in der Medienbranche ja hier und da zwischen Verleger und Chefredakteur praktiziert, mit wechselndem Erfolg allerdings. In seiner Tätigkeit als Manager der HSV-Profis dokumentierte Dr. Krohn dann seine Ansicht mit dem Eingriff in sportliche Belange, die eigentlich Sache von Kuno Klötzer waren. Klötzer mußte ihm natürlich die Kompetenz absprechen, denn Krohn war kein Fußballehrer. Er hatte zwar selber aktiv gekickt, aber es ist ja eine Binsenweisheit, daß nicht jeder eine Mannschaft nach allen Regeln der Fußballkunst formen und führen kann, der vielleicht gut dribbelt und exzellente Elfmeter schießt. Es ist ja ohnehin das Leid der Trainer, daß ihnen von »Experten« im nachhinein schriftlich und mündlich oft vorgehalten wird, wie sie es besser hätten machen müssen.

Krohn sah, wie er heute noch meint, in den Auseinandersetzungen mit dem Trainer über Aufstellung, Taktik und andere fachliche Details einen Teil seiner Aufgabe. Nun läßt mancher Trainer sicherlich mit sich reden, er sieht sich nur nicht gern in der Öffentlichkeit bloßgestellt. Und das geschah leider des öfteren, man trug sachliche und auch persönliche Differenzen so offen aus, daß sie der Presse nicht verborgen bleiben konnten. Und die geschliffene Rhetorik machte Krohn oft zum Sieger im Duell. Bis heute ist mir nicht klar, warum solche Meinungsverschiedenheiten nicht im stillen Kämmerlein bereinigt werden konnten. Denn daß sie Dr. Krohn notwendig erschienen, notwendig im Interesse der sportlichen Erfolge, gibt der Ex-Manager auch jetzt noch zu Protokoll:

»Wer für die Wirtschaftlichkeit eines Unternehmens oder eines Vereins allein verantwortlich ist, muß in alles hineinreden dürfen, auch in die sportlichen Belange. Wenn er sieht, daß vom Trainer Fehler gemacht werden, hat er für Abstellung zu sorgen.«

Dieser Auffassung ist zu widersprechen. Eine Spitzenmannschaft ist ein sensibles Gebilde. Sie kann nur von einem Fachmann geleitet werden, der über unbestrittene sportliche Autorität und menschliche Integrität verfügt. Jede Einmischung von außen führt zu Unsicherheiten, die den Mißerfolg schon in sich tragen. Was würde wohl geschehen, wenn ein Günter Netzer einem Ernst Happel oder ein Uli Hoeneß einem Udo Lattek in das Konzept pfuschen würde? Sicher müßte einer von beiden seinen Abschied nehmen. Und das, obwohl Netzer wie Hoeneß über fußballerische Kompetenz verfügen. Sie werden auch sicherlich mit ihren Trainern diskutieren und eng zusammenarbeiten, die Entscheidungen jedoch bleiben Sache von Happel und Lattek. *Sie* stehen auch allein für Erfolg oder Mißerfolg auf dem Feld.

Klötzer nahm damals seinen Abschied, weil er nicht mehr mochte. Er nahm ihn per Kündigung noch vor dem Rückspiel gegen Atletico Madrid 1977, das 3:0 gewonnen wurde und den Weg freimachte für den bis dato größten Erfolg des HSV, den Gewinn des Europapokals der Pokalsieger.

In der neuen Saison kam dann Rudi Gutendorf zum Hamburger Sport-Verein. Mit Zustimmung des Präsidiums wurde er von Dr. Krohn verpflichtet. Es kamen aber auch große Spieler zum Rothenbaum in der Ära Krohn: Kevin Keegan vom FC Liverpool, Kapitän der englischen Nationalmannschaft und Weltklassespieler, Ivan Buljan, der jugoslawische Nationalspieler, dem das Hamburger Publikum so manches exzellente Spiel verdankt, Horst Blankenburg, der sich bei Ajax Amsterdam einen Namen gemacht hatte, Horst Bertl, der oft entscheidende Tore schießen sollte, und Felix Magath, der nach und nach in seine glanzvolle Rolle als Spielgestalter hineinwuchs. Es kam aber auch »Buffy« Ettmaier, dem zwar Show-Stücke auf dem Fußballplatz gelangen, publikumswirksame Show-Stücke, dessen Effizienz für das Team jedoch weitgehend ausblieb.

Man soll im nachhinein die Verdienste des Dr. Krohn nicht schmälern. Er war ein Motor für einen etwas lahmen HSV, er verschaffte dem Verein viel Kredit beim Publikum, und er sorgte für manches Fußballfest im Volksparkstadion. So zum Beginn der Saison 1977/78, als Rudi Gutendorf und Keegan ihre Arbeit in Hamburg aufgenommen hatten. Zum freundschaftlichen Kräftevergleich kam der CF Barcelona. Sein Gastspiel endete vor 45 000 (!) Besuchern bei strömendem Regen mit einem 6:0 Kantersieg des HSV. Die Begeisterung schlug hohe Wellen, denn niemand störte es, daß die Katalanen noch nicht austrainiert waren, was vermutlich genau in Krohns Taktik paßte. Denn eine Woche später näherte man sich der spielerischen Wahrheit schon ein wenig mehr: Der Sieg gegen den FC Liverpool um den Hafenpokal mußte vor fast 60 000 mit 3:2 mühsam erkämpft werden.

Endgültig kam dann die Stunde der Wahrheit mit den Pflichtspielen. Es lief gar nicht nach Wunsch. Selbst der quirlige, exzellente Techniker und große Kämpfer Kevin Keegan hatte Anpassungsschwierigkeiten wie später Horst Hrubesch und Mark McGhee. Rudi Gutendorf mußte vorzeitig gehen — und Peter Krohn ging mit. Eine Ära, die verheißungsvoll begonnen hatte, ging ein wenig unrühmlich zu Ende. Was blieb, war die Einsicht vieler, daß Peter Krohn dem Hamburger SV eher zum Nutzen als zum Schaden gereicht hat. Er hatte in mancher Phase sogar sehr eindrucksvoll demonstriert, wie modernes Management auch im Profifußball aussehen kann, obschon er oft genug über sein eigenes Ziel hinausgeraten war. Der alte Grundsatz, nach dem »weniger manchmal mehr« ist, gilt auch für Öffentlichkeitsarbeit.

Unbestreitbar ist, daß Dr. Krohn, auf welche Weise auch immer, das Versprechen, das er bei seinem Amtsantritt als Präsident gegeben hatte, eingelöst hat. Er hat den Verein wirtschaftlich gut geführt und sicherlich viel dazu beigetragen, daß der Grundstein für eine Spitzenmannschaft gelegt wurde. Dieses Team allerdings ist endgültig erst nach seiner Zeit geformt worden. Von Branco Zebec und Ernst Happel, unter dem Management von Günter Netzer.

Der zweite Welttitel

Der grauenvolle Terroranschlag der Palästinenser auf die israelische Mannschaft während der Olympischen Spiele 1972 von München war nicht der erste Schock, der die Bundesbürger aus ihren wirtschaftswunderlichen Träumen von der heilen Welt aufschreckte. Schon 1968 wurde mit den Studentenunruhen und der außerparlamentarischen Opposition deutlich, daß die junge Generation begonnen hatte, eigene Vorstellungen von der Zukunft zu entwickeln. Der Widerstand gegen die Notstandsgesetze, die von der großen Koalition im Bundestag durchgepaukt worden waren, die ersten Anzeichen der Sorge um die Verschmutzung der Umwelt und die Gefahren auch der friedlich genutzten Atomenergie bestimmten zunehmend das politische Klima. Die Deutschen machten sich auf, die Grundschulklassen der Demokratie zu verlassen und sich intensiver mit den offenkundigen Problemen ihres Landes zu befassen.

Millionen suchten zwar nach wie vor Ablenkung auf den

Rängen der großen wie der kleinen Fußballfelder, doch auch im Volkssport Fußball hatte der Skandal manchem die Begeisterung gestohlen. Sie mochten vorerst nicht mehr. Und das, obwohl die nationalen Belange von der Länderelf gerade im Olympiajahr 1972 so glanzvoll vertreten worden waren. Erst nach und nach stellte sich die alte Faszination wieder her, wurden die Vorbehalte Zug um Zug abgebaut.

Und daran hatten die Spitzenmannschaften der Bundesliga jener Jahre fraglos gehörigen Anteil. Sie hatten mit dem Skandal nichts zu tun gehabt, und sie boten der trotz des Schwundes immer noch nach Millionen zählenden Gemeinde brillante Leistungen. Sie demonstrierten immer wieder, wie schön Fußball sein kann.

Vor allem die Bayern waren in einer Verfassung, die ihresgleichen in der Liga suchte. Aber auch anderswo wurde solider Fußball gespielt, in Stuttgart, in Bremen, in Mönchengladbach, sogar in Offenbach, wo die Kickers gleich nach Ablauf der Lizenzsperre den Wiederaufstieg geschafft hatten und den Favoriten das Leben schwermachten.

Die Ausnahmespieler des Udo Lattek waren mit der Meisterschaft 1973 natürlich nicht zufrieden. Sie strebten nach Höherem wie die Borussen vom Niederrhein, die den DFB-Pokal in dem bereits beschriebenen großartigen Endspiel gegen den FC Köln nach Gladbach geholt hatten. Allerdings fehlte den Westdeutschen ihr Regisseur Netzer, trotzdem starteten sie einen blendenden Siegeszug durch die Vorrunde, das Achtel- und das Viertelfinale — die Glasgow Rangers und Glentoran Belfast wurden überzeugend ausgeschaltet. Dann stand im Halbfinale der AC Mailand vor der Tür. 0:2 verloren die Weisweiler-Schützlinge im berühmten San-Siro-Stadion, leider schossen sie im Rückspiel am Bökelberg zwei Tore zu wenig, um gegen den späteren Europacup-Sieger FC Magdeburg das Endspiel bestreiten zu können. Sie gewannen nur 1:0.

Anders der FC Bayern, der Deutsche Meister. Er hatte im bedeutendsten europäischen Wettbewerb das Glück, das den Gladbachern abging. Im Vorjahr war er noch im Viertelfinale an der damaligen Mannschaft des Jahres, an Ajax Amsterdam, gescheitert, 1973 aber wollte er es endlich wissen. Noch hatte keine deutsche Formation die höchste Fußballtrophäe mit ins Land gebracht, dieser Umstand bedurfte endlich einer Korrektur. Das war die Meinung der Fans nicht allein in München. Die Nation setzte auf ihren Titelträger. In der Vorrunde jedoch sank das Barometer zunächst. Die Bayern hatten unerwartete Schwierigkeiten mit den Skandinaviern von Advidaberg FF — das zweite Spiel mußte nach Verlängerung durch die »beliebten« Elfmeter entschieden werden, was die Münchener zum Glück schafften. Dann aber lief es besser. In der deutsch-deutschen Begegnung mit Dynamo Dresden gab es ein 3:3 und ein 4:3, und in der nächsten Runde wurde der Armeeclub Sofia mit 4:1 und 1:2 ausgeschaltet. Das gleiche Schicksal erlitt der Gegner des Halbfinales, Ujpest Budapest. Die Ungarn mußten 1:1 und 0:3 aussteigen.

Das Endspiel fand in Brüssel statt. Gegen die Deutschen standen Spanier, die Profis von Atletico Madrid. Es wurde ein Kampf auf Biegen oder Brechen, denn die Madrilenen verteidigten einen mehr oder weniger glücklichen 1:0-Vorsprung bis Sekunden vor dem Schlußpfiff. Dann jedoch kam das Glück in persona zu den Münchenern. »Katsche« Schwarzenbeck wagte einen Verzweiflungsschuß aus fast dreißig Metern Entfernung, und das Leder fand durch Feindes- und Freundesreihen den Weg ins Netz. Das war gerade noch einmal gutgegangen, denn die Verlängerung blieb torlos. Die Bundesrepublik an den Bildschirmen atmete auf und setzte alles auf die Wiederholung am nächsten Tag, die damals noch üblich war. Sie sah die Beckenbauer-Elf in Superform und die Spanier etwas abgeschlafft. 4:0 hieß es am Ende für den Deutschen Meister, und es war ein großer Tag für Uli Hoeneß, der sich mit zwei Bilderbuchtoren in die Schützenliste eintrug. Die beiden anderen Treffer erzielte — man möchte sagen, wie üblich — Gerd Müller, der »Bomber der Nation«.

Zum erstenmal, seit es ihn gab, fand also der Europapokal der Landesmeister eine zunächst einjährige Bleibe in Deutschland. Die Bayern aber fuhren nicht gleich nach München zurück, sie machten mit der Trophäe im Gepäck Zwischenstation in Gladbach, wo das letzte Bundesligaspiel auf sie wartete. Lachend gingen sie dort 0:5 unter, denn sie waren ja mit ihren drei Punkten Vorsprung schon vorher

Meister geworden. Und sie hatten damit erreicht, worum sich in fast hundertjähriger deutscher Fußballgeschichte einige Spitzenclubs vergeblich bemüht hatten, die dritte Meisterschaft in ununterbrochener Folge. Sie wollten sie natürlich ebenso erfolgreich verteidigen wie den Europacup, aber so weit war es noch nicht. Zunächst mußte sich die halbe Meisterelf dem Bundestrainer zur Verfügung stellen. Es war mal wieder WM-Time, und diesmal fand das Turnier in der Bundesrepublik statt. Die Bayern waren in Hochform, die Länderelf stellte den amtierenden Europameister, also sah man überall Deutschland als Favoriten.

Schön mußte mit dieser Rolle leben, so unangenehm sie ihm war. »Als Favorit wird man nicht allein vom Publikum besonders beachtet«, kommentiert der Altbundestrainer die damalige Situation. »Auch der Gegner weiß Bescheid und stellt sich hervorragend ein. Zudem besteht für einzelne Spieler oder sogar für das ganze Team die Gefahr der Verkrampfung unter der Last, einer Superrolle gerecht werden zu müssen.«

Von Anfang 1973 bis zum Anpfiff der Weltmeisterschaft im Juni 1974 gab es für die Länderelf acht Siege (gegen die ČSSR, Bulgarien, die Sowjetunion, Österreich, Spanien, Schottland und Ungarn), zwei Unentschieden (gegen Schottland und Italien) und vier Niederlagen (gegen Argentinien, Brasilien, Jugoslawien und Spanien). Alles in allem zwar eine angemessene Bilanz, aber die Leistungen hatten nicht in allen Spielen die Besucher oder gar den Bundestrainer vom Stuhl gerissen. Außerdem war ein Spitzenmann, auf den Schön eigentlich bauen sollte und auch wohl wollte, nicht mehr in Deutschland: Günter Netzer. Seine Wahlheimat war Spanien, wo er das Spiel für Real Madrid machen sollte. »Das war damals leichter gesagt als getan«, schildert Netzer sein erstes Jahr bei den königlichen Madrilenen. »Ich mußte ganz klein anfangen, denn die Mannschaft nahm mich nicht auf Anhieb an. Dazu kamen die Sprachschwierigkeiten. Hätte ich nicht im Real-Präsidenten Santiago Bernabeu einen väterlichen Freund gefunden, der mir über alles hinweghalf, die Akklimatisation würde sicher noch länger gedauert haben.«

Netzer geriet — wen wundert es? — nach und nach außer

Form. Er bekennt selbst freimütig: »Die Schwierigkeiten wirkten sich natürlich aus. Außerdem waren die Freigaben oft mit Hindernissen verbunden. Deshalb war ich auch nur an zwei Vorbereitungsspielen beteiligt, am 1:1 gegen die Schotten in Glasgow und am 0:0 gegen Italien in Rom. Im letzten Teil der Spielzeit kam ich dann langsam wieder ins Spiel. Es klappte bei Real immer besser. Und ich war eigentlich davon überzeugt, daß ich bei der WM mein Spiel machen würde. Aber es kam ja anders.«

Es kam tatsächlich anders. Helmut Schön glaubte in dem wieder sehr stark gewordenen Kölner Spielmacher Wolfgang Overath einen gleichwertigen Ersatz gefunden zu haben. Er war ein hervorragender Techniker, hatte Ball- und Spielgefühl, übersah schnell die Situation und konnte ein Spiel gestalten. Das ist unbestritten, wenngleich Overath einen Netzer in Topform nicht ganz erreichte, hatte er sich doch in die Reihen der bundesdeutschen Weltklassespieler vorgearbeitet. Und da Schön in der glücklichen Lage war, zwischen zwei Ausnahmefußballern wählen zu können, entschied er sich für den Kölner: »Er schien mir kämpferischer als Günter Netzer, das war ausschlaggebend bei diesem Turnier. Natürlich hat das den Günter schwer getroffen, aber ich mußte ja das meiner Ansicht nach stärkste Team bringen.«

Das Team, das der Bundestrainer dann brachte, überzeugte zunächst kaum jemanden. Die bundesdeutsche Elf quälte sich im ersten Spiel gegen Chile mehr schlecht als recht durch die neunzig Minuten. Die Südamerikaner, keineswegs Weltklasse, benahmen sich im alten Berliner Olympiastadion sehr geschickt, mal mauerten sie, mal versuchten sie zu kontern. Es war bei Gott kein Traumspiel. Und wäre nicht Paul Breitner gewesen, der sich ein Herz faßte und mit einem Bombenschuß von der Strafraumgrenze das 1:0 erzielte, wir hätten wohl ein zweites torloses Spiel nach dem Eröffnungsmatch registrieren müssen.

Die bundesdeutschen Favoriten kamen nach der mäßigen Vorstellung an die Elbe. Im Hamburger Volksparkstadion hieß der erste Gegner Australien. Nun ja, sagte man sich, es kann ein schönes Spiel werden. Mit vielen deutschen Toren. Wer sind schon die Australier? Es wurde kein besonders schönes Spiel. Die Deutschen schossen auch nur drei Tore.

Wie WM-Favoriten sahen sie jedenfalls nicht aus, das fühlte auch der letzte Zuschauer.

Aber es sollte noch schlimmer kommen. Am selben Tatort sogar. Der nächste Gegner war das Team des anderen Deutschland, die DDR. Zum erstenmal seit der unseligen Teilung der Nation standen sich Ost und West repräsentativ gegenüber. Zwar hatte die bundesdeutsche Spitzenklasse längst diverse Erfahrungen mit den Mitteldeutschen gemacht, sogar in europäischen Wettbewerben. Diesmal aber ging es um WM-Punkte — und vor allem ums Prestige. Kein Wunder also, daß diesseits und jenseits der Mauer dem Spiel in gleichem Maße entgegengefiebert wurde.

Das Volksparkstadion war an diesem 22. Juni 1974 bis auf den letzten Platz ausverkauft. Die Bundesdeutschen traten mit folgender Mannschaft an: Maier (München), Vogts (Gladbach), Breitner (München), Schwarzenbeck (München), Beckenbauer (München), Cullmann (Köln), Grabowski (Frankfurt), Hoeneß (München), Müller (München), Overath (Köln) und Flohe (Köln). Die Mehrheit stellte also der frischgebackene Europacup-Sieger aus München. Netzer und Höttges saßen auf der Bank.

Das Spiel begann — und war verkrampft auf beiden Seiten. Die Bundesdeutschen fanden ihren Rhythmus überhaupt nicht, und die DDR kämpfte verbissen um jeden Meter Boden, als stünde das gesamte Prestige ihres Staates auf dem Spiel. Beide Mittelfelder produzierten Fehlpässe am Fließband, alle Mühe Beckenbauers und auch Overaths, Linie und vor allem Druck ins Spiel zu bringen, war umsonst. Mit 0:0 wurden die Seiten gewechselt. Allerdings nur die Seiten, nicht etwa die Spielsysteme, es ging weiter wie in den ersten 45 Minuten. Die Besucher wurden langsam unruhig, Pfiffe blieben nicht aus. Dann, etwa zwanzig Minuten vor dem Abpfiff, brachte Schön für Overath Netzer. Das bewirkte natürlich nichts. Das Spiel war verkorkst, und keiner konnte das ändern. Außerdem war der Ex-Gladbacher kaum auf dem Platz, da riß ein junger Mann namens Sparwasser die Bundesbürger aus ihren Träumen. Er überwand Sepp Maier zum 1:0 für die DDR. Dieses goldene Tor machte Furore, und später fragte man sich an den Stammtischen ironisch: »Kennen Sie eigentlich den Sparwasser-Effekt?«

Das alles war natürlich nicht schön für Helmut Schön und sein Team. Günter Netzer sieht das heute so: »Natürlich fühlte ich mich falsch behandelt. Ich hatte gerade meine Form wiedergefunden und brannte darauf zu spielen. Als ich dann in der zweiten Halbzeit eingesetzt wurde, nachdem alles über siebzig Minuten falsch gelaufen war, konnte ich das auf Wolfgang Overath abgestellte Spiel naturgemäß nicht mehr umdrehen. Dazu war es viel zu spät.«

Und Helmut Schön auf die Frage, ob er denn den Netzer damals verheizt habe: »So kann man das gewiß nicht sehen. Der Günter war nach wie vor ein ganz großer Fußballer. Er hatte aber durch ein Formtief gehen müssen wie viele deutsche Spitzenspieler in ihrem ersten Auslandsjahr. Er kam zwar langsam wieder in Form, das stimmt, aber ich hatte ja von Overath hervorragende Leistungen in der Vorbereitung gesehen. Er war auch ein großartiger Spielgestalter. Und, wie schon gesagt, er erschien mir kämpferischer als Netzer.«

Daß Günter Netzer den damaligen Bundestrainer trotz dieser offenkundigen Meinungsverschiedenheit für einen fachlich wie menschlich hochqualifizierten Fußballehrer hält, sollte an dieser Stelle nicht unerwähnt bleiben. Der Fußballer hatte ja auch gelernt, Trainerentscheidungen zu akzeptieren, in Gladbach wie in Madrid, ohne sich immer gleich in den Schmollwinkel zurückzuziehen. Eins aber sieht er heute anders als Schön:

»Eigentlich war es ja ein Glück für uns, daß wir gegen die DDR verloren haben. Wir wurden damit nur Zweiter in unserer Gruppe und hatten die leichteren Gegner. Gegen Argentinien, Brasilien und Holland wäre es viel schwerer, wenn nicht gar unmöglich gewesen, das Endspiel zu erreichen, als gegen Schweden, Polen und Jugoslawien. Trotz unseres Sieges im Endspiel über Holland, denn ein Finale gehorcht immer anderen Gesetzen als eine Zwischenrunde mit Punktwertung.«

Dieser Ansicht kann man nicht unbedingt widersprechen. Die DDR ging jedenfalls in der anderen Gruppe sang- und klanglos unter. Sie schaffte gerade gegen Argentinien ein 1:1, gegen Brasilien (0:1) und Holland (0:2) wurde verloren. Die Bundesrepublik dagegen bot in der zweiten Runde famose Spiele, die allerdings teilweise unter fast regelwidrigen Witterungsumständen ausgetragen worden sind. Einem glanzvollen 2:0 gegen Jugoslawien folgte ein noch attraktiver erspieltes 4:2 gegen die Schweden. Beim 1:0 gegen Polen bleibt jedoch bis heute offen, ob es nun Fußball oder eine Art verfremdeter Wasserball war, was sich da in Frankfurt abspielte. Ein Bundesligaspiel hätte bei solchen Platzverhältnissen — der Ball schwamm hin und wieder auf den Regenpfützen — bestimmt nicht stattgefunden. Freilich fragte nach dem knappen Sieg kein Deutscher mehr danach, aber wehe, die Mannschaft hätte 0:1 verloren und damit den Einzug ins Endspiel verpaßt!

Dieses Endspiel fand nun am 7. Juli in München statt. Im neuen, architektonisch wunderschönen Olympiastadion vor mehr als 70 000 Zuschauern. Für die Deutschen waren die Deutschen der Favorit auf den Welttitel, für den sogenannten »Rest der Fußballwelt« wohl eher die Holländer mit Weltklassespielern wie Cruyff und Neskens. Dieser Neskens sollte dann auch das erste Wort haben. In der ersten Spielminute fanden sich die Niederländer mit Cruyff bereits an der deutschen Strafraumgrenze, und Uli Hoeneß blieb nichts weiter als die allbekannte Notbremse — Elfmeter. Neskens jagte den Ball mit einer solchen Wucht ins Tor, daß Sepp Maier sich vielleicht die Finger verstaucht hätte, wenn ihm das Leder in die Hände geraten wäre. Es stand 0:1, und schon waren die Skeptiker da mit ihrem Spruch »Hab’ ich’s nicht gesagt?«.

Aber ein Spiel dauert eben neunzig Minuten, daran hat sich seit Herbergers Zeiten nichts geändert. Und die deutsche Elf hatte nun kaum noch etwas zu verlieren. Sie mußte kommen, sonst war sie nur ein guter Zweiter wie weiland 1966 in England. Und sie kam, mit Beckenbauer aus der Tiefe, mit Overath aus dem Mittelfeld, mit Hölzenbein und Grabowski über die Flügel, angetrieben von Breitner und Hoeneß. Und Hölzenbein leitete den Ausgleich ein. Einer seiner Flankenläufe konnte nur durch ein Foul gestoppt werden, in hohem Bogen landete er auf dem Rasen — im Strafraum. Der Schiedsrichter zeigte auf den berühmten Punkt, und im Stadion herrschte Totenstille. Mir schien schon, als machte sich in der deutschen Elf die Angst der Schützen vor dem Elfmeter breit, da nahm der junge Paul Breitner den Ball, legte ihn auf den Punkt und schoß ihn ins äußerste linke Toreck. 1:1 und grenzenloser Jubel, auf dem Platz wie auf den Rängen. Paule hatte Mut bewiesen — es heißt, er sei eigentlich gar nicht·dran gewesen — und sein drittes entscheidendes Tor in diesem Turnier markiert.

Dieser Treffer war ein Signal für einen Sturmlauf der Deutschen, und noch bevor der Schiedsrichter zur Pause in die Kabinen bat, machte der kleine Gerd Müller sein Tor: Aus einer Drehung um 180 Grad schlenzte er den Ball von der rechten Strafraumecke dorthin, wo Minuten vorher Breitners Strafstoß gelandet war. Der holländische Keeper hatte keine Abwehrchance.

Das 2:1 war für die deutsche Nationalmannschaft ein guter Halbzeitstand. Er entsprach auch den Leistungen, wie ich meine. Ob er ihnen nach dem Abpfiff noch entsprach, sei dahingestellt. Jedenfalls machten in den zweiten 45 Minuten die Holländer das Spiel. Sie setzten die deutsche Abwehr, die ganze deutsche Elf so unter Druck, daß man den Ausgleich minütlich erwarten mußte. Aber es war in diesen Minuten wieder einmal eine grandiose Leistung des *Kämpfers* Franz Beckenbauer zu bewundern. Er war ein Turm in der Schlacht, er dirigierte und kämpfte, buchstäblich bis zur Erschöpfung. Und alle taten es ihm gleich.

Diese Weltmeisterschaft wurde vorwiegend in der Abwehr gewonnen, denn es blieb beim 2:1. Zwanzig Jahre nach Bern notierte die Fußballwelt Deutschland als zweifachen Weltmeister. Damit waren auch die Schatten der jüngeren Vergangenheit vertrieben.

Am Abend nach dem schwer erkämpften Sieg gab es allerdings schon wieder Ärger im deutschen Lager. Der DFB sperrte die Frauen der Spieler vom Bankett aus, Breitner, Müller und einige Akteure mehr ließen ihrem Unmut freien Lauf. Und die deutsche Fußballgemeinde pflichtete ihnen mit Mehrheit bei. »Eine Unmöglichkeit«, schimpfte man in Kneipen und Wohnzimmern. »Das ist mal wieder typisch DFB.«

Und ich schimpfte damals mit, das gebe ich gern zu. Kürzlich jedoch, im Gespräch mit Helmut Schön, wurde ich eines Besseren belehrt:

»Bei jeder Weltmeisterschaft, die ich mitgemacht habe, waren die Spielerfrauen nicht zum Bankett eingeladen. In Schweden nicht, in Chile nicht, in England nicht und in Mexiko nicht. Das ist eben Brauch der FIFA, über dessen Richtigkeit man natürlich streiten kann. Der Deutsche Fußballbund hat damit nichts zu tun, er kann die Richtlinien des Weltverbandes nicht ändern. Darum waren ihm auch in München die Hände gebunden. Und außerdem drohten die Holländer, deren Frauen in einem Hotel am Tegernsee wohnten, mit dem sofortigen Verlassen des Saales, falls die deutschen Spielerfrauen zugelassen würden. Und man kann niemandem übelnehmen, daß er diesen Eklat zu verhindern suchte.«

So weit, so gut. Selbst die FIFA hat eben ihre eigenen Gesetze beim Umgang mit dem Protokoll. Mittlerweile ist ja auch das längst vergessen. Und bevor die deutsche Nationalmannschaft noch einmal in die Verlegenheit kommt, sich mit solchen Problemen zu befassen, wird wohl noch einige Zeit vergehen. Denn der Erfolg von München hat sich bis heute nicht wiederholt. Lediglich das Jahr 1980 wurde noch einmal zum internationalen Lichtblick für den nationalen deutschen Fußball auf Bundesebene.

Der Trainer und sein Team

Man darf wohl davon ausgehen, daß jeder erwachsene Bundesbürger weiß, was ein Schleudersitz ist. Und wer ihn nicht in seiner lebensrettenden Funktion für den Düsenjägerpiloten kennt, der hat mindestens schon einmal von seiner im Sprachgebrauch umgekehrten Bedeutung gehört. In der freien Wirtschaft nämlich nimmt mancher Top-Manager auf einem solchen Sitz Platz, und oft gewinnt der symbolische Mechanismus des Schleuderns für ihn existenzgefährdende Aspekte. Im Fußballgeschäft ist das nicht anders. Das gilt für Spitzenspieler, die ihrer Leistung hinterherlaufen, das gilt genauso für Präsidenten, die ohne Fortune in den Amtsgeschäften sind, das gilt aber vor allem für Trainer. Ernst Happel, seit Jahrzehnten auf solchen Stühlen zu Hause, ohne daß bislang der Mechanismus gegen seinen Willen ausgelöst worden ist:

»Wennst dreißig Spiele hintereinander gewinnst, bist der Größte, wennst fünfmal hintereinander verlierst, bist ganz schnell draußen.«

Da ist in einem Satz alles gesagt: der Erfolgsdruck, das Risiko, die Anerkennung, die Verdammung, das Ende einer Laufbahn. Happel gehört zweifellos zu den erfolgreichsten Trainern im Berufsfußball, und als er 1981 als Coach des Hamburger SV in der Bundesliga auftauchte, trug er bereits manchen symbolischen Fußballorden. In der deutschen Spitzenklasse arbeitet er zum erstenmal, und das nunmehr seit vier Jahren. In dieser Zeit führte er den HSV zweimal zur Deutschen Fußballmeisterschaft, einmal wurde sein Team Vizemeister. Die Krönung war der Gewinn des Europacups der Landesmeister 1983. Wen wundert es, daß der Verein gar keine Neigung zeigt, sich von seinem Trainer zu trennen, auch wenn es mal nicht so gut läuft? Im Gegenteil, man freut sich, wenn der vielfache österreichische Nationalspieler dem Hamburger Sport-Verein noch recht lange erhalten bleibt.

Diese Kontinuität ist nicht die Regel in der Bundesliga, eher die Ausnahme. Fraglos gibt es auch außer Ernst Happel Trainer, die den Zeitpunkt ihrer Ankunft wie auch ihrer Abreise immer selbst haben bestimmen können, weil der Erfolg auf ihrer Seite war. Selten jedoch hat es ein Trainer länger als vier oder fünf Jahre bei einem Verein ausgehalten. Hennes Weisweiler und Borussia Mönchengladbach sind da Ausnahmeerscheinungen. Zehn Jahre hat Weisweiler am Bökelberg gearbeitet, er baute seine »Fohlen-Elf« in der Regionalliga auf, führte sie in die Bundesliga und wurde mit ihr allein viermal Deutscher Meister. Solche Erfolge bewirken ein Image, das auch durch vereinzelte Mißerfolge nicht so leicht anzukratzen ist.

Ähnlich erfolgreich wie der leider so früh verstorbene Weisweiler arbeitet seit mehr als einem Jahrzehnt Udo Lattek. Er übernahm 1970 die Elf von Bayern München, wurde mit ihr dreimal Meister und zweimal Europacup-Gewinner. 1975 machte Weisweiler einen Ausflug nach Barcelona, und Lattek wurde sein Nachfolger bei Borussia Mönchengladbach. Es gelang ihm, dort auf Erfolgskurs zu bleiben. Zwei Deutsche Meisterschaften und beachtliche Leistungen in den europäischen Wettbewerben waren das Ergebnis. 1979 ging auch Lattek nach Spanien und war dort unter schwierigen Umständen keineswegs erfolglos. Zur Zeit setzt der Trainer seine Karriere wieder in München fort, die Bayern holten ihn zurück und haben das bislang wohl kaum bereut.

Es gibt aber nicht viele solcher positiven Trainerschicksale. Und trotzdem haben die Erwähnten nicht allein der Bundesliga Format verliehen. Auch Georg Knöpfle, Willi Multhaupt, Georg Gawliczek, Guyla Lorant, Otto Rehhagel und Helmut Benthaus gehören dazu. Und Branko Zebec, von dem man heute noch mit Hochachtung spricht, trotz seines wenig rühmlichen Abgangs. Die vielen anderen Fußballehrer, die in der höchsten deutschen Fußballklasse ihr Glück versucht haben, mit wechselndem Erfolg, sie sind ebenso lebendige Zeugen der Zeit. Und sie lernten die Höhen wie die Tiefen eines meist gut dotierten, doch auch sehr gefahrvollen Jobs hinreichend kennen.

Denn es geschah vielfach, wie Happel es formuliert hat: Wenn eine Mannschaft ins Rutschen geriet, aus welchen Gründen auch immer, wurde natürlich dem Coach die Schuld gegeben. In manchen Fällen schien ein so erzwungener Wechsel auf der Trainerbank der Vereinsführung sogar recht zu geben. Mit neuem Wind im Rücken kam ein neuer Mann, die Mannschaft fühlte sich frisch motiviert und gewann. Der eine oder andere Abstieg ist durch einen Wechsel des Trainers vielleicht verhindert worden, aber manchmal wurde auch etwas damit verschenkt. So etwa beim Hamburger SV, der sich Ende 1980 von Branko Zebec trennte und dessen Assistenten Ristic die Ligaelf bis zum Saisonende betreuen ließ.

»Es ist durchaus möglich, daß wir mit Zebec auch 1981 Meister geworden wären, sogar wahrscheinlich. Aber nach den Vorkommnissen mit dem Trainer konnte sich der Verein wohl nicht mehr leisten, Branko Zebec weiter zu beschäftigen. Trotz des Risikos, das mit einem Wechsel während der Spielzeit immer verbunden ist.«

Felix Magath, Spielgestalter des Hamburger SV, sagt das mit dem Abstand von einigen Jahren. Und er sagt es mit Bedauern für den damaligen jugoslawischen Coach, dessen Alkoholkrankheit zu einigen unwürdigen Vorfällen in der Öffentlichkeit geführt hatte. Zebec war einer der besten Lehrer, die in der Bundesliga gearbeitet haben. Aber auch seine Tätigkeit nach dem Abschied vom HSV wurde durch die Krankheit immer wieder gestört, in Dortmund wie in Frankfurt. Nun ist Zebecs Niedergang noch erklärbar mit einem Leiden, wie immer man das auch werten mag. Andere Trainer mußten gehen, weil die Mannschaft oder nur einzelne Spieler stärker waren, und sei es nur beim Wortführen in den Chefetagen der Vereine. Andere wiederum liefen dem Erfolg mit viel Pech hinterher und machten dadurch plötzlich mit dem Schleudersitz Bekanntschaft. Und schließlich gab es auch selbstherrliche Präsidenten, die mehr vom Fußball zu verstehen glaubten als der Coach und die am längeren Hebel saßen. Es gibt für alle Gründe viele Beispiele aus den zwei Ligajahrzehnten, auch für menschliches Fehlverhalten auf beiden Seiten.

Vermutlich ist es ja auch sehr schwer, mit einer Mannschaft über viele Jahre erfolgreich zu arbeiten. Man sagt nicht ohne Grund, daß die Zusammenarbeit zwischen Trainer und Team sich nach einigen Jahren in gewisser Weise abnutzen würde. Günter Netzer, der HSV-Manager, auf meine Frage: »Da ist schon etwas dran. In ganz wenigen Fällen, die mir bekannt sind, geht das länger als maximal vier oder fünf Jahre gut. Hennes Weisweiler war da eine Ausnahme, und Ernst Happel ist eine. Ob Erfolg oder Mißerfolg, Happel arbeitet mit gleicher Intensität, mit gleichem Engagement weiter. Er wird nicht schlechter, wenn die Ergebnisse nicht seinen Vorstellungen entsprechen. Beide, Weisweiler und Happel, sind mit Krisensituationen vertraut. Sie stellen sich darauf ein. Das kann natürlich nicht jeder, um so weniger, als Krisen im Fußball sich ja nicht lange ankündigen. Sie sind plötzlich da, ausgelöst durch eine Winzigkeit. Happel würde ich jedenfalls einen Vertrag auf Lebenszeit geben. Obschon kein Verein von seinem Trainer verlangen und erwarten kann, daß er mit seiner Mannschaft immer oben steht. Dazu lebt der Fußball viel zu sehr von Überraschungen.«

Der Hamburger SV hat also derzeit keinen Ärger mit seinem Trainer, andere Vereine wären vermutlich froh, wenn sie das von sich sagen könnten. Ein Club kann es natürlich: Borussia Mönchengladbach. Wenige Vereine der Bundesliga können auf eine so ruhige Vergangenheit zurückblicken wie die

Gladbacher. Am Bökelberg arbeitet jetzt, seit dem Beginn der Bundesliga, erst der dritte Coach, das ist einzigartig in der gesamten Spielklasse. Zehn Jahre sorgte Weisweiler für eine kontinuierliche Entwicklung, vier Jahre machte Udo Lattek dort sein Glück, und seit 1979 ist Jupp Heynkes auf einem Schleudersitz zu Hause, der offenbar in Gladbach nie einer werden wird. Heynkes stand wie seine Vorgänger oft vor schwierigen Situationen. Er hat sie gemeistert, und der Verein hat ihm dabei zur Seite gestanden. Immer wieder muß ja in Gladbach neu aufgebaut oder zumindest ergänzt werden. Das stete Bemühen um wirtschaftlich gute Führung zwingt zu manchen Handlungen, die den Trainer nicht gerade erfreuen. Gladbach war immer schon eine Talentschule, die exzellente Fußballer großgemacht hat. Wer kam nicht alles nach Gladbach, wurde dort groß und noch größer in der weiten Fußballwelt? Simonsen, Jensen, Lefèvre, das sind die Ausländer. Netzer, Stielike, Bonhof, del Haye, das ist der selbstgezogene Nachwuchs, der in Gladbach begann, groß herauskam und teilweise sogar Weltkarriere machte. Nur Jupp Heynkes blieb da — bis auf einen kurzen Ausflug nach Hannover —, spielte bis zur »Altersgrenze« und wurde Trainer. Bis heute arbeitet er unangefochten, und bis zur Saison 1983/84 hatte er eine Elf aufgebaut, die in der Spitze der Bundesliga wieder sehr ernst genommen wird.

Es wird immer wieder darüber gerätselt, was eigentlich einen Spitzentrainer ausmacht. Neben den entsprechenden Fachkenntnissen, theoretisch wie praktisch, muß er wohl in erster Linie gut mit Menschen, auch mit schwierigen, umgehen können. Das setzt gewisse Führungsqualitäten und eine natürliche Autorität voraus. Zudem braucht er sicherlich eine klare Linie und ein Konzept für das Spiel, das er mit einem Team angehen will. Es muß ja nicht jeder ein eigenes System erfinden wie weiland in den dreißiger Jahren »Bumbas« Schmidt mit dem Schalker Kreisel, ein guter Trainer jedoch ist in der Lage, nicht nur eine Taktik auf den Tisch zu legen, sondern seine Spieler auch davon zu überzeugen. In jedem Fall braucht er die Kraft, seine Spielanlage durchzusetzen. Natürlich ist es immer wieder eine Frage seiner pädagogischen Fähigkeiten, ob die mit praktischen Beispielen im Training ständig untermauerte Theorie auch in den neunzig

Minuten eines Fußballspiels tatsächlich befolgt, das heißt umgesetzt wird. Konditionstraining und andere Details eines Gesamtprogramms verstehen sich natürlich von selbst.

Zum Erfolg führen allerdings auch im Fußball mehrere Wege. Die beiden letzten Trainer des Hamburger Sport-Vereins haben das augenfällig demonstriert. Branko Zebec, der Jugoslawe, bevorzugte das Spiel aus der Defensive. Ihm galt die Sicherung des eigenen Tores als vorrangig. Und er wurde mit dem Konzept Deutscher Meister. Ernst Happel setzt auf Angriffsfußball — »Ich gewinne lieber 4:3 als 1:0« — und hatte damit in Hamburg zumindest in seinen ersten Jahren Erfolg. Zebec hielt die Spieler auch in ihrem Freiraum an der ganz kurzen Leine, Happel ist da großzügiger. Natürlich nur, solange die Leistung stimmt:

»Die Spieler müssen ihren Freiraum haben, sonst werden sie zu Robotern. Aber sie müssen die Leistung bringen, sonst wird es gefährlich. Fußball ist schließlich ihr Beruf, und da spielt auch der Charakter eine Rolle. Es gibt Fußballer, die wissen gar nicht, wie gut sie sein könnten, wenn sie die richtige Einstellung ins Training und ins Spiel einbringen würden. Ohne intensive, harte Arbeit geht beim Spitzenfußball gar nichts.«

Es dauert oft eine geraume Zeit, bevor selbst ein noch so guter Trainer eine Spitzenmannschaft endgültig geformt hat. Die mehr als zwanzig Jahre alte Bundesliga hat Beispiele genug dafür. Die Imponderabilien, die immer wieder überwunden werden müssen, das Quentchen Glück, das oft den Ausschlag gibt, das sind die Unwägbarkeiten, mit denen man auch bei einem Spitzenteam zu rechnen hat. Ernst Happel: »Ich bau' eine Mannschaft um das Mittelfeld, das ist für mich das wichtigste Glied in der Kette. Aber man macht ja auch Fehler. In Geislingen zum Beispiel hab' ich mit vier Stürmern spielen lassen. Ich war fest davon überzeugt, daß das Pokalspiel in dreißig Minuten für uns entschieden sein mußte. Es kam anders. Meine Stürmer haben gestürmt, haben auch geschossen, aber nicht getroffen. So war die Pleite vorprogrammiert. Sie fingen sich dann ein Gegentor ein und wurden immer nervöser. Natürlich darf so etwas nicht passieren. Es passiert auch immer nur einmal. Aber das ist eben Fußball. Vor Überraschungen bist nie sicher.«

Ernst Happel ist nicht der einzige Bundesligatrainer, der mit den Amateurvereinen im Pokalwettbewerb Überraschungen erlebt hat. Von Kuno Klötzer und dem legendären Eppingen-Gastspiel gar nicht zu reden. 1982 hätte doch in der ersten Hauptrunde des DFB-Pokals der Hamburger Amateurligist Bergedorf 85 um ein Haar den Pokalverteidiger Bayern München ausgeschaltet — die Bayern immerhin unter dem Trainer Pal Czernai. Erst in der Schlußminute gelang den Gästen das 1:1, und in der Verlängerung platzte dann bei den Bundesligisten endgültig der Knoten, sie siegten 5:1. Und 1984, als Geislingen durch die Schlagzeilen der Gazetten geisterte, sahen die Bayern in Lüttringhausen bei den Amateuren auch nicht wie die großen Sieger aus. Ein Tor aus sehr abseitsverdächtiger Position brachte ihnen das 1:0-Geschenk.

»Aber sie sind weitergekommen«, kommentiert Rainer Ohlhauser, der Co-Trainer des HSV, solche Vorkommnisse. »Und nur das zählt. Keiner denkt später noch daran, auf welchen Irrwegen man schließlich das Finale erreicht hat. Aber es hat auch bei den Bayern Schlappen wie Geislingen oder Eppingen gegeben. 1969, als ich noch spielte, schlugen wir den FC Nürnberg in einem sehr guten Spiel 1:0 und verloren mit der gleichen Mannschaft eine Woche später im Pokal gegen den Amateurverein Wacker München mit dem gleichen Ergebnis. Ich weiß nicht, aber manchmal ist eben der Wurm drin.«

Wie so etwas passieren kann, fragt man sich in Hamburg spätestens seit Eppingen, und das ist über zehn Jahre her. Man fragt sich aber immer wieder, weil ja nicht nur Pokalspiele »unter anderen Gesetzen« zu stehen scheinen. Man fragt sich das auch nach Spielen, die eigentlich hätten gewonnen werden müssen, in denen man sogar etwas »für das Torverhältnis tun« wollte. Zwei gab es in der Rückserie der Spielzeit 1983/84, in beiden konnte eigentlich nichts passieren. Und doch wurde da die Meisterschaft verspielt, eine Meisterschaft, die nach Happels und Latteks Aussagen noch nie so leicht zu gewinnen war. Die Gegner hießen SV Waldhof, der Aufsteiger, und Eintracht Frankfurt, damals der Fast-Absteiger. Felix Magath weiß für die schwachen Leistungen auch nur eine unbefriedigende Erklärung:

»Oft genug wird ein Gegner unterschätzt, wenn auch nur unbewußt, und es gibt einen Reinfall. Gegen Waldhof und Frankfurt war dem nicht so. Wir wußten um die Gefahren. Und trotzdem ist es schiefgegangen. Wir waren verkrampft und wurden nach dem schnellen Gegentor in beiden Fällen immer verkrampfter. Nichts lief mehr zusammen. Und dann kommt zwangsläufig das Schußpech dazu, darauf kann man fast bauen. Wenn ein Spiel aber einmal so verfahren ist, können Sie das kaum umpolen während der neunzig Minuten. Der Gegner hat außerdem nichts zu verlieren und wird immer freier, je nervöser wir werden. Dann steht man einfach dumm da und möchte sich schwarz ärgern. So etwas soll dann nie wieder passieren. Es passiert aber, davon können Sie ausgehen. Beim HSV und anderswo.«

Spitzenfußballer sind oft sehr sensibel und damit anfällig für Formschwankungen. Dazu muß man nicht unbedingt das spielkünstlerische Vermögen eines Beckenbauer besitzen. Es gibt so viele Komponenten, aus denen sich eine schlechte oder gute Tagesform zusammensetzt, daß Schwankungen in der Leistung sich auch beim besten Spieler immer wieder einstellen. Damit müssen die Trainer leben.

Die Arbeit unter Trainer Ernst Happel macht den Hamburger Profis offensichtlich Spaß. Auch wenn sie manchmal hart und schwer ist. Wolfgang Rolff, der junge Nationalspieler, sieht das so: »Ich kann ja nur lernen von einem Könner wie Happel, auch wenn wir oft fürchterlich ran müssen. Vielleicht strebe ich nach Ende meiner aktiven Laufbahn auch an, Trainer zu werden. Ich glaube, das könnte mir schon Freude machen.«

Solange der Erfolg blüht, hat Happel sicher nicht zu klagen über die Arbeitsbereitschaft seiner Fußballer. Wenn er mal ausbleibt, wird das vielleicht schwieriger. Aber da zeigt sich dann erst recht das Format eines Fußballlehrers, und der Österreicher hat ja in seiner langen Laufbahn so etwas auch schon mitgemacht. Im Grund ist Happel nicht immer der knurrige Alte, wie ihn das Fernsehen oft auf der Trainerbank zeigt. Auch Uli Stein, Hamburgs Torhüter, kommt mit ihm viel besser aus, als die Hamburger Presse es manchmal wahrhaben möchte. Der ehemalige Bielefelder, mittlerweile vollauf verdient die Nummer zwei in Deutschlands Fußballtoren

— »An Toni Schumacher kann keiner rütteln, er ist der Beste« —, hat die Angewohnheit, mindestens zweimal im Jahr sehr laut und sehr öffentlich seine Meinung zu sagen. Er weiß selbst, daß das meist am falschen Ort und zur falschen Zeit geschieht, offenbar aber geht dann sein Temperament mit ihm durch. Happel winkt jedoch ebenso ab wie Stein, wenn jemand etwas von beiderseitigen Schwierigkeiten miteinander wissen will. »Der Trainer hat für so etwas im Grunde viel mehr Verständnis, als die Besserwisser in der Öffentlichkeit annehmen«, schließt Stein lachend das Kapitel. Und er hofft, noch einige Jahre seine Spitzenposition unter Deutschlands Keepern zu halten.

Die Trainer und ihre Teams, das ist ein weites Feld im Spitzenfußball. Beide brauchen Erfolg, und das verbindet sie zu einer Gemeinschaft, nicht nur für die jeweils neunzig Minuten. Denn sie können ihn nur gemeinsam erarbeiten. Und einen Mißerfolg müssen sie auch gemeinsam tragen, denn Fußball ist manchmal sogar unberechenbar.

Die Bayern an Europas Spitze

Als die deutsche Nationalmannschaft zum zweitenmal in der Fußballgeschichte Weltmeister wurde, hatte sich das allgemeine Wohlbefinden der Bundesbürger verschlechtert. Die Ölproduzenten, vorwiegend im Nahen Osten, waren selbstbewußt geworden und wollten ihren Platz in der Weltpolitik. Sie setzten den Preis für Rohöl drastisch herauf und zwangen damit die Industrienationen, die künftige Energieversorgung sorgfältiger vorauszuplanen. Die Reaktion in der Bundesrepublik blieb nicht aus. Man rief zum sorgsameren Umgang mit der Energie auf, man mutete dem Volk erste Vorsichtsmaßnahmen zu. Es gab sogar ein Sonntagsfahrverbot. Magere Jahre schienen sich anzukündigen. Das geflügelte Wort, man müsse den Gürtel enger schnallen, machte die Runde. Der Fußball aber war nach seinen großen internationalen Erfolgen wieder erstarkt. Er mußte, was die Besucherresonanz anging, unter solchen düsteren Zukunftsaussichten nicht unbedingt leiden. Europa blickte in jenen Jahren voll Bewunderung und Staunen nicht allein auf das Nationalteam. Auch der deutsche Vereinsfußball fand weltweit Beachtung. Die Bundesliga war zur stärksten Liga der Welt geworden.

Vorwiegend in Bayerns Hauptstadt herrschte Euphorie, denn dort saß der Meister. Beckenbauer und Co. spielten ihren Part auf den Fußballfeldern so souverän, wie es selten einer Elf gelungen war, außer Real Madrid in den fünfziger Jahren. Sie waren die ersten, denen der Coup mit dem Europacup der Landesmeister gelungen war, und sie hatten ihn nun zu verteidigen. Die erste Runde wurde den Münchenern durch ein Freilos erspart, dann fand im Herbst 1974 wieder ein großes deutsch-deutsches Treffen statt. Die Bayern siegten gegen den FC Magdeburg in beiden Spielen, zuerst 3:2, dann 2:1. Später erschien Ararat Eriwan im Münchener Olympiastadion, um sich eine 0:2-Niederlage abzuholen, der 1:0-Sieg im Rückspiel reichte den »Südrussen« nicht, um weiterzukommen. Damit hatte der Deutsche Fußballmeister bereits das Halbfinale erreicht. St. Etienne, der französische Titelträger, war der Gegner. Er kam in seinem Heimspiel über ein 0:0 nicht hinaus, in München mußte er dann mit 0:2 alle Hoffnungen aufgeben. Und im Endspiel in Paris ging es dem englischen Meister Leeds United nicht anders, auch er blieb 0:2 auf der Strecke und der Pokal in Bayerns Hauptstadt.

Es sei hier vorweggenommen, daß der FC Bayern in der nächsten Spielzeit dieses Spielchen wiederholt hat. Er war zwar nicht Titelgewinner in Deutschland geworden — das mußte er Borussia Mönchengladbach überlassen —, aber er verteidigte den Europacup noch einmal. Wieder marschierte er mehr oder weniger deutlich durch die einzelnen Runden, im Viertelfinale scheiterte Benfica Lissabon an den Bayern, im Halbfinale die Elf von Real Madrid, die eine Runde zuvor den amtierenden Deutschen Meister Mönchengladbach aus dem Wettbewerb geworfen hatte. Und im Finale in Glasgow im Mai 1976 hatte der Französische Meister St. Etienne mit 0:1 das Nachsehen. Dann hörte man eine Weile lang weniger aus München.

Pokalsieger war im Weltmeisterschaftsjahr Eintracht Frankfurt geworden. Die Hessen hatten 1974 im Endspiel den Hamburger SV nach Verlängerung 3:1 geschlagen. Im Achtelfinale des Europacups aber unterlagen sie der Mannschaft von Dynamo Kiew, dem späteren Cup-Sieger, mit 2:3 und 1:2. Dafür holte Borussia Mönchengladbach in dieser Spielzeit eine europäische Fußballtrophäe in die Bundesrepublik: den UEFA-Cup. Über Wacker Innsbruck, Olympique Lyon, Real Saragossa und die Tschechen aus Banik Ostrau erreichten die Borussen das Halfinale und sahen sich dort plötzlich ihren Kollegen von nebenan, dem FC Köln, gegenüber. Aber auch die konnten die Gladbacher nicht aufhalten, sie verloren beide Spiele, in Köln 1:3, in Gladbach 0:1.

Damit war für die Elf vom Niederrhein der Weg ins Endspiel frei. Aber gerade am Bökelberg kam es dann zu einer Ernüchterung. Der FC Twente schaffte ein 0:0, das war eine gute Ausgangsposition für das Rückspiel an Hollands Grenze. Aber Gladbach war doch eine Klasse besser. In einem furiosen Spiel siegte die Elf von Weisweiler 5:1 und nahm den Cup mit nach Hause. Und nicht nur ihn. Auch die Deutsche Meisterschaft blieb 1975 am Bökelberg, Weisweilers Arbeit trug also doppelte Früchte. Die Fußballwelt schaute mit Hochachtung nach Gladbach, wo eine junge Elf trotz des Abschieds von ihrem Regisseur Netzer wieder ganz oben war. Stielike, Wimmer, Simonsen, Köppel, Vogts, Heynkes und ihre Kollegen hatten das möglich gemacht.

Der Hamburger SV war übrigens im UEFA-Wettbewerb dieser Saison auch dabei. Immerhin hatte Kuno Klötzer mit seiner Elf den vierten Platz in der Tabelle erkämpft und sich über Dublin, Brasov und Dynamo Dresden ins Viertelfinale vorgearbeitet. Die Sachsen wurden im Volksparkstadion sogar mit 4:1 abgefertigt, so daß das 2:2 im Rückspiel mehr eine Formsache war. Wichtiger noch aber war für die Fußballfreunde in der Hansestadt die Erkenntnis: Es geht wieder aufwärts mit dem HSV.

Und es sollte auch weiter aufwärtsgehen. Die Saison 1975/76 sah die Hamburger erstmals seit Bestehen der Bundesliga auf Platz zwei. Für den Titel eines Vizemeisters kann man sich natürlich nichts kaufen, wohl aber für den Sieg im DFB-Pokal, der zur selben Zeit geschafft worden ist. Kaiserslautern wurde in einem überlegen geführten Finale in Frankfurt 2:0 geschlagen. Vorher waren die Bayern aus dem Wettbewerb geworfen worden. Sie hatten im Volksparkstadion zwar ein 2:2 erreicht, doch im Rückspiel waren sie in letzter Minute getroffen worden. Ein Tor von Eigl hatte auch ihre Pokalhoffnungen begraben.

Der HSV war wieder wer im deutschen Fußball. Auch seine Bilanz im UEFA-Cup konnte sich sehen lassen. 1975/76, als er Vizemeister und Pokalsieger wurde, schlug er sich in diesem europäischen Wettbewerb sehr achtbar. Als einziger Bundesliga-Club brachte er es bis zum Halbfinale. Erst wurden die Young Boys aus Bern in Hamburg 4:2 abgefertigt, dann gab es ein glanzvolles 4:2 im Volksparkstadion gegen Roter Stern Belgrad, das die Hamburger in die nächste Runde brachte. Im Achtelfinale erschien Portugals FC Porto zunächst an der Elbe und wurde mit einem 2:0 zurückgeschickt, der 2:1-Sieg der Portugiesen im Rückspiel reichte dann nicht für sie, um weiterzukommen. Die nächste Runde war ein schwerer Gang für die Hamburger. Zweimal mußte gegen die Polen von Stal Mielec gespielt werden. Und als in Hamburg nur ein 1:1 heraussprang, sanken die Hoffnungen. Aber in Polen machten die Hanseaten das wett: Sie gewannen 1:0 und waren im Halbfinale. Schon keimten neue Hoffnungen auf einen europäischen Titel, aber der FC Brügge schaffte in Hamburg ein 1:1, und das war das Aus, denn in Belgien verlor man 0:1. Brügge unterlag dann im Endspiel dem FC Liverpool, Europas derzeit bester Vereinsmannschaft.

Der europäische Siegeszug deutscher Vereinsmannschaften wurde 1976 im Sommer zeitlich unterbrochen, die Europameisterschaft stand an. Man hatte den Titel zu verteidigen. Und niemand in Deutschland glaubte, daß das etwa nicht gelingen werde. Zwar war die Qualifikation gegen Griechenland, Malta und Bulgarien nicht gerade überzeugend gelaufen, aber im Viertelfinale gegen Spanien hatte es einen 2:0-Sieg gegeben, nach einem 1:1 auf der Iberischen Halbinsel. Dennoch: Beim Endturnier in Jugoslawien gab es so etwas wie eine Ladehemmung. Die doch so guten Deutschen benötigten eine Verlängerung gegen die Gastgeber im Halbfinale, die sie allerdings 4:2 überstanden. Und im Finale war es nicht anders. Die Elf der ČSSR, die schon die Holländer in der Vorschlußrunde ausgeschaltet hatte, ging zur Sache, um auch den amtierenden Europameister auf die Verliererstraße zu verweisen. Es wäre fast in der regulären Spielzeit gelungen, sie wurde mit 2:2 abgepfiffen. Dasselbe Ergebnis hatte eine halbe Stunde später, nach dem Abpfiff der Verlängerung, immer noch Bestand. Nun grassierte wieder die Angst des Schützen vorm Elfmeter. Einer verlor ja immer die Nerven, einer von beiden Teams. Diesmal war es Uli Hoeneß, der den Ball in die Wolken jagte. Damit war zwar der Titel weg, aber kein Unglück geschehen. Deutschland war beachtlicher Zweiter, und alle trösteten den Unglücksschützen. Uli Hoeneß, heute erfolgreicher Manager bei Bayern München, erinnert sich: »Das war schon schlimm damals, trotz der vielen Trostworte, auch von Helmut Schön. Man darf eben nicht die Nerven verlieren, so umstritten das Elfmeterschießen auch sein mag. Alle Schützen unterliegen ja den gleichen Gesetzen. Der Trost der Kollegen hilft zwar, aber der Ärger verfliegt doch nicht ganz so schnell. Na ja, das ist lange her ...«

Der Hamburger Sport-Verein setzte in der Saison 1976/77 seinen spielerischen Weg mit Qualität und Solidität fort. Zwar langte es am Ende nur zu einem sechsten Tabellenplatz — Meister war wieder Borussia Mönchengladbach unter seinem neuen Trainer Udo Lattek, Vizemeister Schalke mit einem Punkt Rückstand —, aber im Europacup der Pokalsieger sollte es vorzüglich klappen. Es begann im Herbst 1976 mit einem 3:0 gegen die Isländer vom IF Kevlavik, dem ein 1:1 auf der Insel folgte. Das rüttelte in der Hansestadt noch niemanden auf, das entsprach den Erwartungen. Eher wurden schon die beiden folgenden Siege über die Schotten von Heart of Midlothian beachtet, die mit 4:1 und 4:2 recht deutlich ausfielen und den Weg ins Viertelfinale freimachten. Und auch dort war die Welt noch in Ordnung, MTK/MV Budapest wurde nach einem 1:1 an der Donau im Volksparkstadion 4:1 geschlagen.

Dann kam die kalte Dusche: Bei Atletico Madrid gingen die Hanseaten im ersten Halbfinalspiel 1:3 unter, das war eine schlechte Ausgangsposition für das Rückspiel. Lediglich das in Spaniens Hauptstadt erzielte Auswärtstor war ein kleines Kapital, aber man mußte immerhin mit drei Toren Unterschied gewinnen, und das war eine beträchtliche Hypothek. Man schaffte aber die drei Tore sogar bis zur Pause. Hamburgs Sturm mit Steffenhagen, Reimann und Volkert wirbelte die Madrilenen ganz schön durcheinander. In der zweiten Halbzeit hielt man den Vorsprung, es wäre sogar ein 4:0 möglich gewesen, so exzellent wurde gespielt. Aber das 3:0 genügte für die Fahrkarte nach Amsterdam, die dann auch viele Hamburger Schlachtenbummler lösten.

Es kam der 11. Mai 1977, der Tag des Finales. Für den Pokalverteidiger RSC Anderlecht aus Belgien war es fast ein Heimspiel, ähnlich war auch die Resonanz von den Rängen. Aber der HSV wollte es wissen. Kargus, Kaltz, Ripp, Nogly, Hidien, Memering, Magath, Steffenhagen, Reimann, Keller und Volkert machten über weite Strecken das Spiel. Aber die Belgier waren erfahrene Leute. Sie ließen hinten nichts durchgehen. Bis zur 82. Minute: Ein Hamburger Angriff war nur mit einem Foul im Strafraum zu bremsen, Elfmeter, Volkert, Schuß, 1:0. Das war schon der Sieg, den Magath in der vorletzten Minute noch mit dem 2:0 krönte. Zum erstenmal wanderte ein europäischer Pokal an die Elbe. Endlich waren die Moorweide am Dammtor und der Rothenbaum mal wieder gefüllt mit Hamburger Fußballfreuden, als die glückliche Elf mit ihrem Trainer Kuno Klötzer stolz die Trophäe vorzeigte.

Wenige Wochen später fiel ein Wermutstropfen in den Becher bundesdeutscher Fußballfreude. Was dem Pokalsieger HSV beschieden war, wurde dem Meister der Saison, Mönchengladbach, verwehrt. Im Europacup der Landesmeister, dem wichtigsten Wettbewerb Fußballeuropas, unterlag der Verteidiger Bayern München im Viertelfinale Dynamo Kiew. Der 1:0-Sieg im Hinspiel konnte das 2:0 in Kiew nicht egalisieren. Die Sowjetrussen schieden erst gegen die Gladbacher aus, die über Austria Wien, den AC Turin und den FC Brügge das Halbfinale erreicht hatten. Sie drehten den Münchener Spieß um: einem 0:1 in Kiew folgte ein 2:0 am Bökelberg. Nun lautete die bange Frage in der deutschen Fußballszene, ob denn Gladbach auch an Europas Spitze die Münchener Tradition fortsetzen werde. Die Elf vom Bökelberg war Außenseiter in Rom, dem Endspielort, der Gegnern hieß nämlich FC Liverpool. Er verfügte über eine Klassemannschaft, in der Kevin Keegan eine Hauptrolle spielte. Die Engländer ließen den Deutschen keine Chance, sie gewannen 3:1 und nahmen den Cup mit auf die Insel. Die symphathischen Borussen aber konnten des Mitgefühls der ganzen Nation gewiß sein.

Im UEFA-Cup jener Saison war für die Bundesrepublik nichts zu holen. Braunschweig, Schalke, Köln und Kaiserslautern waren beteiligt. Nur Schalke und Köln überstanden die beiden ersten Runden und stießen ins Achtelfinale vor. Dort kam Schalkes Abgang gegen den RWD Molenbek und Kölns Aus gegen die Queenspark Rangers. Allerdings waren Braunschweig und Kaiserslautern vorher an keinen geringeren Gegnern als Español Barcelona und Feyenoord Rotterdam gescheitert.

Bevor 1978 wieder einmal zu einer Weltmeisterschaft gerufen wurde — Argentinien sollte der Tatort sein —, machte Hennes Weisweiler noch einmal Furore in der deutschen Spitzenklasse. Es war sein letzter großer Schlag in der Bundesrepublik. In Spanien hatte es ihm offenbar nicht sonderlich behagt, so kehrte er nach Deutschland zurück, in seine Heimatstadt Köln. Der FC schwankte immer ein wenig wie ein Halm im Wind, es ging mal aufwärts, mal wieder abwärts. Absteigen mußten sie nie, aber auch zum Titel langte es nicht. Als Weisweiler kam, waren die Kölner Gewinner des DFB-Pokals geworden. Sie hatten sich im Endspiel gegen Hertha BSC zwar schwergetan — 1:1 nach 120 Minuten in der ersten, ein knappes 1:0 in der zweiten Begegnung —, es aber schließlich geschafft.

Nun kam Weisweiler, und mit ihm gelang das begehrte Double, die Meisterschaft und der Pokalsieg. Erst gab es zwar einen Reinfall auf europäischer Ebene — im Cup der Cupsieger machte der FC Porto den Kölnern gleich in der ersten Runde den Garaus —, aber national lief es gut. Arger Verfolger war allerdings der amtierende Meister, Weisweilers alter Verein Mönchengladbach. Und am letzten Spieltag, als Köln zum gerade aufgestiegenen und bereits wieder zum Abstieg verurteilten FC St. Pauli ans Hamburger Millerntor mußte, standen die beiden Kontrahenten punktgleich an der Spitze der Rangliste. Köln hatte allerdings einen guten Vorsprung an Toren. Am Bökelberg erschien an diesem Samstag Borussia Dortmund, plaziert ohne Sorgen und ohne Hoffnungen im unteren Mittelfeld. Die Dortmunder gingen in

Gladbach 0:12 (!) unter, und hätte um dieselbe Stunde Weisweiler mit den Kölnern an der Elbe nicht 5:0 gewonnen, wäre der Titel im letzten Augenblick tatsächlich doch noch in Gladbach geblieben.

Trotzdem war die Fußballwelt geschockt, schon argwöhnte man erneut Manipulationen. Rückerinnerungen an den Skandal von 1971 wurden wach, aber es blieb ein Sturm im Wasserglas. Einmal waren die Gladbacher glänzend aufgelegt, und sie hatten ja nur zu gewinnen, zum anderen fehlte den Borussen in diesem letzten Spiel der Biß zur Gegenwehr. Es blieb natürlich etwas hängen an der Elf vom Borsigplatz in Dortmund, und sei es nur, daß man ihnen mehr Sympathien für Gladbach als für Köln unterstellte. Zum Glück haben die Dortmunder Jahre später demonstriert, daß so etwas nicht nur in Gladbach möglich ist: Gegen Arminia Bielefeld drehten sie im Westfalenstadion den Spieß um und schossen nach einem Pausenstand von 1:1 in der zweiten Halbzeit zehn Tore. Am Ende hieß es 11:1 für Dortmund. Also gilt mal wieder der Schluß, daß im Fußball alles möglich ist.

Den Pokalsieg der Saison 1977/78 holten sich die Kölner beim Nachbarn Düsseldorf. Sie gewannen das Endspiel 2:0 gegen die Fortuna. Es war ein ausgeglichenes Spiel, in dem die Kölner glücklicher waren. Das gab auch Weisweiler zu.

Die Europawettbewerbe dieser Spielzeit brachten keinen deutschen Sieg. Der HSV war bereits im Achtelfinale gegen den letztjährigen Finalgegner und späteren Cup-Sieger RSC Anderlecht ausgeschieden, und zwar praktisch im Heimspiel, das mit 1:2 wegen grober Abwehrschnitzer verlorenging. In Anderlecht half den Hamburgern das 1:1 dann nicht weiter. Und Borussia Mönchengladbach hatte sich wieder einmal mit dem FC Liverpool auseinanderzusetzen, diesmal bereits im Halbfinale. Man lieferte sich zwei erbitterte Kämpfe, aber am Ende hatten die Engländer erneut die Nase vorn. Sie übertrumpften mit einem 3:0 an der legendären Anfield Road ihre 1:2-Schlappe vom Bökelberg deutlich und gewannen schließlich gegen den FC Brügge auch erneut den Cup. Im UEFA-Cup war die interessanteste Begegnung für die Deutschen die Auseinandersetzung zwischen Eintracht Frankfurt und Bayern München. Die Eintracht siegte im Viertelfinale sowohl zu Hause (4:0) als auch im Olympiastadion (2:1), doch in der nächsten Runde scheiterte sie an den Grashoppers aus Zürich. Schalke war in der zweiten Runde bereits gegen den FC Magdeburg ausgeschieden, Braunschweig im Achtelfinale am PSV Eindhoven gescheitert.

Das WM-Turnier von 1978, das auf eine im ganzen doch erfolgreiche Bundesligaspielzeit folgte, würde ich am liebsten mit dem Mantel der Nächstenliebe zudecken. Mit der Nächstenliebe für ein Team, das mit dem Weggang von Franz Beckenbauer zu Cosmos New York seinen Leiter und Lenker verloren hatte. Man hat dem Fußballkaiser seinen Abgang in die Neue Welt teils übelgenommen, teils hat man großes Verständnis gezeigt. Wenn jemand alles erreicht hat, was im deutschen Fußball zu erreichen ist, dann folgt er gern dem Ruf zu neuen Ufern. Und wer ist schon dem Geld böse, wenn es ihm angeboten wird? Franz Beckenbauer zu seinem Abschied von der Bundesliga heute: »Natürlich lockte das Geld, aber da war auch noch etwas anderes. Eine große Neugier. Ich wußte ja überhaupt nicht, was mich drüben erwartete. Wir hatten ja keinerlei Vorstellung davon, wie das da zugeht. Ich habe aber in den Jahren bei Cosmos auch viel gelernt, weniger fußballerisch. Es war ja eine völlig andere Welt, in der ich mich zurechtfinden mußte, und das ist für die persönliche Entwicklung eines Menschen nie verkehrt. Außerdem konnte ich mit Pelé zusammen spielen, den ich für den größten Fußballer aller Zeiten halte. Allein darum hat sich der Ausflug schon gelohnt.«

Man gönnte dem Franz durchweg die neue Karriere in den Vereinigten Staaten. Aber man vermißte ihn natürlich in Argentinien. Um so mehr, als es auch keinen Netzer und keinen Overath mehr gab. Wer sollte denn nun das deutsche Spiel machen? Natürlich war die bundesdeutsche Elf immer noch ein Faktor, mit dem man rechnete. Maier, Vogts, Dietz waren dabei, Kaltz und Bonhof, Abramczik, Flohe, Rüssmann, Hölzenbein, Klaus Fischer und — last not least — der junge Karl-Heinz Rummenigge. Immerhin Namen, die über Deutschlands Grenzen hinaus einen guten Klang hatten. Und die Südamerikareise von 1977 war ja so schlecht nicht gelaufen. Gegen Argentinien hatte es einen 3:1-Sieg gegeben, an dem Magath, Volkert und Kaltz vom HSV beteiligt waren, auch Uruguay wurde mit fast gleicher Besetzung geschlagen, außerdem gelang ein passables 1:1 gegen Brasilien. Mutlos also fuhr man nicht zur WM.

Vielleicht hat man drüben dann den Mut verloren. Nach der Eröffnung des Turniers mit einem 0:0 gegen Polen folgte zwar ein 6:0 gegen Mexiko, dann aber gab es ein recht blamables 0:0 gegen den Fußballzwerg Tunesien. In der Bundesrepublik winkte man bereits ab. Das könne ja wohl nichts werden. Es wurde auch nichts, denn in der zweiten Finalrunde setzte man gegen Italien die Nullserie fort, kein Tor, kein Beifall in Deutschland. Schließlich schaffte man gegen die vom heutigen HSV-Trainer Ernst Happel hervorragend eingestellten Holländer ein mühsames 2:2. Und zu diesem Zeitpunkt wäre noch der Sprung unter die letzten vier möglich gewesen. Dann kam das Debakel von Córdoba, das in Österreich ganze Zeitungsseiten füllen sollte. Die Deutschen spielten und spielten, aber in der Schlußphase waren sie offenbar gar nicht mehr da. Erst glichen die Österreicher aus, dann machte Nationalheld Krankl das 3:2 für sie, und in Wien wurden Volksfeste gefeiert. Österreich hatte endlich mal wieder gegen Deutschland gewonnen. Die Deutschen aber traten die Heimreise an, und kaum jemand nahm Notiz von ihrer Ankunft. Nach Mexiko von 1970 waren sie als Dritter wie die Weltmeister empfangen worden.

Im Anschluß an die Weltmeisterschaft von Argentinien nahm der 63 Jahre alte Bundestrainer Helmut Schön seinen Abschied. »Der Mann mit der Mütze« ging. Man hätte ihm einen schöneren Abgang gewünscht, aber die deutsche Elf mußte, das wußte Schön auch, einen neuen Anfang suchen. Sie brauchte neue Leistungsträger. Helmut Schön bleibt trotz Argentinien der erfolgreichste Nationaltrainer im Weltfußball: ein zweiter Platz 1966 in England, ein dritter 1970 in Mexiko, ein erster 1974 in Deutschland, dazu die Europameisterschaft von 1972 und der zweite Platz von 1976. Das soll ihm erst einmal jemand nachmachen.

Wie bislang beim DFB üblich und auch zweimal erfolgreich praktiziert, übernahm der Assistent von Schön, Jupp Derwall, die Verantwortung für die deutsche Elf. Und es fing mit ihm gar nicht schlecht an . . .

Fußball und Werbung

Die soziale Marktwirtschaft, das freie Spiel der ökonomischen Kräfte, hatte die Bundesrepublik Deutschland nach der Stunde Null in Anlehnung an die Wirtschaftskraft des Westens zu einem der stärksten Industriestaaten der Welt gemacht. Sie hatte aber auch zu einer sogenannten Konsumgesellschaft geführt. Die Kaufkraft der Deutschen Mark West war jahrzehntelang unerschütterlich, die Beinahe-Vollbeschäftigung und der achtbare Durchschnittsverdienst sorgten für rege Nachfrage nach Verbrauchs- und Investitionsgütern, und das Angebot der Wirtschaft wurde immer bunter und reichhaltiger.

Um den Konsum noch mehr anzuregen, um Bedarf zu wekken, trat ein Hilfsmittel in den Vordergrund, das den Deutschen in vergangenen Zeiten nicht so sehr ins Auge gefallen war: die Werbung. Sie erschien allenthalben in jedweder Provenienz. Mit mehr oder weniger stilvollen Mitteln wurden Produkte angepriesen, Zeitungen und Zeitschriften erlebten eine Hausse an Inseraten. Als dann der Bildschirm die Wohnzimmer eroberte, ließ auch dort die direkte Werbung nicht lange auf sich warten. Milliardenbeträge wurden ausgeworfen, um das Volk zum Konsum anzuregen. Der Wettbewerb erfolgte auch in Bereichen, die noch zu Weimars Zeiten für den Kommerz mehr oder weniger tabu waren.

Auch der nationale und der internationale Fußball wurde von den Werbern heimgesucht. Der Deutsche Fußballbund war zwar zunächst bemüht, die Arenen »sauber«zuhalten, aber das ging nicht lange gut. Das Lizenzspielerstatut in seiner ursprünglichen Form war ohnehin längst überfällig, Mindestgehälter und andere Zuwendungen an die Professionals regulierten sich nach dem Gesetz von Angebot und Nachfrage. Der Fußball hatte sich eben mit den Vorzügen wie mit den Nachteilen eines freien Wirtschaftssystems auseinanderzusetzen. Er war ja mittlerweile auch selbst zu einem Wirtschaftsfaktor geworden.

So wunderte es kaum jemanden, daß nach den Jahren des »Zwangssparens« an Gehältern und Prämien die Zuwendungen und Ablösesummen plötzlich ausuferten und teilweise astronomische Höhen erreichten. Spitzenfußballer wurden zu den bestbezahlten Arbeitnehmern der Nation, und solange es dem Volk gutging, gab es kaum Stimmen der Kritik. Man sagte sich, eine Fußballkarriere sei zeitlich begrenzt, mit 35 Jahren, wenn andere Angestellte oft erst am Anfang einer großen Laufbahn stünden, käme für die Profis schon das Ende. Außerdem sei jedes Spiel ein Risiko, die Jungens trügen ja ihre Knochen zu Markte. Sollten sie also ruhig viel Geld verdienen, wenn sie mit qualifizierten sportlichen Leistungen Woche für Woche Spannung und Unterhaltung in den Stadien produzierten.

Allerdings ist durch die neuen Freiheiten auf dem Spielermarkt eine Spirale in Bewegung gebracht worden, die sich bis heute ständig dreht, obwohl die ökonomischen Voraussetzungen schon lange nicht mehr stimmen. Ein guter, erfahrener Bundesligaspieler verdient mindestens eine sechsstellige Summe im Jahr, ohne daß er zur absoluten Spitze gezählt werden muß. Das Geld, das ein Uwe Seeler sich in seinen Profijahren »zusammengeschossen« hat, machen heute die Kicker in der obersten Spielklasse in wesentlich kürzerer Zeit. Sie müssen aber deshalb die Weltklasse des Hamburgers nicht annähernd erreichen. Freilich mehren sich die Stimmen, die eine neue Ordnung fordern, eine Anpassung an die inzwischen total veränderten wirtschaftlichen Verhältnisse. Aber der Rückweg in die Niederungen ist meist viel beschwerlicher als der Aufstieg zum Gipfel. Die Manager der Bundesligavereine wissen ein Lied davon zu singen.

Als die Kosten der Clubs in der obersten deutschen Liga immer mehr stiegen und durch die Einnahmen in den Stadien kaum noch zu finanzieren waren, suchte man auch hier nach zusätzlichen Quellen. Und wen wundert es, daß man auf die Werbung in allen möglichen Spielarten verfiel. Die Vermarktung des deutschen Fußballs begann. Schon immer hatten die Spielfeldumrandungen — die sogenannten Banden — Firmen zur Werbung für ihre Produkte animiert. Das war jedoch früher meist ohne nennenswerten Effekt geblieben. Erst als sich das Fernsehen immer öfter auf den Fußballplätzen sehen ließ, bekam die Bandenwerbung eine immense Bedeutung. Unversehens erschienen die Namen von Markenartikeln auf dem Bildschirm und standen dort einige Sekunden, weil die Fernsehkamera die Spielszene einzufangen hatte und deshalb die Werbung »mitnehmen« mußte. In jenen Jahren nannte das »Hör Zu«-Chefredakteur Eduard Rhein rundheraus Schleichwerbung. Er machte die Leser seines Blattes sogar darauf aufmerksam, wenn er eine Sportsendung ankündigte. Ob sein Slogan »Achten Sie auf Schleichwerbung« den Bandeninserenten allerdings geschadet hat, muß zweifelhaft bleiben. Vielleicht achtete der Leser der Zeitschrift durch den Hinweis sogar erst recht auf die Werbung. Nach einiger Zeit wurde dann auch die »Werbung für die Werbung« wieder fallengelassen.

Die bemalten und beschrifteten Banden wurden nach dem Einmarsch der Fernsehkameras natürlich sprunghaft teurer. Sie kosten heute, je nach Plazierung, sogar sehr unterschiedliche Summen. Dazu Wolfgang Beyer, Werbeleiter des Hamburger Sport-Vereins:

»Die festen Fernsehkameras werden im Hamburger Volksparkstadion oben auf der Südtribüne plaziert, wenn das Fernsehen überträgt. Also ist die Bandenwerbung vor der Haupttribüne am teuersten. Wesentlich preiswerter ist sie vor der Südtribüne, weil sie dort allenfalls von zusätzlichen beweglichen Kameras erwischt werden kann. In den Kurven, schräg hinter den Toren an der Seite der Haupttribüne, gilt der zweithöchste Preis.«

Die Einnahmen aus der Bandenwerbung sind für die Bundesligaspiele ein fester Etat-Posten, bei einer Direktsendung eines großen Europacupspiels machen Städte und Vereine das beste »Bandengeschäft«. Beyer: »Es ist nicht überall so günstig für den Verein wie für den HSV. Er bekommt den größeren Teil der Einnahmen aus dieser Werbung, den Rest kassiert die Stadt als Eigentümer des Volksparkstadions. Es soll aber auch Städte mit Bundesligaclubs geben, bei denen das Verhältnis fast umgekehrt ist.«

Nun hat die Werbung durch den Spitzenfußball an den Banden der Kampfstätten nicht haltgemacht. So bemühten sich potente Unternehmen, die eine zusätzliche Publizität für ihre Produkte wünschten, um prominente Fußballer. Der DFB hätte das natürlich gern verhindert, er zierte sich auch sehr, aber er fand wohl kein greifbares Argument, mit dessen Hilfe er den Angestellten der Bundesligavereine die Werbung für Getränke, Süßwaren, Kosmetika und ähnliches hätte verbieten können. Den Clubs jedoch konnte eine zusätzliche Einnahme ihrer Spitzenspieler nur recht sein, man weiß ja, daß dadurch sogar große Gehaltssummen gespart worden sind. Zumindest pflegten sich die Gehaltsverhandlungen erträglicher zu gestalten, wenn ein langfristiger Werbevertrag einen Kicker zusätzlich absicherte.

Aber auch damit hatte die Werbung das angepeilte Endziel noch nicht erreicht. Sie wollte nicht allein die individuelle Werbung durch den Mann, sie wollte die generelle Publicity »am Mann«. Die Fußballer sollten auf dem Trikot außer dem Vereinsemblem auch ein Firmenzeichen tragen. Das paßte dem Deutschen Fußballbund nun gar nicht. Als aber der Jägermeister-Chef Günther Mast, seit Jahrzehnten Mäzen und neuerdings auch Präsident von Eintracht Braunschweig, die Spieler seines Clubs mit dem Markenzeichen seiner Firma auflaufen ließ, war der Bann praktisch gebrochen. Es gab zwar noch ein Hin und Her, am Ende aber war mal wieder das vielzitierte Hornberger Schießen angesagt. Und heute ist die Trikotwerbung nicht allein im Spitzenfußball gang und gäbe. Wenn man erlebt, was im Tennis oder in der Formel I getrieben wird, erscheint einem die Mannwerbung auf dem Fußballplatz sogar vergleichsweise dezent.

»Für einen Bundesligaverein ist aber die Werbung in allen Lesarten lebenswichtig«, sagt Wolfgang Beyer. »Der Etat der Lizenzspielerabteilung des HSV sieht sie neben den Spieleinnahmen als feste Position vor. Wir brauchen die Lizenzgebühren, die wir für die Verwendung unseres Vereinslabels auf T-Shirts, Buttons, Büchern und anderen Gebrauchsgegenständen oder Souvenirs einnehmen, das Geld für die Bandenwerbung und die Beträge, die unser jeweiliger Werbepartner für die Trikotwerbung aufwendet.«

Der erste Partner, der auf den Trikots der Bundesligaspieler des Hamburger Sport-Vereins auftauchte, pries ein alkoholisches Getränk an. Es schien mir nicht gerade die sportlichste Art, für Campari zu werben, aber die damals Verantwortlichen setzten sich über eventuelle Bedenken hinweg. Hin und wieder soll ja sogar Leistungssportlern ein »long drink« erlaubt sein. Auch gegen das Volksgetränk Bier hat man offenbar nichts einzuwenden, verschiedene Marken werden ja gerade heute auf den Trikots der Spieler propagiert.

Die Werbeehe mit Campari wurde jedoch vom HSV, aus welchen Gründen auch immer, schnell gelöst, zu Gunsten einer japanischen Elektronikfirma. Und da behaupten heute noch die Werbefachleute, daß die Hamburger Fußballer zum Bekanntheitsgrad von »Hitachi« ganz erheblich beigetragen hätten. Reine Produktwerbung also, die den Namen eines Markenartikels so lange penetriert — Werbung steht ja in vielen Fällen für Penetranz —, bis man ihn in jeder Wohnstube kennt. Das nämlich erst macht die Mannwerbung effizient: das Erscheinen auf dem Bildschirm in Sportschau oder Direktübertragungen, der Abdruck von Bildern in den Tages- und Sportzeitungen. Die Zuschauer im Stadion nehmen den Namen auf den Trikots meist gar nicht mehr wahr, im Volksparkstadion brauchten sie dazu auch ein Fernglas. Außerdem haben sie genug mit dem guten oder gar schlechten Spiel ihrer Mannschaft zu tun.

Die dritte Verbindung, die der Hamburger Sport-Verein in Sachen Partnerschaft auf Gegenseitigkeit einging, erschien mir und vielen Sportfreunden zunächst als die ungewöhnlichste. Ein Öl-Multi fand sich bereit, die HSV-Trikots mit seinem Markenzeichen auszustatten. Er ließ — und läßt — sich das jährlich sehr viel Geld kosten. Und hier spätestens fragt man sich, was es denn solle. Kein Mensch wird doch so vermessen sein zu erwarten, daß die Deutsche BP-Aktiengesellschaft an ihren Tausenden von Tankstellen auch nur einen Liter Benzin mehr verkauft, weil ihr Emblem in den Bundesligastadien der Republik jede Woche neunzig Minuten von elf Akteuren spazierengeführt wird. Darum auch wollte ich genau wissen, was die deutsche Tochter eines Weltkonzern zu diesem Schritt bewogen hat. Der Generalbevollmächtigte der Deutschen BP, Dr. Wolfgang Müller-Michaelis, gab mir erschöpfend Auskunft:

»Jedes Wirtschaftsunternehmen, das in und mit der Öffentlichkeit arbeitet, muß sich verpflichtet fühlen, Öffentlichkeitsarbeit zu betreiben. Mit anderen Worten, es wirbt für sein Image. Das geschieht nicht mit Fakten und Zahlen — diese reine Verkaufswerbung läuft bei uns gesondert —, das geschieht vielmehr mit unserem Markenzeichen. Der Name muß immer wieder erscheinen, muß lebendig bleiben, muß Reichweite und Bekanntheitsgrad halten und erhöhen. Nach der Größe eines Unternehmens richten sich auch die Beträge, die für die Public Relations im Gesamtetat ausgeworfen werden. Es leuchtet manchem sicherlich nicht ein, besonders nicht in einer wirtschaftlich so angespannten Situation, daß eine Firma für ihr Image Geld ausgibt. Sie gehorcht damit aber nur dem Gesetz des freien Wettbewerbs. Und wir haben in vielen Jahren die Erfahrung gemacht, daß die Zusammenarbeit mit dem Hamburger Sport-Verein unserem Image nützt. Freilich setzen wir deshalb nicht unbedingt mehr um, aber unser Name bleibt in Verbindung mit dem positiv besetzten Feld des Fußballsports in Erinnerung. Und das ist im harten Kampf um die Marktanteile in der Mineralöl-Industrie unerläßlich.«

Dr. Müller-Michaelis führt einen einleuchtenden Vergleich an. Niemand würde Anstoß daran nehmen, meint er, wenn die Deutsche BP Fernsehspots schalten oder Image-Anzeigen in Zeitungen und Zeitschriften publizieren würde. Das alles aber steigere den Verkauf ebensowenig und ebensoviel wie die Öffentlichkeitsarbeit über die Spieler des HSV. Er hat sogar den Beweis zur Hand, daß das »BP« auf den Trikots mehr Beachtung findet, als Inserate und Werbespots finden würden. Nicht allein wegen der *Häufigkeit* seines Erscheinens in Fernsehen und Printmedien, sondern wegen seines Erscheinens im *redaktionellen* Teil. Der werde immer noch mehr gelesen als der Anzeigenteil. Und weiter:

»Schon mit unserem Engagement für die Volleyballer des HSV haben wir in dieser Beziehung gute Erfahrungen gemacht, aber durch die Bundesliga ist das erst voll ins rechte Licht gerückt worden.«

Die BP ist also mit dem Arrangement sehr zufrieden. Um so mehr, als es nicht bei der Trikotwerbung geblieben ist. Der HSV bietet ja auch andere Gegenleistungen. Einmal darf das Unternehmen mit seiner Betriebssportabteilung die ausgezeichnete Sportanlage am Ochsenzoll benutzen, zum anderen haben beide Partner von dem Engagement des Konzerns für einzelne Spitzensportler profitiert. Die BP hat mit Kevin Keegan sehr erfolgreich gearbeitet. Eine Comic-Serie in mehreren Boulevard-Blättern mit dem »Super-Kevin« zum Thema Energiesparen hatte eine sehr starke Resonanz, und die Rückkehr von Franz Beckenbauer aus den USA wurde ebenfalls zu einer sehr fruchtbaren Zusammenarbeit für beide Teile. Müller-Michaelis:

»Ein Spitzensportler, der Menschen ins Stadion und an die Bildschirme zieht, hilft dem Verein wie seinem Werbepartner. Aber nicht nur das. Franz Beckenbauer hat sich, der Vereinbarung entsprechend, auch in unserem Sinne der Sportjugend angenommen. Und er hat sich um die Behinderten in den Alsterdorfer Anstalten gekümmert. Er hat sogar mit denen Fußball gespielt. Übrigens wurde dabei die Beckenbauer-Stiftung geboren, die heute dem Institut noch tatkräftige finanzielle Unterstützung bringt. Das alles sind doch sehr humanitäre Nebenwirkungen unseres Engagements für den Hamburger Sport-Verein.«

Wenn man also davon ausgeht, daß die Öffentlichkeitsarbeit eines Unternehmens in der freien Wirtschaft keine Schleichwerbung, sondern unablässige Notwendigkeit ist, erscheint einem die enge Zusammenarbeit zwischen bestimmten Firmen und Bundesligavereinen als ein im Zuge der Zeit vollauf legitimes Unterfangen. Sollte jedoch die Tendenz dahin gehen, daß ein bestimmtes Begehren von Günther Mast vermehrt Liebhaber findet, kann nur eindringlich gewarnt werden. Der Braunschweiger Präsident wollte seinem Verein den Namen seines Produktes geben, das hat der DFB in einmütiger Entschlossenheit abgelehnt. Mast rief daraufhin die Gerichte an, und man kann nur hoffen und wünschen, daß die ordentlichen Juristen ihm ebenfalls eine Absage erteilen. Und wenn Günther Mast in einer Fernseh-Talkshow sogar verkündet, es störe ihn nicht, daß der Prozeß Jahre dauern werde — solange werde auch immer wieder von seinem Produkt gesprochen —, so sieht man doch in Hintergründe, die sein Engagement für den Fußball in einem anderen Licht erscheinen lassen.

Der Hinweis auf zwei Bundesligavereine, die einem Unternehmen angegliedert sind, Bayer 04 Leverkusen und Bayer 05 Uerdingen, geht meines Erachtens von falschen Voraussetzungen aus. Es handelt sich hier um mit einem Konzern und zwei Städten gewachsene Mannschaften. Wenn heute ein Unternehmen mit einer Fußballelf ganz unten anfinge und sich im Laufe der Jahre in die oberste Klasse heraufarbeitete, würde man ihm kaum den Zutritt zur Bundesliga versagen können. Das ist aber etwas ganz anderes als die Umbenennung eines traditionsreichen Clubs in einen Firmenverein.

Es ist zwar richtig, daß in den Vereinigten Staaten die Football- und Baseballmannschaften Privatleuten gehören und auch von diesen bezahlt werden — auch die *soccer*-Teams befinden sich im Besitz von Unternehmen —, aber . . . Amerika ist nicht Deutschland. Einmal würden die Fans und die Zuschauer da nicht mitmachen, sie brauchen den alten deutschen Sportverein, um sich für den Fußball zu engagieren. Zum anderen aber wäre der »Privatkauf« das schlechteste aller künftigen Modelle, über die man schon eine Weile in Sachen Bundesliga diskutiert. Dazu noch einmal Dr. Müller-Michaelis:

»Wir würden nie auf die Idee kommen, zum Beispiel die Bundesliga-Abteilung des Hamburger SV kaufen zu wollen. Eine Zusammenarbeit, wie sie besteht, gern, mehr jedoch nicht. Wir mischen uns auch nicht in die Belange des Vereins ein, das sehen wir nicht als unsere Aufgabe an. Wir geben Geld und bekommen eine entsprechende Gegenleistung. Und wenn die Mannschaft Erfolg hat, gereicht auch uns das zum Nutzen.«

Wahrscheinlich würde sich mancher Bundesligaverein glücklich schätzen, wenn er einen solchen Werbepartner hätte. Denn wie man hört, geht es nicht überall so reibungslos zu. Das aber ist eben die große Gefahr einer solchen Zusammenarbeit: Wir wissen doch, daß jeder in Deutschland was vom Fußball verstehen will, oft mehr als Trainer und Spieler. Wenn aber diese Besserwisser ihr materielles Engagement für einen Club mit Einspruchsrechten koppeln, kann sich die Bundesliga über kurz oder lang vom Spitzenfußball verabschieden.

Die großen Jahre des HSV

Der Hamburger Sport-Verein war unter Trainer Kuno Klötzer zum erstenmal nach geraumer Zeit wieder in Europas Fußballspitze vorgedrungen. Der Sieg im Endspiel gegen Anderlecht hatte zwar noch nicht die direkten Folgen, die ihm die Öffentlichkeit gern zugeschrieben hätte, denn am Rothenbaum wußte man, daß ohne eine Verstärkung der Ligamannschaft der eben erworbene gute Ruf nicht zu verteidigen sein würde. Darum kam das Engagement des Engländers Kevin Keegan vom FC Liverpool gerade zur rechten Zeit. Der kleine Lockenkopf spielte sich bereits in seinen ersten Einsätzen in die Herzen der Fans hinein, er wußte auch mit ihnen umzugehen. Er brachte Leben ins Volksparkstadion, er war ein hervorragender Techniker, außerdem ein Ensemblespieler und Kämpfer, wie man ihn sich wünscht. Ein Profi mit vorzüglicher Berufsauffassung, ein Vorbild für die Jugend, kurz, ein Ausnahmefußballer von Weltformat.

Mit Keegan kam allerdings auch ein neuer Trainer: Rudi Gutendorf. Vor Beginn der Spielzeit 1977/78 zog er sich mit Manager Dr. Peter Krohn auf die Prominenten-Insel Sylt zurück, um dort beim Rauschen der Nordseewellen Strategie und Taktik der neuen Saison am Sandkasten vorzubereiten und festzulegen. Die theoretischen Erörterungen und Pläne der Herren wurden jedoch durch die Praxis schneller überholt, als ihren Urhebern lieb sein konnte. Und am Ende der Spielzeit fand sich der HSV trotz der Verstärkung durch Kevin Keegan auf dem zehnten Tabellenplatz wieder. Da die Verteidigung des Europacups der Pokalsieger ebenfalls nicht gelungen war, drohte erneut ein Rückfall ins Mittelmaß. Gutendorf war schon nach wenigen Wochen entlassen worden, auch Dr. Krohn gab es nicht mehr. Im Februar 1978 kam dann Günter Netzer und mußte zuerst nach einem neuen Trainer suchen, denn Arcoc Öczan, langjähriger Rückhalt der Mannschaft als Torwart, dann Assistent von Gutendorf, hatte nach dem plötzlichen Abschied seines Herrn und Meisters die Verantwortung für die Mannschaft übernommen. Aber das war keine Dauerlösung.

Netzers Suche hatte Erfolg, es kam der Jugoslawe Branko Zebec. Und der Manager zog noch einen zweiten Trumpf aus der Tasche. Er hatte den Torschützenkönig der Zweiten Liga, Horst Hrubesch, unter Vertrag genommen. Dem stämmigen Westfalen waren bei Rotweiß Essen Tore am Fließband gelungen, 43 in der vergangenen Saison. Das empfahl ihn für eine Elf, in der einst Uwe Seeler der Schützenkönig gewesen war. Zwar verließen auch einige Profis in jener Zeit den Hamburger SV — Georg Volkert, der dann in Stuttgart noch groß herauskam, Arno Steffenhagen, Ferdi Keller —, das aber verkraftete die Mannschaft. Denn in seiner zweiten Saison lernten die Hamburger ihren Kevin Keegan erst richtig kennen. Offenbar hatte er im ersten Jahr erhebliche Schwierigkeiten gehabt und nicht seine Höchstleistung bringen können. Nun brachte er sie und wurde der unbestrittene Publikumsliebling. Horst Hrubesch hatte auch seine Anfangsprobleme beim HSV. Zwar wußte er um den scharfen Wind, der in der Ersten Bundesliga weht, aber die Einordnung in ein anderes Mannschaftsgefüge ist eben doch schwer. Vor allem für einen Mittelstürmer, der an seinen Toren gemessen wird. Die Hamburger wollten endlich wieder an ihren Uwe Seeler erinnert werden. Horst Hrubesch: »Anpassungsschwierigkeiten wie Kevin hatte ich nicht. Ich habe mich gleich wohl gefühlt, bin gut zurechtgekommen. Aber die Tore liefen eben nicht so wie in Essen. Der Widerstand war härter, die direkten Gegner spielten besser. Und ich mußte mich ebenso auf die Spielart der Mannschaft einstellen wie sie auf mich. In Essen wurde ja für mich gespielt, damit ich meine Tore machen konnte.«

Das lief langsam an, aber bald wurde doch die Erinnerung an Uwe geweckt. Hrubesch machte seine Tore, Kevin Keegan in seiner zweiten Saison noch mehr. Der HSV hatte bedeutende Leistungsträger gewonnen. Auch Ivan Buljan, der jugoslawische Nationalspieler, wurde immer besser. Und am Ende der Hinrunde zeichnete es sich bereits ab: Die Hamburger hatten offenbar alle Chancen, zum erstenmal nach 1960 die Meisterschale wieder an die Alster zu holen. Am Pfingstsamstag 1979 war es dann soweit: Auf der Bielefelder Alm wurde gegen die heimstarken Arminen ein 0:0 gehalten. Da der ärgste Verfolger, der VfB Stuttgart, sich mit einem 1:4 gegen den FC Köln vor eigenem Publikum selber um die Meistermöglichkeiten brachte, stand der Hamburger SV schon am vorletzten Spieltag als Titelträger fest. »Jimmy« Hartwig, der von München 1860 nach Hamburg gewechselte exzellente Kämpfer im Mittelfeld, schien das in Bielefeld als erster begriffen zu haben: »Wir sind Deutscher Meister.« Die Spieler lagen sich in den Armen, die mitgereisten Fans stürmten den Platz.

Der letzte Gegner der Saison hieß Bayern München. Zwar hatte er in den vergangenen Wochen zur Meisterschaft kaum noch etwas zu sagen vermocht, aber im Volksparkstadion sorgte er vor ganz großer Kulisse für einen kleinen Schönheitsfehler in der Hamburger Meisterkrone: Er schlug den HSV mit einem Tor von Rummenigge 2:1. Trotzdem war die Freude groß im Stadion, die Elf mit Kargus, Kaltz, Hidien, Memering, Nogly, Buljan, Reimann, Hartwig, Hrubesch, Magath und Keegan hatte den Titel errungen.

Von nun an spielte der Hamburger Sport-Verein in der Spitze der Bundesliga, und das hat sich bis heute noch nicht geändert. Die Elf ging auch den höchsten europäischen Wettbewerb der Saison 1979/80 mit Elan an. In der Vorrunde wurde Reykjavik 3:0 und 2:1 ausgeschaltet, im Achtelfinale der Sowjetische Meister Dynamo Tiflis 3:1 und 3:2. Dann schossen die Hamburger im Rückspiel des Viertelfinales bei Hajduk Split zwei entscheidende Tore. Sie verloren zwar 2:3, aber durch die beiden Auswärtstreffer reichte das 1:0 aus dem Heimspiel für die nächste Runde. Und da gab es große Spiele. Vor vollem Haus verlor der HSV im berühmten Bernabeu-Stadion von Madrid gegen den spanischen Meister Real 0:2, aber dann kamen die Madrilenen ins Volksparkstadion und mußten sich eine 1:5-Niederlage gefallen lassen. Es war eins der schönsten Spiele, die der HSV seinem Publikum geboten hat.

Das Endspiel um den Europacup der Landesmeister fand am 28. Mai 1980 in Madrid statt, dort, wo die Hamburger der Elf von Real in einem großen Spiel unterlegen waren. 100 000 wollten nun wissen, wer denn Europas beste Elf sei. Aber das Finale wurde kein Fußballfest. Gegner war der Cupverteidiger Nottingham Forest, bekannt für hartes Spiel aus eisenharter Deckung heraus. Die Engländer ließen denn auch die Deutschen gar nicht erst ihr Spiel finden, sie markierten den Gegner hautnah und hatten schließlich noch das Glück auf ihrer Seite, als sie schon in der ersten Halbzeit das 1:0 machten. Dabei blieb es bis zum Abpfiff, die Briten verteidigten den knappen Vorsprung mit Haken und Ösen, und der HSV kam ohne Pokal nach Hause. Da vorher mit einem 1:2 in Leverkusen auch die Verteidigung des deutschen Titels sozusagen auf der Zielgeraden verspielt worden war, blieb für die nächste Spielzeit nur ein erneuter Anlauf. Aber auch das sollte nicht klappen.

In der Meisterschaft 1980 hatten sich die Hamburger von den Bayern knapp den Rang ablaufen lassen. Aber der neue Titelträger brachte es im nächsten Europawettbewerb auch nur bis zum Halbfinale. Dort stoppte der FC Liverpool, der Stolperstein für so manche deutsche Spitzenmannschaft, den Vormarsch der Bayern 0:0 und 1:1. Sie waren ungeschlagen, aber ausgeschieden. Und Liverpool holte dann den Europa-Pokal. Im UEFA-Cup gab es für die Hamburger ebenfalls kein rühmliches Ende. Nach guten Ergebnissen in den beiden ersten Runden, gegen den FC Sarajewo und den PSV Eindhoven, gaben im Volksparkstadion die Franzosen vom AS St. Etienne ihre Visitenkarte ab. Mit einem sogenannten Aplomb. Die Hamburger waren völlig außer Tritt und ließen sich 0:5 überfahren. Schon zur Pause war das Rennen 0:3 gelaufen. Im Rückspiel hielt sich der HSV mit einer 0:1-Niederlage wesentlich besser, aber da war es natürlich längst zu spät.

Auch die Meisterschaft 1980/81 ging wieder an die Bayern, Hamburg hielt einen guten zweiten Platz mit vier Punkten Rückstand. Den Grund für diesen Rückfall im deutschen wie im europäischen Wettbewerb muß man wohl oder übel in der Entlassung von Branko Zebec suchen, über die an anderer Stelle berichtet worden ist. Aleksander Ristic, dem man bis zum Ende der Saison die Verantwortung übertragen hatte, war der Aufgabe offenbar nicht voll gewachsen. Der HSV wollte jedoch keinesfalls wieder zurück ins Mittelfeld, also mußte ein neuer Spitzentrainer her. Zum Glück wurde Günter Netzer auf seiner Suche rechtzeitig fündig: Er verpflichtete Ernst Happel. Ihm stellten sich zwei Aufgaben: der Gewinn der Deutschen Meisterschaft und der Sieg im UEFA-Cup, denn im DFB-Pokal war für die Hamburger das Ende bereits im Viertelfinale gekommen. Sie hatten bei Eintracht Braunschweig nach Verlängerung mit 3:4 verloren.

Der Coach machte sich an die Arbeit, und das Publikum sollte das bald spüren. Happel formte eine Spitzenmannschaft mit hervorragenden Leistungsträgern. Ditmar Jacobs wurde als Vorstopper immer besser, Bernd Wehmeyer erspielte sich einen Stammplatz. Der flinke Jürgen Milewski und der »Dauerläufer« Jürgen Groh fügten sich nahtlos in das Team ein, Thomas von Heesen offenbarte frühzeitig sein großes Fußballtalent. Holger Hieronymus berechtigte zu den schönsten Hoffnungen, und »Zweitligist« Wolfgang Rolff schlug auf Anhieb ein. Felix Magath trieb das Spiel immer stärker an, das Duo Kaltz—Hrubesch machte Furore auf allen Plätzen mit den per Kopf in Tore umgemünzten »Bananen-Flanken«, und Uli Stein entwickelte sich zu einem absoluten Spitzenmann im Tor. Leider war Kevin Keegan schon eine Saison lang nicht mehr dabei, er war in seine Heimat zurückgekehrt. Aber auch da sorgte Netzer für »Ersatz«. Kein Geringerer als Fußballkaiser Franz Beckenbauer streifte, aus New York zurück, das Trikot des Hamburger Sport-Vereins über. Man nahm dieses Comeback des größten deutschen Fußballspielers mit gemischten Gefühlen zur Kenntnis. Und fraglos waren des Kaisers Auftritte nicht mehr so brillant wie in seiner ganz großen Zeit, trotzdem kamen die Menschen, um ihn zu sehen, und mußten es nicht unbedingt bereuen. Leider litt Beckenbauer öfter unter Verletzungen, so daß die Kontinuität seiner Arbeit für seinen neuen Verein mehrfach unterbrochen wurde. Die vielen Freunde exzellenten, phantasievollen Fußballs erlebten jedoch noch manche Kostprobe, die an große deutsche Fußballzeiten erinnerte. Wer weiß, ob man so etwas noch einmal zu sehen bekommt.

Überhaupt wurde bei Ernst Happel mit viel Witz gespielt. Angriff war Trumpf, erst Tore gaben dem Spiel die Würze. Das liebte man in den Kurven und auf den Tribünen. Die Hamburger wurden im Laufe der ersten Happel-Jahre zu einer Elf, von der Fachleute oft genug sagten: »Wer soll den HSV denn noch schlagen.« Gleich im ersten Jahr seiner Tätigkeit hängte der Coach die Verfolger Köln und München deutlich ab, und gleich im ersten Jahr stieß er im UEFA-Cup bis ins Endspiel vor. Es klappt aber nicht immer alles, auch bei Meister Happel nicht. Im Finale um den UEFA-Pokal hieß der Gegner IFK Göteborg. Er wurde vom HSV offenbar unterschätzt. Vor allem im Rückspiel, denn in der ersten Begegnung in Schweden bedeutete die 0:1-Niederlage der Hanseaten noch eine gute Ausgangsposition. Aber das 0:3 im Volksparkstadion, bei dem der Hamburger SV mit seinen eigenen Waffen, einem lockeren Angriffsfußball über die Flügel, geschlagen wurde, versetzte dem Höhenflug doch einen gehörigen Dämpfer.

Trotzdem: Der Hamburger SV war wieder ein Markenzeichen im deutschen Fußball. Auch im DFB-Pokal der Saison mischte er eifrig mit. Bis ins Halbfinale stieß er vor, da aber gebot der FC Nürnberg ihm 0:2 Einhalt. Im Endspiel um den Cup siegte dann Bayern München nach zwei völlig unterschiedlichen Halbzeiten gegen den FC Nürnberg 4:2.

In der Spielzeit 1982/83, der zwanzigsten seit Bestehen der Bundesliga, sollten die Hamburger dann neue Maßstäbe setzen. Sie traten mit dem Aufgebot Ulrich Stein, Uwe Hain (Tor), Holger Hieronymus, Ditmar Jacobs, Manfred Kaltz, Michael Schröder, Bernd Wehmeyer, Dieter Brefort (Abwehr), Jürgen Groh, William Hartwig, Felix Magath, Wolfgang Rolff, Michael Schmidt (Mittelfeld), Lars Bastrup, Ralf Brunnecker, Alan Hansen, Horst Hrubesch, Thomas von Heesen, Boris Djordjevič und Jürgen Milewski (Angriff) an und stürmten in den nächsten zehn Monaten zu den größten Erfolgen der fast hundertjährigen HSV-Geschichte.

Das begann schon mit einem guten Auswärtsstart beim FC Nürnberg, der 3:0 geschlagen wurde. Dann kam — als retardierendes Moment sozusagen — im Volksparkstadion ein 1:1 gegen Werder Bremen, aber das war nur ein Schönheitsfehler. Die Siegesserie ging weiter, der HSV schien tatsächlich nicht schlagbar zu sein. Und da waren es wieder die Bremer, die ihn stoppten. Die Werder-Elf war im Vorjahr unter der Leitung von Otto Rehhagel wieder aufgestiegen und hatte sich gleich auf einen UEFA-Cup-Platz gesetzt. Und in diesem Jahr wollte sie noch mehr. Sie zeigte das vor allem den Hamburger Nachbarn sehr deutlich, und niemanden wunderte es, daß ausgerechnet im Weserstadion eine große Serie des HSV zu Ende ging. 36 Spiele hintereinander war der Meister ungeschlagen. Das hatte im Januar 1982 mit dem Spiel gegen Bielefeld begonnen. Freilich stand manches Spiel auf des Messers Schneide, aber es klappte halt immer noch, und wenn im letzten Augenblick, wie im Volksparkstadion gegen Hertha BSC, als die Berliner bis kurz vor dem Abpfiff 1:0 führten. Das Glück des Tüchtigen schien den Hamburgern auch in solchen Situationen beizustehen.

In Bremen spielte dann die letzte Folge der großen Serie. Die Gastgeber gewannen 3:2, und hätte das Spiel nicht nur neunzig, sondern 95 Minuten gedauert, wäre wohl wieder ein 3:3 daraus geworden. Denn der HSV legte einen famosen Endspurt auf den Platz. Trotz dieser Niederlage — Ernst Happel: »Gott sei Dank, jetzt sind wir die Frage los, wann's denn endlich passiert« — blieb der Hamburger SV absolute deutsche und auch europäische Spitze. Das Team verstand sich blind, einer schien für den anderen mitzudenken, er konnte stürmen, verteidigen, deckte den Raum perfekt und stand auch Mann gegen Mann, wenn es erforderlich war.

Auch nach der Niederlage in Bremen marschierten die Hamburger frohen Mutes auf die Meisterschaft zu. Sie verloren gerade noch auf der Bielefelder Alm und spielten sich im übrigen erfolgreich durch den Rest der Saison. Am Schluß wurde es dann sehr eng, denn die Bremer lagen nur mit einigen Toren in der Tabelle zurück. Aber in Schalke machte Rolff mit dem zweiten Tor zum 2:1-Sieg alles klar. Der neue Meister hieß wie der alte: Hamburger Sport-Verein.

Zehn Tage vor diesem Sieg in der Meisterschaft hatten die Wellen der Fußballbegeisterung in ganz Deutschland noch höhergeschlagen. Und das geschah so: Im Europapokal der Landesmeister hatte es mit einem deutsch-deutschen Duell für den HSV begonnen. DDR-Meister Dynamo Ost-Berlin wurde 1:1 und 2:0 ausgeschaltet. Dann sprang gegen Olympiakos Piräus im Volksparkstadion nur ein mageres 1:0 heraus, und die Skeptiker fürchteten schon für das Weiterkommen. In Athen jedoch schlugen die Hamburger zu, daß es eine reine Freude war. 4:0 wurden die Gastgeber deklassiert, und das vor eigenem Publikum, das die große Klasse der Gäste vorbehaltlos anerkannte. In der nächsten Runde ging es in die Sowjetunion, zum Meister Dynamo Kiew. Man kam zurück mit einer 1:2-Niederlage im Koffer, aber das Rückspiel machte mit einem glänzenden 3:0 alles wieder klar. Auch der spanische Meister Real Sociedad San Sebastian scheiterte am Hamburger SV. In Spanien ein 1:1, in Deutschland ein 2:1, und die Hanseaten bereiteten sich auf das Endspiel vor.

Der HSV stand nun zum zweitenmal unmittelbar vor dem Gipfel im europäischen Vereinsfußball. Und diesmal erstürmten ihn die Happel-Schützlinge. Ich habe das am Anfang des Buches beschrieben. Nach dem Super-Tor von Felix Magath — »Ich wollte den Ball eigentlich nicht anschneiden, aber dann kam es eben so« —, nach einem glanzvollen Spiel mit deutlicher Überlegenheit über den berühmten Gegner Juventus Turin nahmen sie vollauf verdient die höchste europäische Fußballtrophäe entgegen. Die Heimkehr vollzog sich ja, wie bekannt, in relativer Stille, und erst nach der erfolgreichen Verteidigung des deutschen Titels ließen sich die Akteure auf der Hamburger Moorweide entsprechend feiern. Die Begrüßung wurde zum Volksfest.

Es ist nur natürlich, daß sich Ernst Happel und sein Team für die Spielzeit 1983/84 etwas vornahmen. Der Coach wollte nach München und Mönchengladbach den Hat-trick, die dritte Deutsche Meisterschaft in Folge. Das Schicksal aber wollte nicht. Die Reihe der Enttäuschungen für Trainer, Spieler und Publikum begann schon in der zweiten Runde des Europapokals, die Hamburg per Freilos erreicht hatte. In Bukarest, beim rumänischen Meister Dynamo, machte die Hamburger Abwehr sträfliche Fehler, dreimal wurde sie — zweimal total unnötig — überwunden. Im Rückspiel waren also drei Tore aufzuholen. Wollte man weiter, mußte man vier Treffer erzielen. Nach sechzig Minuten fabelhaften, begeistert aufgenommenen Spiels war das erste Ziel erreicht. Der Hamburger SV führte 3:0. Dann hatte der als Hrubesch-Nachfolger eingekaufte Dieter Schatzschneider das 4:0 auf dem Fuß — und vergab kläglich, wie so oft in seiner einzigen Saison beim HSV. Wie eine kalte Dusche kam plötzlich das 3:1, und damit waren die Rumänen weiter. Das 3:2 hatte nur noch statistischen Wert. Ernst Happel: »Wir haben in Hamburg sehr gut gespielt, und wenn wir gut spielen, steht auch das Publikum, wie sich gezeigt hat, voll hinter uns. Den Einzug in die nächste Runde allerdings hatten wir schon in Bukarest vergeben.«

Das Publikum stand gerade in dieser Spielzeit — sie verzeichnete ja einen Zuschauerschwund, von dem noch zu sprechen sein wird — immer dann hinter dem HSV, wenn es den Willen zum Sieg spürte. So beim 1:1 gegen den FC Köln im Punktspiel und beim 3:4 gegen Stuttgart, im 120 Minuten langen Wiederholungsspiel um den DFB-Pokal. Nimmt man alles in allem, hatte das Publikum jedoch oft genug auch Grund, nicht begeistert zu sein. Das fing schon im Herbst 1983 an. Der HSV führte noch mit drei Punkten die Tabelle an, dann »nahm« die Elf offenbar ihre Krise. Verletzungen, Formschwankungen und auch Pech ließen sie zur Halbzeit auf dem vierten Platz der Tabelle verschwinden. Stuttgart, unter Helmut Benthaus zu einer Spitzenmannschaft geworden, konnte sich als Herbstmeister feiern lassen. In Europa und der Welt verloren die Hamburger in diesem trüben Herbst außerdem alles, was zu verlieren war, den Super-Cup gegen den FC Aberdeen, den Welt-Cup in Tokio. Einer mittelmäßigen Mannschaft von Gremio Porto Allegre unterlagen sie nach Verlängerung 1:2. Zumindest dieses Spiel hätte leicht gewonnen werden können, denn die Südamerikaner waren herzlich schlecht.

Die deutsche Fußballgemeinde gab also zu dieser Zeit nicht viel für den HSV. Sie glaubte auch nicht an eine erfolgreiche Titelverteidigung. Um so größer war das Staunen, als die Hamburger in der Rückrunde fast wie Phönix aus der Asche stiegen und unversehens wieder Titelanwärter Nummer eins waren. Leider sollte der Schein trügen, denn die Herren verspielten ihre Chancen zu Hause, nicht etwa auf fremden Feldern. Zuletzt noch einmal im Spiel gegen den Fast-Absteiger Eintracht Frankfurt. Ein Tor hätte vermutlich gereicht, den Herbstmeister Stuttgart wie einen zweiten Sieger aussehen zu lassen, aber das Tor fiel eben nicht. Man verspielte den Sieg in der ersten Halbzeit, und in der zweiten lief man ihm ergebnislos hinterher. Im letzten Spiel in Stuttgart wurde dann der neue Meister vom alten geschlagen, aber das war nichts Besonderes. Die Münchener hatten das ja 1979 mit dem HSV genauso gemacht.

»Fünf Titel hätten wir holen können, die Meisterschaft, den Europapokal, den DFB-Pokal, den Super- und den Welt-Cup, und nichts davon haben wir geholt. Für die Vizemeisterschaft kann ich mir nichts kaufen.« So Ernst Happel nach einer schlechten Spielzeit. »Wir haben die Meisterschaft zwar schon in der ersten Serie verspielt, aber es hätte trotzdem noch klappen können. Denn niemals war es so leicht, Meister zu werden.«

Im Gegensatz zu Happel bin ich mit vielen Fußballfreunden

schon der Ansicht, daß auch die Vizemeisterschaft etwas wert ist. Mehr jedenfalls als ein vierter Platz, den der HSV bei einem Unentschieden in Stuttgart eingenommen hätte. Er war nun in den letzten sechs Jahren dreimal Meister und dreimal Vizemeister, das gilt im deutschen Fußball schon sehr viel. Und doch darf das alles nicht darüber hinwegtäuschen, daß eine Spitzenmannschaft sich auf die Dauer abnutzt. Dazu Happel:

»Es ist nicht mehr der HSV von vor zwei Jahren, der in die Saison 1984/85 geht. Obwohl fast dieselben Spieler noch dabei sind. Sie werden älter, und sie verstehen sich auch nicht mehr so blind wie in der vorletzten Saison. Das ist meistens so im Fußball. Selten gelingt eine nahtlose Auffrischung oder Verjüngung. Es fehlen zudem im Augenblick die Supertalente. Und junge Begabungen werden oft früh verdorben, so daß sie nutzlos sind für eine Spitzenmannschaft. Der Schatzschneider zum Beispiel ist ein sehr guter Fußballer, aber ich glaube, ihm fehlt die richtige Einstellung zum Beruf. Und da gibt es etliche in der Fußballszene.«

Des Trainers Worte leuchten ein. Vor allem, weil Ausnahmefußballer heute tatsächlich die große Ausnahme sind. Mehr jedenfalls als zu den Zeiten von Fritz Walter, Uwe Seeler, Günter Netzer, Wolfgang Overath und Franz Beckenbauer. Und wenn so große Begabungen wie zum Beispiel Karl-Heinz Rummenigge erst ins Auge fallen, dann sind ganz schnell die ausländischen Einkäufer da und locken mit viel Geld. Vielleicht ist es nur noch eine Frage der Zeit, wann Werder Bremen sich doch von Rudi Völler verabschieden muß. Oder der FC Schalke von Olaf Thon. Wer weiß es? Auch Franz Beckenbauer hatte in jungen Jahren, gleich nach der WM in England, ein Bombenangebot aus Italien: »Die boten damals so viel Geld, daß ich es wahrscheinlich angenommen hätte. Aber bevor es soweit war, kam in Italien die Ausländersperre. Dadurch zerschlug sich das. Heute finde ich natürlich gut, daß es so gekommen ist. Aber damals . . .«

Vor den anderen Bundesligisten, die in der Saison 1983/84 zu internationalen Ehren kamen, brauchte sich der Hamburger SV wegen seines ruhmlosen Ausscheidens aus dem Europ-Cup der Landesmeister nicht unbedingt zu schämen. Pokalsieger FC Köln ging frühzeitig unter, und Bayern München leistete sich im UEFA-Cup beim Rückspiel gegen Saloniki ein regelrechtes Scherzchen. Die Griechen, unter der Leitung des vormaligen Bayerntrainers Pal Czernai — mit ihm waren die Münchener zweimal Meister geworden —, trotzten den Gastgebern nach der Verlängerung ein Elfmeterschießen ab. Und wäre nicht Münchens Torhüter Jean-Marie Pfaff, der glänzende Belgier, im Schuß erfolgreich gewesen, hätte die Blamage wahrscheinlich Endgültigkeit erhalten. Wie sagte doch Rainer Ohlhauser? »Weiterkommen ist wichtig, keiner fragt später mehr, wie.«

Mit diesem Weiterkommen sah es bei den Bayern allerdings auch nicht rosig aus, in der nächsten Runde kam das Ende — wie für alle anderen deutschen Teilnehmer. Es war seit langem das schlechteste internationale Jahr für den bundesdeutschen Vereinsfußball. Die Bundesliga war nicht mehr die stärkste Liga der Welt. Und nach Ansicht von Udo Lattek gibt es in der Bundesrepublik keine absolute Spitzenmannschaft mehr! »Der deutsche Fußball hat viel aufzuholen.«

Und dennoch gab es in der Spielzeit 1983/84 zwei Glanzlichter, die dazu beitrugen, das nach und nach entschlafende Publikumsinteresse plötzlich wiederzuwecken. Es waren die beiden Halbfinalspiele um den DFB-Pokal 1984. In Mönchengladbach erschien Werder Bremen als Gegner. Es wurde ein offener Schlagabtausch, leider mit einem gefährlichen Zwischenfall. Beim Stand von 3:1 für die Gastgeber warf jemand eine Tränengasbombe auf das Spielfeld. Spieler von beiden Parteien hatten Sehschwierigkeiten, der Abbruch drohte. Man spielte jedoch weiter, die Bremer unter vorsorglichem Protest. Sie schafften bis zum Ende der regulären Spielzeit das 3:3 und gaben sich erst nach der Verlängerung knapp 4:5 geschlagen. In allerletzter Minute schoß Gladbach das entscheidende Tor. Es war ein Fußballkrimi, der die Menschen von den Stühlen riß. Ein offener Schlagabtausch, wie ihn die Zuschauer lieben.

Nicht anders im zweiten Halfinale in Gelsenkirchen zwischen Schalke und Bayern München. 2:0 führten die Bayern, sie schienen einem sicheren Sieg zuzusteuern und wurden entsprechend lockerer. Das nutzten die Schalker, es hieß bald 2:2. Und dann ging es hin und her bis in die Verlängerung hinein. 6:5 führten die Bayern noch in der Schlußminute, und in der Nachspielzeit — man registrierte die 123. Minute — traf Olaf Thon, das junge Talent. 6:6 und Wiederholung in München. Dort wäre um ein Haar das gleiche geschehen. Die Münchener führten 2:0 und ließen den Schalkern Zeit und Raum zum Ausgleich. Mit Mühe schafften sie dann innerhalb der neunzig Minuten das 3:2. Dazu Lattek: »Das ist nun mal so. In Schalke und auch in München war die 2:0-Führung relativ schnell herausgespielt. Und meine Leute glaubten, das würde so weitergehen. Sie wurden unaufmerksam, und wenn jeder nur zehn Prozent weniger gibt als vorher, fehlt in der Leistungskraft schon ein Mann. Dann ist man froh, wenn man noch mit einem blauen Auge davonkommt. Den eingerissenen Schlendrian umzudrehen ist sehr schwer, oft sogar unmöglich.«

Das Endspiel um den DFB-Pokal von 1984 wurde eine Sache von Bayern München. Die Gladbacher machten ihrem Offensivruhm keine Ehre. Sie traten ein Tor und versteckten sich, bis die Bayern endlich ausglichen. Nach der Verlängerung hieß es immer noch 1:1, und für die fälligen Elfmeter hatte Lattek die besseren Schützen. Ausgerechnet Lothar Matthäus, für viel Geld von Gladbach nach München gewechselt, traf in seinem letzten Spiel für die Borussen nicht. Aber die Gladbacher konnten sich nur damit trösten, daß sie in solchen Schützenduellen meist den kürzeren gezogen hatten. Es ist ja auch viel Glück- und Nervensache.

Die Münchener hatten also als Ersatz für die Meisterschaft wenigstens den Pokal gewonnen. Rummenigge konnte *einen* Titel mit nach Mailand nehmen. Udo Lattek gab sich allerdings so sehr zufrieden nicht:

»Einmal war es wirklich noch nie so leicht, Meister zu werden, wie in diesem Jahr. Das haben wir und der HSV einfach verpaßt. Und im Pokal haben wir auch nicht so gut ausgesehen. Außerdem gilt der Pokal hierzulande ja nicht annähernd soviel wie die Meisterschaft. In Spanien übrigens auch nicht. Nur in England hat er den gleichen Stellenwert wie der Titel. Aber immerhin, der Pokalsieg ist wenigstens etwas . . .«

Eintracht und Fortuna

In den beiden Jahrzehnten der Bundesliga haben sich immer einzelne Mannschaften an die Spitze gespielt und dort auch einige Jahre gehalten. Abgesehen von den Ausnahmen, die sich zwischenzeitlich unter die erklärten Favoriten mischten. Deren Verbleib ganz oben war auch meist nicht von langer Dauer. Sie mußten die oberste Spielklasse sogar wieder verlassen und sich erneut um den Aufstieg bemühen. Bremen wurder Deutscher Meister und stieg Jahre später erst einmal ab, Braunschweig holte den Titel und fand sich eines Jahres in der niederen Klasse wieder. Und der Rekordmeister Nürnberg schaffte gar innerhalb von zwei Spielzeiten die Meisterschaft und den Abstieg.

Nach der großen Zeit von Bayern München und Borussia Mönchengladbach hat sich in den letzten Jahren jedoch eine Gruppe von Spitzenmannschaften gebildet, von denen man zu Beginn der Saison annimmt, daß sie den Meister unter sich ausspielen. Hamburg gehört dazu, München ebenso, außerdem Stuttgart, Gladbach und Bremen. Köln wird meist dazugezählt, ist aber schon oft für eine negative Überraschung gut gewesen. Die übrigen Teams werden nicht zu den Meisterschaftsaspiranten gerechnet und rechnen auch selbst nicht damit. Ist also die Bundesliga eine Zwei-Klassen-Gesellschaft, in der die unteren Mannschaften für die besseren nichts als die Staffage bilden?

So kann man es wohl nicht sehen, obwohl das Leistungsgefälle Woche für Woche sichtbar wird. Zwar stimmt es zweifellos, daß jeder jeden schlagen kann, deshalb jedoch kann noch lange nicht jeder Meister werden. Eins aber erscheint mir gewiß: Es werden in Zukunft auch andere Mannschaften ganz oben um den Titel streiten, es werden die Favoriten von gestern und heute abgelöst, denn die Haltbarkeit einer Superelf ist immer noch von begrenzter Dauer gewesen. Das war beim Traumteam der Schalker in den dreißiger Jahren, das war bei Gladbach und München so. Und dies wird bei diesen beiden ebenso wiederkehren wie beim Hamburger Sport-Verein, der die dritte Meisterschaft in Folge knapp verfehlt hat und wohl oder übel an einen zumindest teilweisen Neuaufbau seiner Bundesligaelf denken muß. Nach großen Jahren kommen immer Zeiten der notwendigen Regeneration, und in diesen Zeiten stehen dann andere Vereine ganz oben.

Der Deutsche Fußballbund hat nach langen Geburtswehen zwar im Jahre 1974 und noch einmal 1981 eine weitere Konzentration des Spitzenfußballs geschaffen, aber es wird doch Jahr für Jahr deutlich, daß der Klassenunterschied zwischen der ersten und der zweiten Bundesliga nicht wegdiskutiert werden kann. Eine ganze Anzahl von Vereinen hatte den Aufstieg ins »Oberhaus« geschafft und sich dort gerade ein Jahr gehalten, andere überstanden die zweite Spielzeit nicht, nachdem sie die erste mit Mühe hinter sich gebracht hatten. Und wieder andere wissen gleich zu Beginn einer Saison, daß sie wohl wieder gegen den Abstieg zu kämpfen haben. Duisburg, Bundesligist der ersten Stunde, hat sich Jahr um Jahr mit diesem Problem abgequält und mußte auch 1984 beim Kampf um den Wiederaufstieg der Frankfurter Eintracht den Vortritt lassen.

Und gerade Eintracht Frankfurt, auch seit 1963 in der obersten Spielklasse wie der FC Köln, der FC Kaiserslautern und der Hamburger Sport-Verein, hat im Laufe der zwanzig Jahre oft für positive Überraschungen gesorgt. Die Frankfurter wurden nie Meister, aber sie spielten immer kräftig mit, und erst 1984 brachten sie mehrere Titelanwärter in letzter Stunde noch in Bedrängnis. Stuttgart und Gladbach büßten vor eigenem Publikum gegen die »Fohlen-Elf« des Dietrich Weise einen Punkt ein, der HSV gar spielte sich im Volksparkstadion regelrecht um den Titel. Niemand wollte wahrhaben, daß die Eintracht so gefährlich sei.

In der Bundesliga also waren die Frankfurter für viele der Angstgegner, auf dessen Platz die Punkte sehr hochhingen. Im Pokal aber wurden sie noch eher gefürchtet. Sie holten den Cup 1974 gegen den Hamburger SV, 1975 gegen den MSV Duisburg und 1981 gegen den FC Kaiserslautern. In den dem Pokalgewinn jeweils folgenden europäischen Wettbewerben hatten sie weniger Glück. 1974/75 kam das Ende bereits im Achtelfinale gegen Dynamo Kiew, ein Jahr später allerdings langte es über den FC Colaraine, Atletico Madrid und Sturm Graz für das Halbfinale. Die Endstation markierte dort der englische Cupsieger Westham United, der mit dem 3 : 1 im Rückspiel nach seiner 1 : 2-Niederlage im Frankfurter Waldstadion die Nase ganz knapp vorn hatte. Ein englischer Pokalsieger, Tottenham Hotspur, war es auch, der den Hessen 1982 im Viertelfinale ein Bein stellte. Sie unterlagen den Briten auf der Insel 0 : 2 und schafften im Rückspiel nur einen 2 : 1-Sieg.

Einmal jedoch brachten auch die Frankfurter eine europäische Fußballtrophäe mit an den Main: den UEFA-Cup. Und zwar holten sie sie in Mönchengladbach ab. Die Gladbacher hatten es 1979 zum zweitenmal geschafft, sie besiegten im Halbfinale den damals noch sehr starken MSV Duisburg 4 : 1 nach einem 2 : 2 an der Wedau. Übrigens war damals schon ein rein deutsches Endspiel in greifbarer Nähe, leider verlor Hertha BSC Berlin im zweiten Halbfinale jener Spielzeit nur ganz knapp (1 : 0 und 1 : 2) gegen Roter Stern Belgrad. Die Borussen vom Niederrhein schafften dann in den Endspielen, was die Berliner nicht vermocht hatten. Sie holten gegen die Jugoslawen (1 : 0 und 1 : 1) den Cup.

Nun standen die Gladbacher 1980 erneut im Endspiel des UEFA-Cups, und diesmal wurde es tatsächlich ein rein deutsches Finale. Überhaupt stießen die bundesdeutschen Spitzenclubs in jenen Jahren immer mehr in die europäische Spitze vor. Im UEFA-Cup-Halbfinale 1980 stritten sich zum Beispiel vier deutsche Mannschaften um den Einstieg ins Endspiel. Mönchengladbach schaltete den VfB Stuttgart aus (1 : 2 und 2 : 0), und Eintracht Frankfurt tat ein Gleiches mit Bayern München. Die Frankfurter hatten zwar im Münchener Olympiastadion 0 : 2 verloren, aber zu Hause schossen sie bei ihrem 5 : 1-Sieg allein in der Verlängerung vier Tore! 1 : 5 geschlagen fuhren die Bayern wieder nach München zurück.

Das Finale um den UEFA-Cup gegen den Verteidiger Mönchengladbach war für die Eintracht kein Spaziergang. Am Bökelberg, in der ersten Begegnung, siegten die Borussen 3 : 2, das war ein harter Kampf. Und das Rückspiel am Main wurde ebenfalls zu einem kampfbetonten Schlagabtausch. Am Ende hieß es 1 : 0 für die Frankfurter. Damit wanderte der Pokal zum erstenmal nach Frankfurt.

Wie gesagt, die letzten Runden dieses UEFA-Wettbewerbs gehörten der deutschen Bundesliga. Und zur selben Zeit machte in Europa ein weiterer Bundesligist von sich reden, der sich bislang auch nicht an die Spitze der Tabelle hatte durchschlagen können, im Pokalkampf aber immer für Überraschungen gut war: Fortuna Düsseldorf. Die Düsseldorfer, schon in den zwanziger und dreißiger Jahren aktiv mit der Formulierung deutscher Fußballgeschichte befaßt, waren 1978 ins Endspiel um den DFB-Pokal vorgestoßen. Dort allerdings scheiterten sie am FC Köln mehr unglücklich als gerecht. Im zweiten Anlauf blieben sie ein Jahr später schließlich Sieger. Der Gegner im Finale war Hertha BSC. Die Berliner hatten im Halbfinale Eintracht Frankfurt ausgeschaltet, die Fortuna den FC Nürnberg. In einem erbitterten Kampf über 120 Minuten gelang es den Düsseldorfern, mit dem knappsten aller Ergebnisse (1:0) die Trophäe mit nach Hause zu nehmen.

Bevor jedoch der Cup in die Fortunen-Vitrine wanderte, hatten die Fußballfreunde am Rhein spannende Wochen zu überstehen. Die Fortuna durfte ja am europäischen Cup-Wettbewerb teilnehmen, da Pokalsieger Köln das Double geschafft hatte und sich bei den Landesmeistern einschrieb. Und das tat sie mit Bravour. Die Rumänen aus Craiova wurden vor eigenem Publikum 4:1 geschlagen, das 1:1 im Rheinstadion reichte dann für die nächste Runde der Düsseldorfer. Dort bezog der FC Aberdeen eine 0:3-Niederlage, der er im Rückspiel nur ein 2:0 entgegenzusetzen hatte. Die Düsseldorfer waren im Viertelfinale. Gegner war Servette Genf, der Pokalgewinner der Schweiz. Beide Begegnungen gingen unentschieden aus, allerdings mit dem Unterschied, daß die Fortunen beim Gegner 1:1 spielten und ihnen dieses Tor gegenüber dem 0:0 im eigenen Haus zum Vorteil gereichte. Torreicher ging es dagegen im Halbfinale zu, gegen den tschechischen Pokalsieger Banik Ostrau. Die Gäste mußten sich in Düsseldorf 1:3 geschlagen geben und hatten dem nur ein 2:1 auf eigenem Platz entgegenzusetzen. Wieder einmal stand eine deutsche Elf in einem europäischen Finale der Pokalsieger, zum erstenmal war ihr Name Fortuna Düsseldorf.

Der Gegner in Basel hieß allerdings CF Barcelona. Er galt als klarer Favorit. Die Fortunen dachten jedoch gar nicht daran, den großen Namen auf der anderen Seite mit Respekt oder Hochachtung zu begegnen. Sie gingen das Spiel mit der Mannschaft Daniel, Baltes, Zewe, Zimmermann (Lund), Köhnen, Brei (Weikl), Schmitz, Bommer, Thomas Allofs, Klaus Allofs und Seel sehr gut an, und am Ende der neunzig Minuten hieß es 2:2. Leider gab die Verlängerung mit 4:3 knapp den Ausschlag für die Katalanen, sie hatten eben das Quentchen mehr Glück, das auch zum Fußball gehört. Fast wäre wieder ein Europa-Pokal in Deutschland gelandet. Im Jahr darauf war für die Fortunen allerdings schon im Viertelfinale Endstation. Benfica Lissabon warf sie aus dem Wettbewerb.

Es gibt also in der Bundesliga nicht nur Münchener, Hamburger, Stuttgarter, Gladbacher und Bremer, es gibt 18 Vereine. Und darunter traditionsreiche Clubs wie eben Frankfurt, Düsseldorf, Kaiserslautern, Köln. Auch Bochum muß dazu gezählt werden, denn der VfL hat trotz wiederkehrender Abstiegsnöte schon manchem Favoriten manch großes Spiel geliefert und die Bundesliga oft mit soliden Leistungen bereichert. Und neuerdings scheinen auch Aufsteiger sich so vorbereitet zu haben, daß sie nicht gleich scheitern, sondern eine zumindest mittlere Rolle spielen. Ich denke da an Bayer 05 Uerdingen und vor allem an den SV Waldhof-Mannheim, dessen fröhlicher Trainer Klaus Schlappner (»Schlappi«) durch seine gute Laune und sein lustiges Auftreten auch in fremden Stadien immer wieder daran erinnert, daß Fußball zwar die schönste Nebensache der Welt, vor allem aber »nur ein Spiel« ist.

Trotzdem bietet sich in jeder Spielzeit ein ähnliches Bild: Es gibt Spitzenvereine, die den Titel unter sich ausmachen. Und der Zuschauer freut sich schon, wenn es mehr als zwei sind. Um so spannender wird die Saison. Manchmal zwar sah es schon so aus, als würde ein Club einen Durchmarsch versuchen — wie etwa der Beginn der Bayern in der Spielzeit 1984/85 mit einer Reihe von Siegen —, letztlich aber gleicht sich dann doch einiges wieder aus, und die Spannung kehrt zurück. Und sei es auch nur der Kampf um die Plätze, die ja seit dem UEFA-Cup so begehrt sind. Oder sei es das Ringen am Tabellenende, wenn es mit Haaresbreite um den Abstieg geht. So kann die Bundesliga fußballerisch noch eine ganze Weile interessant bleiben, obschon sie nicht mehr die stärkste

Liga der Welt ist. Allenthalben wird in Fachkreisen von der notwendigen Regeneration vieler Bundesligateams gesprochen. Unbeantwortet aber bleibt die Frage, wie das geschehen soll. Spitzenspieler kosten viel Geld, und wer hat das schon außer einigen Clubs, die ganz oben mitspielen. Denn der Nachwuchs aus den eigenen Reihen scheint überall ganz dünn gesät zu sein. Da tauchen mal ein Olaf Thon und ein Falkenmayer auf, aber noch weiß niemand, ob sie zu so großen Fußballern werden, wie sie seinerzeit manchen Clubs und auch der Nationalmannschaft gleich mehrfach zur Verfügung standen. Vielleicht ist die Meinung von Hamburgs Trainer Ernst Happel gar nicht abwegig:

»Erstens gibt es zuwenig Vorbilder auf dem Platz, und zweitens gibt es zuwenig Jungen, die wie wir früher nichts als Fußball im Kopf haben. Die vielen Möglichkeiten der Freizeitgestaltung, die heute geboten werden, gereichen dem Fußball nicht zum Vorteil. Man muß immer mehr mit der Lupe suchen, wenn man Talente finden will. Und dann muß man noch aufpassen, daß die wenigen nicht zu früh verdorben werden. Denn Fußball ist ein Mannschaftsspiel, das aber von einzelnen großen Leistungen lebt. Ein Spitzenmann muß also beides haben, das Vermögen, perfekt mit dem Ball umzugehen, und die Bereitschaft, sich in eine Elf einzuordnen. Und das finden's mal.«

Die Herren in Schwarz

»Herr Theobald, jetzt gehen Sie aber vom Platz!« Mit dieser Pointe endet eine sehr hübsche Anekdote, die Altbundestrainer Helmut Schön mir erzählt hat. Der bewußte Herr Theobald, Fußballer im Saarland, fand eines Wochenendes eine besondere Art, mit dem Schiedsrichter umzugehen. Immer wenn ein Mannschaftskollege wegen eines Fouls ermahnt oder verwarnt wurde und zum üblichen Protest ansetzte, wiegelte Theobald ihn ab: Er solle doch vernünftig sein, ein Schiedsrichter habe es ja auch nicht leicht, ihm könne auch mal ein Fehler unterlaufen, er sei eben auch nur ein Mensch. Derlei Szenen häuften sich im Spiel, und immer war Theobald mit dem Mund dabei. Der Unparteiische nahm das zunächst nur zur Kenntnis, ob mit Behagen oder Unbehagen, bleibt ungewiß. Bis ihm nach der Pause die rhetorischen Höhenflüge des Herrn Theobald langten. Als wieder einmal eine Verwarnung fällig war, als der Protest des Bestraften entschieden war, meinte Theobald zu seinem Kollegen: »Reg dich doch nicht auf. Wie oft hast du einen schlechten Tag, an dem du alles falsch machst. Warum darf nicht auch der Schiedsrichter mal einen schlechten Tag haben.« Da merkte der Unparteiische die Absicht — und war verstimmt. Und weil er sich von Herrn Theobald auf den Arm genommen fühlte, schickte er ihn in die Kabine.

Das ist eine der wenigen komischen Geschichten, die über den Umgang mit den »Herren in Schwarz« kursieren. Und wenn sie nicht stimmen sollte, ist sie zumindest gut erfunden. Im Normalfall erleben Schiedsrichter und Spieler miteinander nämlich anderes, Schlimmeres. Ich möchte hier und heute nicht unbedingt eine Lanze für die Schiedsrichter brechen, denn ich weiß, wie oft Fehlentscheidungen Spielausgänge beeinflußt haben und auch künftig beeinflussen werden. Trotzdem halte ich es für falsch, den 23. Mann auf dem Fußballplatz einfach zum Prügelknaben der Fußballnation zu stempeln.

Ein Fußballfeld umfaßt mindestens eine Fläche von 5000 Quadratmetern, und was darauf geschieht, hat der Schiedsrichter neunzig — oder gar 120 — Minuten lang in jedem Augenblick objektiv zu überwachen. Das mag extrem formuliert sein, entspricht aber den Tatsachen. Die Forderung an den Mann mit der Pfeife ist maximal, keine Regelwidrigkeit, keine unerlaubte Härte, keine Unsportlichkeit dürfen ihm entgehen. Das an sich ist schon eine Überforderung, die falsche Entscheidungen provoziert. Sie sind also nicht zu beneiden, die unabhängigen Richter auf dem Fußballfeld.

Im Grunde sind Schiedsrichter doch Idealisten. Oder treiben sie Ehrgeiz, Geltungsbedürfnis, Profilsucht, Eitelkeit in die Arenen? Der Drang zum Geld kann es keinesfalls sein, denn ein Pfeifenmann der obersten Klasse, der Bundesliga also, erhält 72 Mark für jeden Tag, den er im Dienste des Fußballs aufwendet. Der »Höchstlohn« für ein Spiel besteht aus drei Tagessätzen, dann aber muß schon ein Mann aus dem bundesdeutschen Süden im äußersten Norden — in Hamburg oder Bremen — pfeifen. Meist gibt es nur zwei Tagegelder, dazu eine (oder zwei) Übernachtungen im Hotel und die Fahrtkosten. Für maximal vier Einsätze im Monat fließen also maximal rund 600 Mark in die Tasche der Herren, davon müssen sie sich allerdings auch noch verpflegen, denn der gastgebende Verein darf ihnen erst nach dem Einsatz ein Mahl servieren lassen. So wollen es jedenfalls die Statuten. Ist es denkbar, daß ein Walter Eschweiler oder ein Dr. Stäglich wegen dieses Taschengeldes zur Pfeife greift? Ich glaube nicht. Es wird schon ein gehöriges Quentchen Idealismus im Spiel sein. Oder eine der genannten, oft sehr ausgeprägten Charaktereigenschaften.

Zudem ist auch für Schiedsrichter der Weg nach oben lang und beschwerlich. Ein junger Mann, der sich für diese Tätigkeit interessiert, muß ganz unten anfangen. Er muß einen Lehrgang absolvieren, eine Prüfung bestehen, und er hat sich bei Jugendspielen und in Kreisklassen zu bewähren. Hans Malka, Vorsitzender des Schiedsrichter-Ausschusses beim Deutschen Fußballbund, selbst viele Jahre Bundesliga- und FIFA-Schiedsrichter:

»Zum Glück melden sich immer noch junge Leute, die Interesse an der Tätigkeit bekunden. Die auch Lehrgänge absolvieren und Prüfungen ablegen. Was jedoch bleibt, ist ein geringer Prozentsatz. Einige geben von selber auf, weil ihnen der Streß zu groß ist, andere scheitern schon in der Praxis an den ersten Spielen, die sie leiten. Wir haben trotzdem im DFB rund 60 000 Schiedsrichter. Das erscheint als sehr viel, ist aber, gemessen an der Zahl der aktiven Mannschaften von der Jugend bis zur obersten Klasse, fast nicht ausreichend.«

Und Malka geht ins Detail. Es gebe viele, die mit Idealismus zur Pfeife greifen und das eine ganze Weile durchstehen, aber es sei ja nicht nur die körperliche Anstrengung, das ständige Training, das zum Job gehört. Es seien vor allem die persönlichen Angriffe, denen sich die Unparteiischen ausgesetzt sehen, die Beschimpfungen, die sie sich gefallen lassen müssen, weniger von den Spielern, da könnten sie ja eingreifen, als von den Zuschauern. »Wie oft wird der Schiedsrichter zum Buhmann, wenn die Gastgeber verlieren, wenn ein Elfmeter verhängt oder eine Karte ausgeteilt wird. Der Zuschauer auf der Tribüne sieht zwar meist nicht genau, was da unten auf dem Platz passiert ist, er ist aber geneigt, die Entscheidung des Unparteiischen erst einmal anzuzweifeln. Rufe wie Schieber sind ja nichts Neues und noch das Geringste an beleidigenden Äußerungen. Ich habe das selbst erlebt, und ich kann keinem Kollegen übelnehmen, wenn er eines Tages die Nase endgültig voll hat.«

Bei uns in der Bundesrepublik gibt es 120 Pfeifenmänner mit Bundesliga-Reife, sechzig davon sind erste Wahl. Sie alle haben einen dornenreichen Aufstieg hinter sich, und sie müssen sich mehrere Male im Jahr einem Test unterziehen, um ihre Eignung zu dokumentieren. Ein Lauf über 2,6 Kilometer und ein Sprint über fünfzig Meter, beides in einer vorgeschriebenen Zeit (12 Minuten und 7,5 Sekunden), gehören dazu. Das allein bedingt regelmäßiges Training, ist aber unerläßlich, denn ein Schiedsrichter, der in einem schnellen Spiel stets auf Ballhöhe sein will, braucht eine gute Lunge und flinke Füße.

Nun hat er allerdings Unterstützung durch zwei Linienrichter, zwei Herren mit der Fahne, die ebenfalls Bundesliga-Qualifikation besitzen. Sie sind also auch ausgebildete und akzeptierte Schiedsrichter. Darum werden sie, so Hans Malka, seit kurzem enger mit in die Entscheidung hineingezogen. Offenbar hat sich früher ihre Tätigkeit auf das Erheben des fahnenbewehrten Arms bei Abseitspositionen und Einwürfen beschränkt, mittlerweile können und sollen sie dem Schiedsrichter auch anders zur Hand gehen. Wenn hinter dessen Rücken, aber in ihrer unmittelbaren Nähe, gefoult wird, sollen sie das anzeigen. Denn so schnell wie ein lang geschlagener Paß kann kein Mensch sein. Und aus einer Entfernung von dreißig Metern sieht man manches nicht so genau wie jemand, vor dessen Augen ein Zweikampf wider die Regeln ausgetragen wird.

Und neuerdings hat wohl auch das Fernsehen mitzureden. Es gab sogar schon Sperren wegen unsportlichen Verhaltens oder Tätlichkeiten, die keiner der drei Herren in Schwarz wahrgenommen hatte. Das Fernsehen machte später erst durch seine Aufzeichnung und vornehmlich durch die Wiederholung einer Szene in Zeitlupe eine Beurteilung möglich und rief damit den DFB-Ankläger Kindermann auf den Plan. Meines Erachtens ein sehr fragwürdiges Verfahren.

Wenn das Fernsehen als Beweismittel zugelassen wird, müssen ganz andere Voraussetzungen geschaffen werden. Und das halte ich für nicht möglich. Einmal müßte jedes Spiel von den Kameras der Fernsehanstalten begleitet werden, was nicht der Fall ist und sein kann. Zum anderen müßte dann jede Fehlentscheidung eines Unparteiischen, die via Bildschirm nachgewiesen wird, annulliert werden. Wohin das führen würde, braucht nicht im Detail erläutert zu werden. Ein Elfmeter, der keiner war, oder ein Foul im Strafraum, das einen Elfmeter hätte nach sich ziehen müssen, beides also von eventuell spielentscheidender Bedeutung, wie will man dann diesem Teufelskreis entrinnen?

»Kicker«-Chefredakteur Karl-Heinz Heimann bringt das in seinem Sonderheft zum zwanzigjährigen Bestehen der Bundesliga auf einen Generalnenner: »Natürlich machen Schiedsrichter Fehler, genau wie jeder Spieler, selbst der allerbeste, auch in jedem Spiel. Ihnen jedoch verzeiht sie niemand. Die ›elektronischen Oberschiedsrichter‹ tun ein übriges, die Aufgabe zu erschweren. Doch hat die Erfahrung bewiesen, daß in den wirklich strittigen Fällen die Fernsehkameras auch nicht gesehen haben, was wirklich passierte. Wer immer noch fordert, man solle die Stadien mit Fernsehaugen bestücken und nach jeder strittigen Entscheidung das Spiel unterbrechen, damit ein Schiedsgericht sich in Zeitlupe den Vorgang ansehen kann, verhilft dem Fußball nicht zu mehr Gerechtigkeit, sondern hilft, dem Sport wieder ein Stück Menschlichkeit zu nehmen.«

Inzwischen hat man sich offenbar auf einen Kompromiß geeinigt, der sich ganz akzeptabel anhört. Hans Malka: »Wir ziehen von den öffentlichen Anstalten produzierte Fernsehaufnahmen zur Beurteilung heran, wenn es in zweifelhaften Fällen um die Bestrafung eines Spielers geht, der des Platzes verwiesen worden ist. Und die Härte der Strafe kann durchaus davon abhängig sein, daß die Bilder in der Zeitlupe den genauen Vorgang festgehalten haben. An Tatsachenentscheidungen aber, auch am Tatbestand des Platzverweises durch die Rote Karte, kann kein Fernsehbild mitwirken. Das bleibt ganz allein Sache des Schiedsrichters.«

Ein solcher Kompromiß wird offenbar auch von den Verantwortlichen der Vereine gutgeheißen. Wobei man dort natürlich davon ausgeht, daß Tatsachenentscheidungen, die fällig waren, aber ausgeblieben sind, nicht im nachhinein revidiert werden können. Wenn ein Schiedsrichter und seine Herren Assistenten mit der Fahne ein Foul nicht gesehen und darum auch nicht geahndet haben, kann die Entscheidung nicht dem Fernsehbild überlassen werden. Wenn ein Spieler daraufhin dennoch bestraft wird, verwischen sich die Konturen noch mehr, und die Diskussion wird nie ein Ende nehmen.

Ein Thema, das immer wieder auf den Tisch kommt, wenn über die Leitung von Begegnungen professioneller Fußballer geredet wird, ist der Profi-Schiedsrichter. Günter Netzer sieht darin einen Weg. So mancher Bundesligaspieler werde sich nach dem Ende seiner aktiven Laufbahn vielleicht diesem neuen Beruf verschreiben. Dann habe man absolute Fachleute mit viel Erfahrung als Entscheidungsperson auf dem Platz. Eigentlich leuchtet ein solcher Vorschlag ein, er ist offenbar auch schon in DFB-Kreisen mehrfach diskutiert worden. Schiedsrichter-Obmann Malka:

»Das ist sicherlich gut gemeint, aber es hat viele Haken. Da stellt sich nämlich die Frage nach dem Gehaltsniveau ebenso wie nach der Vertragsdauer. Im übrigen glaube ich nicht, daß sich aktive Profi-Fußballer in ausreichender Zahl für ein solches Amt zur Verfügung stellen, selbst wenn sie dafür einigermaßen gut bezahlt würden. Die jedenfalls, die ich persönlich gefragt habe, und das sind nicht wenige, haben energisch abgewinkt.«

Es wird also vorläufig alles beim alten bleiben: Die Herren in Schwarz werden sich alle Mühe geben, ihrer Aufgabe gerecht zu werden. Und es wird weiter jedem Schiedsrichter überlassen sein, ob er großzügig oder kleinlich pfeift. Zumindest, solange eine europäische Einheitlichkeit nicht erzielt ist und vieles Auslegungs- oder Ermessensfrage bleibt. Der DFB aber wird seine liebe Not haben, ständig für qualifizierten Nachwuchs zu sorgen. Karl-Heinz Heimann nennt den Grund:

»Kritik an Schiedsrichtern gibt es heute kaum noch, sie wird durch Schiedsrichterbeschimpfung weitgehend ersetzt. Wer da mit einstimmt, sollte einmal darüber nachdenken, ob er auf diese Art mithelfen kann, zu besseren Schiedsrichtern zu kommen. Die gegenteilige Schlußfolge liegt näher. Welcher

334

Mensch, der für dieses verantwortungsvolle Amt geeignet wäre, stellt sich noch dafür zur Verfügung, wenn er sicher sein kann, aufs übelste beschimpft und angepöbelt zu werden, egal, was und wie er pfeift? Auch eine Lehre aus zwanzig Jahren Bundesliga . . .«

Der Niedergang der Nationalelf

Der Führungswechsel an der Spitze der bundesdeutschen Nationalmannschaft erfolgte, als das Team sich nicht sonderlich großer Beliebtheit in der Öffentlichkeit erfreute. Man setzte mehr auf den Vereinsfußball, denn zu tief saß der Ärger über die mäßige Vorstellung Deutschlands bei der Weltmeisterschaft in Argentinien, vor allem über die Niederlage gegen Österreich. Das hatte nicht etwa mit wieder auflebendem Chauvinismus zu tun, das ging vielen einfach gegen den Strich. Um so mehr, als die Österreicher diesen Sieg von Córdoba wie ein Jahrhundert-Volksfest feierten und immer wieder zur Sprache brachten. An höhnischen Anmerkungen aus dem Donauland fehlte es nicht, und mancher auch in der Bundesrepublik sah in der Niederlage eine Blamage, die so schnell nicht auszubügeln war.

Man mag darüber denken, wie man will, für mich war Córdoba kein nationales Unglück. Im Gegenteil, es erschien mir eher als ein schlüssiger Beweis dafür, daß auch Fußballbäume nicht in den Himmel wachsen. Fraglos hat Überheblichkeit etlicher Akteure, die sich eben für die besten der Welt hielten, zu dem Debakel beigetragen, und es war Sache des Deutschen Fußballbundes, den Reputationsverlust aus der Welt zu schaffen.

Nun war schon vorher klar, daß die WM von 1978 die letzte Amtshandlung von Helmut Schön als Bundestrainer sein würde, und ebenso stand sein Nachfolger bereits fest: Jupp Derwall. Die Mehrheit des deutschen Fußballvolkes hätte dem sympathischen Schön natürlich einen größeren Erfolg in Argentinien gewünscht, aber er blieb ihr auch so in guter Erinnerung.

Jetzt war also Derwall am Zuge, und man harrte gespannt der Dinge, die da kommen sollten. Wieder stand ein sympa-

thischer, ehemals aktiver Fußballer an der Spitze der Nationalelf. Er hatte sich seine Sporen sowohl in der Bundesliga
wie auch in der Nationalmannschaft verdient. Außerdem
war er — das sagt Helmut Schön heute noch mit Überzeugung — ein ausgezeichneter Assistent.

Derwall hielt sich nicht lange mit der theoretischen Vorrede
auf, er fuhr mit seiner Elf im Oktober 1978 nach Prag und
gewann erst einmal 4:3. Das war schon was. Dann kam die
ungarische Vertretung nach Deutschland, leider mußte der
Kräftevergleich beim Stande 0:0 wegen Nebels in Frankfurt
abgebrochen werden. Dafür aber lief im Dezember desselben Jahres in Düsseldorf ein Länderspiel gegen Holland wieder über neunzig Minuten und endete mit einem deutschen
3:1-Sieg. Die argentinischen Schatten begannen langsam zu
verschwinden.

Da Deutschland für die Qualifikation zur Europameisterschaft 1980 mit der Türkei, Malta und Wales ein vergleichbar leichtes Los gezogen hatte, sah man wieder fußballfroh in
die Zukunft. Es begann zwar mit einer Ladehemmung unserer Stürmer — in Malta und in der Türkei gab es jeweils nur
ein torloses Unentschieden —, aber die Spiele der Rückrunde gingen so klar an Deutschland wie das 2:0 beim Kontrahenten Wales. Man sprach also nach und nach mit Hochachtung vom neuen Bundestrainer. Derwall hatte auch einige neue Leute mit Erfolg erprobt. Norbert Nigbur, Dieter
Burdenski und Harald Schumacher bewarben sich um die
Nachfolge von Sepp Maier; Schumacher, in Erinnerung an
einen ehemaligen Kölner Torwart selben Namens schlicht
»Toni« genannt, sollte sich durchsetzen und darf bis heute
als einer der besten Torhüter der Welt gelten.

In Derwalls Aufgebot etablierten sich außerdem der Stuttgarter Karl-Heinz Förster als Vorstopper, der Schalker Klaus
Fischer als Mittelstürmer. Das Verteidiger-Paar Kaltz und
Dietz wurde immer stärker, und Karl-Heinz Rummenigge
entwickelte sich zum absoluten Weltklassemann. Aber auch
Ronald Worm und Klaus Allofs machten ihr Spiel, ebenso
wie streckenweise der Stuttgarter Hansi Müller, der allerdings zu Unzeiten ein »Liebling« Derwalls wurde, von dem
der Coach überhaupt nicht lassen wollte. Magath, Matthäus,
Briegel, Hrubesch und vor allem Bernd Schuster sind weitere

Klassespieler, denen der neue Bundestrainer Gelegenheit zur Profilierung im Nationalteam geben wollte.

Und Derwall war mit seinen Leistungsproben weiter erfolgreich. In der Sowjetunion gewann er, gegen Österreich nahm er »Revanche für Cordoba«, auch Polen wurde geschlagen. Die Bilanz, die er vor Beginn der Endrunde der EM 1980 in Italien vorlegen konnte, war erstaunlich und berechtigte für das Turnier zu den schönsten Hoffnungen.

Sie sollten sich sogar erfüllen. In Italien wurde zunächst gegen die Tschechoslowakei 1:0 gewonnen, dann schlug man die immer noch sehr starken Holländer, den Vizeweltmeister von 1978, mit 3:2. Schließlich genügte ein 0:0 gegen Griechenland zum Einzug ins Finale. Und hier machte die deutsche Elf unter neuer Führung wieder gut, was sie zuletzt unter dem so erfolgreichen Helmut Schön an Kredit verspielt hatte. Am 22. Juni 1980 trat folgende Mannschaft im Endspiel gegen Belgien im Olympiastadion von Rom an: Harald Schumacher (FC Köln), Manfred Kaltz (HSV), Bernard Dietz (MSV Duisburg), Ulli Stielike (Real Madrid), Karl-Heinz Förster (VfB Stuttgart), Bernd Schuster (FC Köln), Hans-Peter Briegel (FC Kaiserslautern) Hansi Müller (VfB Stuttgart), Karl-Heinz Rummenigge (Bayern München), Horst Hrubesch (HSV) und Klaus Allofs (Fortuna Düsseldorf). Der Kapitän war Bernard Dietz.

Die Deutschen machten ein gutes Spiel gegen eine stark defensiv eingestellte belgische Elf, deren Tor vom heutigen Münchener Keeper Jean-Marie Pfaff sorgsam gehütet wurde. Sie verstanden sich auf Konter, die Belgier, und auf die Abseitsfalle; letzten Endes nützte ihnen das jedoch wenig. Der lange Hrubesch fand zweimal eine Lücke in der Abwehr, und das langte. Er war ja auf die sogenannten Bananen-Flanken seines Hamburger Kollegen Kaltz eingestellt, der damals, obschon Verteidiger, als einer der besten Rechtsaußen Deutschlands galt. In der ersten Halbzeit schlug Hrubesch zu, es hieß 1:0. Aber das schien nicht zu reichen, die Belgier machten vermehrt Druck und erzielten mit einem umstrittenen Elfmeter den Ausgleich. Gegen Ende des Spiels machten dann Rummenigge und Hrubesch alles klar. Wieder einmal nahm der Hamburger eine Vorlage mit dem Kopf und stellte den 2:1-Sieg sicher. Deutschland stand er-

neut an der Spitze des europäischen Fußballs. Und Jupp
Derwall war der Größte.

Also schien die Fußballwelt zwischen Rhein und Elbe wieder
in Ordnung, und das deutsche Team bestätigte den Erfolg.
Noch im EM-Jahr 1980 bezog Frankreich ein 1:4 in Hannover und Bulgarien ein 1:3 in Sofia. Damit war die Derwall-
Elf in 23 Spielen hintereinander ungeschlagen. Eine Serie,
wie sie kaum ein Nationalteam vorweisen konnte. Die zwei
Niederlagen in Montevideo 1981, wo man sich im kleinen
Kreis eine Mini-Weltmeisterschaft hatte einfallen lassen, die
zwei Niederlagen gegen Argentinien (1:2) und Brasilien
(1:4) waren schnell vergessen. In Südamerika sei eben gegen
die Südamerikaner schwer zu gewinnen, das war der Stamm-
tischtenor. Daß Schön mit seiner Mannschaft 1977 Argentinien in Buenos Aires geschlagen und gegen Brasilien in Rio
de Janeiro ein 1:1 erspielt hatte, war in der allgemeinen Euphorie längst untergegangen.

Denn auch die Qualifikation für die nächste Weltmeisterschaft, 1982 wurde sie in Spanien ausgetragen, lief voll im
Sinne der deutschen Fußballgemeinde. In Albanien, auf
»schwerem Pflaster«, wurde 2:0 gewonnen durch zwei Treffer des hervorragenden Bernd Schuster, in Hamburg Österreich 2:0 an die Wand gespielt. Hier tauchte neben Felix
Magath und Bernd Schuster zum erstenmal nach langer Zeit
der Münchener Paul Breitner wieder im Nationaltrikot auf —
der DFB und er hatten Frieden geschlossen. Für Hrubesch,
den Schützen der Europa-Tore, wäre das zwar ein »Heimspiel« gewesen, aber er spielte nicht. Für ihn kam Klaus Fischer. Und nachdem man qualifiziert war für die Endrunde,
siegte man weiter. Sogar in Südamerika sprang gegen den
amtierenden Weltmeister Argentinien ein 1:1 heraus, da fiel
das 0:1 gegen Brasilien während derselben Reise kaum ins
Gewicht.

Was also sollte Jupp Derwall mit diesem Kräftereservoir und
dieser Bilanz in Spanien schon passieren? Breitner hatte die
Spielgestaltung offenbar fest in der Hand, wenngleich er
seine frühere Weltklasse nur noch selten erreichte. Aber da
war ja auch noch Felix Magath, der ein Spiel zu machen verstand, außerdem war Rummenigge Spitze und schoß Fischer
Tore. Derwall verzichtete in der weiteren Vorbereitung sogar

weitgehend auf Horst Hrubesch, obwohl der Hamburger für den HSV munter Treffer erzielte. Erst Ende 1981 kam er wieder auf ihn zurück und erprobte ein Gespann wie weiland Helmut Schön mit Müller und Seeler. Er stellte Hrubesch und Fischer nebeneinander — und ließ nach zwei Spielen wieder davon ab. Nun wechselte er die beiden gegeneinander aus. Aber es kamen auch noch neue Leute in die engere Wahl: Littbarski, der kleine Kölner aus Berlin, Bernd Förster, der ältere Bruder des Stammvorstoppers, Dremmler von Bayern München, alles gute Fußballer. Und es blieb, obwohl er oft enttäuschte, der Stuttgarter Hansi Müller. Derwall schien an ihm einen Narren gefressen zu haben.

Man fuhr also nach zwei weiteren Vorbereitungsspielen — 2:1 gegen die ČSSR in Köln und 4:1 gegen Norwegen in Oslo — voller Zuversicht und Siegeswillen nach Spanien, wo im Norden des Landes bei gemäßigten Junitemperaturen das erste WM-Spiel stattfinden sollte. Gegner war der Fußballzwerg Algerien, Tatort das Stadion von Gijon. Und vor dem Anpfiff dieser Begegnung ahnte noch niemand, was heute jeder weiß: Von nun an ging's bergab.

Die Statistik vorweg: sensationell und blamabel die erste Niederlage gegen eben die »Zwerge« aus Algerien, akzeptabel dann das 4:1 gegen Chile, regelrecht niederschmetternd aber der 1:0-Sieg gegen Österreich im dritten Spiel der ersten Runde. In der zweiten Runde gab es dann ein mühsames 0:0 gegen England, das ohne seinen verletzten Kapitän Kevin Keegan spielen mußte, und ein schwer, aber mit viel Einsatz erkämpftes 2:1 gegen den Gastgeber Spanien. Deutschland war wieder mal unter die letzten vier geraten, hatte sich aber nicht mit Fußballruhm geschmückt.

Und Deutschland geriet sogar ins Endspiel, mit noch mehr Glück. In einem dramatischen Halbfinale im Stadion von Sevilla schaffte es der angeschlagene Rummenigge — nach dem 1981 kommentarlos aus der Mannschaft entlassenen Bernard Dietz Kapitän geworden —, die Elf bei einem 1:3-Rückstand noch zu einem 3:3-Endstand (nach neunzig Minuten) zu motivieren. Und da niemandem in der Verlängerung ein Tor gelang, mußten wieder die ungeliebten Elfmeter geschossen werden. Die Deutschen hatten da wohl die besseren Nerven. Vor allem der Hamburger Hrubesch, der nach seinem Tor beim 1:0 gegen Österreich nicht mehr berücksichtigt und auch in diesem Halbfinale erst spät gegen Felix Magath eingewechselt worden war. Der Ball lag schon auf dem Elfmeterpunkt, die Franzosen lagen um einen Treffer zurück. Hrubesch schaute gar nicht erst hin, hielt nicht, wie viele das tun, »Zwiesprache« mit dem Leder, sondern jagte es unhaltbar ins Netz. Deutschland war im Finale.

Dort allerdings wurden den deutschen Kickern ihre Grenzen aufgezeigt. Und zwar ganz deutlich. Das Spiel war eine klare Sache für die Italiener, die sich über die eigentlichen Favoriten Argentinien (2:1) und vor allem Brasilien (3:1) dorthingespielt hatten, wo sie nun gegen die Bundesrepublik standen. Bis zur Pause hielten die Deutschen, zunächst wieder ohne Hrubesch, ein 0:0, dann wurden sie von den Azzurris 1:3 auseinandergenommen. Die Italiener waren, was die spielerische Substanz und die mannschaftliche Geschlossenheit angehen, sehr wohl ein würdiger Weltmeister, obschon sie sich rein aus der Defensive heraus in die Zwischenrunde gemogelt hatten. Sie kamen dann eben zur rechten Zeit in Top-Form und schafften den Titel. Die am meisten bewunderte und wohl auch spielerisch beste Elf allerdings stellte Brasilien, im Fußball liegen Glück und Pech eben ganz dicht beieinander. Die Deutschen aber bildeten sich auf ihre Vize-Weltmeisterschaft nichts ein, und sie wußten auch, warum.

Die Stimmung der deutschen Delegation beim Rückflug in die Heimat war ganz schlecht, der Empfang ebenso. Kein Vergleich mit dem Jubel um den dritten Platz 1970 in Mexiko oder den zweiten 1966 in England. Nach Ansicht des Publikums hatte die Nationalelf eine so unrühmliche Vorstellung geboten, daß man sie zunächst gar nicht mehr sehen mochte. Und wo liegen die Ursachen für dieses Versagen? Mit dem Abstand von einigen Jahren sollte man sie sine ira et studio beim Namen nennen.

Da war zunächst das 1:2 gegen Algerien. Gut, man hatte den Gegner offensichtlich zu schwach eingeschätzt und dafür das entsprechende Lehrgeld gezahlt. Das mochte noch angehen, Fehler macht jeder einmal. Gegen Chile ging es dann ja, wenngleich nicht mit einer überzeugenden Mannschaftsleistung. Dann aber kam die Vorstellung gegen Österreich, die in der gesamten Fußballwelt als Unverschämtheit empfunden worden ist, als Unverschämtheit beider Teams. Selbst der naivste Zuschauer, im Stadion wie am Bildschirm, hat nicht übersehen, daß die Deutschen — die gewinnen mußten — ganz deutlich hätten gewinnen können. Aber nach dem 1:0 durch Hrubesch ließen sie das Spiel laufen, denn mit einer so knappen Niederlage erreichten ja auch die Österreicher — die vor Jubel überschäumenden Sieger von Córdoba im Jahre 1978, wohlgemerkt — die nächste Runde. Anstelle Algeriens! Man schob also den Ball ziellos hin und her, dachte nicht daran, weitere Tore zu machen. Es war eine so traurige Veranstaltung, daß überall, wo Fußball gespielt und geliebt wird, die Fans auf die Barrikaden stiegen und die Deutschen wie die Österreicher gnadenlos auspfiffen.

Es liegt mir fern, jemandem auf dem Platz eine Absprache, eine Manipulation zu unterstellen. Unbewußt ist geschehen, was nicht geschehen darf. Ein Tor genügte zum Weiterkommen. Das ist aber kein Weltmeisterschafts-Fußball, das ist, wie man in Spanien sagte, »una grande porqueria«, eine große Schweinerei. Das ist außerdem der schlechteste Dienst, den je zwei Mannschaften dem Fußball erwiesen haben. Und der Bundestrainer Jupp Derwall hat von der Bank aus zugeschaut und es zugelassen. Das wird mir immer unverständlich bleiben, dafür gibt es weder eine Erklärung noch eine Entschuldigung. Er hätte doch jederzeit, spätestens aber in der Pause, hinreichend Gelegenheit gehabt, seinen Spielern die Leviten zu lesen. Oder tat er das nicht, weil es ihm an der notwendigen Autorität bereits mangelte? Diese Frage stellt sich allerdings nicht nur wegen dieses Spiels, denn die Leistung der Deutschen bei dieser WM war insgesamt so miserabel, daß es auch im hintersten deutschen Wohnzimmer bemerkt worden ist.

Fernsehen und Presse haben denn auch während der Weltmeisterschaft mit Kritik nicht gespart. Es fehlte ja nicht an Informationen. Aus dem deutschen Lager drang genug Unerfreuliches. Schwierigkeiten innerhalb des Teams, kaum eine systematische Vorbereitung auf die nächste Begegnung, das alles war zu lesen und zu hören. Böse Zungen behaupteten sogar, Paul Breitner und Karl-Heinz Rummenigge würden die Mannschaft aufstellen, das aber kann wohl nur ein Gerücht sein, oder? Fraglos hatten sie großen Einfluß auf

Derwall, aber ich möchte dem Trainer schon zugute halten, daß er jeweils das letzte Wort gesprochen hat.

Horst Hrubesch denkt jedenfalls ebenso wie Felix Magath ungern an die Weltmeisterschaft zurück. Kein Wunder, denn beide Hamburger zählten offensichtlich nicht gerade zu den Lieblingen des Bundestrainers. Magath, seinerzeit und auch heute noch einer der guten Spielmacher in der Bundesrepublik, wurde praktisch auf den Posten des Linksaußen gedrängt, wo er naturgemäß wenig wirkungsvoll blieb. Derwall hätte sich, wenn ihm schon keine andere Lösung einfiel, wohl für Magath oder Breitner entscheiden müssen, seine Halbherzigkeit hat schließlich beiden nicht genützt. Denn auch Paul Breitner, der ja neben seiner technischen Perfektion sehr wohl eine Mannschaft und ein Spiel herumreißen kann, blieb unter seinem fußballerischen Wert. Horst Hrubesch, der aufrechte Westfale, der bis dato für den Hamburger SV mehr als sechzig Tore getreten hatte, hielt in Spanien mit seiner Meinung nicht zurück. Er warf dem Bundestrainer Feigheit vor und packte seine Koffer, um vorzeitig abzureisen. Und das kam so:

»Sauer waren die meisten von uns. Immer wieder gab es eine neue Aufstellung, kaum wurde richtig trainiert. Wir sind manchmal zu vier, fünf Mann an den Strand gegangen und haben dort Fußball gespielt. Und eines Tages — Derwall hatte gesagt, er werde die Aufstellung erst kurz vor dem nächsten Spiel bekanntgeben — habe ich dann in einer Spielerbesprechung gefragt, was er vorhabe. Und bekam die Antwort, daß jeder, der morgen spiele, bereits unterrichtet sei. Da habe ich gesagt, daß ich es für Feigheit hielte, nicht mit den Leuten zu sprechen und ihnen ihren Ausschluß vom nächsten Spiel zu erklären. Ich habe meine Koffer gepackt und nach Rücksprache mit meinem Trainer Ernst Happel und Manager Günter Netzer meine Abreise vorbereitet. Letztlich haben mich einige Kollegen überredet zu bleiben. Naja, vielleicht war das auch ganz gut, immerhin habe ich ja den entscheidenden Elfmeter im Halbfinale geschossen.«

Hrubesch erzählte mir das während einer Verletzungspause, die er im September 1984 in der Paracelsus-Klinik in Henstedt-Ulzburg zubrachte. Und ich wunderte mich im nachhinein, daß er nach diesem Vorwurf gegen den Bundestrainer überhaupt noch in Spanien bleiben durfte. Bei Herberger oder Schön hätte das sicherlich seine Disqualifikation nach sich gezogen. Allerdings glaube ich, daß Vorwürfe solcher Art den Herren auch kaum zu machen waren.

Derlei Geschichten haben sich also im Trainingscamp der deutschen Nationalmannschaft zugetragen. Und daß sie möglich waren, ist wohl eindeutig die Schuld des Bundestrainers. Die Spieler waren durchweg nicht in Hochform, das kann nach einer harten Saison passieren, aber vor England, Mexiko, Deutschland und Argentinien stand auch jeweils eine Bundesliga-Spielzeit. Damals waren die Akteure aber offenbar ganz anders motiviert, selbst in Argentinien, möchte ich meinen. Und die Motivierung war Sache des Helmut Schön, dessen Autorität nie angezweifelt werden mußte.

Nach der WM mehrten sich denn auch die Absagen an den Bundestrainer. Magath verzichtete auf weitere Einsätze für Deutschland, der Stuttgarter Allgöwer äußerte seine Unlust, weil er gar nicht erst nach Spanien mitfahren durfte. Kaltz geriet in eine vorübergehende Formkrise und wurde links liegengelassen, er erklärte seinen Rücktritt. Und Bernd Schuster spielte sein Spielchen mit dem Deutschen Fußball-bund und seinem Cheftrainer lustig weiter.

Der Kölner aus Augsburg, der vom Rhein nach Barcelona gegangen war, für viel Geld natürlich, war schon immer so eine Art Enfant terrible in der Nationalelf gewesen. Er ist sicher einer der wenigen deutschen Ausnahmefußballer, die es heute noch gibt, aber es scheint ihm kaum etwas zu bedeuten, für Deutschland spielen zu dürfen. Wenn so etwas jedoch offenkundig wird, wenn jemand immer und immer wieder gebeten werden will, dann dürfen sich weder der Bundestrainer noch der DFB-Präsident die Blöße geben, dem jungen Mann regelrecht hinterherzulaufen. Sie haben es aber getan, und das hat sie einiges mehr an Ansehen in der Fußball-Öffentlichkeit gekostet.

Hermann Neuberger, der DFB-Chef, scheint es mit einer Art Nibelungentreue zu halten, wenn jemand erst sein Vertrauen erworben hat. Er hielt so lange an Derwall fest, bis der Coach selber das Handtuch warf. Immer wieder stellte er sich schützend vor ihn, wenn die Medien die Leistung des Bundestrainers analysierten. Je deutlicher die Angriffe wurden, desto stärker machte sich Neuberger für ihn. Freilich, Jupp Derwall ist ein redlicher, hochanständiger Mann, der das Beste für den deutschen Fußball gewollt hat. Offensichtlich aber mangelte es ihm an den Führungsqualitäten und der natürlichen Autorität, die seine Vorgänger ausgezeichnet haben. Nun ist das ja nichts Schlimmes, nicht jeder ausgezeichnete Assistent ist der ideale Chef, die freie Wirtschaft erfährt das oft genug. Nur zieht sie, im Gegensatz zum Deutschen Fußballbund, rechtzeitig die entsprechenden Konsequenzen. Jedenfalls hätte ein Abgang des Trainers nach der WM dem nationalen deutschen Fußball mehr geholfen als sein Verbleiben im Amt, denn — es ging ja weiter bergab.

Die letzten Jahre der Bundestrainerkarriere des Jupp Derwall sind schnell geschildert. Die Nationalmannschaft blieb im Ansehen hinter den Bundesligateams weit zurück, und es war für die Spitzenfußballer nicht mehr das Größte und Ehrenvollste, für Deutschland zu spielen. Außerdem fanden die Länderspiele nach der WM von 1982 nicht entfernt mehr die Publikumsresonanz wie vor dem Turnier, und die Bundesligavereine zeigten immer weniger Neigung, ihre Spieler für den »National-Torso« abzustellen. Früher maßen sie den Wert ihrer Spitzenelf an der Zahl der Nationalspieler, jetzt ließen sie das. Offenbar fehlte Herrn Derwall auch der Kontakt zu den Vereinstrainern, der bei Herberger und Schön regelmäßig gepflegt worden ist. Udo Lattek auf meine Frage: »Ich habe Herrn Derwall, seit er Bundestrainer ist, einmal bei einer Tagung getroffen. Er versprach mir, sich mit mir in Verbindung zu setzen. Aber das ist nie geschehen.« Ähnliches wird wohl auch Ernst Happel zu berichten haben.

Bei der Europameisterschaft 1984 kam es dann so dick, daß die Ära Derwall zu Ende gehen *mußte*. Schon die Qualifikation wäre fast nicht gelungen, ein Kopfballtor von Gerd Strack im Heimspiel gegen Albanien sorgte buchstäblich in letzter Minute für die Fahrkarten nach Frankreich. Und was sich dort abspielte, ist eigentlich nicht der Rede und erst recht nicht des Schreibens wert. Ein 0:0 gegen die Portugiesen, ein 2:0 gegen Rumänien und ein 0:1 gegen Spanien, damit war der Traum schon nach einer Woche aus.

Das Tor im Spiel gegen Spanien fiel in den letzten Minuten, fast wäre ein 0:0 gelungen, dann hätte es wieder für das

Halbfinale gereicht. Und wer weiß, ob sich die Teutonen daraufhin nicht noch mit einem Kraftakt ins Finale gehievt hätten. Dann gäbe es Jupp Derwall sicherlich heute noch an der Spitze des DFB-Teams. So mußte er gehen, das heißt, er ging freiwillig, und der Deutsche Fußballbund stimmte zu.

Viele Fußballfreunde, die Derwalls Arbeit erst gutgeheißen und später, bei den offenkundig ihm anzulastenden Mißerfolgen, verurteilt haben, freuten sich trotzdem für ihn, als ihm in Istanbul eine neue Aufgabe anvertraut wurde. Sie freuten sich so lange, bis der gute Jupp posthum zu deutschen Fußballproblemen seiner Zeit Stellung nahm. Hieß es doch plötzlich in den Zeitungen, daß die Berufung von Bekkenbauer zum Teamchef der Nationalelf einer Bierlaune von Journalisten entsprungen sei, der Journalisten, die auch ihn, Derwall, fertiggemacht hätten. Ob diese Äußerung seines ehemaligen Angestellten dem DFB-Chef Hermann Neuberger wohl gefallen hat? Ich kann es mir kaum denken.

Die Europameisterschaft von 1984 ist Geschichte, die nächste Weltmeisterschaft steht ins Haus. Und man möchte allen Delegationen, die nach Mexiko fahren werden, nur raten, sich sehr gut vorzubereiten, denn mit dem Fußball Europas ist es derzeit nicht sehr weit her. Das hat die EM in Frankreich sehr deutlich gemacht. Man wird sehr viel arbeiten müssen bis 1986, und Franz Beckenbauer hat zum Glück für die Bundesrepublik schon intensiv damit begonnen. Und noch ein zweiter deutscher Trainer ist am Werk: Seppl Piontek. Wenn *ein* Team wegen seiner hervorragenden Leistung bei der EM in Frankreich Anerkennung verdient, dann das der Dänen, die von dem ehemaligen Bremer Bundesliga- und Nationalspieler ganz fabelhaft betreut werden. Dänemark erreichte das Halbfinale und schied gegen Spanien mehr als unglücklich aus. Und man merke: Dänemark hat vier Millionen Einwohner, in der Bundesrepublik spielen mehr als vier Millionen Menschen aktiv Fußball ...

Die Zuschauer und die Fans

»In Sachen Fußball bin ich Masochist, ich gehe da immer wieder hin.« Peter Striebeck, von 1980 bis 1985 Intendant des Hamburger Thalia-Theaters, sagt das mit breitem Grinsen. Wir lernten uns 1968 in der Westkurve des Hamburger Volksparkstadions kennen. Es wurde der Beginn einer wirklichen Freundschaft. Das Spiel allerdings, das uns zusammenführte, war nicht sehr erheiternd. Der HSV spielte gegen den VfB Stuttgart, er gewann auch 2:1, aber in einer so traurigen Vorstellung, daß eben nur »Masochisten« sich zum Wiederkommen bekennen mochten.

Und deren gibt es viele im Fußball. Was offensichtlich mit dem Patriotismus — im übertragenen Sinne — zu tun hat. Professor Fritz Stemme, der Bremer Sportpsychologe, hat sich intensiv mit diesem Thema befaßt: »Man braucht als Zuschauer eine Mannschaft, der die eigene Zuneigung gilt. Dann erst ist man richtig dabei. Die meisten jedenfalls, die auf den Rängen sitzen oder stehen, wollen nicht nur ein schönes Fußballspiel, sie wollen ihren Verein siegen sehen. Ohne diese Affinität, diese Parteilichkeit, ist Fußball nur halb so schön.«

Der Wissenschaftler hat wohl recht, denn ich bekenne gern, in gewisser Weise auch zu diesen »Masochisten« zu gehören. Wie die meisten von den Tausenden, die Woche für Woche Kurven und Tribünen bevölkern, möchte ich einen Sieg des HSV sehen. Einem Spiel zweier anderer Bundesligisten schaue ich eher emotionslos zu. Von Emotionen aber lebt der Fußball, auch von denen der Zuschauer.

Seit es Fußball gibt, kommt das Publikum in hellen Scharen in die Stadien. Es rekrutiert sich buchstäblich aus allen Volksschichten. Das wurde erst recht deutlich in den zwanziger Jahren, als sich das faszinierende Spiel immer mehr zum Volkssport mauserte. Da stand der Bankdirektor neben seinem Angestellen und jubelte, wenn ein Tor fiel, da schlug der Bergwerksdirektor dem Kumpel nebenan begeistert auf die Schulter, wenn seine Mannschaft mit exzellenten Spielzügen dem Erfolg zusteuerte. Heute ist das nicht anders, wenngleich das Niveau des Publikums nach Ansicht von Fritz Stemme ein wenig niedriger anzusiedeln ist.

Dieser »Niveau-Schwund« mag vielleicht eine Ursache in der Kommerzialisierung haben, der sich das Spiel in den letzten Jahren mehr und mehr unterwirft. Der Schauspieler Will Quadflieg, den ich in den fünfziger Jahren im Westen oft beim Fußball sah: »Ich bin immer gern zum Fußball gegangen. Wir haben ja in unserer Jugend alle Fußball gespielt, das war doch die schönste Freizeitbeschäftigung für uns Jungen. Heute aber hat man doch manchmal den Eindruck, daß auf dem Platz der Kommerz vor dem Sport rangiert. Trotzdem übe ich keine Enthaltsamkeit, ich gehe immer noch hin, wenn auch nicht so regelmäßig wie früher.«

Man sieht oft Künstler unter dem Publikum in den Stadien, vor allem Schauspieler und Regisseure. Vielleicht liegt das an einer gewissen Artverwandtschaft der Berufe, die Peter Striebeck so zu erklären versucht: »Fußball ist, oder sollte es doch sein, ein Ensemblespiel, Theater ebenfalls. Beide brauchen einen Regisseur, der die Akteure zusammenführt, aus ihnen ein Ensemble bildet und damit ein gutes Spiel inszeniert. Beide benötigen auch Protagonisten, die eine Aufführung oder ein Fußballspiel mit ihrer Leistung tragen. Das sind beim Fußball die Spielgestalter, auf der Bühne die Hauptdarsteller. Beide aber brauchen das Ensemble, um zur eigenen und damit zur Gesamtleistung zu gelangen. Ohne die gemeinsame große Leistung springt der Funke nicht über ins Parkett oder auf die Ränge eines Stadions. Und ohne das Publikum, ohne seine Zustimmung, seine Begeisterung, bleibt die Höchstleistung meistens aus. Wohl wegen dieser mehrfachen Parallelität gehen die Künstler in die Stadien, vollgepackt mit Emotionen, bereit zu jubeln — und auch zu leiden, wenn da unten auf dem Platz mal nichts klappt.«

Peter Striebeck spricht aus Erfahrung. Er versäumt kein HSV-Spiel, wenn sein Beruf ihm Zeit läßt. Und viele seiner Kollegen sind ebenfalls dabei, wenn der Ball rollt. Manche sogar mit gespaltener Zuneigung. Ralf Schermuly zum Beispiel, in vielen Rollen von der Bühne wie vom Bildschirm bekannt, ist gebürtiger Gelsenkirchener und kann ein winziges Schalke-Syndrom heute noch nicht leugnen. Obwohl er jahrzehntelang ins Volksparkstadion geht und kräftig »Ha Es Vau« brüllt. Immer wenn Schalke nach Hamburg kommt, bleibt er auf der Tribüne merklich still, und scherzhaft kommt dann die Erklärung: »Ich möchte ja schon, daß der HSV Meister wird, aber — den Schalkern könnte er doch wenigstens einen Punkt gönnen.«

Oder Jürgen Flimm, der Kölner Regisseur, der ab 1985 das

Hamburger Thalia-Theater leitet. Er mag den HSV, ist und bleibt aber Kölner. Und wenn sein FC im Volksparkstadion auftritt, sind seine Gefühle offensichtlich gespalten. Bei einem dieser Spiele bedeutete ich ihm im Scherz, er möge sich mit seinen Beifallskundgebungen für die Kölner etwas mehr zurückhalten, schließlich sei er in Hamburg. Als nun der Zufall und die Abwehr des HSV wollten, daß die Gäste 1:0 in Führung gingen, stand Jürgen auf, stieg auf die Bank, drehte sich zum Publikum und erhob beide Arme. Auf meine Frage, was das denn solle, sagte er nur: »Stiller Triumph, das laute Jubeln hast du mir ja verboten.«

Das alles sind hübsche Geschichten am Rande des Geschehens. Sie dokumentieren jedoch sinnfällig die Zuneigung gerade vieler Schauspieler zum Fußball. Auch der achtzig Jahre alte Bernhard Minetti, einer der größten Komödianten deutscher Sprache, kann es nicht lassen: »Mir behagt zwar die starke Kommerzialisierung im Fußball überhaupt nicht, aber ich sehe mir heute noch gern ein gutes Spiel an. Früher habe ich kaum eins ausgelassen, wenn ich Zeit hatte. Und meine langjährige persönliche Freundschaft mit Sepp Herberger hat mich natürlich noch näher an diesen Sport gebracht.«

Die Freundschaft zwischen Minetti und dem Alt-Bundestrainer war wirklich sehr eng und herzlich. Darum erschien der »Bundes-Sepp« auch öfter im Theaterparkett, wenn sein Freund Bernhard spielte. Der Schauspieler erinnert sich da an eine sehr schöne Geschichte: »Herberger kam ins Theater, ich spielte die Titelrolle in Molières ›Menschenfeind‹. Nach der Vorstellung trafen wir uns zum Bier, und ich wollte natürlich wissen, wie ihm die Vorstellung gefallen habe. ›Ja, weißt du‹, sagte er, ›in der ersten Halbzeit, da hast du mir zuviel gedribbelt, ein bißchen fürs Publikum gespielt. Aber nach der Pause, da hast du dann Tore geschossen.‹ Er hatte recht, ich hatte im ersten Teil tatsächlich zuviel aufgedreht. Vielleicht, weil Sepp dort unten saß.«

Ein großer Fachmann in Sachen Fußball war auch der leider so früh verstorbene großartige Schauspieler Herbert Mensching. Er litt allerdings ein wenig unter der Ansicht, daß der HSV immer verlöre, wenn er dabei sei. Darum ging er manchmal tatsächlich nicht hin. Und oft hat der Hamburger Sport-Verein wirklich verloren, wenn Mensching dabei war.

Reiner Zufall natürlich. Nur einmal, dessen erinnere ich mich, stand es Minuten vor dem Abpfiff 2:0 für die Hamburger im Spiel gegen Werder Bremen, und wir gingen vorzeitig, wähnend, es könnte ja wohl nichts mehr passieren. Wir waren noch nicht auf dem Parkplatz, da stand es 2:2. Herbert sagte nur, ganz traurig lächelnd: »Siehste!« Derselbe Herbert hat übrigens schon beim ersten Auftreten des Trainers Rudi Gutendorf, beim Freundschaftsspiel gegen Barcelona 1977, zu Protokoll gegeben: »Ich sage euch, es dauert nicht lange, dann muß der Gutendorf gehen und der Krohn wahrscheinlich auch.«

Ebenfalls ständiger Gast im Volksparkstadion ist zur Bundesligazeit Hamburgs Staatsoperndirektor Rolf Mares, früher selbst aktiver Fußballer beim ETV Eimsbüttel, aber heute passionierter HSV-Anhänger. Er ist offenbar einer der stillen Fachleute auf der Tribüne, dem nur hin und wieder ein kritisches Wort entfährt. Und manchmal schüttelt er ganz sacht den Kopf, wenn das Spiel dort unten überhaupt nicht seinen Vorstellungen entspricht. Aber auch er kommt immer wieder: »Fußball gehört einfach dazu, sonst fehlt einem doch etwas.«

Für all diese »Stars« ist Fußball wie für die meisten natürlich nur ein Spiel, eine wunderschöne Nebensache, mit der man sich nicht eine ganze Woche lang beschäftigen muß. Man freut sich, wenn gewonnen wird, man ärgert sich über verlorene Spiele. Und geht dann zur Tagesordnung über. Schließlich hat man sich im Leben mit wichtigeren Dingen zu beschäftigen als mit der Bundesliga. Da ist aber auch eine Publikumsgruppe, für die der Hamburger SV das Thema Nummer eins ist, und das nicht nur am Sonnabend im Stadion. Gemeint sind die Fans in der Westkurve.

Es gibt sie überall, die mehr oder weniger phantasievoll kostümierten jungen Leute, in Hamburg wie in München, in Stuttgart wie in Bremen, in Braunschweig wie in Bochum. Sie treten meist in Gruppen auf und geben sich nicht gerade leise. Man hört und sieht allerdings von ihnen vorwiegend im Stadion oder in den Stadtzentren vor und nach den Spielen. Und man liest von ihnen nur, wenn wieder einmal etwas passiert ist. Und das kommt manchmal vor.

Das Bild, das sich die allgemeine Öffentlichkeit von den

»uniformierten« Fußballfans macht, wird den jungen Leuten nicht in allen Punkten gerecht. Wer sich die Mühe gibt, genau hinzuschauen und über einen längeren Zeitraum zu beobachten, wird zu einem differenzierteren Urteil gelangen. Allerdings haben einige schlimme Vorfälle gerade in Hamburg dafür gesorgt, daß die Welt der Erwachsenen ihre negative Einschätzung vollauf bestätigt sah. Das darf und soll nicht verschwiegen werden. Man erinnere sich: Hamburg war 1979 in Bielefeld Meister geworden, dann verlor der HSV im letzten Spiel gegen Bayern München. Die Siegerehrung hatte kaum begonnen, da brach der Damm. Die Drahtzäune in der Westkurve, über zwei Meter hoch, hielten dem Druck der Menge nicht stand, sie wurden niedergemacht, und der Pulk ergoß sich auf das Spielfeld. Leider über am Boden liegende Menschenleiber hinweg, die getreten und gestoßen wurden. Und von oben drückte die Masse Mensch nach, es bahnte sich eine Katastrophe an. Das Fazit: über siebzig Verletzte, die zum Teil mit Hubschraubern in die umliegenden Krankenhäuser transportiert werden mußten.

Die Medien entrüsteten sich, die Öffentlichkeit prangerte an. Dem Fußball war ein schwerer Schlag versetzt worden. Mir war nicht ganz verständlich, wie es zu diesem schrecklichen Zwischenfall hatte kommen können. Eine Woche vorher war der HSV doch in Bielefeld gewarnt worden. Als dort klar wurde, daß der Titel den Hamburgern gehörte, stürmten die mitgereisten Fans über die Barrikaden auf das Spielfeld, um ihren Lieblingen zu gratulieren. Das hatte ich mit eigenen Augen gesehen, darum wunderte ich mich schon, warum denn im letzten Spiel der Innenraum des Stadions nicht zusätzlich mit Polizeikräften abgesichert war. Der Präsident des HSV, Rechtsanwalt Dr. Wolfgang Klein, auf meine Frage: »Wir hatten mit der Stadt alles besprochen und die Zusicherung bekommen, daß die Zäune absolut sicher seien. Sie würden sich bei vermehrtem Druck nur noch fester schließen. Das war leider nicht der Fall, die Drähte sprangen aus den Verankerungen und gaben den Weg frei. Das Unglück wurde natürlich erst recht zur Katastrophe, weil der Druck von den oberen Rängen immer stärker wurde.«

Aus dem Vorfall wurden Konsequenzen gezogen, neben anderen Sicherheitsmaßnahmen verbot die Stadt den Bierausschank im Stadion. Damit verlegte sie allerdings nur den Schauplatz, die Streitfälle wurden jetzt auf dem Wege zum oder vor dem Stadion abgewickelt. Unterwegs gab es ja hinreichend alkoholische Quellen, und die brauchen solche Fans offensichtlich, um sich noch stärker zu fühlen und tätlich zu werden.

Die größte Katastrophe begab sich dann auch vor dem Stadion. Auf dem Weg zu einem Spiel HSV—Werder Bremen gerieten Hamburger und Bremer Fan-Gruppen aneinander, es flogen die Steine. Der junge Bremer Adrian Maleika wurde am Kopf getroffen. Er starb an seinen Verletzungen. Nun hatten die HSV-Fans bei der Hamburger Bevölkerung auch den letzten Kredit verloren. Schuldige wurden zwar angeklagt und zum Teil bestraft, aber nie ist aufgeklärt worden, wer denn den tödlichen Stein geworfen hat.

Diese Vorfälle haben Organisationen auf den Plan gerufen, die sich einer Analyse des Fan-Problems im Fußball annahmen. Die Hamburger Sportjugend startete ihr Fanprojekt und versuchte mit umfangreichen Beobachtungen, Recherchen und Untersuchungen, den Problemen auf den Grund zu gehen. Die Aktion Jugendschutz (AJS) befaßte sich bundesweit mit der Frage, was man für die Fans und gegen ihre Ausschreitungen tun könne. Es blieb aber bisher alles in mehr oder weniger theoretischen Erörterungen und Überlegungen, derweil in Hamburg sich einige Fan-Clubs besannen und einen Dachverband bildeten, der für sie die direkte Verbindung mit dem Hamburger Sport-Verein aufnahm. Heiko Neumann, Vorstandsmitglied dieses Dachverbandes und Redakteur der Fan-Zeitschrift »Westkurve«:

»Es gibt in Hamburg und Umgebung etwa 120 bis 130 Fan-Clubs. Die meisten haben sich zusammengeschlossen, weil sie gemeinsame Interessen in der Freizeit verfolgen. Sie treffen sich und trinken, spielen Karten, sehen Videofilme oder gehen in Spielhallen. Und samstags sind sie im Volksparkstadion, denn der HSV ist ihr wichtigstes Thema, auch über der Woche. Sie haben, das kann ich bezeugen, zum größten Teil mit Gewalt oder Tätlichkeit nichts im Sinn. Dafür kommen nur zwei Gruppen in Frage, aber die gehen auch nicht ins Stadion, um vorwiegend das Spiel zu sehen. Ihre Absicht ist, ›Randale‹ zu machen. Und von diesen wenigen kommt der

Ärger, der auch die durchweg friedlichen Clubs und Gruppen in Verruf bringt.«

Unwillkürlich mußte ich bei diesem Gespräch an meine Fußballjugend in den dreißiger Jahren denken. Und es kam mir manche Auseinandersetzung in den Sinn, die wir Jungen von der SpVgg Herten mit den jugendlichen Anhängern von Schalke 04 oder dem SV Höntrop oder Borussia Dortmund oder Westfalia Herne ausgetragen haben. Die Streitereien blieben aber immer verbal. Ironische Anmerkungen, mehr oder weniger sinnvoll, flogen in den Kurven hin und her, man »machte sich an«, würde das heute heißen. Aber ausschließlich mit höhnischen und spöttischen Formulierungen. Gründe zum Zuschlagen sahen wir nicht, auch nicht bei einer Niederlage unserer Mannschaft.

Nun waren das natürlich andere Zeiten. Uns hämmerte man tagtäglich die Disziplin ein, keiner wagte aufzumucken. In einer Demokratie jedoch, die mit einer so freiheitlichen Verfassung ausgestattet ist, sieht das alles anders aus. Mancher Junge sieht nur diese Freiheiten und schert sich einfach nicht um die Pflicht des Wohlverhaltens gegenüber der Gesellschaft. Das gilt für den politischen Raum wie für den sportlichen Bereich. Zu Zeiten eines wirtschaftlichen Tiefs, erhöhter Arbeitslosigkeit und veränderter soziologischer Strukturen blüht die Gewalt erst recht. Und wo es um die Familie, um das Zuhause, auch nicht mehr zum besten steht, schließen sich um so eher Gruppen zusammen, die ein Eigenleben führen möchten und sich nur in der Gemeinschaft behaupten zu können glauben. Das sind Tatsachen, an denen niemand vorbeigehen kann, dem es ernst ist mit der Jugend. Wir werden also auch in Zukunft mit diesen Problemen im Fußball leben müssen, ein genereller Ausweg zumindest ist nicht in Sicht. Trotzdem sollte es allen, die von diesen Umständen berührt werden, ein Anliegen sein zu differenzieren. Man kann die Fans und auch die Fan-Clubs nicht alle in einen Topf werfen, im Süden der Republik nicht und im Norden nicht. Man muß sich mit ihnen beschäftigen, muß aber auch wissen, daß gerade die zu Gewalttätigkeit neigenden Gruppen empfänglich sind für Rechtsparolen, die bei uns heute leider wieder guten Nährboden finden. Heiko Neumann sieht darin sogar eine gewisse Logik:

»Viele sind arbeitslos, finden keinen Job oder keine Lehrstelle. Und wenn man den naiven Gemütern dann einbläst, daß die Ausländer ihnen den Arbeitsplatz wegnehmen, fällt das auf fruchtbaren Boden. Es entsteht eine Ausländerfeindlichkeit, es kommt zu tätlichen Auseinandersetzungen. Zwar sind es immer dieselben, die den Ärger machen, das wissen wir, aber wir haben keine Handhabe gegen diese Gewalt. Und die Neofaschisten, die den Jungen diese Parolen in den Kopf gepflanzt haben, können sich natürlich ins Fäustchen lachen.«

Der Dachverband der Hamburger Fanclubs, dem sich mittlerweile dreißig Gruppen angeschlossen haben — die radikalen gehören nicht dazu —, hat nach anfänglichen Mißerfolgen die Fan-Szene ein wenig entwirren können. Er regelt einiges für die Gruppen, den Vorverkauf von Karten, die Begegnung mit Profi-Fußballern, die Fahrten zu Auswärtsspielen, und veranstaltet regelmäßige Fußball-Meisterschaften. Das erscheint als nicht eben viel, ist aber ein Anfang. Und der HSV sieht das auch so. Dr. Klein: »Natürlich haben wir aus den Vorfällen im und vor dem Stadion gelernt, natürlich freuen wir uns, daß es diesen Dachverband gibt. Wir unterstützen ihn, wo wir können. Schließlich sind die Mitglieder der Fan-Clubs ja unsere treuesten Zuschauer. Auf sie möchten wir nicht verzichten, selbst wenn sie auch außerhalb des Stadions mal ein bißchen laut sind. Von den Randalierern distanzieren wir uns allerdings energisch, aber das tun der Dachverband und die meisten Clubs ja auch.«

Sie werden ein Problem bleiben, die uniformierten Zuschauer in den Kurven, in Hamburg, in München und überall, wo Spitzenfußball gespielt wird. Sie sind aber nicht pauschal zu verurteilen, denn sie sind — jeder einzelne von ihnen — ein Produkt unserer Gesellschaft. Und sie sind in ihrer übergroßen Mehrheit wesentlich besser als ihr Ruf . . .

Sorgen um die Zukunft

Sie strömen weiter in hellen Scharen zu den Spielen der Bundesliga. Die Zuschauer, für die der Fußball ein wichtiger Bestandteil bei der Gestaltung ihrer Freizeit ist, und die Fans, denen ihr Verein immer am Herzen und manchmal auch im Magen liegt. Aber die Scharen sind kleiner geworden, und selbst die Spieler der Spitzenclubs sehen sich oft gähnend leeren Rängen gegenüber. Die Präsidien der Bundesligavereine machen sich Sorgen, vor allem die Schatzmeister schauen vermehrt unzufrieden drein. Wo sind die Gründe für den offensichtlichen Verdruß vieler Fußballfreunde zu suchen?

Einmal wohl im Spiel selbst. Der unerbittliche Kampf um einen festen Platz in der obersten Spielklasse hat zu Verhaltensweisen auf dem Rasen geführt, die dem Fußball viel von seiner Schönheit und seiner Attraktivität nehmen. Das oft demonstrierte Sicherheitsdenken macht das Spiel eher langweilig, zumindest aber, wie Franz Beckenbauer es treffend ausdrückt, »ein bissel einfältig«. Selbst auf Angriff eingestellte Mannschaften wie der Hamburger SV tun sich sehr schwer, wenn sich der Gegner, womöglich nach einem schnellen Tor, einfach an der Strafraumgrenze aufstellt und dort alle Spielzüge zerstört, um sein Tor sauberzuhalten.

Außerdem läßt sich natürlich nicht leugnen, daß der deutsche Fußball immer weniger große Spielerpersönlichkeiten besitzt. Die überraschenden Ideen, der Spielwitz, die ungewöhnlichen Aktionen, das alles fehlt, der Kampf ums Überlegen in der Liga provoziert oft reine Abwehrschlachten, die mit gutem Fußball gar nichts mehr gemein haben. Einst war die Bundesliga die beste Klasse der Welt, heute kann sie diesen Ruf längst nicht mehr in Anspruch nehmen. Und manchmal hat der Zuschauer gar den Eindruck, als werde da unten der berühmte »Dienst nach Vorschrift« vollzogen. Aus all diesen Gründen muß also in erster Linie auf dem *Platz* etwas geschehen, was die Fans von den Sitzen reißt. Udo Lattek bringt das auf die einfache Formel: »Wir müssen guten Fußball spielen.«

Ein zweiter und, wie ich meine, sehr wesentlicher Grund für die Reserviertheit des Publikums liegt in der wirtschaftlichen Situation unseres Landes. Das Geld ist knapp geworden, die Zahl der Arbeitslosen wächst eher, als daß sie fällt, aber die Preise für neunzig Minuten mehr oder weniger schönen Fußball sind erklecklich. Die Bundesbürger haben das Rechnen wieder lernen müssen, und vierzig Mark im Monat — so viel kosten zwei Stehplatzbesuche mit allem Drum und Dran — sitzen nicht mehr so locker wie noch vor Jahren. Dazu kommt, daß die Bundesligakicker zu den höchstbezahlten Arbeitnehmern der Nation zählen. Bislang mag man das hingenommen haben, weil es einem selbst so schlecht nicht ging, jetzt aber ist man hellhörig geworden. Operndirektor Rolf Mares:

»In Zeiten hoher Arbeitslosigkeit können viele Menschen, die an sich gern zum Fußball gehen, die Eintrittspreise einfach nicht mehr bezahlen. Und wenn sie zugleich hören und lesen, was die Fußballer verdienen, wollen sie erst recht nicht mehr zuschauen. Es geht bestimmt vielen gegen den Strich, daß selbst ein nur halbwegs in der Bundesliga etablierter Spieler 100 000 DM pro Jahr verdient. Meist sind da die Siegprämien nicht einmal mitgerechnet.«

Natürlich ist das richtig, und die Präsidien und die Manager wissen das auch. Es ist fraglos sehr schwer, von einem hohen Gehaltsniveau herunterzukommen, aber man mag sich in den Chefetagen drehen und wenden, wie man will, es führt auf die Dauer kein Weg daran vorbei. Wenn man einmal davon ausgeht, daß das erste Hobby jedes Bundesligisten das Fußballspielen ist, dann sind diese Leute doch in der glücklichen Lage, ihr Hobby als Beruf ausüben zu können. Und das sogar für immens viel Geld, das in anderen Sparten der freien Wirtschaft so leicht nicht zu verdienen ist.

Die Notwendigkeit der Rückstufung beim Gehalt ist auch längst erkannt und befolgt worden. Der Hamburger SV zahlt in der Saison 1984/85 mehr als eine Million Mark weniger an Spielergehältern als in der Spielzeit zuvor, der FC Bayern München hat für seine Akteure seit vier Jahren das gleiche Gehaltsniveau beibehalten. Das sind Beispiele, die wahrscheinlich beliebig fortgesetzt werden können, aber — reicht das? Nach Ansicht von Günter Netzer ist das noch lange nicht genug, aber es bedarf wohl einer Einigung aller Verantwortlichen, wenn man einen radikalen Schritt machen möchte. Helmut Kallmann, der Schatzmeister des HSV, sieht das so:

»Natürlich bin ich für eine maßvolle Gehaltspolitik. Aber das geht nur, wenn alle Bundesligavereine an einem Strang ziehen. Der HSV will mit an der Spitze bleiben, und wenn eine Mannschaft zu überaltern beginnt, muß Abhilfe geschaffen werden. Das kostet viel Geld. Und solange man sich in der Liga gegenseitig zu überbieten versucht, gibt es da viele Imponderabilien, die ausgeräumt werden müssen.«

Kallmann hat recht. Das viel zu eng gefaßte Lizenzspielerstatut der sechziger Jahre ist dem völlig freien Spiel der Kräfte gewichen, und dieses Spiel ist über alle Maßen ausgeufert. Hier müssen Dämme gebaut werden, und dazu benötigt man wohl oder übel eine Übereinstimmung aller Vereine, und das gemeinsam mit dem Deutschen Fußballbund. Das wird ein sehr schwieriges Unterfangen, aber letztendlich geht es um den Bestand des deutschen Spitzenfußballs.

Es wachsen zur Zeit wenig große Talente nach, und viele Funktionäre tragen die berechtigte Sorge mit sich herum, daß diese wenigen Talente früh verdorben werden. Denn es ist eine Binsenweisheit, daß ein knapp Zwanzigjähriger leicht eine völlig verdrehte Auffassung von der Zukunft bekommt, wenn er in diesem Alter bereits wesentlich mehr verdient, als er nach menschlichem Ermessen ausgeben kann. Der Sportpsychologe Fritz Stemme sieht darin eine große Gefahr:

»Viele junge Talente werden schon mit 18 Jahren finanziell so hoch gehandelt, daß sie einfach verwirrt werden müssen. Fußball soll ihr Beruf sein, einen anderen haben sie meist nicht gelernt. Der hohe Verdienst aber vermittelt ihnen oft eine Einstellung zum Leben, die ihnen und auch ihrer Leistung auf dem Fußballplatz auf die Dauer nicht zuträglich sein kann. Sie verlieren alle Maßstäbe für die Realität.«

Auch das zu bedenken sind die Verantwortlichen aufgerufen. Und wenn heute schon für Jugendspieler fast sechsstellige Summen an Ablösung im Gespräch sind, ist das eine ganz schlimme Entwicklung, die von den Vereinen gemeinsam mit dem DFB sofort gestoppt werden sollte. Unsere Volkswirtschaft steht derzeit nicht mehr in voller Blüte, und niemand weiß, ob wir einer wesentlich besseren Zukunft entgegengehen. Die fetten siebziger Jahre kommen bestimmt nicht zurück. Also müssen sich auch die Profifußballer wie das ganze Volk nach der Decke strecken. Sonst wird sich der Verdruß des Publikums nicht beseitigen lassen.

Fraglos gibt es aber auch noch andere, nur mittelbar materielle Gründe für den Rückgang des Fußballinteresses in der Bundesrepublik. Der spielerische Niedergang der Nationalmannschaft hat sicherlich einiges damit zu tun. Die Leistungen bei der Weltmeisterschaft 1982 und in ihrer Folge bis zur Europameisterschaft 1984 waren für viele so deprimierend, daß sie ihren Ärger an der Bundesliga ausgelassen haben. Wir können also, im Interesse des Ansehens des deutschen Fußballs in der Welt wie im Interesse der Bundesliga, dem Teamchef Franz Beckenbauer nur viel Erfolg wünschen. Zum Glück scheinen sich die Manager der Liga einig zu sein; sie wollen den Fußballkaiser unterstützen, wo immer sie können. Denn ohne engste Zusammenarbeit geht hier gar nichts.

Eine weitere Frage, die in diesem Zusammenhang diskutiert wird, ist das Leistungsgefälle in der obersten Spielklasse. Wenn auch jeder jeden schlagen kann, so hat doch kaum jeder den Atem, die Kraft und die Klasse, Meister zu werden oder sich im obersten Drittel der Tabelle zu etablieren. Von dieser Erkenntnis bis zum Vorschlag einer Reduzierung der Liga ist kein weiter Weg. Die Bundesliga hat ja einmal mit 16 Vereinen begonnen und ist nur der Not gehorchend aufgestockt worden. Warum also sollte sie nicht wieder verkleinert werden?

Die Verfechter dieses Projekts wissen natürlich, daß eine solche Umorganisation, die ja bis in die Amateurklassen zurückreicht, ihre Zeit braucht, aber sie meinen, daß sie gerade darum so schnell wie möglich beschlossen werden müsse. 16 Vereine, das würde vier Spieltage weniger bedeuten, womöglich aber auch ein geringeres Leistungsgefälle. Eins jedoch muß bleiben, als das Salz in der Suppe neben dem Kampf um den Titel: der Aufstieg und der Abstieg. Der Vorschlag des Bayern-Präsidenten Hofmann, mit nur 14 Vereinen in der obersten Liga zu spielen, von denen die acht bestplazierten am Ende der Saison in einer Play-off-Runde den Meister unter sich ausmachen, mag gut gemeint sein. Er wird aber total unrealistisch, wenn, wie der Präsident es möchte, diese 14 Vereine für eine lange Zeit beieinanderbleiben. Damit wäre dem Spitzenfußball viel von seinem Reiz genommen.

Auch Helmut Benthaus — und nicht nur er allein — bemüht

sich um Vorschläge für die Zukunft. Er will den Fußball interessanter machen und damit mehr Menschen auf die Ränge locken. Die folgende Überlegung gibt es seit langem, aber sie wird wohl kaum eine Chance bei FIFA und UEFA haben: die Abschaffung der Abseitsregel. Vielleicht müßte man sie lockern, den Raum verengen, in dem eine Abseitsstellung gepfiffen werden kann, vielleicht würde das Spiel dann freier und attraktiver werden, würden mehr Tore fallen. Doch das ist Zukunftsmusik, die nicht in Deutschland, sondern bei der FIFA dirigiert wird. Und in deren Dynamik muß man nicht allzu großes Vertrauen setzen.

All diese Anregungen gelten einem Ziel: die Zuschauerzahl und damit die Wirtschaftlichkeit des professionellen Fußballs zu steigern. Man sucht dazu aber auch nach weiteren Wegen fühlbarer Entlastung. Sie sind nicht einfach zu gehen. Dazu der Präsident des Hamburger Sport-Vereins, Dr. Wolfgang Klein:

»Es gibt natürlich mehrere Modelle, den professionellen Fußball wirtschaftlich auf eine andere Basis zu stellen. Im Augenblick jedoch zeichnet sich da noch nichts Konkretes ab. Vorbilder einer Kapitalgesellschaft hat man in anderen Ländern, es ist jedoch fraglich, ob so etwas in der Bundesrepublik überhaupt machbar wäre. Die Anhängerschaft würde das sicher nicht ohne weiteres akzeptieren. Außerdem geht meiner Ansicht nach dem Fußball damit auch etwas verloren. Der alte Sportverein hat immer noch seine Liebhaber in der Fußballgemeinde. Daran hat der Professionalismus nichts geändert. Wenn sich aber die Kommerzialisierung noch in einer Aktien- oder einer anderen Kapitalgesellschaft ausdrückt, wird das nicht unbedingt im Sinne des Publikums sein.«

Dieser Ansicht kann man nur beipflichten, denn es hat sich in vielfacher Hinsicht gezeigt, wie schlecht amerikanische Bräuche gerade in Deutschland ankommen. Überhaupt scheinen derlei Überlegungen abwegig, solange man nicht allenthalben im deutschen Fußballbereich professionell arbeitet. Die Bundesligavereine haben ihre Managements, und nach Ansicht von Uli Hoeneß gibt es immer mehr Clubs, die gut geführt werden. Der DFB jedoch schickt sich jetzt erst an, in seinen eigenen Reihen ähnliches nachzuvollziehen.

Dr. Klein und andere Präsidenten haben ein Bundesliga-Management auch beim Deutschen Fußballbund gefordert, ein Management mit Vollmachten für Gespräche und Verhandlungen mit den Vereinen. Nun arbeitet man in Frankfurt daran. Wir können also davon ausgehen, daß die Kommunikation zwischen der Bundesliga und dem Dachverband einfacher wird, was dem Fußball nur zum Vorteil gereichen kann.

Den Präsidenten der Bundesligaclubs ist allerdings auch das Fernsehen oft ein Dorn im Auge. Man möchte die Sportschau am Sonnabend mit der Berichterstattung von den Bundesligaspielen erst später am Abend sehen. Fünfzig Minuten nach Spielschluß in den Stadien, das sei eine Zeit, die manchen potentiellen Besucher abhalte.

Dagegen spricht mancherlei. Einmal ist überhaupt nicht sicher, daß Ausschnitte aus einem Spiel gegen 18 Uhr einen wirklich interessierten Fußballfreund vom Stadionbesuch abhalten, wenn er dort guten Fußball erwarten kann. Der Gegenbeweis müßte durch einen Versuch angetreten werden, dem sich das Fernsehen wohl kaum unterziehen wird. Zum anderen ist ein Wesensmerkmal des Fernsehens seine Aktualität, das muß anerkannt werden. Und eine aktuelle Berichterstattung spät am Samstagabend ist beiden Anstalten nicht zumutbar, die Zeitversetzung zwischen Sportschau der ARD und dem Sportstudio des ZDF liegt unmittelbar im Interesse der Zuschauer.

Allerdings ist auch festzuhalten, daß die beiden Anstalten von der Bundesliga relativ preiswerte Sendezeit kaufen, gemessen an den Summen, die für Sendungen mit etwa gleicher Einschaltquote sonst bezahlt werden müssen. Uli Hoeneß, der Bayern-Manager, setzt da auf die sogenannten »Neuen Medien«, auf das private Fernsehen. Sein Optimismus geht sogar sehr weit, obschon auch er mittlerweile die Erkenntnis gewonnen hat, daß es mit der fußballgerechten überregionalen Verbreitung solcher Privatsendungen noch eine ganze Reihe von Jahren dauern wird: »Man könnte doch, wie zum Beispiel in Spanien, ein Bundesligaspiel vor- oder nachziehen und gegen gutes Honorar live senden.« Die Vorstellungen vom »guten Honorar« gehen bei Hoeneß in die Millionen, die dann auf alle Bundesligavereine verteilt werden sollen. Nun gibt es aufwendige Fernsehspiele, die Millionen kosten und dann nicht einmal der Einschalterwartung entsprechen, aber das will nichts heißen. Auch beim privaten Fernsehen werden die Millionen so locker nicht sitzen, obwohl seine Einführung in der Bundesrepublik sicherlich auch für die Bundesliga ein Vorteil sein wird.

Man sieht: Der Bemühungen sind viele, um die Bundesliga zu erhalten und zu stärken. Das Wichtigste ist fraglos guter Fußball, das Schlechteste ist ein Hinweis auf England, wo man ebenfalls unter Zuschauerschwund zu leiden hat. Denn einer allgemeinen Fußballmüdigkeit widersprechen die Erfahrungen der südeuropäischen Länder. In Italien sind die Arbeitslosenziffern höher als bei uns, die Ablösesummen für ausländische Spitzenspieler astronomisch hoch, und die Eintrittspreise zu den Spielen entsprechen diesem Finanzgebaren. Trotzdem kommen die Zuschauer in Massen. Eine rationale Erklärung dieses Phänomens fällt einem nicht ein.

Vielleicht hat Günter Netzer recht, wenn er sagt: »Wir müssen wieder besser spielen und vor allem Tore schießen. Unsere Zuschauer sind verwöhnt, und wenn es wieder Spitzenleistungen gibt, kommen sie auch wieder.«

Die höchste deutsche Fußballklasse, die für die Bundesrepublik ein Aushängeschild auch in Europa und der Welt sein muß, geht bestimmt keinen »rosa Zeiten« entgegen. Aber sie stellt sich offenbar den Problemen. Runde hundert Jahre alt ist der deutsche Fußball, und spätestens seit den zwanziger Jahren zieht er magnetisch Millionen in die Stadien und auf die Plätze. Er hat im Lauf der wechselvollen Jahrzehnte Höhen erlebt und Talsohlen durchschritten. Vielleicht kommt bald wieder die Zeit, wo der Tag eines Schlagerspiels in der Bundesliga, eines Finales um den Europacup oder eines Länderspiels für Millionen Bundesbürger »kein Tag wie jeder andere« ist. Es wäre zu wünschen . . .

Danksagung

Ein »Geschichtsbuch« — und sei es nur über hundert Jahre deutschen Fußball — schreibt man natürlich nicht rein aus dem Gedächtnis oder gar aus eigenem Erleben. Man braucht Quellen und Informationen, man braucht vor allem freien Zugang zu den Akteuren von damals — soweit es sie noch gibt — und von heute. Als ich mich mit der Idee für dieses Buch an das Präsidium des HSV wandte, fand ich nicht nur offene Ohren, ich fand auch offene Türen. Und dafür habe ich vor allem zu danken. Ohne die Unterstützung des Hamburger Sport-Vereins wäre es mir kaum möglich gewesen, orientiert an diesem ältesten deutschen Sportverein mit einer eigenen Fußballabteilung, diese Fußballgeschichte zu schreiben. Dr. Wolfgang Klein, der Präsident, der heutige Vizepräsident Helmut Kallmann, der Manager Günter Netzer, der Werbeleiter Wolfgang Beyer, der Trainer Ernst Happel, etliche Spieler der Bundesligamannschaft, sie standen mir ebenso bereitwillig Rede und Antwort wie die »jungen Oldtimer« Jochen Meinke, Gerhard Krug, Jürgen Werner und . . . Uwe Seeler.

Mein Dank gilt aber auch meinen Freunden und Kollegen Siegfried Klemm und Werner Schilling, die mich gern und offen an ihrem großen Fachwissen teilhaben ließen. Und wo wäre ich wohl gelandet ohne die »Vorarbeit« vom »Kicker-Sportmagazin«, dessen Periodika und Sonderausgaben, dessen unbestechliche Präzision im statistischen Bereich mir die Recherchen und die Vorbereitung des Buches ungemein erleichtert haben! Und wieviel Arbeit haben mir der Kollege Jupp Wolff und der exzellente Statistiker Karl-Heinz Jens erspart! Sie hielten zum 75. Geburtstag des HSV den Weg des Vereins und des deutschen Fußballs so exakt fest, daß sich manch beschwerlicher Gang in die Archive von Zeitungen und Zeitschriften erübrigte.

Aufschlußreich und sehr ergiebig waren für mich auch die Gespräche mit »großen Alten« des deutschen Fußballs, mit Erwin Seeler, mit Karl Politz, mit Helmut Schön. Ihnen gilt mein Dank ebenso wie Udo Lattek und Uli Hoeneß von Bayern München. Ihre Worte zu Gegenwart und Zukunft des deutschen Spitzenfußballs sind so unerläßlich wie die

Sätze des Fußballkaisers Franz Beckenbauer, der trotz seiner Arbeitsfülle als Teamchef der Nationalmannschaft Zeit für mich fand. Sie verbreiterten mit ihrem Fachwissen die Basis, die ein Autor braucht, um über hundert Jahre deutschen Fußballs berichten zu können.

Last, but not least jedoch gilt mein Dank meinem Freund Peter Striebeck, ohne dessen Idee — »Schreib doch mal ein Buch über den HSV« — dieses Buch vielleicht nie entstanden wäre . . .

Otto Tötter

Namenregister

Abramczik, Wilhelm: 105
Adamkiewicz, Edmund: 92, 105, 112
Agnelli, Gianni: 14
Agte, Rudolf: 23, 28, 39
Albrecht, Ernst: 53
Allgöwer, Karl: 343
Allofs, Klaus: 328, 336 f.
Allofs, Thomas: 328
Alonso, Juan: 68
Assauer, Rudolf: 192

Bähre, Harry: 180
Ballin, Hans: 113
Balogh, Fritz: 121
Baltes, Heiner: 328
Baresel, Walter: 170
Barrelet, Henry: 32
Barrelet, Dr. Horst: 253 f., 262 f., 273
Barufka, Karl: 121
Bastrup, Lars: 317
Baumann, Gunther: 121
Bauwens, Dr. Peco: 25, 27, 29 ff., 106, 114, 129, 167
Beckenbauer, Franz: 9, 21, 75, 189, 193, 196 ff., 207 f., 227 ff., 236, 241, 243, 245 ff., 254 f., 259 f., 261, 279, 282, 284 f., 293, 295, 301, 309 f., 316, 321, 345, 354, 357, 362
Been, Dick: 92
Beer, Erich: 224
Beier, Albert: 38, 50, 53, 75
Bena, Stefan: 178
Benthaus, Helmut: 161, 288, 320, 357
Benthien, Paul: 273
Berg, Walter: 78, 89
Bernabeu, Santiago: 140, 280
Berthold, Rudolf: 45
Bertl, Horst: 276
Beyer, Wolfgang: 28 f., 306 f., 361
Binder, Franz (»Bimbo«): 86 f.
Björnmose, Ole: 262
Blankenburg, Horst: 276
Blunck, Wilhelm: 50
Bögelein, Karl: 123
Boes, Willi: 27 f.
Bohn, Karl: 71
Boller, Alfred: 96, 112
Bommer, Rudi: 328
Bonhof, Rainer: 255, 290, 302
Bonisegna, Roberto: 256
Bornemann, Hans: 78
Boyens, Peter: 171
Bozsik, Josef: 128
Brefort, Dieter: 317
Brei, Dieter: 328

Breitner, Paul: 255, 259, 281 f., 284 f., 338, 341 f.
Brenninger, Dieter: 208
Briegel, Hans-Peter: 336 f.
Brülls, Albert: 151, 162, 196 f.
Brungs, Franz: 223 f.
Brunnecker, Ralf: 317
Brunnenmeier, Rudi: 178, 193, 196
Buchfelder, Christian: 61
Buljan, Ivan: 276, 313 f.
Burchard, Manfred: 18
Burdenski, Dieter: 121, 336
Burdenski, Herbert: 121, 181
Burgsmüller, Manfred: 134
Buzanski, Jenö: 128

Cajkowski, Zlatoko (»Tschik«): 126, 206, 222 f., 227, 232
Canellas, Horst-Gregorio: 249 f.
Carlsson, Otto: 38, 50
Carstens, Gustav: 70 f.
Cebinac, Zvezdan: 222 f.
Conen, Edmund: 88
Cruyff, Johan: 284
Csaknady, Jenö: 221
Cullmann, Bernd: 282
Cyliax, Gerhard: 192
Czernai, Pal: 292, 322
Czibor, Zoltan: 128

Daniel, Jörg: 328
Dassler, Adolf: 150, 204
Dehn, Horst: 144, 147
Del Haye, Karl: 290
Derwall, Josef (»Jupp«): 130, 303, 335 ff.
Di Stefano, Alfredo: 140 f.
Dienst, Gottfried: 199
Dietz, Bernard: 301, 336 f., 339
Dirschner, Helmut: 224
Djordjevic, Boris: 317
Dörfel, Bernd: 50, 219
Dörfel, Frido: 50, 72, 88, 105
Dörfel, Gert (»Charly«): 50, 144, 146 f., 171, 173 f., 175, 198, 219
Dörfel, Richard: 50, 73, 106, 109
Dremmler, Wolfgang: 339

Ebeling, Alvin: 112
Eckel, Horst: 124 f., 128, 142
Eigl, Kurt: 253, 297
Emmerich, Lothar: 192, 197 f., 200, 207
Eppenhoff, Hermann: 86
Erhardt, Herbert: 142, 162
Eschweiler, Walter: 331

Ettmayer, Hans (»Buffy«): 276
Ewert, Fritz: 146

Fahrian, Wolfgang: 161 f.
Falkenmayer, Ralf: 329
Fath, Josef: 60
Ferner, Diethelm: 181
Ferschl, Karl-Heinz: 223 f.
Fichtel, Klaus: 243
Fick, Willy: 23
Fischer, Klaus: 302, 336, 338
Flachencker, Gustl: 221
Flierl, Paul: 166
Flimm, Jürgen: 347 f.
Flohe, Heinz: 261, 282, 302
Flohr, Hans: 25
Förster, Bernd: 339
Förster, Karl-Heinz: 336 f.
Franz, Dr. Rudolf: 167, 169 f.

Gauchel, Josef: 106
Gawliczek, Georg: 177, 201, 288
Gellesch, Rudolf: 78, 80
Gento, Francisco: 140
Gerritzen, Felix (»Fiffi«): 221
Giesemann, Willi: 162, 171
Glöde, Walter: 50
Goesmann, Dr. Friedrich: 167
Goldbrunner, Ludwig (»Lutte«): 42, 60, 80
Grabowski, Jürgen: 223, 243 ff., 259, 282, 284
Gramlich, Rudolf: 60, 63 f.
Gregg, Harry: 144
Greifenberg, Rudolf: 92
Groczis, Gyula: 128
Groh, Jürgen: 316 f.
Grosser, Peter: 178, 193, 196
Gussner, Karl: 71
Gutendorf, Rudi: 248, 276 f., 312, 349

Haferkamp, Hans: 123
Haftmann, Martin: 45
Hahnemann, Wilhelm: 74, 81
Hain, Uwe: 317
Haller, Helmut: 151, 161, 196 ff., 241, 243
Halvorsen, Asbjorn (»Ani«): 38, 50, 75
Hamrin, Kurt (»Kurre«): 143, 219
Hansen, Alan: 317
Hansen, Johnny: 224
Happel, Ernst: 12, 15, 40, 42, 55, 79, 126, 231, 275, 277, 285 ff., 303, 315 f., 318 ff., 329, 342, 344, 361

Harder, Otto (»Tull«): 9, 19f., 23, 37ff., 50, 64f., 74f.
Hartwig, William (»Jimmy«): 313f., 317
Hauenschild, Paul: 19, 42, 65, 76, 109, 113, 134, 150, 203
Heese, Horst: 263
Heid, Gerd: 253
Heidemann, Hartmut: 181
Heimann, Karl-Heinz: 194f., 200, 333f.
Heiß, Alfred: 175, 178
Held, Siegfried: 191f., 197f., 200, 243, 245, 259
Hempel, Walter: 95
Herberger, Josef (»Sepp«): 13, 43, 52f., 60, 79ff., 88, 120ff., 138f., 142, 150, 152, 162f., 176, 182, 193ff., 284, 343f., 348
Herkenrath, Fritz: 193, 142
Hermann, Günther: 169, 187
Herrmann, Richard: 121
Heynckes, Josef: 236, 255, 261, 290, 296
Hidegkuti, Nandor: 125, 128
Hidien, Peter: 253, 299, 314
Hieronymus, Holger: 316f.
Hilario, Juan: 68
Hildebrandt, Dieter: 135
Hilpert, Helmut: 224
Hinz, Heinz: 86
Hochgesang, Georg: 40, 67, 77
Höffmann, Werner: 71, 85
Hölzenbein, Bernd: 284, 302
Hoeneß, Ulrich: 255, 259, 275, 279, 282, 284, 298, 358f., 362
Hönig, Josef (»Bubi«): 219, 261
Höttges, Horst-Dieter: 181, 196f., 199f., 243f., 282
Hofmann, Ludwig (»Wiggerl«): 42, 53
Hofmann, Richard: 45, 53, 55, 86, 89
Hohmann, Karl: 50
Holdt, Herbert: 85
Hornauer, Josef: 53
Horst, Egon: 203
Horvat, Ivica: 126
Hrubesch, Horst: 15, 277, 312ff., 316f., 319f., 336ff.
Hübner, Willy: 170
Hundt, Eduard: 181
Hunt, Roger: 199
Hurst, Geoffrey: 199

Jäger, Adolf: 38, 40
Jagielski, Helmut: 181
Jakob, Hans: 60, 79
Jakobs, Ditmar: 315, 317
Janes, Paul: 60, 79, 89
Jens, Karl-Heinz: 361
Jensen, Henning: 290

Jessen, Siegfried (»Siggi«): 96
Johannsen, Helmut: 183
Jürrissen, Willy: 89, 92, 96
Juskowiak, Erich: 139, 142f.

Kalb, Dr. Hans: 9, 23, 25ff., 53, 74
Kallmann, Helmut: 254, 355f., 361
Kaltz, Manfred: 14, 253, 262, 299, 302f., 314, 316f., 336f., 343
Kalwitzki, Ernst: 78, 82
Kapitulski, Helmut: 134
Kargus, Rudi: 253, 262f., 299, 314
Keegan, Kevin: 276, 299, 312f., 316, 339
Kelbassa, Alfred (»Freddy«): 134
Keller, Ferdinand: 299, 313
Klackl, Fritz: 83
Klein, Dr. Wolfgang: 350, 353, 358f., 361
Klemm, Siegfried: 251, 361
Klepacz, Franz: 137
Klöckner, Theo: 181
Klötzer, Kuno: 13, 122, 225, 248f., 262, 273ff., 292, 296, 299, 311
Klodt, Bernhard: 121, 125, 136, 142
Klodt, Hans: 73, 78, 95
Kindermann, Hans: 250
Kitzinger, Albin: 80f., 122
Knöpfle, Georg: 53, 111, 113, 119, 179, 234, 288
Koczis, Sandor: 12, 125, 128, 148
Köhler, Georg: 45
Köhnen, Egon: 328
Köppel, Horst: 236, 296
Kohlars, Wilfried: 178
Kohlmeier, Werner: 123ff., 128
Kolzen, Walter: 38, 65
Konietzka, Timo: 174, 176, 190, 192
Kopa, Raimond: 140
Kortner, Fritz: 229f.
Koulmann, Dieter: 208
Krämer, Werner: 176, 196ff., 219
Krankl, Hans: 303
Kraus, Engelbert: 162
Kraus, Karl: 220
Kremer, Franz: 163, 166, 170
Kremers, Erwin: 261
Kreuz, Manfred: 136, 171
Krobbach, Peter: 253
Krohn, Hans: 23, 38
Krohn, Dr. Peter: 29, 263f., 273ff., 312, 349

Krug, Gerd: 109f., 116, 119, 131ff., 137, 147, 168, 171, 203, 264, 361
Küppers, Hans: 178, 224
Kugler, Anton: 26f., 29
Kulik, Christian: 238
Kupfer, Andreas: 80, 121f.
Kurbjuhn, Jürgen: 161f., 171, 180
Kurrat, Dieter (»Hoppy«): 152, 192
Kutter, Erich: 70
Kuzorra, Ernst: 48, 54, 75ff., 82, 87, 95, 228, 232
Kwiatkowski, Heinz: 126, 132, 134

Laband, Fritz: 116, 125, 129
Lambert, Hans-Georg: 169, 187
Landerer, Ludwig: 175
Lang, Hans: 39, 69, 74f., 95
Lattek, Udo: 40, 255, 275, 278, 287f., 290, 292, 298, 322f., 344, 354, 362
Laumen, Herbert: 236, 247
Lechner, Georg: 180
Lefèvre, Ulrik: 290
Lehner, Ernst: 60, 80
Leinberger, Ludwig: 53
Lenz, August: 60, 96
León, Antonio: 68
Leupold, Horst: 223
Libuda, Reinhold (»Stan«): 191f., 243ff.
Liebrich, Werner: 123ff., 128
Linnemann, Felix: 58
Littbarski, Pierre: 339
Löhr, Hans: 243, 245
Lohner, Helmut: 229
Lorant, Gyula: 128, 288
Lorentz, Lore: 35
Lowien, Heinz: 23
Lund, Fleming: 328
Luttrop, Otto: 178

Maassen, Peter: 166
Machate, Fritz: 95
Magath, Felix: 14, 276, 288, 292, 299, 303, 314, 316f., 336, 338, 340, 342f.
Mahlmann, Carl-Heinz: 50, 109, 118, 170, 177
Mahlmann, Günther: 109ff., 119, 131f., 134, 147, 161, 201ff.
Mai, Karl: 125, 128
Maier, Josef (»Sepp«): 197, 207f., 227, 243, 245, 255, 259, 282, 284, 301, 336
Malecki, Edmund: 72f.
Maleika, Adrian: 351
Malka, Hans: 331ff.

Mares, Rolf: 349, 355
Martens, Hans: 25, 38
Mast, Günther: 182, 307, 310
Matischak, Klaus: 181
Matthäus, Lothar: 323, 336
McGhee, Mark: 277
Mebus, Paul: 121
Mechlen, Carl: 69, 118, 170
Meinke, Jochen: 109 f., 116,
129, 133, 135, 137, 147 f., 175,
177, 201, 203, 361
Melkonian, Erich (»Häsie«):
92
Memering, Caspar: 253, 299,
314
Meng, Erich: 72
Meng, Richard: 72 f.
Mensching, Herbert: 348 f.
Merkel, Max: 192 f., 220 ff.
Michallek, Max: 122, 134
Milewski, Jürgen: 316 f.
Miller, Karl: 94 f.
Minetti, Bernhard: 348
Morlock, Max: 121, 125, 127 f.,
176
Müller, »Biwi«: 169
Müller, Gerd: 149, 207 f., 227,
232, 241 ff., 255, 259, 279,
282, 285, 339
Müller, Hansi: 336 f., 339
Müller, Heiner: 222
Müller, Heinz: 223
Müller, Ludwig (»Luggi«): 223,
235 f.
Müller-Michaelis,
Dr. Wolfgang: 308 ff.
Münzenberg, Reinhold: 60, 79,
89, 181
Multhaupt, Willi (»Fischken«):
181 f., 192, 288
Munkert, Andreas: 60

Nafziger, Rudolf: 208
Naumann, Ernst: 263
Neisner, Klaus: 147
Nerz, Otto: 53 f., 58 ff., 79
Neskens, Johan: 284
Netzer, Günter: 9, 75, 193, 197,
229, 231, 235, 237 ff., 241,
255, 259 f., 275, 277 f., 280 ff.,
289 f., 296, 301, 312, 315 f.,
321, 334, 342, 360 f.
Neuberger, Hermann: 163, 166,
170, 343 ff.
Neumann, Heiko: 352
Neuner, Leopold: 81
Nier, Ernst: 48
Nigbur, Norbert: 336
Nitzschke, Werner: 146
Noack, Hans: 85
Noack, Rudolf: 49 f., 58, 67,
71 f., 85

Nogly, Peter: 262, 299, 314
Nowack, Hans: 162, 175, 208

Ochs, Klaus: 262
Öczan, Arcoc: 219, 312
Ohlhauser, Rainer: 208, 227,
292, 322
Olk, Werner: 208
Orth, Gyorge: 23
Overath, Wolfgang: 9, 179,
196 f., 200, 231, 236, 238, 241,
243, 245, 281 ff., 301, 321

Patzke, Bernd: 245
Paul, Wolfgang: 192
Pelé, Edson Arantes do
Nascimento: 21, 123 f., 143,
301
Pesser, Hans: 55, 74, 81
Peters, Martin: 199
Petersen, Kurt: 64
Pfaff, Jean-Marie: 322, 337
Piechowiak, Erwin: 137, 147
Piontek, Josef: 345
Platini, Michel: 13 f.
Platzer, Peter: 55, 74
Pörtgen, Ernst: 82
Pöttinger, Hans: 42, 53
Pohlschmidt, Manfred: 203
Politz, Karl: 47, 50, 361
Popp, Luitpold: 23, 27, 29, 223
Posipal, Josef: 111, 113, 120 ff.,
124 f., 128 f., 136 f., 204
Preisler, Adolf (»Adi«): 123,
134
Puskas, Ferencz: 125, 128,
140 f.

Quadflieg, Will: 346
Quincoces, Jacinto: 68

Radenkovic, Petar: 178 f.
Raftl, Rudolf: 55, 81
Rahn, Helmut: 125 f., 128, 142,
176
Rasselnberg, Josef: 50
Rave, Hans: 25, 38, 65
Rebele, Hans: 178
Redder, Theo: 192
Reguiero, Pedro: 68
Rehagel, Otto: 179, 288, 317
Reich, Hans: 178
Reichert, Hans: 144
Reimann, Willi: 299, 314
Reisch, Stefan: 222
Reuter, Uwe: 131 ff., 137, 203
Rhein, Eduard: 306
Rial, Héctor: 140
Riegel, Karl: 29
Ripp, Hans-Jürgen: 299
Risse, Walter: 50, 75
Ristic, Aleksander: 288, 315
Röhrig, Josef: 121

Rohde, Hans: 71, 88
Rohwedder, Otto: 71, 85, 92
Rolff, Wolfgang: 293, 316 f.
Rossi, Paolo: 14
Roth, Franz: 208, 217, 227
Rüßmann, Rolf: 302
Rummenigge, Karl-Heinz: 47,
152, 169, 302, 314, 321, 323,
336 f., 341
Rummenigge, Michael: 47
Rynio, Jürgen: 224

Sandmann, Helmut: 188, 203 f.
Sandmann, Herbert: 134
Santamaria, José: 140
Schäfer, Hans: 125, 128, 142,
162, 176
Schaffer, Alfred: 25, 95
Schaible, Dr. Hans: 166
Schanko, Erich: 122
Scharmann, Hugo: 181
Schatzschneider, Dieter: 168,
319
Schermuly, Ralf: 347
Schilling, Werner: 181, 361
Schlappner, Klaus: 328
Schlegel, Günter: 137
Schlösser, Karl: 45
Schmaus, Willibald: 81
Schmeling, Max: 36
Schmidt, Alfred (»Aki«): 152,
192, 240, 248
Schmidt, Hans (»Bumbas«):
40, 77, 290
Schmidt, Michael: 317
Schmitz, Hubert: 328
Schneider, Edgar: 23, 38
Schneider, Josef: 201
Schnellinger, Karl-Heinz: 151,
161 f., 196 f., 200, 219, 241,
243 ff.
Schnoor, Horst: 137, 147, 171,
174, 180
Schön, Helmut: 45, 80 ff., 86,
88 f., 95, 139, 161, 163, 182,
193, 195 ff., 206, 223, 240 ff.,
258 ff., 280 ff., 298, 303, 329,
335 ff., 361
Schors, Georg: 86

Schröder, Michael: 317
Schröder, Willy: 118
Schulz, Willi: 162, 175, 188,
195 f., 199 f., 203, 231 f.,
232 f., 237, 241, 243 f., 245
Schumacher, Harald (»Toni«):
294, 336 f.
Schuster, Bernd: 336 ff., 343
Schwan, Robert: 273
Schwarzenbeck, Georg
(»Katsche«): 231 f., 255, 259,
279, 282
Schweisfurth, Otto: 78, 89

Seel, Wolfgang: 328
Seeler, Dieter: 66, 93, 109, 135, 146 f., 171, 188, 203
Seeler, Erwin: 65, 69, 82, 90, 92 f., 95 f., 109 f., 119, 361
Seeler, Ilka: 151
Seeler, Uwe: 9, 65, 75, 88, 93, 109 ff., 119, 129 ff., 139, 142, 144 ff., 149 ff., 161 f., 164, 171, 173 ff., 177, 180 f., 188, 193, 195 ff., 203 ff., 218 f., 228 ff., 232 f., 236, 239, 241 ff., 253, 305, 312 f., 321, 339, 361
Sesta, Karl: 55, 74
Sharkey, Jack: 36
Sieloff, Klaus-Dieter: 196, 235 f.
Siffling, Otto: 60, 80
Simonsen, Alan: 291, 296
Sindelar, Matthias: 55, 74
Skoumal, Stefan: 55, 81
Sobeck, Hans (»Hanne«): 41
Soya, Willi: 181
Sparwasser, Jürgen: 282
Speyer, Ernst: 38
Spundflasche, Heinz: 89, 122
Stäglich, Dr. Wolfgang: 331
Staelin, Dr. Carl: 37
Stapelfeldt, Hubert: 171
Starek, August: 222 f.
Steffenhagen, Arno: 299, 313
Stein, Ullrich: 293 f., 316 f.
Steinmann, Heinz: 181
Stemme, Prof. Dr. Fritz: 346, 356
Stenull, Hans: 92
Stielike, Ulrich: 290, 296, 337
Stollenwerk, Hans: 142
Strack, Gerd: 344
Strehl, Hans: 176, 223
Streitle, Jakob: 121
Stribling, Young: 36

Striebeck, Peter: 259 f., 345, 347, 362
Stroh, Josef: 81
Stürmer, Klaus: 119 f., 129 f., 133 f., 137, 139, 146, 188
Stuhlfauth, Heiner: 9, 25 f., 53
Sturm, Wilhelm: 192
Sveistrup, Eyo: 50
Szepan, Fritz: 48, 54, 60, 63, 75 ff., 80, 82 f., 87, 95, 228, 232
Szymaniak, Horst: 142, 162, 196

Tauchert, Hans: 95, 105, 111
Thon, Olaf: 47, 321, 323, 329
Tibulski, Hans: 181
Tibulski, Otto: 78, 86, 95
Tilkowski, Hans: 145, 161, 192, 196 f., 200
Toth, Gyula: 128
Träg, Heiner: 25, 27 ff.
Turek, Toni: 121, 124 f., 128, 139

Übelein, Baptist: 71
Ulsaß, Lothar: 183
Unkel, Fritz: 76
Urban, Alfred (»Alla«): 78, 80 f.

Vincze, Jenö: 221
Völler, Rudolf: 321
Vogts, Berthold: 236, 243, 245, 282, 296, 301
Volkert, Georg: 223, 225, 262, 299, 303, 313
Volmar, Heinz: 122

Wabra, Roland: 223
Wagner, Manfred: 178
Walter, Fritz: 9, 75, 88, 106, 115, 121, 124 ff., 130, 142, 193, 228 f., 236, 321

Walter, Othmar: 106, 121, 124 f., 128
Warning, Walter: 71 f., 85, 95, 105
Weber, Heinrich: 53
Weber, Wolfgang: 179, 196 f., 199 f.
Wehmeyer, Bernd: 315, 317
Weikl, Josef: 328
Weise, Dietrich: 325
Weisweiler, Hans (»Hennes«): 235 ff., 256, 278, 287, 289 f., 296, 300
Wenauer, Ferdinand: 175, 223
Werner, Heinz: 23, 95
Werner, Jürgen: 109, 119 f., 131 ff., 137, 147, 161 f., 201 f f., 361
Wilden, Hans: 175
Wilke, Martin: 119, 177, 201
Willimowski, Ernst: 88
Willmovius, Günther: 181
Wimmer, Herbert (»Hacki«): 236, 255, 259, 296
Woitkowiak, Herbert: 115
Wolff, Jupp: 361
Worm, Ronald: 336
Wright, Billy: 130
Wulf, Peter: 171

Xandry, Dr. Georg: 54, 58

Zaczyk, Klaus: 225, 262
Zakarias, Josef: 128
Zamora, Ricardo: 68
Zebec, Branco: 126, 227, 231, 233, 277, 288 f., 291, 312, 315
Zedtwitz, Georg von: 264
Zewe, Gerd: 328
Zimmermann, Gerd: 328
Ziolkewitz, Alex: 181
Zoff, Dino: 14

Vereinsregister

Aachen, Alemannia: 60, 79, 186, 218, 224 f., 234, 240
Aberdeen, FC: 320, 327
Allenstein, Hindenburg: 70, 82
Amsterdam, Ajax: 225, 276, 278
Anderlecht, RSC: 12, 299, 301, 311
Athen, Panathinaikos: 218
Augsburg, BC: 60, 80

Barcelona, CF: 12, 148, 171, 225, 276, 327
Barcelona, Español: 300
Belfast, Glentoran: 278
Belgrad, Partizan: 116, 196
Belgrad, Roter Stern: 297, 326
Benrath, VfL: 50, 68, 70, 75, 121
Berlin, Blauweiß: 81
Berlin, Britannia: 17
Berlin, Hertha BSC: 41 f., 49, 53, 70, 170, 173 ff., 184, 186, 247, 250 f., 258, 261, 300, 326 f.
Berlin, Norden Nordwest: 25
Berlin, Tasmania: 144, 185, 187
Berlin, Tennis Borussia: 43, 115, 186
Berlin, Union 06: 114, 117
Berlin, Union Oberschöneweide: 38, 106
Berlin, Viktoria 89: 131
Bern, Young Boys: 140, 147, 297
Beuthen, 09: 49, 70
Bielefeld, Arminia: 240, 248 f., 251, 301, 350
Birmingham, Aston Villa: 56
Blackpool, FC: 116
Bochum, VfL: 251, 328
Bologna, AC: 151, 196, 243
Bordeaux, Girondin: 225
Bottrop, VfB: 181
Braga, FC: 113
Brasov, Steagul Rosu: 296
Braunschweig, Eintracht: 40, 49, 89, 105, 111, 135 f., 164, 172 ff., 182 f., 186, 193, 201, 217, 219, 220, 222, 247, 251, 258, 300, 307, 315, 324
Braunschweig, MTV: 20
Bremen, Werder: 20, 67 ff., 94, 108, 121, 144, 164, 170, 180 ff., 186, 192 f., 196 f., 243, 247, 251, 317, 322, 324, 347, 351
Bremen, 1860: 118
Bremen, ABTS: 24

Bremerhaven, 93: 130, 135
Brentfort, FC: 70, 74
Brescia, AC: 152
Brügge, FC: 240, 297, 299, 301
Budapest, MTK/MV: 298
Budapest: Ferencvaros: 258, 324
Budapest, Ujpest: 279
Bukarest, Dynamo: 319
Bukarest, Steaua: 257
Burnley, FC: 115 f., 147

Cardiff, City: 219
Cork, Hibernian: 256
Colaraine, FC: 325
Craiova, Universitatea: 327

Davidaberg, FF: 279
Dessau, 05: 81, 95
Dortmund, Borussia: 15, 60, 75, 94, 96, 108, 112, 117, 122, 131 ff., 141, 152, 164, 170 ff., 177, 180, 182, 186, 190, 192, 197, 201, 207 f., 226, 243, 248, 251, 259, 261, 300, 351
Dresden, Dynamo: 279, 296
Dresden, Guts Muts: 37
Dresden, SC: 45, 78, 82, 85 f., 89, 94
Dublin, Bohemians: 296
Düsseldorf, Fortuna: 40 f., 60, 66 f., 72 ff., 77 ff., 89, 121, 132, 142, 226, 301, 337
Duisburg, MSV: 45, 224, 247, 325 f., 337
Duisburg, SV: 24, 41, 75, 133

Edinburgh, Hibernian: 140
Edinburgh, Heart of Midlothian: 298
Eindhoven, PSV: 222, 302, 315
Enschede, Twente, FC: 296
Eppingen, VfB: 118, 292
Eriwan, Ararat: 295
Essen, Rotweiß: 108, 117, 124, 131, 140, 142, 176, 248, 312
Everton, FC: 240

Frankfurt, Eintracht: 49, 60, 63 ff., 72, 108, 117, 140 f., 144, 147, 149, 152, 170, 173 ff., 178, 190 f., 201, 221, 224, 226, 243, 247 f., 259, 262, 282, 292 ff., 301, 320, 325 ff.
Frankfurt, FSV: 121
Fürth, SpVgg: 36, 38 f., 45, 53, 108, 111, 114 f., 125, 142, 162, 178

Geislingen, SC: 292
Genf, Servette: 327
Glasgow, Celtic: 190 f.
Glasgow, Rangers: 59, 140, 208, 257, 278
Göteborg, IFK: 316
Göttingen, 05: 119
Graz, Sturm: 119

Halle, Turbine: 116
Hamborn, Union: 99
Hamborn, 07: 105
Hamburg, Altona 93: 17, 23 f., 38, 40 f., 66 f., 92 f., 108, 193
Hamburg, SC Germania 1887: 16, 18, 20
Hamburg, FC 88: 16, 18 ff.
Hamburg, Falke 1906: 16, 19, 20, 76
Hamburg, Viktoria: 23, 37 f., 65 ff., 85, 89, 93
Hamburg, Concordia: 37
Hamburg, FC St. Pauli: 50, 67, 69, 71, 93 ff., 105 ff., 112 ff., 133, 145, 300
Hamburg, St. Pauli Sportverein: 37, 50
Hamburg, Bergedorf 85: 292
Hamburg, Sperber: 37
Hamburg, Barmbek-Uhlenhorst: 37
Hamburg, St. Georg: 24, 37
Hamburg, Luftwaffen-Sportverein: 89
Hamburg, Polizei: 67
Hamburg, Viktoria Wilhelmsburg: 67
Hamburg, Union Altona: 67
Hamburg, ETV Eimsbüttel: 23, 38, 66 ff., 78, 81, 85, 88, 93
Hamburg, AS Lorbeer: 65, 93
Hamburg, TV Harburg: 37, 49
Hannover, Arminia: 24, 49, 111
Hannover, ASC: 17
Hannover, Eintracht: 37
Hannover, 96: 20, 24, 67, 72 f., 78, 108, 125, 183, 186, 190
Hartlepool, United: 19
Hartha, BC: 70
Herne, SV Sodingen: 131
Herne, Westfalia: 75, 108, 144 f.
Herten, SpVgg: 352
Höntrop, SV: 352
Hof, Bayern: 170

Innsbruck, Wacker: 296
Insterburg, York: 72
Jena, SV: 85, 95

367

Karlsruhe, SC: 108, 132, 145, 162, 169, 172 f., 177, 181, 184 f.
Kaiserslautern, FC: 74, 106, 108, 112 ff., 121 ff., 131, 142, 172, 174, 179, 201, 224, 296, 300, 325, 328, 337
Kiel, Borussia: 67
Kiel, Holstein: 34, 37 f., 41, 49 f., 67, 69, 95, 108, 117, 133, 142
Kiew, Dynamo: 190, 296, 299, 318, 325
Köln, FC: 108, 117 f., 121, 124, 136, 142, 145 f., 150, 152, 162, 164, 170, 173 ff., 193, 197, 201, 207, 217, 225 f., 238, 240, 243, 249, 251, 255, 258, 278, 282, 296, 300 f., 313, 316, 319, 321, 324 ff., 337, 347
Köln, SC 99: 67
Köln, VfL 99: 86
Königsberg, VfB: 37, 85
Krakau, Wisla: 218

La Valetta, Floriana: 190
Leeds, United: 295
Leipzig, Chemie: 116
Leipzig, Fortuna: 41
Leipzig, SpVgg: 25
Leipzig, VfB: 17, 77
Leverkusen, Bayer 04: 310
Lissabon, Benfica: 140, 148, 164, 179, 295, 328
Lissabon, Sporting: 113
Lissabon, Belenenses: 113
Liverpool, FC: 178, 190 f., 257, 276, 299, 301, 312, 315
London, Queenspark Rangers: 300
London, Tottenham Hotspur: 129, 326
London, Westham United: 178, 190 f., 325
Lübeck, Phönix: 24, 49, 71
Lübeck, Polizei: 67
Lübeck, VfB: 95
Lüttich, Standard: 208
Luxemburg, Union Sportive: 171, 178
Lyon, Olympique: 171, 218, 296

Madrid, Atletico: 141, 190, 276, 279, 298, 325
Madrid, Real: 68, 128, 140 f., 144, 149, 164, 190 f., 219, 239, 280, 295, 314, 337
Magdeburg, FC: 190, 278, 295, 302
Mailand, AC: 13, 141, 151, 197, 219, 243, 278
Mailand, Inter: 149, 152, 164, 169, 179, 256 f.

Manchester, City: 234
Manchester, United: 141, 144
Mannheim, SV Waldhof: 60, 80, 292 ff., 328
Mannheim, VfR: 81, 108, 112
Meiderich, SV: 45, 75, 94, 172 ff., 207, 219
Mielec, Stal: 297
Mönchengladbach, Borussia: 75, 186, 194, 201, 226, 234 f., 238 ff., 243, 247, 255 ff., 278 f., 282, 287, 289, 295 ff., 319.-322 ff.
Molenbek, RWD: 300
München, Bayern: 27, 41, 47, 51, 75, 80, 121, 151, 162, 169, 179, 186, 190, 192 ff., 197, 201, 206 ff., 217 ff., 230 ff., 239, 243, 247, 255, 257, 259, 261, 272, 278 f., 282, 287, 292, 295 f., 299, 301, 314 ff.
München, TSV 1860: 49, 106, 164, 172, 174 f., 190, 192, 201, 206, 219 ff., 239, 313
München, Wacker: 24 f., 292
Münster, Preußen: 115, 121, 123, 172 ff., 177, 186

Neckarau, VfL: 121
Neuendorf, TuS: 80, 106, 114
Neunkirchen, Borussia: 145, 164, 180, 183, 190
Norköping, IFK: 234
Nottingham, Forest: 12, 314
Nürnberg, FC: 23 ff., 30 ff., 40 f., 53, 60, 70 f., 74, 77, 106, 108, 115, 117, 121, 125, 133, 136, 152, 169 f., 173 ff., 186, 193, 207, 220 ff., 234 f., 255, 292, 316 ff., 324

Oberhausen, Rotweiß: 96, 186, 248 f.
Offenbach, Kickers: 108, 114, 144, 162, 217, 240, 248 f., 252
Osnabrück, VfL: 82, 108, 116 f., 123, 186
Ost-Berlin, Dynamo: 318
Oslo, Lyn: 164
Ostrau, Banik: 296, 327

Pilsen, Skoda: 257
Piräus, Olympiakos: 318
Pirmasens, FK: 108, 136, 145
Planitz, SC: 106
Porto, FC: 178, 297, 300
Porto Allegre, Gremio: 320
Prag, Deutscher FC: 17
Prag, Dukla: 164, 190
Prag, Spartak: 144
Presov, Tatran: 208

Randers, Freja: 218
Reykjavik, Valur: 314

Reims, Stade: 140
Reutlingen, SSV: 131
Rio de Janeiro, Flamengo: 130
Rom, AS: 150
Rotterdam, Feijenoord: 300

Saarbrücken, FV: 85
Saarbrücken, FC: 108, 117, 133, 170 f., 174, 177
Saloniki, Aris: 322
San Sebastian, Real Sociedad: 318
Saragossa, Real: 296
Sarajevo, FC: 315
São Paulo, SC Germania: 17
Schalke, TV 77: 76
Schalke, Westfalia: 76
Schalke, FC 04: 15, 40 f., 46 ff., 51, 54, 60, 66, 68 ff., 79 f., 82, 85 ff., 94 f., 108, 115, 117, 121, 125, 136 f., 141 f., 162, 168 ff., 173 f., 177, 184 ff., 224, 227, 233 f., 243, 247 ff., 255, 261, 298, 300, 302, 318, 322, 324, 347, 352
Schweinfurt, 05: 80, 121 f.
Setubal, Viktoria: 218
Shamrock, Rovers: 208, 234
Split, Hajduk: 314
St. Etienne, AS: 234, 295, 315
St. Johnstone, FC: 258
Stettin, Titania: 25
Stuttgart, Kickers: 81
Stuttgart, VfB: 71, 77, 108, 114, 117 f., 121, 123, 131 f., 161, 172 ff., 179, 235, 247, 250 f., 313, 319 f., 324 ff., 337

Tiflis, Dynamo: 314
Turin, AC: 178, 299
Turin, Juventus: 12, 14, 220, 319

Uerdingen, Bayer 05: 310, 328
Ulm, TSG 1864: 162

Valencia, FC: 219

Warschau, Legia: 178
Wien, Admira: 74, 81 f.
Wien, Austria: 74, 81, 116, 299
Wien, Rapid: 74, 81, 85 ff., 148, 208, 220, 222
Wien, SC: 140
Wien, Vienna: 74, 81, 88
Worms, Wormatia: 60
Wuppertal, SV: 142, 171

Zagreb, Dynamo: 190, 234
Zürich, Grashoppers: 302
Zwickau, Motor: 116